Mordärzte

Ulrich W. Gaertner

Mordärzte

Personen und Handlungen sind frei erfunden. Ähnlichkeiten mit noch lebenden Personen sind unbeabsichtigt und zufällig.

Impressum

© 2019 Almáriom Verlag GbR
Prof. Dr. Werner H. Preuß, Cornelia Preuß
Pieperstraße 9, 21357 Bardowick
Verlag@almariom.de

Satz und Gestaltung: Werner H. Preuß, Cornelia Preuß
Produktion: VARIOPAPER, Lüneburg

ISBN 978-3-945264-06-5

Copyright © Der Titel ist bei Lektoren.ch unter Hinweis auf § 5, Abs. 3, MarkenG in allen Schreibweisen und Darstellungsformen geschützt und im Online-Titelschutz-Anzeiger veröffentlicht worden. Das Manuskript, einschließlich all seiner Teile, ist urheberrechtlich geschützt. Jede Verwertung außerhalb der engen Grenzen des Urheberrechts ist ohne Zustimmung des Verfassers unzulässig und strafbar. Das gilt insbesondere für Vervielfältigungen, Übersetzungen, Mikrovervielfältigungen und die Einspeicherung und/oder die Verarbeitung in elektronischen Systemen.

Das Böse ist leicht zu finden,
denn es ist eine Menge da;
das Gute ist beinahe einzig.

Blaise Pascal

Für Beate,
meine geduldige, kluge und liebevolle Beraterin

– Prinz-Albrecht-Palais um 1830
– Zentrale des Sicherheitsdienstes (SD) der SS 1934
– Hauptsitz des Reichssicherheitshauptamtes (RSHA) 1939

DIE VERGANGENHEIT 1938

1. „Ahnenerbe"

Die hohen Räume des ursprünglich preußischen Stadtpalais, *Prinz-Albrecht-Palais*, an der Wilhelmstraße 102 der Reichshauptstadt Berlin, früher *Vernezobre Palais*, nun genutzt von der Forschungseinrichtung Deutsches Ahnenerbe und unterstellt dem Reichsführer SS, Heinrich Himmler, dienten dem SS-Reichssicherheitshauptamt und seinen zahlreichen Abteilungen.

Die Wände waren mit SS-Standarten und Reichsfahnen ausstaffiert, und die aus deutscher Kerneiche hergestellten, raumfüllenden, schweren Arbeitstische waren mit großformatigem Karten- und Bildmaterial und Skizzen bedeckt.

Sechs in schwarze SS-Uniformen gekleidete Männer lauschten stehend, angespannt und diszipliniert den Worten ihrer hohen Vorgesetzten, unterstellt dem persönlichen Stab des Reichsführers SS, der auch die Schirmherrschaft für die geplante Expedition übernommen hatte.

Es waren der SS-Sturmbannführer Dr. Ernst Schäfer und seine SS-Kameraden Karl Wienert, Ernst Krause, Edmund Geer, August Hirt und Bruno Beger. Sie waren die ausgesuchte, stolze Elite für die Reise in das tibetische Hochland des Himalayas.

An der getäfelten Wand, gegenüber dem doppeltürigen, raumhohen Eingangsportal, war das ovale, meterhohe Wappen der Forschungsgemeinschaft „Ahnenerbe" befestigt, das in Runenschrift dessen Namen wiedergab, und durch ein symbolisiertes Schwert mit einer dreigliedrigen Schlinge in seinem Oval ausgefüllt war. Darunter, wandgroß, die Karte für die neue Expedition mit der eingezeichneten Route.

Schwerpunkt der Besprechungsrunde waren die Pläne zu archäologischen, anthropologischen und historischen Forschungen in dem fernen Erdteil. Letzteres war Thema des Vortragenden, des aus Österreich stammenden SS-Standartenführers Willmer, der Himmlers persönlicher Ratgeber in okkulten, esoterischen und mythologischen Themen und Fragen war und diesen auch in weltanschaulichen Fragen beriet.

Heute, im März des kalten Winters 1938, ging es noch einmal um letzte Abstimmungen für die lange vorbereitete und geheime Forschungsexpedition, die für April 1938 bis Ende 1939 geplant war.

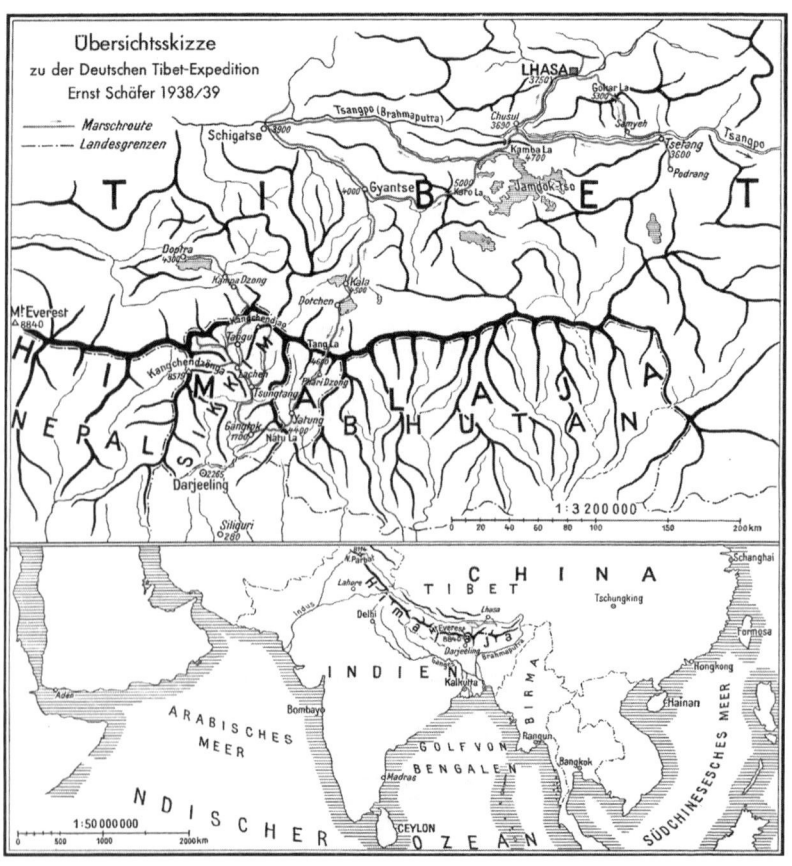

Danach übernahm der hochgewachsene, blonde SS-Brigadeführer Kleinholz, dem als Leiter im Amt VI – Abteilung Ausland – die Gesamtplanung unterstand, die weitere Gesprächsführung. Kerzengerade aufgerichtet stand er vor der Elite des Deutschen Reiches.

„SS-Männer, zeigt, dass Ihr im Glauben an den Führer und im Willen zum ewigen Leben unseres Blutes und Volkes ebenso tapfer, wie Ihr für Deutschland zu kämpfen und nun zu forschen versteht, eure ganze Kraft dem Ziel der Expedition widmet und alles für Deutschlands Größe weiterzugeben willens seid! Auch wenn es Opfer geben wird, denkt daran, dass Ihr Großes leistet. Nur das Schicksal allein weiß, ob Ihr heimkehren werdet."

Ergriffen beendete er seine Ansprache.
„SS-Männer! Rühren!" hallte sein Kommando durch den großen Raum. Herrisch wies er den SS-Männern Plätze am großen, rechteckigen Eichentisch zu. Er nahm an der Stirnseite der Tafel Platz, während sich sein Vorredner ihm gegenüber auf einen geschnitzten Lehnstuhl setzte. Zufriedenes Grinsen zog über sein Gesicht, und als Ruhe eingekehrte ergriff Kleinholz die eherne Tischglocke mit dem Hakenkreuz. Mit Verhallen des dröhnenden Tons öffnete sich die doppelflügelige, schwere Eichentür. SS-Anwärter in weißen Ordonnanzuniformen schoben Servierwagen in den Raum. Darauf Geschirre, Gläser und Bestecke sowie Kaltspeisen aus Küche und Keller, Getränke und Tabakwaren.
Die sechs Männer kamen aus dem Staunen nicht heraus.
„SS-Männer, ein dreifaches ‚Sieg Heil' auf den Führer des Deutschen Reiches und auf unsere erfolgreiche Expedition!"
Der SS-Brigadeführer schwenkte sein volles Weinglas mit Deutschem Wein vom Rhein. Sechs Männer sprangen auf, und rissen die Arme hoch zum Deutschen Gruß.
„Auf Führer, Volk und Vaterland!" schallte es durch den Raum.
„Setzt Euch und langt zu, Kameraden! Das ist ein Befehl!"

Auf den Mienen der beiden hohen SS-Führungskader, Organisatoren und Planer der Himalaya-Expedition, zeigte sich ein entspanntes Lächeln. Und die Elite aus der SS-Führungsakademie brauchte nicht weiter aufgefordert werden. Alle waren junge, gesunde und widerstandsfähige Männer im Alter von 24 bis 38 Jahren aus unterschiedlichen Berufen und mit unterschiedlichen Fähigkeiten. So muss eine Gruppe sein, dachte Kleinholz zufrieden. Nicht nur der Siegeswille, auch die Kameradschaft hatte einen hohen Stellenwert in den Eliteeinheiten.

SS-Standartenführer Willmer dachte an den schwierigen Selektionsprozess im Jahr zuvor. Nach der endgültigen Entscheidung für jeden Einzelnen, die sich der Reichsführer SS vorbehalten hatte, geknüpft an unverbrüchliche Treue zum Führer des Deutschen Reiches, wurden die ehrgeizigen Männer in die SS aufgenommen. Von diesem Zeitpunkt an unterstanden sie der eisernen Disziplinargerichtsbarkeit des Reichsführers und dem hohen Druck, nicht versagen zu dürfen. Die hochgesteckten Ziele der Expedition mussten erfüllt werden.

In zahlreichen Besprechungen war das den Männern sehr deutlich gemacht worden. Sie hatten eine vertragsähnliche Abmachung unterzeichnen müssen, deren Präambel besagte, dass die Expedition „im Sinne der Schutzstaffel und des Reichsführers SS" durchzuführen sei. „Wiederholte grobe Verstöße" gegen Prinzipien der SS, wie „Gehorsam", Disziplin" und „Kameradschaft", konnten „in einem SS-gerichtlichen Verfahren" geahndet werden. Was das bedeutete, war jedem klar.

Die Trinksprüche auf den Führer und das Gelingen der Expedition rissen den Standartenführer in die Gegenwart zurück. Der SS-Führer erhob sich.

„Männer der Schutzstaffel, nutzen Sie die Zeit vor Ihrem großen Aufbruch."

Mit großen Schritten ging er zum Ausgang, im Schlepptau den blonden SS-Brigadeführer.

Die Ordonnanzen rissen servil die geschnitzte Doppeltür auf, ohne von den arroganten Führungskadern wahrgenommen zu werden. Kaum hatte sich die Tür geschlossen, erhob sich der zukünftige Leiter der Expedition, Sturmbannführer Ernst Schäfer.

„SS-Kameraden, wir sind ausgewählt worden für das Deutsche Reich eine Expedition nach Zentralasien durchzuführen. Und wir werden unsere schwere Aufgabe erfüllen, so wie man es von uns erwartet. Lasst uns darauf anstoßen!"

DIE GEGENWART 1993

2. Schuma-Print Verlag – Der Alte

Der Winter wollte auch an diesem Dienstag, dem 28. März des Jahres 1993, nicht aus der alten Salzstadt Lüneburg weichen. Ein Tag verging wie der andere bei trübem Himmel, Nieselregen oder einzelnen Schneeflocken. In dem alten Barockgiebelhaus mussten schon um vier Uhr nachmittags die großen Kristallleuchter mit den elektrischen Glühbirnen eingeschaltet werden, damit in den Büroräumen des Erdgeschosses der Geschäftsbetrieb weitergehen konnte.

Das alte Haus hatte nach einer aufwendigen Restaurierung vor zwei Jahren etwas vom Hauch der ehemaligen Offizin des ehrwürdigen Buchdruckergewerbes zurückerhalten. In seinem Untergeschoss, mit den großen Backsteinbögen, war das Erbe des einstmals bekannten Verlagshauses untergebracht. Reihen wertvoller Bücher, Folianten und in Leder gebundene zum Teil auch handgeschriebene, bibliophile Kostbarkeiten aus früheren Jahrhunderten. Sie waren der Stolz des Prinzipals am Ende des 19. Jahrhunderts gewesen.

An der anderen Wand waren Kupferstiche und zum Teil vergilbte Porträts ernst blickender Männer aneinandergereiht. Es waren die Vorfahren des jetzigen Geschäftsführers, Friedrich-Wilhelm Schumacher, der in einem aufwendigen und kostenintensiven Prozess den Druckerei- und Verlagsbetrieb modernisiert und umstrukturiert hatte. Der

Produktionsbereich mit moderner Technik hatte in dem ehrwürdigen Haus keinen Platz mehr gefunden und war an den Stadtrand ausgelagert worden.

Zwei kleinere Druckmaschinen und die Buchbinderei waren für die Herstellung künstlerischer, handwerklicher Druckerzeugnisse erhalten geblieben.

Zwei lange, massive Eichentische standen in der Mitte des ersten Raumes, der mit modernsten Beleuchtungselementen bis in den letzten Winkel ausgeleuchtet war. Alte, spindelgetriebene Papierpressen mit großformatigen Auflageflächen und scharfe Papierschneider mit schweren Messern in gusseisernen Halterungen ergänzten die technische Ausstattung. Das war das Reich des begabten Handwerkers der „Schwarzen Kunst". Doch der altertümliche Eindruck täuschte. Moderne Klimatechnik und effizient leise laufende Absaugvorrichtungen sorgten dafür, dass das empfindliche und teure Papier zur Herstellung der aufwendigen Einzeldruckwerke keinen Schaden nahm.

Im zweiten Raum war das Büro eingerichtet. Ein Hochleistungsrechner sowie ein leise summender Laserdrucker mit kombiniertem Faxgerät, stellten das Pendant zur antiquierten Möblierung des Raumes dar.

Der grauhaarige Buchdrucker und Buchbinder in einer Person, Karl-Heinz Nottbohm, wirkte in seinem Arbeitskittel und der dickglasigen Brille wie ein Relikt aus der Vergangenheit. Wenn es nach dem Willen seines Chefs gegangen wäre, hätte er mit seinen vierundsechzig Jahren längst seine Tätigkeit an den Nagel hängen sollen. Aber der Seniorchef, Ernst-August Schumacher, hatte darauf bestanden, dass er bis zum fünfundsechzigsten Lebensjahr im Betrieb bleiben durfte.

Nottbohm blickte auf seine silberne Taschenuhr, ein Geschenk von diesem. Zum Ärger seines Enkels war der Seniorchef mit seinen 92 Jahren nicht willens, zu seinen Vorfahren heimzukehren. Vielmehr erteilte er dem Enkel bei jeder Gelegenheit „gute Ratschläge".

Damit konnte dieser nicht gut zurechtkommen. Er war Geschäftsführer geworden, als sein Vater, Ferdinand-Louis

Schumacher, 1969 bei einem schweren Verkehrsunfall auf der Bundesstraße 3, zwischen Schneverdingen und Wintermoor, im Fahrzeug verbrannt war.

16.30 Uhr. Endlich Feierabend.

Schwerfällig tappte Nottbohm zum Wandschrank. Die Füße taten weh vom langen Stehen. Er legte den Kittel und die Arbeitsbrille ab und tauschte sie gegen einen dreiviertellangen, grau karierten, längst aus der Mode gekommenen Mantel. Dazu passte eine ähnliche „Schlägermütze". Auch die braunen Straßenschuhe waren abgetretene Schlorren.

Im Waschraum blieb der große Mann mit den breiten Händen vor dem Spiegel stehen. Er sah ein müdes, faltiges Gesicht mit grauen Haaren. Doch dann dachte er an sein Zuhause unweit an der Bahnlinie nach Lübeck. Dort erwartete ihn seine, für Liebe immer bereite, schweigsame Elzbieta mit dunklen, schulterlangen Haaren und einer perfekten Figur. Geduldig würde sie neben ihm auf dem durchgesessenen Plüschsofa vor dem abendlichen Bildschirm sitzen. Als er sie das erste Mal im Katalog gesehen hatte, war es um ihn geschehen. Auf Bestellung war sie zu ihm gekommen. Ein absoluter Gewinn für sein tristes Alleinsein. Heute wollte er ihr eine besondere Freude machen. Im kleinen Schmuckgeschäft in der Bardowicker Straße hatte er eine Halskette mit einem vergoldeten Medaillon gesehen.

Müde schaltete er das grelle Neonlicht aus. Nur die grüne Kontrollleuchte flimmerte weiter.

Sein Weg führte ihn an den schulterhoch verblendeten Glasscheiben des Büros vorbei. Er winkte. Aber niemand winkte zurück, wie an allen anderen Abenden. Man interessierte sich nicht für den alten Eigenbrötler unten im Gewölbe.

Draußen empfing ihn nasskaltes Märzwetter mit ein paar Regentropfen. Er atmete die frische Luft ein und blieb noch einen Moment stehen, bis sich seine Augen an das Tageslicht gewöhnt hatten. Dann stakste er mit schmerzenden Beinen die Steinstufen hinunter. Elzbieta wird sich bestimmt freuen.

3. Der Kommissar

Fast zur selben Zeit saß ein paar hundert Meter davon entfernt der Leiter des Fachkommissariats 1, Kriminalhauptkommissar Bernhard Kluge, vor seinem vollen Schreibtisch. Kluge war zuständig für die Bearbeitung von Tötungs-, Brand- und Sexualdelikten.

Er war am Dienstagnachmittag der Letzte im Kommissariat. Sein Ermittlungsteam war durch die Umsetzung von Kriminalhauptkommissar Winfred Scharnhorst verkleinert worden.

Nun konnte er ungestört die ausgehenden Ermittlungsvorgänge durchsehen. Ronda Kubitzke, seine füllige, aber tüchtige Bürokraft, hatte ihm diese um halb vier auf den Tisch geknallt. „Feierabend" hatte sie gesagt und war gegangen.

Ja, endlich wieder mal pünktlich Feierabend ist gut, dachte Kluge zufrieden. Die aufgeklärte Mordsache, an der er mit einer personell verstärkten Kommission beinahe zwei Monate gearbeitet hatten, lag gerade 10 Tage zurück. Alle Beteiligten waren zum Schluss erschöpft, aber hoch zufrieden gewesen. Es war ihnen gelungen, den Mörder eines jungen Mannes aus der Drogenszene zu überführen, der seinen „Freund" lebend in einem schwarzen Plastiksack im Neetze-Kanal bei Scharnebeck versenkt hatte. Wir können ein paar ruhige Tage gut gebrauchen. Er zog sich den Aktenkorb heran. Aber erst noch einen Blick in die Lüneburger Tageszeitung.

Auf der Titelseite sprangen ihm fett gedruckte Zeilen über den Krieg auf dem Balkan entgegen. Schon das dritte Jahr wurde dort erbittert gekämpft. Nach Titos Tod drängten die unterschiedlichen Nationalitäten und religiösen Zugehörigkeiten nach Unabhängigkeit vom Reststaat Serbien. Zehntausende von Toten hatte es bisher gegeben, und zahllose Flüchtlinge versuchten in die westlichen Nachbarländer Österreich und Italien zu gelangen.

Er fand im Innenteil einen detaillierteren Bericht und Fotos über Frauen und Kinder, die vor anrückenden Panzern und schwer bewaffneten Soldaten flohen.

Nachdenklich schüttelte er den Kopf. Immer wieder war es die zivile Bevölkerung, die am meisten leiden musste, und ganz oft die Kinder, die von einer Stunde zur anderen ohne Eltern waren. Von Menschenhandel durch gewissenlose Schleuser war die Rede, die mit dem Elend und der Angst viel Geld verdienten.

Er faltete die Zeitung zusammen. Heute Abend muss ich die „Tagesschau" sehen. Aber noch war es nicht so weit.

Beim Durchblättern der roten Aktendeckel der Staatsanwaltschaft registrierte er, dass leichter Regen an die Fenster schlug. Man müsste in ein warmes, sonniges Land reisen. Er seufzte und griff zu den Ermittlungsberichten seiner Mitarbeiter. Von jedem einzelnen kannte er die Arbeitsmethodik. Seine Gedanken schweiften zurück.

Im Jahr nach dem aufgeklärten Mord im ICE hatte es eine personelle Verschiebung gegeben. Für Winfred Scharnhorst war der jüngere, langhaarige Hauptkommissar Jens Ahlers aufgerückt. Zusätzlich war es ihm gelungen, die engagierte Polizeioberkommissarin Jutta Schneider aus der Polizeiwache herauszulösen. Nach erfolgreicher Hospitation und befristeter Abordnung war daraus zum Jahresbeginn eine ordentliche Versetzung mit Planstellenzuweisung geworden. Das war ein Glücksfall für das Kommissariat.

Doch dann weckten zwei Neueingänge seine Aufmerksamkeit. Der erste bestand nur aus zwei beschriebenen Blättern. Polizeihauptmeister Schill von der Wache berichtete, dass eine Joggerin im Lüner Gehölz auf eine grabähnliche Stelle gestoßen sei. Der Fundort soll sich abseits eines Waldweges befinden und mit verwelkten Blumen bedeckt sein. Eine dreiundzwanzigjährige Frau war auf das „Grab" gestoßen, als ihr Hund im Gebüsch gestöbert hatte. Schill hatte abgesprochen, dass die Kripo mit ihr die Fundstelle aufsuchen würde. Anschrift und Telefonnummer waren im Bericht enthalten.

Ein eigenartiger Fall. Mitten im von Joggern und Radfahrern frequentierten „Lüner Holz" eine Grabstelle? Das konnte sich doch nur um einen makabren Scherz handeln. Er las ein zweites Mal, kopierte den Bericht und verteilte ihn in die Fächer der Mitarbeiter.

Das zweite Schreiben war eine Mitteilung der Polizeiinspektion Soltau über einen tödlichen Verkehrsunfall auf der Bundesstraße 3. Dort war auf der Kreuzung bei Schneverdingen der Leichenwagen eines örtlichen Bestattungsunternehmers bei nasser Fahrbahn gegen einen Baum geprallt und dann komplett ausgebrannt. Aus den Fahrzeugresten waren die total verkohlten Leichen zweier Personen, eines Erwachsenen und eines Kindes, geborgen worden. Da die Identität beider Leichen nicht an Ort und Stelle geklärt werden konnte, waren die Ermittlungen an die Kripo Soltau abgegeben worden.

Nichts für uns, nur zur Kenntnisnahme, dachte er beruhigt. Die Kollegen werden damit ordentlich zu tun haben. Gerichtsmedizinische Leichenöffnungen, DNA-Abgleiche, das ganze Programm.

Zufrieden stellte er seinen PC ab, zog sich die Wetterjacke an und überließ sein Büro, Auf der Hude 2, sich selbst. Auf dem Flur waren die Arbeitsgeräusche von Putzfrauen zu hören, die sich durch das Gebäude kämpften. Nun ging es nach Hause zu Elaine, seiner Frau. Er freute sich auf den gemeinsamen Feierabend.

4. Die Ermittler

Am andern Morgen, gleich nach der wieder mal verlängerten *Großen Frühbesprechung* in der Runde der Führungsbeamten, eilte Kluge in sein Büro. Das reduzierte Ermittlungsteam, derzeit aus Hauptkommissar Jens Ahlers und Oberkommissarin Frauke Malz bestehend, hatte den Kaffee bereits ausgetrunken und wartete im Besprechungsraum auf ihn.

Beide hatten den Bericht über das „Grab" vorliegen. Malz würde die Zeugin Bertram befragen und Ahlers sich mit der „Grabstelle" befassen. Der Kollege vom Erkennungsdienst, Hans-Ulrich Gieseler, sollte mit dabei sein.

„Ich pack schon mal Stiefel und meine Kombi zusammen." Ahlers rückte seinen Stuhl.

„Na gut, dann komm ich auch mit. Bernhard wird wohl irgendwann mit Telefonieren fertig sein. Wir treffen uns in zehn Minuten bei der Fahrbereitschaft."

Beide Ermittler traten auf den Flur, als sich Kluges Tür öffnete.

„Morgen, Frauke. Hier ist die Anschrift der Zeugin. Und viel Erfolg bei eurer archäologischen ‚Ausgrabung'!"

Schmunzelnd reichte ihr Kluge einen Zettel, und schon schloss sich hinter ihm die Tür. Malz war erstaunt. Kein kurzer Schnack heute? Da musste wohl dicke Luft sein.

Über den „Flurfunk" hatte sie läuten gehört, dass ihr Chef ein zweites Mal beim Ranking für die Beförderungsrunde zum Ersten Kriminalhauptkommissar nicht berücksichtigt worden war. Das war übel, weil wieder mal Beamte aus der Behörde einen Bonus bekommen hatten. Malz hatte Ähnliches auch schon erlebt, und sie konnte sich in die Stimmung ihres Chefs versetzen. In Gedanken versunken machte sie sich auf den Weg. Ahlers saß bereits hinter dem Steuer.

„Und wo ist Ulli, wollte der nicht mit? Wir müssen langsam mal vom Acker, Frauke, sonst wird es wieder dunkel."

„Nur ruhig Blut. Du solltest mal deine Sonnenbrille abnehmen, sonst hättest du bemerkt, dass Ulli längst im kleinen Tatortwagen wartet. Er hat so viel schweres Gerät dabei, dass es für ein Massengrab reichen würde.

„Klingt schön makaber, oder?"

„Was soll's. Spaß muss sein! Auch auf der Beerdigung."

Und schon brauste der Passat-Kombi vom Hof, gefolgt vom neutralen Tatortwagen.

Als Jens Ahlers und Frauke Malz eine halbe Stunde später mit der Zeugin in die breite Einfahrt des Waldweges zum „Lüner Holz" fuhren, wartete dort Gieseler.

„Ulli, wir fahren noch ein Stück weiter. Frau Bertram sagt, dass es wohl zweihundert Meter bis zu der Markierung sei. Dann müssen wir nicht alles so weit schleppen."

„Okay. Häng mich dran!"

Nach zehn Minuten langsamer Fahrt bemerkten die Ermittler etwas Weißes an einem fingerstarken Zweig. Ahlers bremste. Bertram erklärte, dass sie dort ihr Papiertaschentuch befestigt hätte, als ihr Hund sie in die Dickung gezogen hätte. Alle drei stiegen aus.

„Meinen Sie die Stelle dort?" „Ja!" „Sind Sie sich ganz sicher, Frau Bertram?"

„Ja, ganz bestimmt!"

Die Ermittler verschafften sich einen Überblick. Es sah aus, als ob ein Wildwechsel am Buschwerk vorbei in die Dickung aus Brombeere- und Haselnusssträuchern führte.

Ahlers blickte sich aufmerksam um. Auf dem Waldweg war zu der Morgenstunde niemand unterwegs. Der nächtliche Regen war vorbei, und der Waldboden bereits abgetrocknet.

Nach zwanzig Metern stießen die Suchenden tatsächlich auf einen grabähnlichen „Hügel", der sich drei Handbreit hoch auf dem Waldboden auftürmte. Ahlers erkannte mit raschem Blick, dass die mit Wurzeln durchmischte Erdanhäufung der des Waldbodens entsprach. Am fiktiven Kopfende lagen, wie beschrieben, tatsächlich eine Handvoll vertrockneter, roter Tulpen, insgesamt 5 Stück.

„Ist das die Stelle, Frau Bertram?"

Die Zeugin nickte eifrig.

„War Ihnen irgendetwas Besonderes aufgefallen, oder hatten Sie Personen in der Nähe bemerkt?"

„Nein, das habe ich bereits auf der Polizeiwache gesagt. Wir waren niemandem begegnet."

„Gut. Dann vielen Dank für Ihre Hilfe. Frau Malz wird Sie nach Hause fahren und sie noch im Detail befragen."

So geschah es.

Die Ermittler umkreisten ein zweites Mal das „Grab."

„Bisschen merkwürdig ist das schon. Scheint über eine Körperlänge zu sein, und in der Breite wohl mehr als einen halben Meter. Aber bevor wir weiter machen, sollten wir uns präparieren. Ganz so trocken, wie es scheint, ist es nicht."

Ahlers ergriff eine Handvoll brauner Erde des kleinen Hügels und ließ sie zwischen den Fingern durchrieseln.

„Na, da hat unsere Zeugin wohl ein bisschen viel Phantasie einfließen lassen, was meinst du, Jens?"

„Abwarten. Aber du hast Recht! Unter einem Grabhügel verstehe ich was anderes."

Ahlers nahm den Tulpenstrauß in die Hand, drehte ihn hin und her. „So ganz frisch ist der auch nicht mehr. Aber die Stiele sind noch ein bisschen grün! Wie lange mag der hier wohl liegen?" Gieseler warf einen Blick drauf. „Sieht aus, wie einer aus dem Supermarkt. Die halten in der Vase meist 4 – 5 Tage. Schwer zu schätzen!" „Na gut, machen wir uns an die Arbeit."

5. Nottbohms Auftrag

Am selben Morgen hatte dieser seinen Arbeitsplatz eingenommen, als der kleine Zeiger der Bürouhr die Acht erreichte. Nervös saß er seinem Chef gegenüber, dem das großformatige Bütten-Faksimile des alten Familienwappens vorlag. Handgeschöpftes Büttenpapier, das den teuren Einband der Familien- und Verlagschronik des Hauses Schumacher einrahmen würde. Kritisch und gleichzeitig anerkennend schwenkte er das edle Papier hin und her. Dazu hatte er weiße Stoffhandschuhe übergestreift.

Die Versalien mussten noch mit Blattgold und einer besonderen, flüssig machenden Tinktur nachgearbeitet werden. Dann, nach einem weiteren Trocknungsprozess, könnte das Werk rechtzeitig am 3. April 1993, zum 125. Jahrestag des Verlages, fertig sein.

„Das ist ja ganz ordentlich, Nottbohm. Bekommen Sie das mit der Vergoldung auch noch hin, oder müssen wir den letzten Arbeitsgang der Grafik-Abteilung bei der Tageszeitung übergeben?"

Schumacher konnte seine Gehässigkeit nicht verbergen.

Trotz des Altersunterschiedes und seiner beruflichen Qualifikation als Diplomkaufmann, fühlte er sich dem alten Fachmann unterlegen. Es mochte daran liegen, dass die schützende Hand des Seniorchefs auf dem Alten lag. Zum Teufel auch.

„Das will ich wohl hinkriegen, Herr Schumacher. Ich mach so was nicht das erste Mal."

Nottbohms Stimme zitterte vor unterdrücktem Ärger.

„Passen Sie bloß auf, und besonders bei der doppelten Schlussnut. Ach noch etwas: heute Mittag lege ich Ihnen das komplette Archivmaterial auf den Schreibtisch. Sehen Sie sich bitte jedes Blatt genau an, ob es inhaltlich in die Chronik passt."

„Das wird viel Zeit in Anspruch nehmen, Herr Schumacher."

„Ich weiß, ich weiß. Aber der Alte hat mir den ganzen Kram in einem Karton übergeben. Ich kann mich nicht tagelang damit beschäftigen. Und meine Assistentin hat was anderes zu tun. Also sträuben Sie sich nicht, Nottbohm. Sie werden ja schließlich dafür bezahlt."

„Wenn Sie das so wollen, mach ich das." „Dann haben wir uns verstanden. Bevor Sie mit dem Leimen beginnen, legen Sie mir einen chronologischen Entwurf vor. Verstanden?"

„Jawohl, Chef!"

Nottbohm streifte sich ebenfalls Handschuhe über und legte das kostbare Faksimile behutsam in eine große Mappe. Dem teuren Papier durfte nichts passieren. Schlurfend verließ er Schumachers Büro. Der blickte dem Alten kopfschüttelnd hinterher.

Am besten wäre es, die beiden „Gruftis" nach der Jubiläumsfeier zu „entsorgen". Der zeitweilig unter Betreuung stehende Großvater hatte zwar nicht mehr geschäftlich mitzureden, aber wenn der sich was in den Kopf gesetzt hatte, wurde er verdammt unangenehm und drohte mit Enterben.

6. Lüner Holz

Den Fundort hatte Spurentechniker Ulrich Gieseler fotografisch und metrisch gesichert. Ahlers notierte: Länge: 184 cm, Breite: 63 cm, Höhe: 26 cm. Das waren die Eckdaten für seinen Bericht. Er steckte sein Merkbuch weg.

„Los geht's. Wo wollen wir anfangen, oben oder unten?"

„Eine gute Frage. Aber wo ist oben oder unten, hinten oder vorn. Ich würde mich am Tulpenstrauß als Kopfende orientieren." „Gut, versuchen wir es."

Das hell glänzende Spatenblatt glitt vorsichtig in den aufgeschütteten Waldboden. Wohl ein halbes Dutzend Mal, in einer Reihe. Plötzlich sank es ein.

„Da scheint was zu sein. Vorsicht!"

Ahlers umrundete mit vorsichtigen Spatenstichen die äußere Form des „Grabes". Auch hier glitt das blanke Blatt mühelos in die Erde.

„Ganz schön warm wird einem dabei, was Kollege?" Gieseler grinste.

„Hier, mein Freund, jetzt bist du dran!"

Gieseler setzte den Spaten an.

„Oh, etwas Weiches, Nachgiebiges!" Erschrocken zog er den Spaten heraus.

„Ganz vorsichtig, Ulli!"

Dann begannen die Ermittler Schicht für Schicht abzutragen, bis sie die ebene Fläche des Waldbodens vor sich hatten. Ahlers streifte sich die Arbeitshandschuhe über und fuhr mit beiden Händen in die lose Erde und schob sie beiseite. Plötzlich zuckte er zurück. Statt sterblicher, menschlicher Überreste glotzte sie ein puppenartiges Gesicht mit großen Augen, langen Wimpern und den rot gemalten Lippen eines weit geöffneten Mundes an.

„Shit, was ist das Ulli? Ein Zombie?" Ahlers zog mit einem Ruck den Rest einer gummiartigen Hülle aus dem Waldboden. Dann stand er auf und lachte.

„Ich werd verrückt! Eine Fickpuppe!"

Gieseler, der ebenso verblüfft war, setzte noch einen darauf.

„Eine Fickpuppe mit einem *Vagina-Gummiarabikum* oder auf gut Deutsch, einer „Gummipflaume!"

Und dann konnte er sich nicht mehr einkriegen vor Lachen über diese absurde Fundsache.

„Wer ist eine Pflaume, Ulli?"

Kriminaloberkommissarin Malz kam geradewegs auf sie zu.

„Frauke, deine Frage müsste besser lauten, wo ist eine ‚Pflaume'?"

Malz konnte mit dem albernen Verhalten der Kollegen nichts anfangen. Mit wenigen Schritten war sie am „Grab", und betrachtete kritisch das Ergebnis der Spurensuche. Doch als sie sachlich erklärte, dass es sich bei dem Fund um eine Gummipuppe mit freigelegter Vagina handele, staunten beide. Ahlers hatte seine Beherrschung wieder gefunden, und Gieseler murmelte, dass er die Kamera aus dem Einsatzfahrzeug holen müsse.

„Tja, wenn du das so sagst, Frauke, dann wird wohl etwas dran sein."

Aber KOK'in Malz kam nicht von einem fremden Stern.

„Welches perverse Arschloch beerdigt denn hier eine Fickpuppe? Der muss doch krank im Kopf sein." Damit war der Bann gebrochen, und die Ermittler kicherten ausgelassen. Mittlerweile war auch der Spurensicherer mit der Kamera zurück.

„Wir sollten gründlich zu Werke gehen. Man weiß nicht, ob vielleicht doch relevante Spuren zu sichern sind."

Das war der Einstieg für die kriminaltechnische Arbeit. Ahlers umkreiste nachdenklich die Fundstelle.

„Was könnte das hier bedeuten, Frauke?"

Malz war überrascht.

„Unter Berücksichtigung des umgelegten Goldarmbands und der schwarzen Reizwäsche gehe ich davon aus, dass das kein Dumme Jungen Streich ist."

„Sondern?"

„Hier hat ein makabres Begräbnis stattgefunden. Der wahrscheinlich männliche Benutzer oder Besitzer dieser Puppe hatte in ‚ihr' mehr gesehen, als nur den Gummikörper."

Ahlers staunte nicht schlecht.

„Da klingt Tiefenpsychologie durch." „Lass das bitte, Jens!" Malz blitzte ihren Kollegen an. „Ulli sollte auf der Dienststelle seine Q-Tipps zum Abschminken bemühen. Vielleicht kommen wir mit dem Ergebnis dem Bestatter auf die Spur!"

„Ja. Wir werden das mit Bernhard erörtern. Aber man sollte auch aus einer Maus keinen Elefanten machen."

Nach einer weiteren halben Stunde waren die Sexpuppenhülle und die gesicherten Erdproben im Tatortfahrzeug verstaut, und das „Grab" dem Waldboden gleich gemacht worden. Nachdenkliche Ermittler machten sich auf den Weg zur Dienststelle.

7. Der Verlag

In den Gewölberäumen des Untergeschosses hatte Nottbohm erfolgreich seine Arbeit an dem Faksimile abgeschlossen. Zufrieden betrachtete er die vergoldeten Versalien der geschwungenen Schrift auf dem ledernen Einband. Liebevoll strich er darüber und atmete den Duft von altem Leder und teurem Büttenpapier.

Ähnlich liebevoll hatte er am Abend zuvor seine junge Lebensgefährtin gestreichelt. Sie hatte sich nicht gesträubt, als er sie nach dem Fernsehprogramm in das breite Doppelbett gezogen hatte.

Schweigend hatte sie das Schnaufen des alten Mannes über sich ergehen lassen. Genauso schweigend hatte sie es hingenommen, als der ihr die glitzernde Talmikette um den glatten, faltenlosen Hals gelegt hatte. Dann war er an ihrer Seite eingeschlafen.

So liebte er es. Ein völlig unkompliziertes Verhältnis. Nur manches Mal, wenn er vor dem Beischlaf eine ganze Flasche Rotwein allein geleert hatte, wunderte er sich am anderen Morgen, dass Elzbieta, so lautete ihr Katalogname, nicht in der anderen Betthälfte lag, sondern schon auf dem Sofa in der Wohnstube vor dem laufenden Fernseher saß.

Er raffte sich zusammen.

Die alten Unterlagen aus der Verlagsgeschichte mussten gesichtet und sortiert werden. Das konnte interessant werden und eine willkommene Ablenkung darstellen. Sicher waren auch alte Typographien und Schwarz-Weiß-Fotos aus den Anfängen der Buchdrucker-Offizin enthalten.

In seinen ersten Berufsjahren hatte er noch mit dem Seniorchef zusammen gearbeitet, weil dessen Sohn, ein studierter Mediziner, immer noch in sowjetischer Kriegsgefangenschaft war. Aber auch nach dessen Rückkehr war es häufig der Senior, der die Arbeit steuerte, weil sein Sohn körperlich nur eingeschränkt in der Lage war, an den großen Druck- oder Schneidemaschinen zu arbeiten. Die Gefangenschaft im sowjetischen Straflager hatte bei diesem schwere gesundheitliche Schäden verursacht.

Bei einem Streitgespräch zwischen Vater und Sohn hatte er mitbekommen, dass Ferdinand-Louis jahrelang in einem sowjetischen Gulag eingekerkert gewesen war. Der Senior hatte diesem dessen Nazi-Vergangenheit und die Tötung von Kindern in der ehemaligen Heil-und Pflegeanstalt Lüneburg vorgeworfen.

Die alte Türglocke schrillte.

Nottbohm schreckte auf. Der arrogant grinsende Verlagskaufmann-Azubi Rüdiger Weise schob einen hoch mit Kartons und Papierstapeln beladenen Aktenwagen herein.

„Mit besten Grüßen vom Chef, Nottbohm. Wo soll der Schrott hin?"

„Also erstens ist das kein Schrott, sondern die geistige Vielfalt von Jahrzehnten, von der Sie nur träumen können. Und zweitens für Sie immer noch ‚Herr Nottbohm'!"

Der Azubi wurde rot. Wütend schob er den Rollwagen gegen den Arbeitstisch. Einige Bündel rutschten auf den Fußboden. Dann machte Weise kehrt und schlug hinter sich die Tür krachend ins Schloss.

Mühsam sammelte Nottbohm die Bündel zusammen. Es war gestern Abend wohl doch zu viel Rotwein gewesen. Und jetzt noch die freche Klappe des Azubis. Ich bin nicht mehr der Jüngste, aber ich brauche das Geld, dachte er müde.

Der schwere Rollwagen erforderte seine ganze Kraft als er ihn in sein Büro schob. Was in den Unterlagen wohl alles zu finden war?

8. Das Kommissariat

In der nachmittäglichen Dienstbesprechung mit vergrößerter Runde bei Kluge sollte Ahlers berichten. Doch der verließ schmunzelnd die Runde. „Bin gleich wieder da!"

Kluge tat unbeteiligt, bis sich die Zimmertür öffnete, und eine lebensgroße, aufgeblasene Puppe aus Vinyl, von Ahlers um die schmale Taille gefasst, hereingetragen wurde. Ein buntes Küchenhandtuch bedeckte die Blöße.

Einen Moment lang herrschte absolute Stille. Dann brach ein Lärm aus wie bei einer Beförderung.

Als das weibliche Fundstück ganz den Blicken preisgegeben war, sprangen die Anwesenden auf, und scharten sich laut palavernd um die fleischfarbene Sexpuppe aus dem „Grab" im Wald.

Kluge staunte.

Seine Ermittler benahmen sich wie Kinder bei der Bescherung und begrabschten das ungewöhnliche Fundstück. Dabei entglitt Ahlers „unglücklicherweise" das Geschirrtuch, so dass auch der Unterkörper frei lag. Der wies eine starke Ähnlichkeit mit dem grell geschminkten und weit geöffneten Gummimund auf.

Die Kommentare reichten von sachlicher Betrachtung bis zu derben Sprüchen, die nicht für die Ohren der Öffentlichkeit bestimmt waren. Nach einigen Minuten unterbrach Kluge die Vorführung und versuchte die elastische Puppe auf seinen Bürosessel zu setzen. Doch die mehrfachen Versuche misslangen. Die Puppe war nicht zum Sitzen zu bewegen. Ihre natürliche Haltung entsprach dem Liegen oder bestenfalls dem Stehen.

„Das muss man gesehen haben! Unser Bernhard mit der Sexpuppe auf dem Bürostuhl. Nein, unglaublich, ich fasse es nicht."

Mike Gebert, immer für komische Situationen zu haben, drohte vor Lachen zu platzen.

Kluge sah ein, dass er die Vorführung abbrechen musste, und gab Ahlers ein Zeichen. Als dieser zugriff, glitt er am glatten Material ab und fand an den prallen Gummibrüsten Halt. Sein verblüffter Gesichtsausdruck und der immer gleich bleibende, starre Blick der Puppe lösten einen erneuten Lachsturm aus. Auch Kluge wieherte los. Als Ahlers endlich mit dem Beweisstück Nr. 1 gegangen war, rieben sich alle die Lachtränen aus den Augen.

Nach seiner Rückkehr berichtete Ahlers sachlich über den Einsatz im „Lüner Holz". Allen wurde klar, dass hinter der „Beerdigung" der Sexpuppe ein ernsthafter Hintergrund stehen konnte. Die vertrockneten Blumen wiesen auf eine mentale Nähe zwischen Puppe und dem vermutlich männlichem Besitzer hin. Das Vergraben war zweitrangig. Bestenfalls als Ordnungswidrigkeit einzustufen. Trotzdem sollte an der Puppe nach DNA-Spuren gesucht werden.

Malz wurde mit den weiteren Ermittlungen beauftragt. Niemand konnte wissen, ob sich hinter dem „Sexpuppenfall" eine gestörte Täterpersönlichkeit verbarg, die sich nur mit Gummipuppen zufrieden gab. Damit war die Besprechung zu Ende. Das Team löste sich auf. Über diesen Nachmittag würde man noch lange reden.

Punkt 17.00 Uhr fuhr Kluge seinen Rechner herunter, räumte den Aktenkorb weg und schloss seinen Schreibtisch ab. Seine Gedanken schweiften zum unbefriedigenden Beurteilungsgespräch mit seinem Vorgesetzten. Darüber war das letzte Wort noch nicht gesprochen. Aber jetzt war Feierabend.

Auf dem Flur verrichteten zwei Putzfrauen, offensichtlich vom Balkan stammend, ihre Tätigkeit. Ob die Frauen dort auch Angehörige zurück gelassen hatten?

9. Bei Kluge

Draußen erwartete ihn ein frischer Wind. Die Sonne hatte sich wieder verkrochen. Ende März war vom Frühling nichts zu spüren.

Beschwingt setzte er sich ans Steuer, fädelte sich in den Feierabendverkehr ein und erreichte zügig sein Haus in der Gemeinde westlich von Lüneburg. Der Kaffeetisch war gedeckt und ein Stück Apfelkuchen stand breit.

Ungewöhnlich war, dass zu dieser Zeit der Fernseher lief. Farbige Bilder huschten über den großformatigen Bildschirm.

„Nanu, Elaine, Fernsehen so früh?"

„Bernhard, das ist ja entsetzlich. Auf dem Balkan bringen sich die Menschen um, nur weil sie mit ihren Religionen nicht klarkommen. Das ist schlimmer als in Irland!" Ihre Stimme zitterte.

„Schau dir das an!"

Kluge zog sich einen Stuhl heran. Die Bilder von Kampfszenen, in denen Panzer, Raketenwerfer und Kampfflugzeuge kleine Dörfer in Brand schossen, waren Angst einflößend.

„Der Sprecher berichtete von Hunderten von Toten und Verletzten. Und von vielen obdachlosen Männern, Frauen und Kindern."

„Liebes, lass die Bilder nicht zu dicht an dich heran. Das gefällt mir gar nicht!"

Aus den Lautsprechern dröhnten das Rasseln der Panzerketten und das Knattern von Maschinengewehrsalven. Elaine blickte ihn hilflos an.

„Die armen, armen Kinder. Du hättest es sehen sollen!"

„Bitte, lass es gut sein."

Mit einem Tastendruck verbannte er das Kriegsgeschehen aus ihrem Wohnzimmer. Elaine nickte dankbar und ging in die Küche. Wenig später war das Gluckern der Kaffeemaschine das einzige Geräusch. Kluge ließ sich erschöpft in seinen Lieblingssessel niederfallen. Das Klappern von Porzellan und Besteck beim Tischdecken erschien ihm heute unendlich lang.

„Du hast Recht, Bernhard. Lass uns wieder auf unserer friedlichen Insel ankommen!"

„Ja, ja, friedliche Insel!" Kluge stöhnte.

„Was ist los? War es kein guter Tag heute?

Sein Gesicht verzog sich. „Du weißt schon, wegen der Beurteilungsgespräche."

Sie nickte ahnungsvoll.

„Es ist immer das Gleiche. Die Kollegen in der Führungsetage werden uns immer vorgezogen. Und wir", er hob seine Stimme, „wir können uns Tag und Nacht den Arsch aufreißen und kommen einfach nicht zum Zug." Sein Ärger war noch nicht verraucht.

„Dazu kommt noch, dass der Schlaumeier von Kriminaloberrat der Meinung ist, ich hätte nicht das Ziel der Scheiß-Polizeireform verstanden. Ich würde mich zu sehr für die Belange meines Kommissariats einsetzen und nicht das Ganze im Blick haben. Deswegen könnte ich noch kein ‚Sehr gut' bekommen."

„Meinst du, dass der Mann nicht ein kleines bisschen Recht haben könnte? Er muss bestimmt seinen Auftrag erfüllen und eure Reform weiter umsetzen."

„Aber doch nicht so. Der Mann hat kein Feeling und nur seine Karriere vor Augen. Wichtiger ist mir ein funktionierendes Team, das auf Vertrauen und Kompetenz aufgebaut ist. Das erkennt dieser Überflieger nicht."

„Und wenn du versuchen würdest, ein Stückchen von deiner Einstellung abzuweichen? Zumindest deinem Vorgesetzten zu signalisieren, dass du seinen Standpunkt akzeptierst, mon Coeur?"

Sie hatte einen wunden Punkt getroffen. Mürrisch brummte er. „Was sollen meine Mitarbeiter von mir halten, wenn ich plötzlich meinen Standpunkt ändere?"

„Das muss ja nicht so abrupt sein. Sie werden dich bestimmt unterstützen, weil sie wissen, was sie an dir haben."

„Ich muss darüber nachdenken. Das ist nicht so einfach."

„Ich weiß. Aber du tust es für dich, für uns." Ein kleines Lächeln erschien auf seinem runden Gesicht. Das war der Anlass für ihre nächste Frage.

„Gab es denn gar nichts Angenehmes? Hast du nicht mal wieder eine neue Karin kennen gelernt?"

Er grinste. Seit der Begegnung mit der attraktiven Kanzleivorsteherin aus Hann. Münden im letzten Jahr konnte Elaine es sich nicht verkneifen, ihn dann und wann damit aufzuziehen.

„Nein, das nicht. Aber dafür eine gut aussehende Sexpuppe."

Ihre Reaktion ließ nicht lange auf sich warten.

„Sexpuppe? Du willst mich auf den Arm nehmen, *Bernard* oder?" Ein schelmisches Lächeln blitzte auf. „Habt ihr denn so etwas nötig? Oder ist die Puppe ein Lockvogel für Spanner?"

Nun war es mit Kluges Zurückhaltung vorbei. Betont sachlich erzählte er von der neuesten Errungenschaft in der Asservatenkammer. Doch dann konnte er sich nicht mehr bremsen, als es verräterisch um ihre Mundwinkel zuckte.

„Dabei durfte ich dir das eigentlich nicht sagen", kicherte Kluge. „Das fällt unter Dienstgeheimnis, und du musst darüber schweigen."

„Jawohl, *mon ami*. Ich werden schweigen wie ein Grab!"

„Ja, so ein ‚Grab' kann es schon in sich haben", kicherte er immer noch. Aber nun leg mir bitte ein Stück vom leckeren Apfelkuchen auf."

Den mochte er fast so gern wie Mohnkuchen. Elaine hatte das Rezept von ihrer Mutter aus dem Elsass. Dazu gehörten Zimt und natürlich ein Calvados. Und dann sprudelte er die ganze Geschichte heraus. Elaine bekam große Augen, und spitze Ohren, und einen Lachanfall nach dem anderen. Es dauerte eine ganze Weile, bis sie sich wieder beruhigt hatte.

„Themenwechsel", klinkte Kluge sich aus.

„Gibt's was Neues von den Kindern?" „Tanita hat Probleme mit ihrem Jörg. Der kommt immer so spät aus der Firma und muss häufig am Wochenende arbeiten."

„Na und", knautschte er mit vollem Mund. „Das muss ich auch häufig genug. Das ist doch kein Grund zur Aufregung. Oder hat er was am Laufen?"

„*Bernard*, was denkst du von unserem Schwiegersohn?" Eine steile Falte erschien auf ihrer Stirn.

„Du bist bald 30 Jahre verheiratet, und nicht erst im kritischen fünften Ehejahr. Männer!"

Sie seufzte gekünstelt.

Beide Eheleute hatten sich nach Kluges lebensgefährlicher Begegnung mit dem Sektenführer auf der Fähre nach Helsinki in vielen, langen Gesprächen darauf verständigt, jeden Tag ihres Lebens bewusster wahrzunehmen. Und die gemeinsame Zeit nicht nur von seinem Beruf bestimmen zu lassen. Das Paar hatte therapeutische Hilfe in Anspruch genommen, um die traumatischen Folgen seines Kampfes auf Leben oder Tod auf der „Finnjet" abzubauen. Danach war er ein anderer geworden. Aufmerksamer für die Wünsche seiner Frau. Etwas gelassener in seinen Aufgaben im Dienst, was nichts anderes hieß, als mehr zu delegieren, ohne sich aus seiner Verantwortung als Leiter zu lösen.

„Aber nun, *mon cher Bernard*, ist es Zeit, dich um deinen Hund zu kümmern." Sie schmunzelte. Das war das offizielle Ende der Kaffeepause.

Nachdenklich blickte er in den Garten. Dort begann es, sich vorsichtig in den Beeten zu regen. Neben den vielen erwarteten Frühjahrsblumen, würde der sich alljährlich wiederholende Kampf mit dem Giersch beginnen.

10. Der Entschluss

Der Nachmittag war für Nottbohm ruhig verlaufen. Nach dem Auslegen der zahlreichen Dokumente war er daran gegangen, sich in die Schriftstücke einzulesen. Zuvor hatte er sich mit nummerierten Kärtchen ein überschaubares System angelegt.

Er staunte, dass sich so viel Material über den Verlag zur Jahrhundertwende vorfand. Teilweise waren die alten Schriften und die Schwarz-Weiß-Fotos der Ahnen des alten Druckergeschlechtes leicht vergilbt. Aber dieses erhöhte die Authentizität. Auf einigen, der auf Pappe aufgeklebten Fotos war der Senior als flotter, junger Mann mit „Vatermörder" und Zylinder zu sehen. Dann Bilder von der Hochzeit unter blühenden Kirschbäumen an der Ilmenau. Auch von dem alten Druckmaschinenpark gab es Fotos.

Nottbohm schreckte hoch, als Schumacher plötzlich neben ihm stand.

„Bleiben Sie sitzen, Nottbohm. Ich sehe, Sie haben alles sehr übersichtlich geordnet. Ich bin zufrieden. Ach, und noch etwas, Nottbohm: Der Senior hat mir was von Nazi-

Schriften gesagt, die zwischen den Stapeln sein könnten. Sortieren Sie die heraus. Ich werde entscheiden, was mit in die Chronik kann. Haben Sie mich verstanden?"

„Unterlagen aus der Nazizeit? Was soll das denn sein?"

„Was weiß ich. Ihnen ist doch bekannt, dass mein Vater Mitglied der NSDAP war. Wahrscheinlich finden sich noch einige alte Urkunden oder Kriegsauszeichnungen zwischen den Papieren. Mir ist das peinlich genug. Deshalb sollen Sie mir diese Schmarren vorlegen!"

Schumachers Stimme klang gereizt. Und als ob ihm das Gespräch mit dem alten „Besserwisser" schon wieder zu viel gewesen wäre, wandte er sich abrupt ab und knallte die schwere Tür hinter sich zu. Das war typisch für den Chef.

Dessen Vater Mitglied der NSDAP? Das hatte er nicht gewusst, obwohl er sich so manches Mal darüber gewundert hatte, als der Kriegsheimkehrer die braune Vergangenheit lobte. Wenn er diesem dann die Judenvernichtung und die Konzentrationslager entgegen gehalten hatte, war der in Rage geraten. Er hatte das als Propagandalügen der Alliierten und Juden bezeichnet.

Er erinnerte sich an das damals mitgehörte Streitgespräch, in welchem der Senior seinem Sohn die Beteiligung an der Tötung von Kindern vorgeworfen hatte.

Davon hatte er nichts gewusst. Aber in seiner Kindheit hatte er oft gehört, dass geistig kranke Kinder in die „Anstalt" gehörten. Als er seine Mutter gefragt hatte, war diese sehr ernst geworden und hatte ihm gesagt, dass damit die Heil- und Pflegeanstalt am Wienebütteler Weg gemeint sei. Dort seien zu Kriegszeiten viele kranke Kinder umgekommen.

Was war das für eine Zeit gewesen? Entsetzlich! Er schüttelte den Kopf.

Zeit, Feierabend zu machen. Morgen ist Schumacher außer Haus. Da habe ich Ruhe für den alten Kram, dachte er.

Am anderen Morgen stand er schon früh um sechs an seinem Arbeitsplatz. Gründe waren eine unruhige Nacht und starke Rückenschmerzen. Als er schmerzgeplagt nach Tabletten gesucht hatte, war Elzbieta weiterhin auf der

Couch liegen geblieben. Nach dem Frühstück hatte er sich zornig auf den Weg gemacht. So ging das nicht weiter mit ihr.

Das nasskalte Schmuddelwetter war auch nicht geeignet, seine Stimmung zu verbessern. Man müsste genügend Geld haben, dachte er. Dann könnte man dahin verreisen, wo zwölf Stunden am Tag die Sonne schien. In der Zeitung hatte er einen Prospekt über Thailand gefunden. Er wusste von den käuflichen Frauen. Mit genügend Geld in der Tasche könnte er sich jeden Tag eine andere Frau suchen, und bräuchte sich nicht mit Elzbieta rumzuärgern.

Zielstrebig wandte er sich den dicken Papierstapeln zu. Schumachers Hinweis auf die Nazi-Dokumente hatte seine Neugier geweckt.

Er schob seine Brille in die Kitteltasche und griff in einen DIN A4 Karton. Darin befanden sich Dutzende von Zeitungsausschnitten in alter Frakturschrift und viele Schwarz-Weiß-Fotos. Die teilweise halbseitengroßen Fotos gaben Szenen von militärischen Aufmärschen der SA in der alten Salzstadt Lüneburg wieder.

Mit Hilfe seiner Lupe wurden Straßen und Plätze des alten Lüneburg deutlich, versehen mit Texten, die das Geschehen erklärten. Einige der Örtlichkeiten erkannte er wieder.

Dann fiel ihm ein großformatiges Foto vom Aufmarsch der SA anlässlich des Besuchs des „Führers" vor dem Lüneburger Rathaus in die Hände. Mit zahllosen Fahnen und Transparenten darauf. Man konnte förmlich die Stimmen, den Lärm und Jubel der mehrere Tausende zählenden Menge hören, die den mittelgroßen Mann mit dem Oberlippenbart und dem nach oben gerichteten, rechten Arm frenetisch begrüßten.

Ihm war nicht bekannt gewesen, dass dieser Mann, der die halbe Welt in Unglück und Zerstörung stürzen sollte, am 20. Juli 1932 in der alten Salzstadt eine Propagandarede gehalten hatte. Ob sich wohl sein früherer Chef auch in der Menschenmenge befunden hatte? Für die Chronik konnte er die Fotos gebrauchen. Als er den dicken Papierstapel wieder in den Karton schieben wollte, gelang es ihm nicht.

Kurzentschlossen schüttelte er den Karton. Etwas Braunes löste sich daraus und fiel zu Boden. Es sah aus wie ein kleines Buch, daumendick und mit einer Lederkordel zusammen geschnürt. Er hob es auf und eilte zu seinem Arbeitstisch. Auf dem hellbraunen Leineneinband war ein Hakenkreuz eingeprägt. Mit zitternden Händen löste er die mürbe Kordel. Dann lagen Dokumente vor ihm, die er vorsichtig umblätterte. Es war ein Tagebuch des Grauens. Auf Seite eins stand groß – *T4-Aktion* –. Auf Seite zwei waren der Namen des Verfassers und der verblasste Stempel einer Dienststelle zu erkennen. Sowie ein handgeschriebenes Datum aus dem Jahr 1941.

Er überflog die seitenlangen Listen, geschrieben in der Handschrift des Mannes, der Arzt gewesen war. Namen, Daten, Bemerkungen gaben eine schreckliche Auskunft über die Tätigkeit des „Reichsausschusses" in Berlin, der damaligen Reichshauptstadt.

Es bestand kein Zweifel daran, dass der damalige Arzt Ferdinand-Louis Schumacher, Vater des jetzigen Chefs, an der Tötung von geisteskranken und körperlich behinderten Kindern beteiligt gewesen war.

Das waren also die Dokumente, von denen Schumacher junior gesprochen hatte und deren Bekanntwerden er um jeden Preis verhindern wollte. Die gehörten wahrhaftig nicht in die Chronik des altehrwürdigen Lüneburger Verlagshauses. Sie würden den guten Ruf des Verlages für alle Zeiten zerstören, dachte er erschrocken.

Ein Geräusch ließ ihn zusammenfahren. Blitzschnell verschwand das Tagebuch in seiner Schublade. Keine Minute zu früh.

Mit frechem Grinsen schob sich das bekannte Gesicht des Azubis durch die Tür.

„Morgen, Nottbohm", quetschte er lässig heraus. „Ich soll Ihnen vom Chef noch ein paar Unterlagen bringen, damit es Ihnen heute nicht langweilig wird."

Dabei wuchtete er einen weiteren Papierstapel auf Nottbohms Tisch, machte kehrt und verschwand so eilig, wie er gekommen war. Wäre er etwas länger geblieben, hätte ihm das leichenblasse Gesicht des alten Mannes auffallen müssen. Der saß am Schreibtisch. Seine Hände zitterten, als er das Tagebuch in seine abgeschabte Aktentasche steckte. Er war sich noch nicht im Klaren darüber, was er damit machen würde. Ganz bestimmt würde es aber nicht seinen Chef erreichen.

11. Das Kommissariat – zur selben Zeit

„Halt, halt, Kollegen! Ich wollte noch wissen, was die Untersuchung an der Gummipuppe ergeben hat. Gibt's was Neues, Frauke?" Malz blieb stehen.

„Das LKA hat mit der PCR-Methode eine unsaubere DNA-Spur herausgefunden. In der sind leider zu viele Fremdkörper enthalten, wahrscheinlich Schmutzteilchen. Daher konnte kein genaues DNA-Profil erstellt werden."

„Und deshalb ist eine Zuordnung ohne Vergleichs-DNA vom Verursacher nicht möglich?"

„Richtig! Aber die Auswerter sind sich sicher, dass die DNA von einem Mann stammt."

„Na, das ist doch schon etwas. Da brauchen wir unter 68.000 Lüneburgern, respektive 30 bis 35.000 Männern ab 16 Jahren, nur noch unseren Puppenfreak herauszufinden."

Kluge schickte ein belustigtes Grinsen hinterher.

„Wir werden uns Mühe geben. Übrigens für alle ‚Interessierten.' Ich habe mal im Netz gesurft. Ihr könnt euch nicht vorstellen, was es für einen Markt mit einem Riesenangebot an zweibeinigen Modellen gibt. Alle in Vinyl. Alle Größen, alle Hautfarben, sitzend, liegend."

„Hört, hört, die brave, glücklich verheiratete Kollegin. Du suchst wohl 'ne stumme Freundin, was?"

Wieder war es Mike Gebert, frech und vorlaut, wie ihn jeder kannte. „Das werde ich deinem Mann flüstern."

„Wehe dir, dann fahre ich demnächst allein auf Ermittlungen."

Kluge machte den Bremser. „Okay, okay, ehe es noch schlüpfriger wird, sollten wir uns Gedanken machen, wer hinter dieser makabren ‚Beerdigung' stecken könnte. Das impliziert, welcher Typ von Mann befriedigt sich mit einer Sexpuppe?"

Langes Schweigen.

„Denkt doch mal an eure FHS-Semester im Fach Psychologie und Kriminologie."

Malz hob die Hand.

„Es könnte ein Mann sein, der ein kaputtes Mutterbild besitzt und bei Frauen abgeblitzt ist. Seine Mutter hat ihn nie losgelassen, und ihn wahrscheinlich noch als großen Jungen gebadet und angezogen." Sie fuhr fort. „Natürlich ist das hypothetisch, aber er könnte Angst vor Frauen haben, weil ihn seine Mutter gehindert hat, eine Beziehung aufzunehmen. Wahrscheinlich hat er nie sexuelle Erfahrungen mit einer Frau machen können."

Die Ermittler nickten nachdenklich.

„Und dann hat er den Weg zu Prostituierten gesucht, war dort wieder ausgelacht worden und abgeblitzt. Vielleicht war es nie zu einer Erektion gekommen."

Gebert ergänzte Malz' Bewertung.

„Und das war der Schritt zu den Sexpuppen. Da war er Macher, und bestimmte, wo es lang ging. Und niemand lachte ihn aus." Das klang schlüssig.

„Aber was hat es mit den Tulpen auf sich, die auf dem Grab abgelegt waren? Und dem Talmi-Schmuck? Das spricht doch für eine gewisse, wenn auch absurde Wertschätzung. Könnte das mit der Trauer um seine tote Mutter zusammenhängen", wollte Jutta Schneider wissen.

„Wir wissen es nicht. Aber vieles spricht dafür, dass wir es mit einem Junggesellen, wahrscheinlich lebensälter, zu tun haben. Er wechselt das Modell, weil er es satt hat und beerdigt es. Und das kann bedeuten, dass es vermutlich nicht die letzte Puppe ist, die wir finden werden."

„Hoffentlich nur Puppen und keine Leiche!" Kluge zog den Schlussstrich.

„Frauke, versuche Kontakt zu Internet-Anbietern aufzunehmen. Vielleicht gibt es einen Hinweis auf Kunden aus Lüneburg.

„Geht klar, Bernhard."
„Und nun einen angenehmen Feierabend, Kollegen."

12. Die Umsetzung

Das Leben von Hans-Werner Nottbohm hatte sich seit einer Woche grundlegend geändert. Elzbieta war eines Nachts ohne Erklärung verschwunden. Trotzdem war er froh darüber. Seinem Traum, aus dem regennassen Lüneburg in warme Gefilde zu fliehen und schöne, junge Frauen besitzen zu können, war er ein Stück näher gekommen.

Im „Live Your Dream"-Reisebüro Am Markt hatte er sich eingehend über Reiseziele in Thailand informieren lassen. Er war überrascht von der Angebotsvielfalt. Im Internet hatte er sich über Clubs und das Nachtleben der Hauptstadt Bangkok informiert. Finanzielle Grundlage für seine Träume war der Besitz des unterschlagenen Tagebuches. Deshalb hatte er bei Schumacher um kurzfristigen Urlaub nachgesucht.

Schumacher hatte ihn verwundert in sein Büro bestellt, als er in Nottbohms Personalakte mit Erstaunen feststellen musste, dass dieser seit drei Jahren keinen Urlaub in Anspruch genommen hatte. Auf die Frage, wie lange er denn wegbleiben wolle, hatte der vielsagend gelächelt und gemeint, dass das von Schumachers gutem Willen abhängen würde.

Doch der hatte den Doppelsinn der Antwort nicht verstanden.

Daraufhin hatte Nottbohm ein halbes Dutzend kopierte Seiten aus dem „Tagebuch des Grauens", wie er es nannte, über den Tisch geschoben. Genügend, um Schumacher aufschrecken zu lassen. Doch die „Trumpfkarte" aus dem Tagebuch, die schriftlichen Anordnungen zur Todesspritze, hatte er noch zurückbehalten.

Schumacher hatte wütend gebrüllt, dass er Nottbohm *jetzt* verstanden habe. Doch der hatte mit ruhiger Hand eine fünfstellige Zahl auf einen Bogen Papier geschrieben.

Schumacher war dunkelrot angelaufen. Das sei Erpressung. Er würde die Polizei informieren.

„Was wollen Sie den Beamten denn sagen? Dass Ihr Vater einer der blutrünstigen Schergen war, der im Dritten Reich am Wienebütteler Weg Kinder, Jungen und Mädchen umgebracht hat. Im Tagebuch Ihres Vaters ist das haargenau nachzulesen. Ich habe nur einen Ausschnitt kopiert. Und was meinen Sie, was die Presse damit machen wird? Ihr Verlag wäre für alle Zeiten ruiniert."

Schumacher hatte eine Weile geschwiegen.

„Nottbohm, warum tun sie mir das an?"

Der hatte erwidert, dass das die Retourkutsche für die jahrelange Schinderei sei. In zwei Tagen müsse der Tausch – Tagebuch seines Vaters gegen 50.000 DM – über die Bühne gehen. Dokumente gegen Geld. Kopien habe er bei einem Anwalt deponiert für den Fall, dass es Schumacher einfallen sollte, ihn zu beseitigen. Mit dem Anwalt sei ein Rückruf nach der Geldübergabe vereinbart worden. Schumacher hatte schließlich dem Handel zähneknirschend zugestimmt.

Danach hatte Nottbohm seine persönlichen Habseligkeiten gepackt und die schmutzigen Arbeitskittel in den Sammelbehälter geworfen. Nach einem letztem Blick auf seinen Arbeitsplatz hatte er die Eingangstür endgültig hinter sich geschlossen.

Nun lagen nur noch ein Tag und eine Nacht vor der Geldübergabe. Sie sollte auf Bahnsteig 2 des Lüneburger Bahnhofes stattfinden. Morgens, 06.55 Uhr, drei Minuten vor Abfahrt des immer vollen Regionalzuges zum Hamburger Hauptbahnhof. Von dort würde er eines der zahllosen Taxis zum Flughafen benutzen, von dem drei Stunden später die Maschine nach Bangkok abheben würde. Die Drohung mit dem Rechtsanwalt war frei erfunden. Er hatte Schumacher als Schwächling kennen gelernt, der nur auf seinen Beschäftigten „herumtreten" konnte.

13. Der Bahnhof

Auf Bahnsteig 2 des Lüneburger Bahnhofes drängten sich viele Fahrgäste, die um 06.58 Uhr mit dem Inter Regio 2123 nach Hamburg fahren wollten. In Zweierreihen standen sie an den Gleisen, erwartungsvoll auf die Durchsagen lauschend. Sturm peitschte an diesem Morgen über die Gleise.

Einer der ungeduldig Wartenden hatte sich mit seiner Wachsjacke und Kapuze dagegen geschützt. Fest umklammerte er die olivfarbene Segeltuchtasche und konzentrierte sich auf die Begegnung mit dem Kurier. Deshalb hatte er sich auf dem Bahnsteig weit nach vorn gestellt, dort wo der erste Waggon hinter der Lok zum Stehen kommen sollte.

Ein Blick auf die Uhr. Wo blieb der Geldbote? Der einfahrende Zug wurde angekündigt. Noch eine Minute. Ohne Kohle würde alles umsonst sein. Dann plötzlich ein fester Griff an seiner Schulter. Ein großer, kräftiger Mann in schwarzer Lederjacke stand direkt hinter ihm. Kariertes Cap und Sonnenbrille ließen das Gesicht im trüben Morgenlicht nicht erkennen. Wortlos schwenkte der Mann eine dünne Aktenmappe und machte eine auffordernde Bewegung. Der Wartende verstand.

Schon rollte der Zug heran.

Vier Hände wechselten die begehrten Inhalte, Geld und Dokumente, verpackt in Segeltuchtasche und Aktenmappe. Jetzt konnte nichts mehr schief gehen. Dann knirschten die stählernen Bremsen. Der Reisende trat ein paar Schritte nach vorn, und erhielt plötzlich einen gewaltigen Stoß. Er verlor das Gleichgewicht, geriet ins Stolpern und stürzte mit einem grauenvollen Schrei direkt zwischen die Räder der einfahrenden Lokomotive. Keiner der Einsteigenden hörte diesen Schrei, weil auf Gleis 1 ein schier endlos langer Containerzug durch den Bahnhof dröhnte. Nur der Fahrgast, der im ersten Waggon am Fenster stand, hatte die grausame Szene beobachtet.

Als sich der Zug wieder in Bewegung setzte und den Bahnhof verließ, blieb auf den tiefer gelegenen Gleisen ein zerquetschter, lebloser Haufen Mensch in einer grünen Wachsjacke zurück.

Der Fahrgast im vorderen Abteil war vor Entsetzen zitternd auf seinen Platz gesunken. Seine Pläne hatten sich in Luft aufgelöst. Der Kurier mit Cap, Lederjacke und Sonnenbrille hatte längst den Bahnsteig verlassen und war unbehelligt in der Morgendämmerung untergetaucht.

Auf dem Führerstand hatte der Lokführer einen leichten Stoß verspürt. Er beschloss bei seiner Dienststelle in Hamburg Meldung zu machen. Da aber nach einem anstrengenden Nachtdienst seine Schicht endete und er schon an seine täglichen Erledigungen dachte, hatte er seine Meldung längst vergessen.

14. Stunde der Wahrheit

Im Büro des alten Barockhauses wähnte sich zwei Tage später ein zufriedener Friedrich-Wilhelm Schumacher im Besitz der belastenden Dokumente. An beiden Tagen hatte er die Segeltuchtasche nicht angerührt. Entspannt griff er zur eckigen Flasche mit dem klaren Inhalt. Es gluckerte leise, als er sein Glas bis zum Rand mit Aquavit auffüllte.

Er zog den schmalen Karton aus der Tasche und entfernte hastig die braunen Klebestreifen. Doch als er erwartungsvoll den Deckel abnahm, traute er seinen Augen nicht. Vor ihm breiteten sich nur Zeitungsschnipsel aus, handgroß, wahllos übereinander gehäuft. Mit einem Schrei, der nichts Menschliches an sich hatte, schleuderte er den Karton auf den Fußboden und trampelte wutentbrannt darauf herum. *„Nottbohm, du verdammtes Schwein! Das wirst du bereuen!"*

Die Dokumente futsch, fünfzig Riesen aus dem Fenster geworfen und obendrein noch zwei Tausender für den Geldboten. Oder sollte sich der die Dokumente angeeignet haben? Mit fahrigen Händen prüfte er den Karton. Aber nichts ließ erkennen, dass dieser bereits geöffnet worden war.

Verflucht, ich hätte die Übergabe selbst in die Hand nehmen sollen. Wütend schüttete er sich den Rest des scharfen Getränks in die Kehle.

Ihm war die Initiative aus der Hand geglitten, und der verfluchte Nottbohm hatte sich mit fünfzig Riesen und den Dokumenten aus dem Staub gemacht. Ich hätte dem alten Sack nie vertrauen dürfen. Doch dann schoss ihm ein Gedanke durch den Kopf.

15. Das Kommissariat

Die beiden Kripobeamten aus dem Fachkommissariat 2, die die neue Ermittlung an einer „Grabstelle im Wald" aufgedrückt bekommen hatten, waren davon nicht besonders begeistert.

Grund für den sachfremden Auftrag war, dass sich Kluge mit seinen Leuten um einen Scheunenbrand an der Elbe kümmern musste.

Trotz ihrer lustlosen Tätigkeit war die Ausgrabung erfolgreich. Und wieder war es eine unbekleidete Sexpuppenhülle die sich ihnen präsentierte.

Der zweite ungewöhnliche Fund löste auch bei den Ermittlern des anderen Fachkommissariats einen Lachanfall nach dem anderen aus. Aber das Objekt war für beide Ermittler, die sich mit verbotenen Pornovideos beschäftigen mussten, nicht wirklich etwas Neues.

Gieseler registrierte den Tatzusammenhang mit dem vorangegangenen Fund. Auch die verwelkten Tulpen ließen Rückschlüsse auf denselben Täter zu. Deshalb gab er sich bei der Spurensuche viel Mühe. Und er wurde fündig. Um den Hals der Sexpuppe war eine vergoldete Kette mit einem Topasanhänger geschlungen. Er stelle sie als Beweismittel sicher und würde sie Kluge vorlegen. Zur Zufriedenheit seiner Kollegen, die sich um nichts mehr kümmern mussten.

16. Karl-Heinz Nottbohm

Chefermittler Kluge hatte eine unruhige Nacht verbracht. Viele Gedanken hatten ihn wach gehalten. Hatte er bei der Brandursachenermittlung in Garlstorf an der Elbe etwas übersehen? Sollte wirklich „Mäusefraß" an der freiliegenden Stromleitung zu dem satten Kurzschluss geführt haben? Oder steckte ein „warmer Abriss" der hundertjährigen Scheune dahinter?

Er wälzte die Akte hin und her, als es leise klopfte.

„Komm schon rein, Jens!"

Doch dann sprang er überrascht von seinem Platz auf. Ein unbekannter, älterer Mann, grauhaarig und mit vielen Falten im Gesicht stand unschlüssig im Türrahmen. In der rechten Hand eine abgetragene Aktentasche.

„Nanu, wer sind Sie?" Sein scharfer Ton schien den Mann noch mehr einzuschüchtern.

„Mein Name ist Nottbohm, Karl-Heinz, und ich möchte etwas sehr Wichtiges mitteilen."

„Mir? Haben Sie sich da nicht geirrt? Und wie sind Sie überhaupt hier herein gekommen?"

Nottbohm hüstelte verlegen.

„Unten an der Wache hat man gesagt, ich soll zu dem Kriminalleiter Kluge gehen. Da wäre ich genau richtig."

„Herr Nottbohm, das ist doch Ihr Name? Ich bin der, den Sie suchen. Doch ich bin kein Kriminalleiter, sondern der Kommissariatsleiter." Kluge schmunzelte. „Und nun nehmen Sie dort mal Platz und erzählen mir, was so wichtig ist."

Nottbohm fuhr sich verlegen durch das Haar und setzte sich. Dabei umklammerte er den Griff der alten Aktentasche, als ob er englische Kronjuwelen transportierte. Holpernd begann er.

„Ich habe gesehen, wie vor zwei Tagen, ganz früh, auf dem Lüneburger Bahnhof, ein Mann vor den Zug gestoßen wurde. Ganz deutlich! Von einem anderen, der eine Sonnenbrille, eine Lederjacke und ein Cap trug." Er stellte seine Tasche ab und zog ein buntes Taschentuch hervor. Damit tupfte sich über die Stirn.

Kluge stutzte. „Moment bitte, Herr Nottbohm." Er griff zum Hörer und drückte eine Taste.

„Jens, komm bitte mal dazu und lass dir von Ronda die Durchschrift von der Leichensache auf dem Lüneburger Bahnhof geben."

Er wandte sich an seinen Besucher.

„Herr Nottbohm, irren Sie sich auch nicht? In dem Bericht der Bundespolizei an uns steht, dass ein Mann vor den Regionalzug nach Hamburg gestürzt ist. *Gestürzt ist*, Herr Nottbohm. Nicht gestoßen wurde! Die Kollegen konnten bisher keine Zeugen ermitteln."

Der schüttelte seinen Kopf. „Aber das stimmt nicht, Herr Kommissar. Ich habe das genau mit angesehen!"

„Sie haben das mit angesehen, wirklich?"

Nottbohms Stimme klang ärgerlich.

„Also, ich muss es doch wissen. Ich hatte auf dem Gang des ersten Waggons gestanden und raus gesehen. Und ein Mann wollte in meinen Waggon einsteigen. Dann sah ich ganz deutlich, wie ihm der große Mann einen kräftigen Stoß von hinten versetzte. Der Mann stolperte nach vorn und fiel auf die Gleise. Direkt vor meinen Augen." Nottbohm zitterte vor Aufregung.

Die Tür öffnete sich. Ahlers trat ein. In der Hand den Bericht der Bundespolizei. Er zog sich einen Stuhl heran und lächelte Nottbohm freundlich an.

„Danke, Jens!" Kluge blätterte und las laut.

„Hier steht – *Todesursachenermittlung – Verdacht auf Suizid eines unbekannten Mannes –*. Nicht mehr und nicht weniger, Herr Nottbohm."

„Aber wenn ich Ihnen das doch sage. Es stimmt, und ich glaube, dass der Mann mit der Sonnenbrille dazu angestiftet wurde, von…" Er geriet ins Stottern.

„Na, das wird ja immer verrückter. Ein Anstifter sogar? Kennen Sie ihn etwa auch noch?" Die Ermittler blickten sich verunsichert an.

„Ja. Mein ehemaliger Chef, Friedrich-Wilhelm Schumacher aus Lüneburg!"

Kluge stand auf. „Herr Nottbohm, das ist ja eine ganz wilde Geschichte, die Sie uns da auftischen. Sie haben doch heute Morgen nicht schon an der Flasche gehangen?"

Es dauert eine kleine Weile bis Nottbohm begriff. Dann sprang er wütend auf. „Wenn mir die Kommissare nicht glauben, dann kann ich ja wieder gehen. Direkt zur Redaktion der Tageszeitung."

Hastig griff er nach seiner Aktentasche, zu hastig. Sie fiel zu Boden, der Verschluss öffnete sich und gab den Inhalt frei. Ein Stapel vergilbter Schriftstücke breitete sich vor Kluges Schreibtisch aus.

Nottbohm erstarrte. Mühsam bückte er sich. Doch Ahlers war schneller.

Mit einer einem Taschenbuch ähnlichen Broschüre trat er an den Schreibtisch. Er überflog den Text, der in Sütterlin geschrieben war. Grausamkeiten aus der Nazizeit. Über fünfzig Jahre zurück.

Kopfschüttelnd reichte er sie Kluge. Der war neugierig geworden. Ungewöhnliche Stille breitete sich minutenlang aus. Nottbohm hatte sich gesetzt und blickte erschrocken auf die Ermittler.

„Herr Nottbohm, sind das Ihre Unterlagen?" Kluge starrte seinen Besucher wie einen Geist an.

„Das sind ja ganz üble Schriftstücke!"

„Ja und nein. Das wollte ich ja gerade erzählen, Herr Kommissar."

„Moment, Herr Nottbohm!" Er wandte sich an Ahlers. „Es ist gleich zehn, und ich muss zur Besprechung. Mach bitte weiter."

„Haben Sie das mitbekommen, Herr Nottbohm. Herr Ahlers kümmert sich um Sie, doch Sie sollten wissen, dass Sie als Zeuge die Wahrheit sagen müssen." Kluges Stimme war schärfer geworden.

Nottbohm zuckte zusammen.

„Was ich zu sagen habe, ist die reine Wahrheit. Ich habe nichts zu verbergen, Herr Kluge."

„Umso besser. Ihre Schriftstücke bleiben zunächst hier."

Zwei Stunden später kehrte er genervt von der Besprechung zurück. Wieder neue Vorschriften und Erlasse von der Leitungsbehörde und aus dem Innenministerium. Er hatte sich noch nicht beruhigt, als Ahlers eintrat.

„Mit seiner Aussage sitzt der alte Nottbohm ganz schön in der Scheiße!"

„Wie das?" Kluge war noch nicht bei der Sache.

„Du weißt doch, der Suizid am Bahnhof." „Ja, ja, natürlich. Hat er seine belastende Aussage zurückgenommen?"

„Nein, im Gegenteil. Eher bekräftigt. Er sprach von seiner Geldforderung an den ehemaligen Chef Schumacher wegen der Nazidokumente, die diesem gehören. Nottbohm will diese für eine Festschrift aussortiert haben. Doch dann kam er auf die Idee einer Erpressung, Nazi-Dokumente gegen Geld. Sein Chef war darauf eingegangen, so dass einer Übergabe nichts mehr im Weg stand. Ursprünglich wollte Nottbohm das Ding am Lüneburger Bahnhof selbst durchziehen. Aber dann hat er seinen Kumpel um den Gefallen gebeten." Ahlers wedelte mit dem Protokoll.

„Ich konnte ihn gerade noch stoppen, und ihm erklären, dass er als Beschuldigter wegen der möglichen Erpressung zum Nachteil seines Chefs keine Aussagen machen muss. Aber er ließ sich nicht bremsen."

Kluge rieb sich heftig die Nase.

„Ich verstehe nur Bahnhof. Das musst du mir genauer erklären." „Okay, Chef!"

Und dann schilderte er, dass Hans-Werner Nottbohm, 64 Jahre, ledig, Schumacher mit dem Fund von Nazischriften und -dokumenten erpressen wollte. Mit dem Geld, fünfzig Riesen, wollte er sich in Thailand einen schönen Lebensabend machen. Übergabe: Bahnsteig 2. Nottbohm saß bereits im Zug. Er war mit einem Taxi nach Bienenbüttel gefahren und dort eingestiegen. Eigentlich sollte die Sache so laufen – Übergabe Geld gegen Dokumente – wenn der Zug einfuhr. Danach sollte der Kumpel mit der Kohle zu ihm in den Zug steigen." Ahlers hob seine Stimme.

„Und nun ist er sich ganz sicher, dass Schumacher eigentlich ihn hatte umbringen lassen wollen und eine Verwechslung seinem Bekannten das Leben gekostet hat."

„Das ist wohl ziemlich dünn gestrickt!"

„Das sehe ich auch so. Andererseits ist Nottbohm völlig fertig, dass sein Bekannter, Rudolf Gerstenmeier heißt der, bei der Geldübergabe ermordet wurde. Er macht sich große Vorwürfe. Das ist auch der Grund, weshalb er mit der Geschichte zu uns kam."

„Und weiter? Gibt es konkrete Hinweise auf die Knete?

„Bisher noch nicht. Nottbohm will beobachtet haben, wie der Unbekannte seinem Kumpel einen Stoß gegeben hat." „Und konnte er den angeblichen Täter beschreiben?" „Ja, und seine Beobachtung ist gar nicht so schlecht!"

„Aber wieso befinden sich die Dokumente immer noch in seinem Besitz?"

„Der Frage bin ich auch nachgegangen. Nottbohm hatte dem Kurier eine Tasche mit Altpapier untergeschoben!"

Kluge griente.

„Sieh an, dieser alte, naive Erpresser setzte in seiner Betulichkeit noch einen obendrauf…"

„Um nach dem Verbraten der Kohle dasselbe Ding noch mal abzuziehen?"

Das war nicht abwegig.

„Aber die Kohle will er nicht erhalten haben! Wie auch, wenn sein Kumpel sofort tot war!"

Kluge stutzte.

„Mann, Mann. Das stinkt doch zum Himmel! Wo soll das Geld denn abgeblieben sein?"

„Vielleicht hat sich der Geldbote das unter den Nagel gerissen!"

Die Kriminalisten waren sich einig. Eine äußerst merkwürdige Geschichte. Aus einem Suizid war ein Tötungsdelikt geworden, mit dem sie sich nun intensiv beschäftigen mussten.

„Ich habe Nottbohm geraten, sich schleunigst einen Anwalt zu nehmen. Er kriegt seine eigene Lage kaum klar und sieht sich mitschuldig an Gerstenmeiers Tod."

„Kann ich verstehen. Auf jeden Fall musst du die Vernehmung so schnell wie möglich mit der Todesursachenermittlung zusammenführen. Und dann ab an die Staatsanwaltschaft zur rechtlichen Würdigung. Auch wegen der

Erpressung von Schumacher, den er verdächtigte, Anstifter des Mordes an Gerstenmeier zu sein."

„Okay!" Ahlers ging und wurde von der hereinstürmenden Malz beinahe umgerannt.

„Wir haben den anonymen Puppenbestatter!" Sie strahlte über das ganze Gesicht und schwenkte ein Blatt Papier.

„Na denn mal los, Frauke."

„Ihr erinnert euch doch an die beiden Grabstellen mit den … na ja Sexpuppen? Bernhard hatte mich gebeten, im Netz nach einem Lieferanten, sprich Kunden zu suchen. Da bin ich auf eine Firma ‚Schmollmund' gestoßen. Und siehe da, nach mehreren Androhungen ‚*verbaler Gewalt am Telefon*' bin ich fündig geworden. Herr Brückenmeier, so heißt der Versandleiter, war so freundlich, mit einer Lieferanschrift rauszurücken. Und ratet mal, wie der Kunde heißt?"

Wissende Blicke und lauerndes Abwarten der beiden Zuhörer.

„K a r l - H e i n z N o t t b o h m , mit Bindestrich. Wohnhaft Lüneburg, Am Alten Bahnhof 61. N. hat keine Erkenntnisse, ist ledig und bei einer Fa. Schuma-Print in der Industriestraße 22 in Lüneburg beschäftigt." Sie strahlte siegessicher.

Ihre Gegenüber schmunzelten verhalten, und Ahlers hielt Malz freundlich sein Protokoll vor die Nase.

„N o t t b o h m , Karl-Heinz", las sie laut. „Aber wieso, woher …?" „Keine Panik, Frauke, wir wissen alles!" Lachen erfüllte den Raum. Kluge ergänzte.

„Wenn du etwas eher gekommen wärst, hättest du ihn persönlich begrüßen können." Und dann schilderte Ahlers, warum Nottbohm nun kein weißes Blatt mehr war. Malz kam aus dem Staunen nicht heraus.

„Trotzdem, gut gemacht, Frauke. Denk bitte an den Talmi-Schmuck und hör dich in den Geschäften der Bäckerstraße noch mal um. Vielleicht erinnert man sich an den alten Eigenbrötler!"

Mittlerweile war es Mittag geworden.

Auf dem Flur wurde es laut. Hungrige Kollegen machten sich auf den Weg zur Kantine. Auch Malz und Ahlers schlossen sich an.

„Mahlzeit, ihr beiden. Ich komme nicht mit zum Essen. Elaine hat mir leckere Buletten und Schlesischen Kartoffelsalat mitgegeben."

Doch kaum waren die Ermittler gegangen, klopfte es an seine Tür.

„Verdammte Kiste! Herein!"

Ein junger Uniformierter trat ein und hielt einen Hefter und einen Karton unter dem Arm.

„Polizeimeister Unger, von der Wache." „Tag, Herr Unger, was gibt es Unwichtiges?"

„Herr Hauptkommissar, der Bericht ist eben von der Bundespolizei vom Lüneburger Bahnhof abgegeben worden. Im Karton befindet sich eine Aktenmappe mit sehr viel Geld, gezählte 40.000 DM. Die lag unter einem Toten im Gleis 2. Sie war leider von den Kollegen im Tresor vergessen worden. Mein Dienstabteilungsleiter hat gesagt, das muss sofort Kluge wissen."

Unger reichte ihm einen großen, zugeklebten Karton und einen grünen, dünnen Hefter. Kluge erstarrte. Das war doch nicht zu glauben.

„Ja, danke, Herr Unger. Wir werden uns darum kümmern!"

Polizeimeister Unger nickte und ging mit einer zackigen Kehrtwendung.

Kluge stellte den Karton unter den Schreibtisch. Ohne Mampf kein Kampf, erst das Vergnügen, dann die Arbeit, dachte er. In der Thermokanne war noch heißer Kaffee von heute Morgen. Und er hatte Glück und wurde in der nächsten halben Stunde nicht gestört. Als er sich zufrieden den Mund wischte, wurde es draußen laut. Im Türrahmen tauchten die zufrieden grinsenden Gesichter seiner Mitarbeiter auf, mitten drin Ronda Kubitzke.

„Kommt schon rein. In der Leichensache vom Bahnhof gibt's was Neues. Stellt euch vor, plötzlich ist die Kohle von Schumacher aufgetaucht. Damit bekommt Nottbohms Aussage eine schwergewichtige Bedeutung. Es sollen 40

Riesen sein, die bei der Bundespolizei tagelang im Tresor geschmort haben. Allerdings steht das im Widerspruch zu Nottbohms Angaben. Er sprach von 50.000 DM."

„Merkwürdig!"

„Wir sollten uns gleich um Schumacher kümmern", kam der Vorschlag von Ahlers. „Und Nottbohm noch einmal zu der Geldsumme befragen."

Kluge wiegte bedächtig den Kopf.

„Ich halte das für verfrüht, denn wir können Nottbohms Verdacht gegen seinen Chef nicht außer Acht lassen. Und bisher haben wir nichts in der Hand, was diesen Verdacht bestärkt. Wir müssten Schumacher als Beschuldigten belehren und ihn gleichzeitig als Zeugen in eigener Sache vernehmen, was die Erpressung und die Höhe der Geldsumme angeht. Und das halte ich zurzeit für problematisch."

„Das sehe ich auch so", schloss sich Gebert an. „Aber irgendwie müssen wir an die Sache ran, wenn wir von einem Tötungsdelikt ausgehen. Was nun wohl auf der Hand liegt!"

„Können wir mit Nottbohms Täterbeschreibung etwas anfangen, Jens?"

„So wie ich sie jetzt bewerte, ist sie ziemlich allgemein gehalten. Sie weist nur auf einen großen Mann mit Lederjacke, Sonnenbrille und Cap hin. Letzteres ist zwar alltäglich, aber es ist keine sehr detaillierte Beschreibung, zumal Nottbohm die Tat nur für Sekunden beobachtet hat. Für eine Öffentlichkeitsfahndung reicht es nicht."

„Dann müssen wir ganz von vorn anfangen, nämlich mit der Todesursachenermittlung, die bisher als Suizid bearbeitet wurde." Er wandte sich an Gebert.

„Mike, soweit ich weiß, ist die Leiche als ‚Unbekannt' von der Staatsanwaltschaft freigegeben worden. Jetzt haben wir den Namen des Toten. Also erneute Beschlagnahme und Obduktion. Kümmere dich bitte darum!"

Ahlers unterbrach das Gespräch.

„Wartet mal, ich hole Nottbohms Vernehmung." „Okay! Ronda, mach uns bitte in der Zwischenzeit eine Kanne Kaffee!"

„In weiser Voraussicht ist das bereits geschehen, Chef. Die reicht bestimmt für euch paar Hanseln."

„Ho, Ho!" tönte es. Ronda war zufrieden. „Ich hole schon mal Geschirr."

„Du bist soo supi Ronda. " „Willst dich wohl beim Chef einschleimen, Mike?" Übliche Dialoge unter Kollegen. Wenig später war nur genussvolles Schlürfen zu hören. Rondas Kaffee tat wirklich gut. Dann war Ahlers mit Nottbohms Aussage zurück.

„Nottbohms Helfer heißt Rudolf Gerstenmeier. Er war sechzig und wohnte in der Sülztorstraße 56 in Lüneburg. Verwandte sind Nottbohm nicht bekannt. Beide kannten sich aus ihrer Lehrzeit bei Schuma-Print. Gerstenmeier musste vor fünf Jahren seinen Beruf als Drucker aufgeben, weil er wegen einer schweren Handquetschung an einer Farbwalze nicht mehr arbeitsfähig war. Nottbohm hatte ihn damals finanziell unterstützt."

Kluge blickte in die Runde.

„Wir müssen von einer vorsätzlichen Tötung ausgehen, also Mord. Und dazu brauchen wir dringend Verstärkung." Er griff zum Notizblock.

„Zur Sache. Wir benötigen schnellstens Gerstenmeiers Bekleidung. Vielleicht finden wir fremde DNA daran. Mike, da seid ihr gefragt."

„Das geht in Ordnung! Frauke und ich kümmern uns darum, dass die Leiche vom Waldfriedhof zur Pathologie ins Städtische Krankenhaus gebracht wird. Und so weiter und so weiter."

„Okay!" Kluge nickte.

Inzwischen hatte Ronda die Tassen nachgefüllt.

„Bedient euch, das könnt ihr doch wohl schon allein!" Sie war mal wieder obenauf, auch weil sie im Kreis ‚ihrer Ermittler' dabei war. Kluge nahm den Gesprächsfaden auf.

„Ich werde mit unserem ZKD-Leiter die neue Lage erörtern, einschließlich des Personal- und Fahrzeugbedarfs." Und an Ahlers gerichtet: „Jens, du schnappst dir den Erkennungsdienst und fährst zu Gerstenmeiers Wohnung. Vielleicht findet ihr etwas, das im Zusammenhang mit Nottbohms Erpressung steht!" Er stand auf.

„Gib mir Nottbohms Aussage mit. Ich muss Tödter etwas vorweisen!" Dann wurde er ernst. „Wer hätte daran gedacht, dass aus einem Suizid so schnell ein Mord werden kann. Also ‚Schluss mit lustig' und den Sexpuppen!"

DIE VERGANGENHEIT

17. Tibet-Expedition 1938/1939

Auszug aus dem Tagebuch des SS-Sturmbannführers Dr. Ernst Schäfer. Geschrieben am 21.12.1938 zur Sonnenwendfeier.

Wir haben Sikkim nach monatelangen Märschen durch undurchdringliche Täler und Dschungel und über gewaltige Gebirgsketten durchquert. Bis zur Erschöpfung waren die Kameraden, Mannschaften und Tiere gefordert worden. Aber unsere Ziele haben wir erfüllt. Gut hundert Kisten mit Forschungsmaterial sind auf dem langen Weg in die Heimat. Unser Lager ist, nur einige Kilometer von der tibetischen Grenze entfernt, auf 4000 Meter Höhe gelegen. Hier wollen wir, treue und tapfere SS-Kameraden, die Sonnenwende begehen, immer noch in der Hoffnung, rechtzeitig vor Wintereinbruch die Genehmigung zur Einreise in dieses Land zu erhalten. Schon vor zwei Monaten hatte ich formell bei der tibetischen Regierung ersucht, Tibet und seine Hauptstadt zu bereisen. Doch nichts hatte sich getan. Dem Antrag hatten wir ein Grammophon nebst Schallplatten und zwei gute Feldstecher von Zeiss aus Jena beigefügt. Und nun dieses.

SS-Kamerad Geer hatte mir heute jubelnd das versiegelte Schreiben der tibetischen Regierung in Lhasa überreicht, das in Gantok,

unserer letzten Station in Sikkim, für uns
hinterlegt worden war. Ich konnte kaum glauben, was ich las. Übersetzt hieß es da: "Wir,
die amtierende Regierung von Tibet, erteilen
Herrn Dr. Ernst Schäfer und seiner Expedition die Genehmigung, unsere Hauptstadt Lhasa
zu betreten und dort 14 Tage zu verbleiben.
Unterzeichnet: Kashag, tibetischer Ministerrat."

Das war der große Sieg und Grund zum Feiern
mit den SS-Kameraden. Mit unserer Eingeborenen-Mannschaft, den zwanzig Sherpas, gehen wir
zum nahen, gewaltigen Bergsee. Fackeln werden
entzündet und dann sitzen wir fünf SS-Kameraden um den Radioapparat, der uns die weit
entfernte Stimme unseres Schirmherrn, des
Reichsführers SS, Heinrich Himmler, überträgt.
Direkt an uns gerichtet, ermutigt uns dieser
hohe Herr, auf Gedeih und Verderb zusammenzuhalten und unsere große Aufgabe zu lösen.
Stolz kommt danach auf im Angesicht der gewaltigen Gebirgswelt und an der Schwelle eines
großen geheimnisvollen Landes. Was wird es
uns bringen? Werden wir auch etwas über die
Geheimnisse der tibetischen Herrscher und deren langer Lebenszeit in Erfahrung bringen
können?

Ernst Schäfer

DIE GEGENWART 1993

18. Der Verlag

Von den kriminalpolizeilichen Ermittlungen ahnte
Friedrich-Wilhelm Schumacher nichts. Und schon
gar nicht, dass Nottbohm ihn verdächtigte, einen
Killer beauftragt zu haben.

Er wähnte seinen betrügerischen Arbeitnehmer weit entfernt auf einem anderen Erdteil. Aber er würde schon die „Kuh vom Eis" kriegen. Nach Büroschluss fuhr er zu Nottbohms altem Arbeitsplatz. Dieser hatte immer einen Zweitschlüssel für sein Haus in seinem Spind. Sein Plan stand fest.

Mit dem Schlüssel würde er in Nottbohms Haushälfte eindringen und dort nach den Dokumenten suchen. Er hielt es für sehr wahrscheinlich, dass Nottbohm ihn ein weiteres Mal erpressen würde. Gleichzeitig schalt er sich einen Narren. Der und Anwalt, dachte er spöttisch. Doch zu spät. Alles war schief gegangen. Nottbohm war mit seinem „Schwarzgeld" abgehauen und hatte ihm Papierschnitzel untergejubelt. Das teuerste Altpapier seines Lebens. 50.000 DM.

Im Untergeschoss verbreiteten moderne Neonröhren helles Licht. Nottbohms Spind war ihm bekannt. Doch der war leer, ausgeräumt bis auf den letzten Arbeitskittel. Wieder vorgeführt. Doch er bekam sich wieder in den Griff. Nottbohms langsame, manchmal vergessliche Art fiel ihm ein. Vergesslichkeit! Ja, das könnte es sein! Was wäre, wenn der Alte den Hausschlüssel woanders abgelegt hätte? Hastig öffnete er alle Schreibtischschubladen. Nichts. Dann zum Arbeitstisch. Auch dort nichts. Weiter zum Papierlager. Aber auch dort kein Hinweis auf den Schlüssel. Wo könnte der Alte den noch abgelegt haben?

In den Betriebsräumen gab es Dutzende Verstecke für einen kleinen Sicherheitsschlüssel. Fahrig griff er in seine Hosentasche, suchte nach einem Taschentuch … und bekam seinen Büroschlüssel zwischen die Finger. Wie ein Blitz durchfuhr es ihn. Nottbohms Arbeitshose. Schmutzig zurückgelassen für die Reinigung!

Er rannte zum Abstellraum. Dort befanden sich Putzmittel und der Sammelbehälter für schmutzige Arbeitskleidung. Licht an, und den Behälter auf dem Fußboden ausgekippt.

Hektisches Suchen in Hosen- und Kitteltaschen. Nichts. Danach kräftiges Schütteln. Plötzlich ein leises, metallisches Geräusch. Nicht gleich zuzuordnen. Er wich einen Schritt zurück und trat auf etwas Hartes. Vorsichtig hob er den Fuß an. Es war der gesuchte Schlüssel. Nottbohms Hausschlüssel. Kein Zweifel. Ein tiefer Seufzer entfuhr ihm.

Sorgfältig steckte er ihn in seine Geldbörse. Jetzt konnte er daran gehen, seinen Plan umsetzen.

19. Das Kommissariat

Der Nachmittag verging für Bernhard Kluge viel zu schnell. Nach seinem Lagevortrag beim Leiter des Zentralen Kriminaldienstes (ZKD), Kriminaloberrat Jost Tödter, hatte sich dieser endlich Kluges Meinung angeschlossen. Es sollte noch keine Mordkommission eingerichtet werden, sondern nur personelle Unterstützung durch drei Kriminalbeamte und einen Beamten der Schutzpolizei erfolgen, der sich in der Aufstiegsausbildung zum Höheren Dienst befand.

Diese Kröte hatte Kluge schlucken müssen. Beim Rausgehen hatte ihm Tödter eine Mail in die Hand gedrückt.

„Machen Sie sich unbedingt mit dem Inhalt vertraut!"

Der Text stellte eine Verbindung zum zurückliegenden, tödlichen Verkehrsunfall auf der B3 her. Bei der Obduktion war der männliche Leichnam als der des Inhabers der Bestattungsfirma Boone aus Soltau identifiziert worden. Jedoch nicht die zweite männliche Leiche, vermutlich die eines Jungen im Alter von 12 – 14 Jahren. Wichtiger war aber die Feststellung, dass bei dieser Leiche offensichtlich die Zirbeldrüse, Augenhornhaut und die Gehirnhaut fehlten. Nach Begutachtung durch die Rechtsmediziner waren die Organteile jedoch nicht durch die hohen Temperaturen des Fahrzeugbrandes zerstört worden. Das ließ den Schluss zu, dass diese bereits prämortal entfernt worden waren. Die Soltauer Kripo hatte eine Ermittlungsgruppe eingerichtet, um die Hintergründe aufzuklären.

Verdammt dicker Hund, dachte Kluge. Schließlich befand sich der Unfallort auf der B3 nicht allzu weit hinter der Kreisgrenze des Landkreises Lüneburg. Er zog einen Eingangsstempel hervor und markierte die Mail,

– *8.4.1993* –. Im Aktendeckel „Wichtige Fälle" fand das Schriftstück seinen Platz. Beides schob er in den Schreibtisch und griff zum „Pschyrembel", der ihm schon häufiger wichtige Erkenntnisse über den Zusammenhang von Krankheiten geliefert hatte. Unter – **Z** – wurde er fündig.

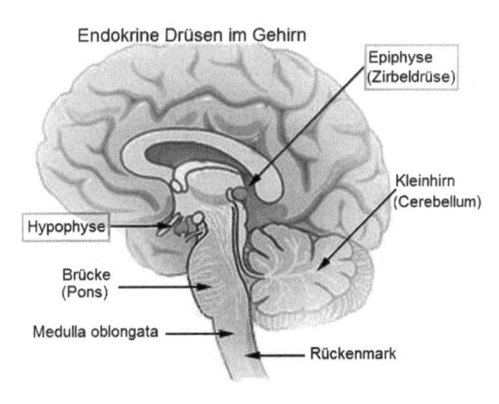

Die **Zirbeldrüse** oder seltener die **Zirbel** (deutsche Bezeichnung wohl nach der Zirbelkiefer und der Form ihrer Zapfen) ist ein kleines Organ im Epithalamus (einem Teil des Zwischenhirns). In der Zirbeldrüse wird von den Pinealozyten das Hormon Melatonin produziert. Die Hormonproduktion findet überwiegend nachts statt. Über das Melatonin werden der Schlaf-Wach-Rhythmus und andere zeitabhängige Rhythmen des Körpers gesteuert. Eine Fehlfunktion kann – außer einem gestörten Tagesrhythmus – sexuelle Frühreife oder Verzögerung bzw. Hemmung der Geschlechtsentwicklung bewirken.

Seine Hospitation in der Gerichtsmedizin in Hamburg-Eppendorf kam ihm in Erinnerung. Selbst den süßlichen Geruch der freigelegten Organe meinte er wahrzunehmen.

Im Geist hörte er die Erklärungen von Professor Dr. Peschel, dem Pathologen, der das blassfarbene Gehirn einer Leiche scheibchenweise mit glatten Schnitten zerlegt und untersucht hatte. Peschel hatte ihm den Sitz von Drüse und Gehirnhäuten – der weichen und der harten – ausführlich erläutert.

Er klappte das Werk zu. Was und wer wohl hinter der Organentnahme steckte? Auf jeden Fall würde er sich mit den Kollegen in Soltau kurzschließen.

Um 15.30 Uhr, eine halbe Stunde vor Dienstschluss, begrüßte er die vier Neuankömmlinge, darunter eine Kriminalbeamtin aus dem *5. Kommissariat / Spurensicherung – Erkennungsdienst*.

Den uniformierten Kollegen, der bei Tödter den Wunsch geäußert hatte, *mal in eine Mordkommission hinein zu schauen*, bat er höflich am nächsten Tag in ziviler Kleidung zu erscheinen. Doch der noch keine dreißig Jahre alte Aufsteiger, mit dem goldenen Streifen neben drei Silbersternen auf seinen Schulterklappen, meinte arrogant: „Wenn es denn der Sache dient, Herr Kriminalhauptkommissar!"

Kluge kochte heimlich. Die stummen Reaktionen seiner Ermittler zeigten, dass die Zusammenarbeit mit diesem Kollegen allen nicht so richtig Freude machen würde. Doch er hielt sich zurück. Dafür würde morgen bei der Frühbesprechung noch Zeit genug sein. Professionell informierte er die Neuen über den aktuellen Ermittlungstand und entließ sie in den Feierabend.

Der hat uns gerade noch gefehlt, dachte er. Ein Überflieger und Theoretiker, der von Kripoarbeit keinen Dunst hat.

Danach rief er zu Hause an und sagte Elaine, dass er noch eine Stunde bleiben würde. Die Dokumente aus der NS-Zeit interessierten ihn sehr. Bei einer Tasse Tee vertiefte er sich in den Inhalt der Schriften, die zum Beweismittel in der Erpressungssache geworden waren. Dabei verging die Zeit wie im Flug. Viertel vor sechs, schon. Draußen dämmerte es bereits.

Der Tag ist wieder mal gelaufen.

Also weiter mit der Auswertung. Schließlich griff er zum Notizblock. Es fiel ihm sehr schwer, die nüchternen Beschreibungen der Tötungshandlungen ohne Emotionen zu lesen. Unglaublich! Entsetzliche Gräuel an Kindern waren in einer klaren Handschrift in Tabellen festgehalten. Seite um Seite. Seine Kehle fühlte sich wie zugeschnürt an. Runterspülen war sein Gedanke. Er griff zur Teetasse. Das kann doch alles nicht wahr sein, dachte er. Gerade mal ein halbes Jahrhundert lag es zurück, als in Lüneburg, einer Provinzstadt, Kinder getötet wurden, die als „lebensunwert" begutachtet worden waren. Hunderte, zur „Reinhaltung der Rasse"! Pervers!

Laute Geräusche rissen ihn in die Realität zurück.

„Was ist denn mit dir, Chef? Hast du Gespenster gesehen?" „Mann, Bernhard, du stehst ja mächtig unter Druck! Was ist los?"

Malz sprach aus, was auch die anderen dachten. Kluge klappte die Dokumente zu.

„Es ist diese Nazi-Scheiße, die mich so angefasst hat. Unglaublich, wozu Menschen fähig gewesen sind, die unsere Väter sein könnten."

Er sprach sehr leise und schüttelte sich, als ob er die Eindrücke der letzten Stunde damit loswerden könnte. Dann gab er sich einen Ruck.

„Wie spät ist es eigentlich, Kollegen?"

Die drei Ermittler des 1. Fachkommissariats blickten sich verwundert an. Ihr Chef war völlig durch den Wind. Gebert hatte schon einen flotten Spruch auf den Lippen, doch Malz stieß ihn in die Rippen.

„Es ist genau 19.47 Uhr und 15 Sekunden MEZ, Bernhard, und wir haben deine Aufträge ausgeführt."

Auch Ahlers bemerkte, dass sein Kollege mit etwas besonders Abscheulichem in Berührung gekommen sein musste. Das war ungewöhnlich, denn in Kluges Kommissariat war man einiges gewohnt und musste manches Mal Härte zeigen. Auch sich selbst gegenüber.

„Möchtest du darüber reden, Bernhard?" Kluge quälte sich ein mühsames Lächeln ab.

„Morgen früh mehr dazu. Aber macht es jetzt bitte kurz."

Ohne viel Federlesen hockten sich alle um den runden Tisch. Ahlers las.

Vorläufiges Obduktionsergebnis: *Sofortiger Eintritt des Todes, als Folge multipler, großräumiger Organzerquetschungen und Gliedabtrennungen durch das Überrollen durch eine Lokomotive! Frakturen des vorderen Gesichtsschädels verweisen auf den Aufprall auf dem Gleiskörper. Vorsichtshalber sollen noch feingewebliche Untersuchungen zum Ausschluss von Medikamentenintoxikation erfolgen.*

„Die Todesursache steht nun fest, aber nicht definitiv, ob Unfall, Suizid oder Fremdverschulden. Wir müssen weitere Zeugen ermitteln und natürlich den von Nottbohm beschriebenen Tatverdächtigen, sonst haut uns der erstbeste Rechtsanwalt die Haftgründe aus den Händen."

„Aber Nottbohms Aussage zur Geldübergabe hat sich doch nachträglich bestätigt!"

„Natürlich, für einen Durchsuchungsbefehl gegen Schumacher reicht es allemal. Zumal die sichergestellten Nazi-Dokumente ein belastendes Indiz gegen Schumacher sind, quasi ein Motiv für den Mordauftrag." Kluge rieb sich die Nase.

„Was könnt ihr von Gerstenmeier berichten, Jens?"

„Mit Hilfe des Schlüsseldienstes kamen wir in seine Zweizimmerwohnung, die relativ aufgeräumt wirkte. Zur Verbindung mit Nottbohm fanden wir in einigen Fotoalben Jahre alte Bilder von beiden. Aber nichts Schriftliches, auch keine Hinweise auf eine Absprache zu Gerstenmeiers Kurierdienst.

„Also unter dem Strich nichts, was uns in unserem Fall weiterführt?" resümierte Kluge.

„So ist es leider."

„Gut, oder auch eben nicht so gut. Lasst uns für heute die Akten zuklappen. Morgen ist ein neuer Tag. Vier neue Kollegen stoßen dazu; davon ein ‚Goldträger' von – S –. Ihr wisst schon!" Als sich Hände hoben, winkte er müde ab.

„Einen schönen Feierabend, Kollegen!"

Als alle gegangen waren, blieb Kluge noch eine Weile sitzen. Spontan steckte er die Dokumente aus der NS-Zeit in seine Umhängetasche. Auf nach Hause. Es war ein langer Arbeitstag gewesen.

20. Die Privatklinik

Zur gleichen Zeit gelangte die einsame Wanderin zur Privatklinik der Stiftung „Für notleidende Kinder", fünfundzwanzig Kilometer von der Kreisstadt Lüneburg entfernt, nahe dem kleinen Heideort Schwindebeck. Von uralten Eichen und Buchen idyllisch umrahmt und von hohen Feldsteinmauern geschützt.

Ein vertraulicher Hinweis hatte sie sich auf den Weg machen lassen. Sie musste unbedingt in Erfahrung bringen, ob sich hinter diesen Mauern das wiederholte, was sie jahrzehntelang traumatisiert hatte.

Die Zufahrt zum Klinikum war durch übermannshohe schmiedeeiserne Torflügel gesichert, an deren Pfeiler eine unauffällige Überwachungskamera installiert war. Sie winkte freundlich in das Objektiv und drückte auf einen metallenen Knopf. Ein schmaler Zugang öffnete sich mit leisem Summen und ließ die Frau, die einen weißen Kittel übergestreift hatte, ein.

Sie orientierte sich an der Skizze ihres Hinweisgebers und staunte über das große Gelände. Der Blick durch ihr kleines Fernglas ließ sie unterschiedlich hohe Gebäude, teilweise in Fachwerkbauweise, erkennen. Dazwischen schlängelten sich breite, kiesbewehrte Fahr- und Gehwege.

Auf weißen Hinweisschildern war zu lesen, dass sich Besucher ohne Verzögerung im Verwaltungsgebäude anmelden sollten. Vor dem zweigeschossigen Gebäude, das noch aus herrschaftlichen Gutszeiten stammte, stand ein halbes Dutzend schwarz glänzende, PS-starke Oberklasse-Limousinen. Alle mit dem Zulassungskennzeichen WL des Landkreises Harburg.

Sie hatte nicht vor, sich anzumelden, blieb aber beeindruckt vor dem meterhohen, ovalen, wappenartigen Symbol stehen. Geprägt von einer schwungvollen Schlaufe, aufrechtstehendem Schwert und umlaufender Runenschrift war das Ganze in grauen Stein gemeißelt und in das Mauerwerk integriert.

Es erinnerte die Betrachterin an museale Artefakte aus dem Germanischen Museum in München.

Als diplomierte Historikerin kannte sie die Bedeutung des Symbols. Ein Symbol des „Ahnenerbe", aus deutscher NS-Vergangenheit in die Gegenwart projiziert.

Vor dem Eingang informierte eine Tafel mit bunten Markierungen über den Grundriss des weiten Areals und die Lage der einzelnen Gebäude. Sie warf einen Blick darauf und folgte dem Rundweg. Niemand hinderte sie daran.

In einiger Entfernung befanden sich zwei niedrige Flachdachgebäude, eines davon mit einem hell blinkenden Metallschornstein. Sie beherbergten wahrscheinlich die energetischen Versorgungseinrichtungen für die Klinik. An einem weiteren Flachdach-Gebäude bemerkte sie schwarze und gelbe Gefahrsymbole. Dort mussten die Labor- und Forschungseinrichtungen untergebracht sein, von denen ihr Hinweisgeber gesprochen hatte.

Dieses Gebäude war mit einem hohen Drahtverhau umgeben. Darüber, hoch in den Himmel ragend, ein weiterer, metallisch glänzender Schornstein. Er erinnerte sie an den eines Krematoriums.

Ebenso abgeschirmt waren zwei große Gebäude mit schrägen Glasdächern, Treibhäusern ähnlich.

Hoch umzäunt mit Stacheldrahtrollen und Sichtblenden. Wie zu DDR-Zeiten, dachte sie. Was sich dahinter wohl verbirgt?

Das rotgeklinkerte Klinik-Gebäude, dem sie sich genähert hatte, war mit einem Sichtschutz aus immergrünen Hecken und zusätzlich einem Maschendrahtzaun versehen. Auch der gut ausgestattete Kinderspielplatz an der Gebäuderückseite war so ähnlich gesichert.

Die Wanderin im Arztkittel blieb stehen und lauschte. Nichts. Kinderstimmen waren nicht zu hören. Nur leise Turbinengeräusche. Sie nahm ihren Weg wieder auf.

Ein Blick auf die Skizze.

Zwei Fachwerkgebäude mit Reetdach waren für Personal und Mitarbeiter vorgesehen. Alles wirkte freundlich, auch das sich an der Südseite befindliche Haus mit Seminarräumen, Küche und Restauration, so die Erklärungen auf der Skizze.

An diesem trüben Apriltag waren bereits die mit Sensoren gesteuerten Beleuchtungen auf den Fuß- und Zufahrtswegen und vor den Gebäuden in Betrieb. Helles Licht aus den Fenstern des zweistöckigen Klinikgebäudes verdrängte die Dämmerung.

Von ihrem Informanten wusste sie, dass dort zwei Kinder-Stationen mit 12 Pflegeräumen mit je zwei Betten für die jungen Patienten eingerichtet waren.

Die Räume wichen von der üblichen Krankenhausatmosphäre ab. Die untergebrachten, elternlosen Kinder waren traumatisiert. Deshalb waren beide Stationen 24 Stunden videoüberwacht, was gewährleistete, dass sofort eingegriffen werden konnte, wenn es zu aggressivem Verhalten und gegenseitiger Verletzung kam.

Täglich, Punkt 19.00 Uhr, mussten die Pflegerinnen und Pfleger an einer internen Beschulung teilnehmen.

Die „Richtige Pflege der Patienten", fand unter der Leitung des Leitenden Direktors, Prof. Dr. med. Gustaf Bäuerling statt. Er war einer der drei Oberärzte, Vorsitzender im Stiftungsvorstand der Privatklinik und für die Selektion des „rasereinen Pflegepersonals" zuständig, das sich an den Ideen der arischen Überlegenheit orientierte. Sichtbare Merkmale dafür waren das hellblonde Haar und die blauen Augen. Das Lebensalter des Pflegepersonals lag zwischen Mitte Zwanzig und Mitte Dreißig.

Alles das hatte die uneingeladene Besucherin von ihrem Informanten erfahren.

Es rundete das Bild ab, das sie als Historikerin in ihrem Studium mit dem Schwerpunkt „Drittes Reich" erarbeitet hatte und das sich hier 50 Jahre später wiederholte.

Ich müsste hinter die Türen blicken können, dachte sie, als sie unbehelligt das Klinik Areal verließ. Draußen, außerhalb der Überwachungskamera, tauschte sie ihre Bekleidung. Sie hatte genügend dokumentiert. Aber sie würde nicht das letzte Mal hier sein. Ihr Ziel war es, die Klinikärzte vor die Linse zu bekommen.

Was geschieht mit den Kindern? Endeten sie genauso, wie 1942 ihr kranker Bruder in der damaligen Heil- und Pflegeanstalt Lüneburg? Wer waren die Ärzte? Fragen über Fragen.

Sie würde nicht aufgeben, zu erforschen, was sich hinter der freundlichen Fassade der Klinik verbarg.

Zuversichtlich legte sie den Weg zum entfernten Waldparkplatz zurück. Dort stand ihr Auto, unauffällig neben denen anderer Spaziergänger.

21. Bei Kluges

Am nächsten Morgen war bei Kluge alles anders. Als er nach einer unruhigen Nacht im Gästezimmer aufwachte, quälten ihn starke Halsschmerzen mit Schluckbeschwerden.

Er war völlig durchgeschwitzt und wollte wie immer mit Schwung aufstehen, doch seine Beine gaben nach. Als es ihm schließlich gelang, wurde ihm schwindelig, und er stellte erstaunt fest, dass er so nicht zum Dienst konnte. Verdammt, gerade jetzt. Mühsam schleppte er sich zur Tür und krächzte hilflos, bis Elaine, seine Frau aus der Küche geeilt kam.

„Bernhard, wie siehst du denn aus?" Sie legte die Hand auf seine Stirn und erschrak.

„Du glühst ja förmlich. Warte, ich hole das Thermometer."

Aufstöhnend fiel Kluge in die Kissen. Er ahnte nichts Gutes. Dann schob sie ihm das digitale Messinstrument unter die Achsel.

„Mein lieber Bernhard, ich bin mir sicher, dass *du* heute nicht zum Dienst fährst."

Dann piepte es, und die selbsternannte Krankenpflegerin zeigte ihrem Patienten das Ergebnis.

„Neununddreißig acht, mein Lieber! Da hast du dir schön was eingefangen!"

Kluge schwieg.

„Aber ich muss …"

„Das Einzige, was *du* musst, ist im Bett liegen bleiben und bald wieder gesund werden."

Sein leiser, heiser geflüsterter Hinweis auf die Mordsache wurde vom Tisch gewischt.

„Als Erstes melde ich dich krank und dann überlege ich mir, wie ich dich mit meinen Hausrezepten ‚quälen' kann." Ihr entschlossener Blick fiel auf das alte Tagebuch.

„Und was ist das? Hast du im Dienst nicht Zeit genug dafür? Die halbe Nacht brannte bei dir Licht!"

Kluge richtete sich schwerfällig auf.

„Lass das bitte liegen, das geht dich nichts an", krächzte er, und dann abschwächend, „ich meine, ich hatte im

Dienst nicht die Ruhe dafür. Es sind ganz üble Sachen, die darin stehen!"

„Na gut! Aber jetzt ist Bettruhe angesagt. Danach gibt's heißen Tee mit Zitrone."

Die Tür des Gästezimmers klappte. Kluge streckte sich erschöpft aus. Dann müssen meine Leute die nächsten Tage mal ohne mich klar kommen, dachte er ergeben. Er konnte nicht ahnen, dass sein Fernbleiben Folgen haben würde.

22. Konfusion

Ronda Kubitzke nahm Elaine Kluges Anruf entgegen. Sie eilte zu den Ermittlern in den Besprechungsraum, wo diese und die Neuankömmlinge vor vollen Kaffeetassen saßen. Zwischen ihnen, sich auffällig gerade haltend, saß der Aufstiegsbeamte in den Höheren Dienst der Schutzpolizei. Entgegen Kluges Anordnung vom Vortage trug er seine grüne Uniform. Mit drei Silbersternen auf jeder Schulterklappe und dem goldenen „Hoffnungsbalken", die ihn als Polizeihauptkommissar in der Aufstiegsausbildung auswiesen. Vor sich auf den Knien die grüne Einsatzmappe der Gewerkschaft der Polizei.

Rondas Mitteilung löste Unruhe aus. Doch als Ahlers sich auf Kluges Platz setzen wollte, stand der Uniformierte auf.

„Knüll, ist mein Name, Hauptkommissar Erwin Knüll, und wie ich feststelle, bin ich der Ranghöchste in dieser Runde." Pause. Erwartungsvolles Schweigen.

„Und deshalb übernehme ich vertretungsweise die Leitung im 1. Fachkommissariat bis Herr Kriminalhauptkommissar Kluge sich wieder zurück zum Dienst meldet."

Demonstrativ setzte er sich auf dessen Platz. Die Anwesenden starrten verdutzt. Dann wurde es laut im Raum.

„Ruhe Kollegen, bitte Ruhe."

Ahlers sah seine Stellung in Gefahr.

„Herr Knüll, Sie glauben doch nicht im Ernst, dass wir Sie als selbsternannten K-Leiter akzeptieren. Sie, der nicht mal vier Monate am Stück praktischen Polizeidienst geleistet hat. Und, wie ich weiß, als Seiteneinsteiger von einem Führungsseminar zum anderen geschoben wurde. Was wollen Sie uns denn von *Bekämpfung richtiger Kriminalität* erzählen? Das ist *der* absolute Knüller!"

Spöttisches Gelächter und Tischklopfen folgten. Die Kaffeetassen begannen zu klappern.

„Bravo Jens!"

Polizeihauptkommissar Knüll lief rot an, doch er ließ sich nicht beeindrucken. Ironisch grinsend wedelte er mit einem beschriebenen Bogen.

„Damen und Herrn von K! Hier steht schwarz auf weiß, verfügt von Ihrem ZKD-Leiter, dass ich bei Abwesenheit von Hauptkommissar Kluge die Leitung des 1. Fachkommissariats übernehmen soll." Mit geschwellter Brust stand der Anwärter für den Höheren Polizeidienst vor den frustrierten Ermittlern der anderen Sparte. Die schauten sich betroffen an. Auch Ahlers, der sonst so besonnene Mann, wollte es nicht glauben und fauchte.

„Wir werden uns nicht an so einen Blödsinn halten, Herr Polizeihauptkommissar mit Hoffnungsbalken. Oder was meint Ihr, Kollegen?"

„Recht so, Jens! Der Schlaumeier soll zu seiner Trachtengruppe gehen. Da kann er auf den Putz hauen." Mike Gebert sprach aus, was die anderen dachten.

„Lasst uns heute mal unsere Besprechung in der Kantine fortsetzen. Das kann einem ja den ganzen Tag versauen, was dieser Herr K n ü l l so von sich gibt. Und *das* wird der Knüller des Tages, wenn der Kripo-Bezirks-Personalrat von dieser Eigenmächtigkeit erfährt. Der tagt drüben bei der Behörde und wird sicher am *Casus knacksus* des Herrn Polizeihauptkommissars Knüll interessiert sein."

Frauke Malz konnte sich die Bemerkung nicht verkneifen. In ruhigem Ton, und dabei dem „Neuen Leiter des Kommissariats" geradewegs in die Augen blickend. Die Stühle scharrten, und die Ermittler ließen einen konsternierten Führungsbeamten in Uniform zurück.

„Hierbleiben", krächzte der heiser. Hilflos wandte er sich an Kubitzke, die ausnahmsweise die leeren Kaffeetassen zusammenstellte.

„Haben Sie das mitgekriegt, wie die mit mir umspringen, mit einem Polizei-Ratsanwärter?"

„Ich habe gar nichts mitbekommen! *Mein richtiger* Kommissariatsleiter hat mir geraten, meine Ohren zu schließen, wenn mich mal was nix angeht. Und das hier geht mich überhaupt nix an, *Herr* Knüll! Und jetzt kümmere ich mich um *mein* Geschäftszimmer. Einen schönen Tag noch."

Raus war sie.

Knüll war fassungslos. Ein derart subversives Verhalten gegenüber einem Dienstvorgesetzten. Und dann noch diese respektlose Frau von der untersten BAT-Stufe. Unglaublich!

Beamtenrecht, Disziplinarrecht und Abmahnung waren die Begriffe, die ihm durch den Kopf schossen, als er die grüne Einsatzmappe wütend zuschlug. Hastig verließ er den Raum seiner Niederlage.

Auf der höheren Führungsebene hatte er schon so einiges über Kluge und dessen Team gehört. Nicht immer hatte es Begeisterung ausgelöst. *Das* Verhalten der Untergebenen und der frechen Tarif-Schnepfe würde er nicht hinnehmen.

Als Ahlers und die Ermittler nach einer Stunde zurückkehrten, war Knüll verschwunden. Er fragte Ronda nach dessen Verbleib.

„Das weiß ich doch nicht. Bin ich Knülls Kindermädchen? Ich muss mich schließlich um wichtigere Dinge kümmern, " antwortete sie patzig.

Die Mitteilung an den Bezirkspersonalratsvorsitzenden war erfolgreich gewesen. Dieser wollte nach Ende der Sitzung ein Gespräch mit ZKD-Leiter Tödter führen.

„Okay, Kollegen, gehen wir wieder an unsere Arbeit. Wir haben wahrhaftig genug zu tun."

Er wies die neuen Kollegen in den Sachverhalt um den ermordeten Gerstenmeier ein.

„Wir werden Nottbohm erneut vernehmen." Er griff zu den Akten.

„Hier die erste Vernehmung zum Anlesen. Nottbohm ist zu seinem speziellen Hobby, den Sexpuppen und seinen

Bestattungsriten zu vernehmen. Das ist zwar Pillepalle im Vergleich zum Mord oder Totschlag an Gerstenmeier, aber es könnte ein Teil von Nottbohms Motiv für die Erpressung gewesen sein. Er wollte nach Thailand abhauen und lebendige Frauen vögeln, nicht nur aufgeblasene Gummipuppen. Und dazu brauchte er Schumachers Kohle."

Das waren klare Worte. Gebert hob die Hand, aber Ahlers winkte ab.

„Manni und Heiko, ihr fahrt gleich los und bringt Nottbohm mit zur Dienststelle. Bisher war er immer kooperativ."

Die neuen Ermittler, Manfred Probst und Heiko Timm, junge Kripo-Oberkommissare aus dem Kriminaldauerdienst, machten sich auf den Weg. Zurück blieben Kommissarin Heidi Schreiber aus dem 6. Fachkommissariat, eine junge, dunkelhaarige, mittelgroße Kollegin mit kurzem Haar, braunen Augen und einem wachen Blick, sowie Malz und Gebert.

„Da wir nicht wissen, wie lange Kluge ausfällt, müssen wir überlegen, wie wir weitermachen.

Bernhard meinte, es wäre noch zu früh, an Schumacher heranzutreten. Er ist zwar das Erpressungsopfer von Nottbohm, aber er könnte auch Auftraggeber für den Mord an Gerstenmeier sein, wie Nottbohm behauptet. Deshalb müssen wir vorher den Täter ausfindig zu machen, der Gerstenmeier auf die Gleise gestoßen hat."

„Das ist richtig. Aber wenn wir davon ausgehen, dass der Auftragskiller zwar den Kurier abserviert hat, aber für seinen Auftraggeber die belastenden Dokumente nicht zurückgeholt hat, ist bei Schumacher noch etwas offen. Seine Kohle ist weg, und die Dokumente auch. Der muss ja vor Wut kochen."

Malz blickte auffordernd in die Runde.

„Wir müssen herausfinden, ob der weiß, dass sich Nottbohm immer noch in Lüneburg aufhält. Und dann ist es eigentlich nur eine Frage der Zeit, dass sich beide in unserer ‚Großstadt' über den Weg laufen."

„Worauf willst du hinaus, Frauke?"

„Angenommen, das wäre so, was würdet ihr an Schumachers Stelle tun?"

Malz beantwortete ihre Frage selbst.

„Schumacher würde den Killer noch mal losjagen, weil er die Dokumente samt seiner Kohle zurückhaben will. Er weiß aber nicht, dass wir beides in den Händen haben."

Gebert griff die Hypothese auf.

„Dann sollten wir bei Schumacher eine Telefonüberwachung schalten. Falls wir daraus Erkenntnisse gewinnen, das MEK mit einer Rund-um-die-Uhr-Observation beauftragen."

Wieder Schweigen. Dann Heidi Schreiber.

„Hat Nottbohm ausgesagt, was er Schumacher untergeschoben hat?"

Ahlers stutzte.

„Oh, hatte ich das noch nicht gesagt? Steht in seiner ersten Vernehmung. Nottbohm hatte Zeitungsschnipsel eingepackt. Schumacher muss ausgeflippt sein."

Er fasste alle Standpunkte zusammen.

„Trotzdem haben wir im Augenblick gegen Schumacher nichts Konkretes in der Hand. Deshalb werden wir folgendes machen: TÜ für seine Telefonanschlüsse. Das ist euer Auftrag, ich meine Frauke und Mike. Die Kollegin Schreiber und ich befassen uns mit einem Bewegungsbild von Schumacher."

„Bewegungsbild?"

„Nein, das hat nichts mit Erkennungsdienst oder Fotografie zu tun. Wir werden uns um seinen Tagesablauf, seinen Fahrzeugpark und seine Kontakte kümmern. Ist das für Sie neu?"

Heidi Schreiber errötete. Doch niemand machte sich darüber lustig.

Ahlers löste die verstärkte Ermittlerrunde auf. Kein Gedanke mehr an den ungewöhnlichen Tagesstart.

23. Privatklinik bei Schwindebeck

In der Klinik war die Morgenvisite auf den Stationen I und II beendet. Die behandelnden Ärzte, Prof. Dr. Gustaf Bäuerling, Dr. med. Heinrich Baum und Dr. med. Ferdinand-Louis Schumacher, waren auf dem Weg zu ihrem Besprechungszimmer.

Es ging um die „Weiterbehandlung" des Patienten Markus Goldenstein, zehn Jahre, der in einem Einzelzimmer untergebracht war. Er litt unter einer zunehmenden Durchblutungsstörung der unteren Extremitäten. Grund dafür war eine Jahre zurückliegende Gehirnhautentzündung mit Auswirkung auf das zentrale Nervensystem. Auch das Sprachzentrum war in Mitleidenschaft gezogen, so dass der ohne Eltern aufgewachsene Junge im Heim für geschädigte Kinder zunehmend zur Belastung geworden war. Einzig sein Herz war voll funktionsfähig geblieben.

Dr. Heinrich Baum, Vollglatze, mittelgroß, Kugelbauch, fleischiges Gesicht und ebensolche Hände, schwenkte Goldensteins Krankenakte. – *Euthanasie Fall* – lautete die Überschrift.

Dr. Ferdinand-Louis Schumacher, der Jüngste der drei, schlank, schmales Gesicht mit Furchen, ging dicht hinter Baum.

„Nicht jetzt, Heinrich." Bäuerling bremste den Eifer des Kollegen. „Geht schon voran, ich habe noch etwas zu erledigen."

Missmutig verzog der das Gesicht. Immer wieder spielte sich Bäuerling als „Chefarzt" auf.

„In Ordnung", war seine trotzige Reaktion.

Bäuerling betrat mit wehendem Kittel sein Vorzimmer.

„Guten Morgen, Herr Professor. Darf es Tee oder Kaffee sein heute Morgen?"

Ulrike Kummer strahlte ihn an. Sie war die Empfangsdame mit „Bremserfunktion" gegenüber unliebsamen Besuchern, schlank, blond, langhaarig und noch keine Vierzig. In ihrem dunkelblauen Hosenanzug ließ sich eine gut gewachsene Figur mit Rundungen an den richtigen Stellen erkennen.

Immer wieder belebend, dachte Bäuerling.

„Sie wissen doch Ulrike, Mittwoch nach der Visite immer eine Wiener Melange."

„Natürlich, Herr Professor!"

„Gab es Anrufe für mich?" „Bisher keine." „Umso besser." Er zog die Bürotür hinter sich zu. Das war das Zeichen, dass er nicht gestört werden wollte.

In dem luxuriös ausgestatteten Raum mit einem modernen, handgearbeiteten Schreibtisch, ließ er sich in seinen breiten Ledersessel fallen. Auch hier hing das runenumrahmte Oval an der Wand.

Die übrigen Wände waren mit maßgefertigten, dunklen Mahagoni-Regalen verkleidet. Darin standen Reihen von Büchern, angefangen mit den Werken großer Philosophen, über medizinische Standardwerke bekannter nationaler und internationaler Autoren.

Auch die Standard Werke aus der nationalsozialistischen Vergangenheit fanden sich in einem verschlossenen Fach wieder. Darunter „Mein Kampf" sowie zahlreiche Ausarbeitungen zur Rassenprogrammatik im Deutschen Reich, geschrieben von medizinischen Kapazitäten und hohen nationalsozialistischen Entscheidungsträgern.

Bäuerling trat vor seinen Spiegel. Das, was er sah, beruhigte ihn. Ein schlanker, großer Mann mit schmalem, energischem Gesicht, das von einem vollen, mittlerweile weißen Haarschopf bedeckt war. Kalte, stahlgraue Augen blickten ihm entgegen.

Man sah ihm nicht sein hohes Alter von 87 Jahren an. Dass er wesentlich jünger wirkte, verdankte er den, in mehr als fünf Jahrzehnten in seinen Labors nachgezogenen Heil-Pflanzenpräparaten der *Ginsengia Tibetis Temporalis* aus dem fernen Tibet. Auch seine Arzt-Kollegen profitierten davon.

Baum und er waren lange vor dem Ersten Weltkrieg geboren worden, Schumacher weit vor dem Zweiten. Aber alle waren sie Nutznießer der geheim gehaltenen Forschungsergebnisse der Tibet-Expedition 1938. Mit der Unterschlagung des wertvollen Geschenks aus Tibet hatte er den Reichsführer der SS und dessen Obersten Befehlshaber hinters Licht geführt und beide lange überlebt.

Bäuerling ging zum Schreibtisch. Den weißen Kittel mit dem runden Runensymbol warf er achtlos auf einen Sessel und griff zu Baums Notiz.

Es ging um einen Jungen, der sich aus der Klinik unbeobachtet entfernt hatte, als er für einige Tage zum Treffen des „Freundeskreis Ahnenerbe" nach Thüringen gereist war.

Erst Tage nach seiner Rückkehr hatte er von seinem Informanten bei der Presse erfahren, dass der Junge tot in einem Waldstück bei Visselhövede aufgefunden worden war. Es hatte öffentliche Aufrufe gegeben, um die Herkunft und Identität des Kindes festzustellen. Als Todesursache war Verdursten genannt worden.

Seine beiden Vertreter waren so clever gewesen, die Anfragen von Presse und Polizei nach Vermissten aus der Klinik nicht zu bestätigen. Baum hatte vorausschauend die Krankenakten durch den Aktenvernichter gejagt, so dass jeder Nachweis auf einen Zusammenhang mit der Klinik fehlte. Dem eingeschworenen Personal war zusätzlich ein „Maulkorb" verpasst worden. In der Mitarbeiterbesprechung hatte er noch einmal in aller Klarheit darauf hingewiesen, dass die sichere Verwahrung der Kinder Priorität habe. Die Diktion beiden Kollegen gegenüber war wesentlich härter. Alle drei wussten um die Gefahr, wenn sich die Ermittlungsbehörden für die geheimen Forschungen der Klinik zu interessieren begannen.

Bäuerling hatte angeordnet, die Zusammenarbeit mit dem Kinderheim aus dem Nachbarkreis, aus dem der „Behinderte" stammte, sofort einzustellen. Baum und Schumacher waren beauftragt worden, neue Quellen für das „Forschungsmaterial" aufzutun.

Nachdenklich fuhr er sich durchs Haar.

Es gab sehr viel zu tun im neuen Forschungsprojekt der „Lebendforschung". Da durfte nichts schiefgehen. Außerdem hatte man ihm in der Sechs-Augen-Besprechung im „Freundeskreis Ahnenerbe" deutlich signalisiert, dass es Zeit wäre, etwas für die jahrzehntelange Hilfe zurückzuzahlen.

Zufrieden griff er zum Fünf-Sterne-Weinbrand.
„Ulrike, bitte in der nächsten Stunde keine Gespräche. Geben Sie Baum Bescheid."

24. Bäuerlings Vergangenheit

Entspannt zurückgelehnt genoss er das hochprozentige Getränk und versank in Erinnerungen an lange zurückliegende Zeiten, als er als junger Mediziner unter seinem richtigen Namen Bodo Beker der Deutschen Tibet-Expedition angehörte.

Damals, 1938, hatte die Expedition für das „Deutsche Ahnenerbe", unter der Schutzherrschaft des Reichsführers SS, Heinrich Himmler, den Auftrag erhalten, Ähnlichkeiten der arischen Völker Tibets mit denen des deutschen Volkes zu erforschen. Dazu waren anthropologische Messungen quer durch die tibetische Bevölkerung notwendig.

Die amtlichen Genehmigungen waren durch den *Panchen Lama*, das geistige und politische Oberhaupt der Tibeter, erteilt worden. Allerdings war der Umfang auf bestimmte geografische Bereiche im Bergland des Himalaya beschränkt. Hinter vorgehaltener Hand war aber geflüstert worden, dass man sich darüber hinwegsetzen wolle.

Die Forschung galt auch winterharten Getreiden und Grassorten, die dazu beitragen sollten, das Deutsche Reich von Einfuhren nicht freundlich gesonnener Länder unabhängig zu machen. Auch sollte eine im Hochland lebende Pferderasse ausfindig gemacht werden, die zäh und ausdauernder als die europäischen Rassen war. Beabsichtigt war, diese für militärische Hilfeleistungen einzusetzen.

Heimliches Ziel, von Himmler präferiert, war die Suche nach der geheimnisvollen Stadt *Shamb'ala*, in der die Menschen angeblich Hunderte von Jahren alt würden. Das soll durch den Verzehr unbekannter Heilpflanzen aus dem tibetischen Hochland ermöglicht worden sein.

Zwei Jahre nach der erfolgreichen Expedition war er beim Reichsführer SS in Ungnade gefallen, da dieser mit den Forschungsergebnissen unzufrieden gewesen war, und sich die Hoffnung auf lebensverlängernde Heilpflanzen nicht erfüllt hatte.

Aber er hatte vorgesorgt und heimlich das Geschenk der tibetischen Mönche – Samen und Knollen einer unbekannten Pflanzenart – rechtzeitig zur Seite geschafft.

Das Summen des Telefons unterbrach abrupt seine Gedanken.

„Ich habe doch gesagt, dass ich nicht gestört werden will, Ulrike", schrie er unbeherrscht. Doch es war nicht seine Sekretärin.

„Sind Sie Gustaf Bäuerling, alias Bodo Beker?"

„Wer sind Sie und was wollen Sie von mir?" fragte er schroff.

Eine Weile blieb es still.

„Sie sind der Mörder meines Bruders Gerhard, den Sie 1942 in der Heil- und Pflegeanstalt Lüneburg mit einer Überdosis Luminal umgebracht haben!" sagte eine unbekannte Frauenstimme.

Bäuerling erstarrte. Doch nur für einige Sekunden. Seine Antwort hatte er dutzende Male geübt.

„Da müssen Sie sich gewaltig irren, Frau ‚Unbekannt'. Ich habe darüber im ‚Medizinischen Journal' gelesen. Grauenhaft, diese Nazi-Mediziner. Wie zu lesen war, sind die verbrecherischen Ärzte nach dem Krieg zu hohen Freiheitsstrafen verurteilt worden." Er machte eine Pause. „Ich habe damit nichts zu tun."

Bäuerling hatte zu seiner Gelassenheit zurückgefunden.

„Sie können mir erzählen, was Sie wollen, Dr. Bäuerling, Sie waren einer der Ärzte mit der Todesspritze in der ‚Kinderfachabteilung'. Und nun machen Sie da weiter, wo Sie aufgehört haben vor 50 Jahren! Wieder bringen Sie Kinder um! Und zwar ausländische! Doch dieses Mal wird es Ihnen an den Kragen gehen. Dafür werde ich Sorge tragen! Ich werde Presse und Justiz einschalten!"

Die hastige Frauenstimme überschlug sich. Dann brach die Verbindung ab.

Einen Moment lang blieb er wie gelähmt sitzen. Dann rannte er wütend ins Vorzimmer.

„Wer war die Frau am Telefon, Ulrike? Und wie ist das möglich, dass mich dieses Weib persönlich erreichen konnte?"

„Ich weiß nicht, ich war gerade auf dem Weg zur Toilette, als der Apparat klingelte. Bevor ich den Hörer abnehmen konnte, war das Gespräch weg. Es muss sich wohl irgendwie zu Ihnen durchgestellt haben. Das ist mir noch nie passiert!" Kummers schuldbewusstes Gesicht sprach Bände.

„Verdammt, das darf nicht passieren, Ulrike. Informieren Sie umgehend Baum und Schumacher. Treffen bei mir um 11.00 Uhr."

Zurück in seinem Raum drückte er die rote Taste.

„Sehen Sie zu, dass Sie herausbekommen, woher der Anruf vor fünf Minuten kam. Nummer, Inhaber, alles was möglich ist. Und zwar sofort!"

Er legte auf und starrte aus dem Fenster. Solche Anrufe hatte er schon früher erhalten. Aber dieser klang anders, gefährlicher. Weit gefährlicher. Ein hysterisches Weib, unberechenbar.

Er griff zum Weinbrand. Zwei, drei lange Schlucke ließen ihn ruhiger werden.

Dieses verrückte Weib war auch nur jemand, die sich wichtigmachen wollte. In den Sechzigerjahren wurden die Ermittlungen gegen mich und Baum eingestellt. Wo war ich stehen geblieben? Ach ja, mein neues Leben in Spanien.

Erinnerungen an eine gute Zeit. Dort als Sympathisant der spanischen Faschisten wohlwollend aufgenommen worden und als Mediziner sehr erfolgreich gewesen. Unter seiner Leitung wurde an der Klinik *Generalissimo Franco* in Alicante eine Fachabteilung mit einem breiten Behandlungsspektrum für Kinder eingerichtet. Für seine verborgenen Forschungen hatte genug „Material" zur Verfügung gestanden. Spanische, elternlose Kinder aus den Randbezirken der großen Städte. Als Folge der politischen „Säuberung" an Franco-Gegnern, die Zehntausende das Leben gekostet hatte. Politisch war man froh gewesen, dass das „Asoziale Pack" nicht den Steuersäckel belastete.

Bäuerling trat erneut vor den Spiegel und grinste sein Spiegelbild an.

Draußen, unter dem großen Glasdach der Aufzuchthalle, wohlbehütet, gepflegt und gut bewacht, hatte die Wunderpflanze aus Tibet längst Wurzeln geschlagen. Sie, die geheimnisvolle, die Jahrzehnte in der fremden Erde überstanden hatte, hart, wie ihr Ursprungsland, und zäh, wie die Menschen dort, gab immer noch von ihrer Kraft ab. Diese Kraft war es, die ihm und seinen beiden Kollegen das Leben beinahe unendlich zu machen schien.

Harsches Klopfen riss ihn aus der schönen Gedankenwelt. Elf Uhr. Zeit für die dringende Besprechung mit Baum und Schumacher.

25. Nottbohms Haus

Mitternacht war längst vorüber. Einzelne Straßenlampen verbreiteten ihr stumpfes Licht, das die wenigen Häuser am Eisenbahnweg kaum erreichte. Doch dem maskierten Mann – Schumacher –, der seinen Kombi auf einem unbeleuchteten Parkplatz abgestellt hatte, war das nur recht.

Als er sich der Doppelhaushälfte mit der Nummer 19 näherte, stellte er fest, dass dort kein Licht brannte. Trotzdem war Vorsicht angebracht, und im Strahl der Minilampe sah er, dass der Briefkasten von Zeitungen und Werbematerial überquoll. Das war beruhigend.

Der Schweinehund hat sich mit meiner Kohle in warme Gefilde abgesetzt. Wütend öffnete er mit Nottbohms Schlüssel die Haustür. Vorsichtig betrat er den kleinen Flur. Doch es blieb still.

Im Büro hatte er sich eine Kopie vom Grundriss gemacht, den er in Nottbohms Schreibtisch gefunden hatte. Unten: Flur, Wohnzimmer, Essdiele, Küche, Gäste-WC sowie Kellerabgang. Oben: zwei Schlafräume und Bad. Behutsam öffnete er die Windfangtür – und blieb ruckartig stehen. Es roch nach Essen, nach Kohl. Das konnte nicht sein. Nottbohm war doch abgereist. Ein kurzer Blick in die aufgeräumte Küche. Doch es gab keinen Hinweis auf zubereitete Speisen. Weiter zum Wohnzimmer.

Auf dem Couchtisch stand ein einsames Weinglas, das rötlich im Licht seiner Lampe schimmerte. Vorsichtig schnupperte er. Es roch nach billigem Rotwein. Was bedeutete das? Hatte Nottbohm so schnell einen Nachmieter gefunden?

Er griff in die schmale Beintasche. Dort spürte er die Stahlrute mit dem metallenen Knauf. Das war beruhigend. Routiniert durchsuchte er Fächer und Schubladen. Doch er fand nicht, was er suchte.

Zurück in die Küche. Schubladen aufziehen, Schrankfächer kontrollieren, und dann passierte es.

Als er die obere Tür öffnete, fielen zwei Töpfe heraus. Ihm direkt auf Kopf und Schultern und schlugen scheppernd auf dem Fußboden auf. Sekundenlanges Dröhnen zerriss die Stille.

Ein lauter Fluch entfuhr ihm. Minutenlang rührte er sich nicht vom Fleck. Doch es blieb still im Haus.

Im Strahl der Minilampe huschte er auf der gewandelten Holztreppe nach oben. Im Flur stand ein kleines Marmortischchen mit einer gegossenen Skulptur. Gleich dahinter musste das Gästezimmer sein. Rechts daneben das Schlafzimmer. Beide Türen waren geschlossen.

Geräuschlos betrat er das Gästezimmer. Der Raum war mit Bücherregal, zwei Sesseln und einer Liege ausgestattet. Auch ein PC mit Drucker waren installiert. Er machte Licht. Die Deckenleuchte flammte auf. Alles wirkte geordnet und seit Langem nicht benutzt. Staub bedeckte die Regale. Auch das war beruhigend.

Rasch zog er die Stoffvorhänge vor die Fenster und begann mit der Suche. Doch dieses Mal kippte er den Inhalt der Schubladen auf den Teppichfußboden. Aus den Regalen zog er ein Buch nach dem anderen und schüttelte es. Nichts. Verdammt, wo könnten die Dokumente noch versteckt sein? Vielleicht im Schlafzimmer. Er schaltete das Licht wieder aus und öffnete vorsichtig die Tür zum Flur.

Und dann bemerkte er entsetzt, dass die Schlafzimmertür einen Spalt breit offen stand. Ehe er darüber nachdenken konnte, wurde diese nach innen aufgerissen. Im Schein seiner Lampe sah er sich Nottbohm gegenüber, der mit wutverzerrtem Gesicht laut schreiend auf ihn losstürzte. In der rechten Hand ein langes, blitzendes Küchenmesser schwingend.

Schumacher überlief es kalt. Blitzschnell erkannte er die Gefahr. Ihm blieb nur die Flucht. Doch er kam nicht allzu weit, weil ihm der kleine Marmortisch schmerzhaft die Beine wegriss. Die Lampe fiel zu Boden. Auf allen Vieren versuchte er den Treppenabgang zu erreichen. Dann war Nottbohm über ihm. Er hatte das Messer fallen gelassen und hieb mit der Skulptur auf ihn ein.

„Du elender Einbrecher, dir werde ich es zeigen."

Schumacher war vor Schmerzen wie gelähmt. Mit einer schnellen Bewegung drehte er sich auf den Rücken und trat Nottbohm die Beine weg. Der ließ die Figur fallen und warf sich auf seinen Gegner. Mit beiden Händen umfasste er dessen Hals und würgte ihn. Schumacher spürte voll Schrecken, dass die Luft knapp wurde. Nottbohm griff erneut nach seinem Messer. Soll so mein Ende sein? Mit letzter Kraft zog er die Knie an und trat Nottbohm mit den Beinen in den Bauch. Ein heftiger Schrei, ein lautes Poltern und dann nur noch Stöhnen.

Benommen blieb er eine Weile liegen und tastete nach seiner Lampe. Ein Griff zum Lichtschalter. Unten, am Fuß der Treppe, lag Nottbohm regungslos in einer Blutlache, die sich immer weiter ausbreitete. Sein Körper war verkrümmt. Und dann sah er zu seinem Entsetzen, dass aus dessen Brust der Griff des langen Küchenmessers ragte. Um Himmelswillen! Sein Herz raste. Ihm wurde speiübel. Was nun? Die Beine versagten ihm den Dienst. Wie auf Stelzen näherte er sich Stufe für Stufe dem Mann, der einmal sein Mitarbeiter gewesen war. Hilflos trat er gegen dessen Körper. Doch es erfolgte keine Reaktion.

Hans-Werner Nottbohm war tot! Bei dem Sturz war er in sein eigenes Küchenmesser gefallen.

Flucht war der erste Gedanke. Doch dann schleppte er sich schwerfällig die Treppe hinauf.

Im Badezimmer hielt er Kopf und Hände unter fließendes Wasser. Minutenlang. Zwischendurch lauschte er. Aber es blieb alles still. Totenstill. Erneut ging er in das

Schlafzimmer und schaltete das Licht ein. Der Geruch eines alten Mannes schlug ihm entgegen und ließ ihn würgen. Doch er musste die alten Dokumente finden, sonst war alles umsonst gewesen. Und nun nahm er keine Rücksicht mehr.

Wie in einem Rausch schleuderte er Bekleidung, Wäsche und alles, was sich in den Schränken befand, auf den Boden. Vergeblich. Nicht ein einziges Schriftstück fiel ihm in die Hände.

Wo konnten die Dokumente noch sein? Sollte Nottbohm die tatsächlich beim Anwalt hinterlegt haben?

Erschöpft blickte er auf das Doppelbett, und dann machte sein Herz einen Sprung. Auf dem Kopfkissen sah er ein von Locken umrahmtes Gesicht einer Frau, das ihn reglos anstarrte. Er schrie und griff zu seinem Totschläger. Mit einem Ruck riss er die Bettdecke weg. Vor ihm lag eine Latex-Gummipuppe mit weit geöffnetem Mund. Die aufgeblähten Brüste steckten in einem schwarzen BH. Das war zu viel in dieser Nacht.

Panik ergriff ihn! Nottbohm war also nicht abgereist. Irgendetwas musste dazwischen gekommen sein. Aber was? War Nottbohm derjenige, der seinem Kurier die Papierschnipsel übergeben hatte?

Drei Tage waren seit der verpatzten Geldübergabe vergangen. Und in dieser Zeit hatte Nottbohm in seinem Haus gelebt. Ich Idiot bin voll in die Scheiße getappt. Keine Spur von den Dokumenten.

Er musste die Leiche verschwinden lassen.

Mit weichen Knien verließ er das Schlafzimmer und zog in allen Räumen die Vorhänge auf. Niemand sollte von außen eine Veränderung bemerken.

Schwerfällig stapfte er die Treppe hinunter. Am Fuß lag Nottbohm in unveränderter Stellung. Die große Blutlache war bereits angetrocknet. Bloß raus hier. Als er die Haustür hinter sich zuzog, fiel sein Blick auf den vollen Briefkasten. Hastig ließ er den Inhalt in seiner Jackentasche verschwinden.

Zu Tode erschöpft stieg er in sein Auto. Die Uhr in der Armatur zeigte ihm, dass er beinahe zwei Stunden mit der

Suche nach den Dokumenten zugebracht hatte. Erfolglos! Aber sehr viel schlimmer war, dass Nottbohm tot ist. Es war eine Katastrophe.

26. Das Kommissariat

Drei Tage waren nach Kluges Krankmeldung vergangen, als er am vierten Tag, für seine Ermittler überraschend, um 07.00 Uhr seinen Platz am Schreibtisch einnahm. Als erstes sprang ihm die rot unterstrichene Notiz von Ronda Kubitzke ins Auge:

„Bernhard, dein ZKD-Leiter hat Sehnsucht nach dir und hat täglich nachgefragt, ob du wieder zurück bist. Wahrscheinlich geht es um den ‚Goldträger' von der Schupo."

Er erinnerte sich. Damit konnte nur der Ratsanwärter der anderen Berufssparte gemeint sein. Er ahnte Unangenehmes. Was war in seiner Abwesenheit geschehen? Der Blick auf seinen Schreibtisch sagte ihm, dass ein hoher Vorgangsstapel von roten Aktendeckeln der Staatsanwaltschaft auf die Bearbeitung wartete.

Alles Neueingänge. Na ja, Ahlers wird schon ein Auge darauf gehabt haben, dachte er beruhigt.

Ein Blick zur Uhr: 7.20 Uhr. Auf dem Flur wurde es laut. Einzug der Ermittler, Getrappel.

„Unser Chef ist wieder da."

Freundliche Begrüßung, Händeschütteln im Stehen. Das Kommissariat glitt in die gewohnte Spur.

Als er mit seiner Kaffeetasse zum Besprechungsraum ging, zog ihn Ahlers in sein Dienstzimmer. In aller Kürze berichtete er über die plötzliche „Verabschiedung" von Polizeihauptkommissar Knüll.

„Du sollst sofort zum ZKD-Leiter kommen. Der sah ziemlich angefressen aus."

Beide Ermittler grinsten. Sie hatten schon Schlimmeres als einen Anschiss durchgestanden.

„Gut, ich gehe, aber danach setzen wir uns zusammen. Ich möchte wissen, wie es mit den Ermittlungen in Sachen Gerstenmeier weitergeht!"

„Aber schlepp uns bloß nicht wieder Knüll an."

Eine Stunde später gruppierten sich die Ermittler um Kluges Schreibtisch. Ahlers berichtete. Über die erfolglosen Versuche, Nottbohm zur Vernehmung zu holen. In den zurückliegenden Tagen hatte der weder auf die telefonische noch auf die schriftliche Vorladung reagiert. Die Doppelaushälfte wirkte verlassen. Die zweitägige Observation Schumachers zur Tageszeit war negativ verlaufen. Auch die Telefonüberwachung bei diesem hatte keinen relevanten Hinweis auf einen Tatzusammenhang mit dem Mord an Gerstenmeier erbracht.

Kluge horchte auf.

„Hattet ihr auch nachts observiert?"

„Nur die erste Nacht nach deiner Krankmeldung. Und da hatte Schumacher sich nicht aus seinem Haus gerührt, weder mit seinem Pkw noch zu Fuß."

„Und die beiden letzten Nächte?" „Da war auch nichts", kam es flau rüber.

Kluge stutzte. „Was heißt das?"

Angespanntes Schweigen.

„Wir hatten ihn nachts ‚verloren'!" „Und was heißt das? Ist Schumacher plötzlich verstorben?"

„Natürlich nicht." Ahlers errötete.

„Wir hatten zwei Fahrzeuge im Einsatz. In einem war Heidi, ich meine die Kollegin Schreiber, und das zweite hatte ich besetzt."

Kluge blickte seinen Vertreter erstaunt an.

„Ja, ich weiß. Aber wir wollten Personal sparen. Und dann hatten wir Pech mit der Technik. Heidi war nach Mitternacht an Schumacher dran. Doch an der Schießgraben-Ampel ist ihre Kiste abgesoffen. Und als sie wieder starten konnte, war Schumacher längst über alle Berge. Heidi ist sicherheitshalber zu Nottbohm gefahren. Aber dort war alles dunkel und von Schumacher oder seinem Kombi weit und breit nichts zu sehen. So war es doch, Heidi?"

Schreiber nickte.

„In der nächsten Nacht waren Mike und Frauke unterwegs und die beiden Kollegen, die Nottbohms Haus abgedeckt hatten. Beide Aktionen verliefen ebenfalls negativ.

Schumacher hat sich nicht von zu Hause weggerührt, und Nottbohms Haus wirkte nach wie vor verlassen."

Langes Schweigen. Auf Kluges Stirn bildete sich eine steile Falte. „Jens, ich kann nicht glauben, was ich höre. Das ist wenig professionell, wenn ihr nicht mal in der Lage gewesen seid, Schumacher vernünftig abzuklären."

Dem stieg erneut die Röte ins Gesicht. „Wir wollten …"

„Und was ist mit Nottbohm? Habt ihr mal daran gedacht, was passieren könnte, wenn der Schumacher über den Weg läuft?" Kluge war ärgerlich. „Ich möchte, dass du und Mike gleich nach der Besprechung zu Nottbohm fahrt und diesen überprüft. Sollte er nicht öffnen, holt euch den Schlüsseldienst."

Die Ermittler schwiegen betroffen.

„Aber wir haben keinen Durchsuchungsbeschluss", warf Ahlers ein.

„Nein, haben wir nicht. Wir müssen von *Gefahr im Verzuge* ausgehen und abklären, ob Nottbohm noch am Leben ist. Denn das er plötzlich nicht erreichbar ist, ist ungewöhnlich!"

Das war eine klare Ansage. So ernst hatten alle ihren Chef lange nicht erlebt.

„Wir müssen an beiden dranbleiben, und ich hoffe, dass wir bei Nottbohm nicht zuspätkommen. Ich habe ein Scheißgefühl!"

Missmutiges Schweigen breitete sich aus. Mühsam versuchte Ahlers einen Themenwechsel.

„Und wie war es beim ZKD-Leiter?"

Kluges Miene verzog sich unlustig.

„Der hat gleich los palavert und irgendetwas von Subordination rausgeblasen. Er müsse sich nicht mir gegenüber für seine Entscheidung mit Knüll rechtfertigen."

Das Telefon schrillte nebenan.

„Ronda, geh doch bitte mal." Stühle rücken.

„Bernhard, komm mal ans Telefon. Die Wache ist dran. Der Kollege sagte was von einer Leiche in Latex." Rondas roter Kopf tauchte im Türrahmen auf. Die Ermittlerrunde erstarrte. Eine Leiche in Latex. Hörte denn diese Puppenscheiße nie auf?

„Okay. Sag dem Kollegen, dass ich gleich zurückrufe."

„Zum Abschluss kommend. Unser ZKD-Leiter wird ähnliche Entscheidungen nicht mehr ohne Abstimmung mit mir veranlassen. Damit ist der *Knüll* vom Tisch."

Zustimmendes Gemurmel. Erledigt.

„Und wer kann in die neue Leichensache einsteigen? Die hat jetzt erst mal Vorrang." Er blickte sich um. „Wie wäre es mit Ihnen, Frau Schreiber, Sie mit ihrer Tatorterfahrung?" Kluge stand auf.

Das war nicht freundlich, dachte Ahlers.

„Ich mache mich bei der Wache schlau." Er blickte auf die Uhr. „Spätestens um nullneunhundert Einsatzbesprechung!"

Er ließ eine diskutierende Runde zurück. Die Wellen schlugen hoch. Die drei neuen Kollegen blickten sich verunsichert an.

Punkt neun hatten sich alle wieder eingefunden.

„Ich möchte, dass wir zum Fundort raus fahren, alle, einschließlich der Spurensicherung. Zum dritten Mal ist ein Waldstück Objekt für eine Leichenablage. Aber dieses Mal in der Nähe des Elbeseitenkanals. Und dieses Mal haben wir es mit einer richtigen Leiche zu tun. Ohne Grabhügel. Die ‚Leiche in Latex' ist mit Industrieklebeband verschnürt und mit Laubwerk bedeckt. Vermutlich handelt es sich um einen Mann. Klingelt es bei euch?" Er blickte in angespannte Gesichter.

„Es könnte sich um Nottbohm handeln!"

„Bloß das nicht", und: „Oh Scheiße!"

„Der Fundort ist gesichert. Die Kollegen von der Wache erwarten uns!" Kluge blickte in eine aufgeschreckte Runde. „Also, los geht's."

„Du bist dabei, Chef?"

„Ganz gewiss. Und ich habe ein ungutes Gefühl."

Doch seine Planung ging nicht auf. Nach leisem Klopfen trat ein uniformierter Kollege ein und schwenkte eine dünne Akte.

„Na, Herr Unger, wieder mal Kurier im Hause? Was gibt's Wichtiges?"

„Es handelt sich um ein Schreiben ohne Absender, gerichtet an die Kriminalpolizei in Lüneburg, Herr Hauptkommissar."

„Anonym also. Und was hat das mit mir, besser gesagt unserem Kommissariat zu tun?"

Unger verfärbte sich verlegen.

„Ich weiß es nicht. Jedenfalls hat der Dienstabteilungsleiter den Brief geöffnet und entschieden, dass der zu Ihnen gehört." „Zu mir?" Die Ermittler schmunzelten. Unger stotterte. „Ich meine in Ihre Zuständigkeit."

„Gut, Herr Unger, damit kann ich etwas anfangen. Ist Ihnen bekannt, ob Ihr Dienstabteilungsleiter den Brief in den Händen hatte oder diesen vielleicht auch gelesen hat?"

„Gesehen habe ich es nicht, aber er hat gesagt, dass da schöner Blödsinn drin steht. In einer Privatklinik in der Heide sollen ausländische Kindern misshandelt werden."

Ungläubiges Kopfschütteln der Runde.

„Okay, Herr Unger, geben Sie her. Wir werden uns damit beschäftigen. Vielen Dank!"

Der war froh und machte auf dem Absatz kehrt.

„Frau Schreiber, jetzt sind Sie dran." Kluge reichte ihr den Vorgang.

„Nach fotografischer Sicherung des Textes Fingerspuren sichern. Das Ganze möglichst zügig und danach alles bitte auf meinen Schreibtisch."

„Ja, Herr Kluge." Schreiber verschwand.

Dann erste Kommentare. „Das hört sich ja sehr merkwürdig an! – Misshandlung an ausländischen Kindern! – Eine Klinik in der Heide? – Wo soll das denn sein?"

„Lasst es gut sein. Ich werde mich darum kümmern. Jens übernimmt die Ermittlungen vor Ort." Stühle scharrten. Die Ermittlerkarawane machte sich auf den Weg.

DIE VERGANGENHEIT

27. Tibet-Expedition 1938

Auszug aus dem Tagebuch des SS-Sturmbannführer Ernst Schäfer. Geschrieben am 26. August 1939 im Kloster Taschilunpo.

Wir sind am Ende der Expedition angekommen und dürfen auf große Erfolge zurückblicken. In der weiten Ebene von Gyontse waren wir auf die größte Ackerbaufläche Tibets in 4000 Meter Höhe gestoßen und auf riesige Gerstenanbauflächen in Tuma, welches 4500 Meter hoch ist. Alle mit winterharten Getreidepflanzen, die uns unbekannt sind. Aber besonders und herausragend war der viermonatige Aufenthalt in Lhasa; die schönste Zeit für die ganze Expedition. Herzliche und innige Freundschaft mit den Häuptern der tibetischen Regierung und den "lebenden Göttern". Der Vertreter des Ministerrates war sehr an unserer Kultur und Geschichte interessiert und ließ mich Einblick nehmen in die mystische Kultur der Tibeter. Von Lhasa führten unsere Teilexpeditionen in die Gebirgsregionen um Tsetang, die sagenumwobene Stadt, in der nur 4000 Tibeter leben. Weiter durch das paradiesisch schöne Oasental von Jalung Podrang, der alten tibetischen Hauptstadt. In den erhaltenen Ruinen leben auch heute noch "Heilige", Lamas, die transzendent sein sollen. War dort einmal Shamb'ala, die geheimnisumwobene Stadt? In der die mächtigsten Könige und die höchsten religiösen Würdenträger die Geheimnisse des langen Lebens austauschten und die ein Jahrhunderte überdauerndes Leben geführt hatten? Nur mit "Dr. Sahib", so nannten die Eingeborenen unseren Mediziner, hatten wir

mehrere Tage lang die "Heiligen" in den
Ruinen aufgesucht und versucht, den Geheim-
nissen des langen Lebens auf die Spur zu
kommen. Kleine Geschenke hatten den Weg zu
den bärtigen Männern geebnet, die der tausendjährigen tibetischen Vergangenheit zu
entstammen schienen. Dr. Sahib und ich hatten
Unglaubliches erfahren und mit auf den Heimweg bekommen. Dazu hatte die Freundschaft mit
dem uralten Abt des Klosters und Residenten
des Panchen Lamas hilfreich beigetragen. Nun
ist es Zeit für die lange Heimreise über viele Länder, denn unsere Postverbindung wurde
in letzter Zeit unterbrochen, und die sich oft
widersprechenden Nachrichten aus unserem Kurz-
wellenempfänger lassen nichts Gutes erwarten.

Ernst Schäfer

DIE GEGENWART 1993

28.   Erinnerungen

Katharina Weber, die Frau, die Tage zuvor so intensiv das Areal des Privatklinikums am Südostrand der Lüneburger Heide ausgespäht hatte, saß zufrieden im elterlichen Haus an ihrem Schreibtisch. Vor ihr lagen Papierreste der ausgeschnittenen Textzeilen in verschiedenen Schriftgrößen, daneben eine gelbe Tube mit Schnellkleber. Sie hatte bewusst diesen Weg für ihre anonyme Botschaft gewählt.

Die schlanke, gut gewachsene Frau strich sich ihre graue Haarsträhne aus der Stirn. Seit vielen Jahren lebte sie allein in dem kleinen Siedlungshaus aus den Dreißigerjahren, das ihr von der Mutter nach deren Tod vererbt worden war.

Ihr Vater war damals Vorarbeiter im Lüneburger Eisenwerk von Horst Böhrens gewesen und hatte als Mitglied der NSDAP vom Wohnbauprogramm der Hitler-Regierung profitiert. Zunächst dankbar und hoffnungsvoll den großartigen Wahlversprechungen der Partei folgend, Deutschland wieder zu einem mächtigen Reich zu machen. So wie es auch viele seiner Berufskollegen glaubten. Bald jedoch erkennend, dass nach 1933 mit der Machtergreifung ein menschenfeindliches System in das Leben jedes Einzelnen eingriff. Jeder Widerstand gegen die neuen Machthaber war drastisch beschnitten worden, mit Maßnahmen die von Jahr zu Jahr grausamer wurden.

Das hatte sie in Dokumentationen nachlesen können.

So war dem Vater dessen soziale Einstellung als Gewerkschafter nach der Festnahme seines besten Freundes zum Verhängnis geworden. Von SS-Männern abgeführt wurde er Ende 1939, ohne einem Richter vorgeführt zu werden, in ein Arbeitslager eingewiesen und in „Schutzhaft" genommen. Damals war ihre schwangere Mutter allein zurückgeblieben. Später, in der Nachkriegszeit, hatte ihr die Mutter unter Tränen erzählt, dass ihr Vater ein tapferer Mann gewesen sei. Er hatte sich, wie Tausende andere Deutsche auch, gegen das verbrecherische Nazi-Regime gewandt. Ohne Gerichtsurteil war er in das Konzentrationslager Bergen-Belsen in der Lüneburger Heide transportiert und dort 1940 umgebracht worden.

Das hatte in ihr die Überzeugung geprägt, mitzuwirken, dass sich nie wieder ein solches Regime mit Millionen von Toten wiederholen dürfe.

Bevor ihre Mutter an Lungenkrebs verstarb, hatte sie ihr vom grausamen Tod des älteren Bruders Gerhard im Jahr 1942 erzählt. Erst da hatte sie erfahren, dass ihr Bruder mit einem offenen Rücken geboren worden war. Beide Eltern hatten alles getan, um das Leben ihres Sohnes so normal wie möglich zu gestalten.

Doch nach Einführung des Gesetzes über die Rassenhygiene vom „Reichsausschuss zur wissenschaftlichen Erfassung von erb- und anlagebedingten schweren Leiden" und dem Erlass der Provinzialregierung Hannover zur Einrichtung einer „Kinderfachabteilung" in der Heil- und Pflegeanstalt Lüneburg, war es den Verantwortlichen im Reichssicherheitshauptamt (RSHA) darum gegangen, „unwertes Leben" auszumerzen. Das bezog sich auch auf Kinder, die körperlich behindert waren.

Da der Hausarzt der Familie zur Meldung der Erkrankung verpflichtet war, war der fünfjährige Gerhard in die „Kinderfachabteilung" aufgenommen worden. Ihre Mutter hatte geglaubt, dass das die beste Entscheidung für ihren Sohn sei, zumal sie durch die Kriegsumstände und den frühen Tod ihres Mannes nicht mehr in der Lage gewesen ist, beide Kinder zu versorgen. Vier Wochen später hatte sie die Nachricht vom Tod des Sohnes erhalten.

Als Todesursache war ihr die Diagnose „Lungenentzündung" zugesandt worden, mitsamt der Rechnung für die Einäscherung. Die Mutter hatte nie den Tod ihrer beiden liebsten Menschen verwunden. Nur mit Hilfe von Verwandten und guten Freunden hatte sie es geschafft, die schweren Kriegsjahre zu überstehen.

Erst viele Jahre später hatte Katharina Weber nach und nach die Grausamkeiten des NS-Regimes begreifen können. Nach ihrem erfolgreichen Abschluss zum Dr. phil. hatte sie sich als Historikerin auf die Spurensuche nach den Mordärzten der ehemaligen Heil- und Pflegeanstalt gemacht.

Ein Netzwerk von Gleichgesinnten, die ebenfalls in ihren Familien „Euthanasie"- Opfer zu beklagen hatten, hatte sie auf die Spur der „Lüneburger Mordärzte" gebracht. Demnach sollten diese wieder in einer Privatklinik als Ärzte tätig sein.

Ein guter Bekannter, der dort als Gärtner beschäftigt war, hatte sie darüber informiert, dass dort wahrscheinlich Kinder misshandelt werden.

Aufgrund ihres fundierten Wissens über die in der Vergangenheit rechtsbeugende Jurisprudenz hatte sie davon Abstand genommen, ihre Kenntnisse direkt der Staatsanwaltschaft mitzuteilen. Da ihr aus der Presse der Name eines Kriminalbeamten bekannt war, der sich mit der Aufklärung von Tötungsdelikten und Misshandlungen an Kindern befasste, hatte sie eine anonyme Botschaft an die Kriminalpolizei gesandt. Durch ihren Hinweis auf ärztliche Misshandlungen würden die Ermittlungsbehörden gezwungen sein, rechtliche Schritte zu ergreifen. Nur so wäre es möglich, die verbrecherischen Mediziner wegen neuer Taten zur Verantwortung zu ziehen, dachte sie. Sollte eine Reaktion auf ihre anonyme Mitteilung ausbleiben, stand ihr immer noch der Weg in die Presse offen.

29. Das Kommissariat

Als Kluge eine halbe Stunde später an seinen Schreibtisch zurückkehrte und dort die blasse Kommissarin Schreiber vorfand, stürmte Ronda Kubitzke durch die Tür.

„Die Leiche ist weg. Du sollst sofort Jens auf seinem Handy anrufen", schnaufte sie.

„Wie die Leiche ist weg? Meinst du die ‚Latexleiche'?" Kubitzke nicke aufgeregt. Das darf doch nicht wahr sein!

„Okay, danke Ronda!" Er winkte ab, als sie erneut ansetzte. „Ich werde gleich mehr erfahren. Lass mich *bitte* allein und schließe *bitte* die Tür hinter dir!"

Das war deutlich. Die Tür knallte hinter der beleidigten Ronda.

„Wussten Sie davon Frau Schreiber?"

Die nickte und starrte auf den Text des anonymen Briefes mit den lila Acrylatflecken von der Spurensuche.

„Und warum haben Sie mich nicht sofort informiert?"

„Ich konnte Sie bei der Wache nicht telefonisch erreichen!" Ihre Wangen röteten sich.

„Darüber reden wir noch." Er griff zum Handy.

Und dann erfuhr er von Ahlers, dass das Team am Leichenfundort weder die beschriebene Leiche, noch die Kollegen vorgefunden hatte. Eine Rückfrage hatte ergeben, dass die Beamten zum Brand eines Tanklastzuges auf der Umgehungsstraße gerufen worden waren. Die Einsatzleitzentrale sollte Kluge sofort benachrichtigen, was aber unterblieben war. Ahlers hatte das einzig Richtige veranlasst.

Der Fundort war so aufgenommen worden, als sei die Leiche vorhanden. Bei der ausgedehnten Spurensuche war man auf „frische", gut erhaltene Reifenspuren gestoßen, die gesichert werden konnten. Erste Ergebnisse des Abgleiches mit den Typen der Reifenhersteller in der Datei des LKA Niedersachsen standen noch aus.

Kluge schüttelte den Kopf. Die Leiche verschwunden? Da konnte doch nur der Täter dahinter stecken.

„Frau Schreiber, ich mache Sie zu meiner Führungsgehilfin. Und Sie werden während die ganze Zeit an meiner Seite bleiben." Das war deutlich. „Da Sie den neuen Sachverhalt mitbekommen haben, nehmen Sie Platz an meinem Rechner und schreiben folgendes." Dann diktierte er und blickte ihr dabei über die Schulter.

„Das ist gut, Frau Schreiber. Da Sie zur Moko gehören, dürfen Sie sich gern weitere Gedanken zu Täter, Tat und Beseitigung der Leiche machen. Am besten nach unserem bewährten Sieben-W-Fragen-Schema." Etwas Oberlehrerhaftes schlich sich in Kluges Stimme.

„Aber vorher drucken Sie mir schon mal den Text aus, doppelt!"

Schreiber nickte. Der Tintenstrahldrucker summte.

„Herr Kluge, ich wollte mich bei Ihnen noch…"

„Ach Frau Schreiber, lassen Sie es gut sein. Jeder hat mal klein angefangen."

Das klang nicht besonders tröstlich, aber er hatte keine Lust auf weitere Erklärungen. Er rieb sich die Nase. Was läuft hier schief? Die Leiche könnte eventuell die von Nottbohm sein. Der Zusammenhang mit den aufgefundenen Sexpuppen-Hüllen war zu auffällig. Damit würde Schumacher verstärkt in den Fokus rücken. Er hätte ein Motiv, Nottbohm auszuschalten.

Halt! Stopp!

Blitzartig fiel ihm ein, dass über die Observation und Schumachers Pkw, einen Kombi, gesprochen worden war. Hatte der damit Nottbohms Leiche abtransportiert? Schreiber müsste etwas zum Fahrzeugtyp sagen können.

Es ging bereits auf elf Uhr zu.

„Frau Schreiber, lassen Sie alles stehen und liegen und fahren Sie zu Ahlers. Auftrag: Überprüfung von Schumachers Pkw, an den Sie sich doch bestimmt noch erinnern?"

Schreiber nickte und zog ihr Merkbuch hervor.

„LG-SP 9524, dunkelblauer Ford Kombi, zugelassen auf ‚Schuma-Print GmbH'!"

„Gut gemacht, das ist doch was! In so einem Fahrzeug wäre auch genügend Platz für die ‚Leiche in Latex'! Und nun los und viel Erfolg."

Die Kommissarin verstaute hastig ihr wichtiges Utensil, das sich auch in Zeiten der digitalen Daten-Kommunikation noch immer als wertvoll erwies. Als die Tür hinter ihr klappte, schmunzelte Kluge. Dann setzte er sich zufrieden an seinen Rechner.

30. Privatklinik

Die beiden Mediziner hatten mit ihrer „Forschungsarbeit" begonnen. Wie in alten Zeiten. Doch sie wussten, dass ihre „Behandlungsparameter" strafbar und durch keinen „Reichsausschuss " mehr gedeckt waren. Aber sie wussten die „Freunde des Ahnenerbes" und deren weitreichendes Netzwerk hinter sich.

Beide forschten am lebenden Körper, wie zu Zeiten ihrer Tätigkeit in den KZ. Sie hatten mit Hilfe der medizinischen Weiterentwicklungen von Anästhesie und OP-Technik, konzipiert von hochqualifizierten Ingenieuren der Medizingerätetechnik und eigenen Chemikern, die besten Voraussetzungen dafür. Für sie war das zur Verfügung stehenden „Material" nur billige Versuchsobjekte und Organspender.

Nach den erfolgreichen Eingriffen am lebenden Körper oder Entnahme von Organen, wurden die anästhesierten Patienten auf isolierten Stationen in ein Leben zurückgeführt, dass mit einem menschlichen nichts mehr gemein hatte. Aus ihnen waren stumpfe, geistlose Geschöpfe geworden, die nur noch mit Hilfe von Apparatetechnik für weitere Organentnahmen dahin vegetierten oder, wenn es medizinisch gewünscht war, die „Eingriffe zu Forschungszwecken" nicht überlebten. Den Rest erledigte die hauseigene Verbrennungstechnik auf dem Klinikgelände.

Mit ihrer Tätigkeit – unterstützt von Transplantationschirurgen – erzielten die drei Ärzte – Bäuerling, Baum und Schumacher – bei pharmazeutischen Konzernen höchste Beträge. Einen Teil dieser Summen steuerten eigene Finanzberater, als Sponsoren-Mittel getarnt, auf Konten der Privatklinik und der „Freunde des Ahnenerbes".

31. Back-Office

In einem hellen Büroraum saßen sich Dr. Ferdinand-Louis Schumacher und sein neuer Assistent, Ralf Hildebrand gegenüber. Auf Schumachers Schreibtisch lagen nur ein paar dünne Akten.

Hildebrands Oberkörper verschwand hinter einem großvolumigen Monitor, der technisch das Neueste darstellte. Daneben war ein Festnetz-Telefon mit farbigen Tasten installiert.

Ralf Hildebrand, 45 Jahre, diplomierter Finanz- und Betriebswirt, schlank, mittelgroß, mit dunklem Haar und ebensolchem Kinnbärtchen, machte einen vertrauenswürdigen Eindruck. Seine Finger huschten über die Rechnertastatur und ließen Tabellen mit endlosen Zahlenreihen sichtbar werden.

Das war sein Metier und ließ ihn an die „erfolgreichen Jahre" als Bank-Manager zurückdenken. Doch leider hatten in der Vergangenheit Staatsanwälte und Steuerfahndung kein Verständnis für seine Art von „Börsengang" aufbringen können.

Mit zwei anderen Bankern und besten Kontakten zu Börsenmaklern war es ihm gelungen, mit weltweiten Insidergeschäften Millionendeals zu machen, bevor diese aufgedeckt worden waren. Zehntausende von Kunden die sich mit ihrer „Schwarzgeldanlage" hohe Renditen versprochen hatten, mussten zähneknirschend den Verlust ihrer Finanzen hinnehmen und auf ihren Rechtsanspruch verzichten. Hildebrand und seine Komplizen waren wegen schweren, gewerblichen Betruges zu mehrjährigen Freiheitsstrafen ohne Bewährung verurteilt worden. Doch seine früh vom Elternhaus geprägte Einstellung zum Nationalsozialismus und den Neo-Nazis half ihm weiter. Auch hier war es der „Freundeskreis Ahnenerbe", der ihm den Weg zur Klinikleitung unter Prof. Bäuerling ebnete, der dringend einen „Steuerexperten" suchte.

Eine seiner neuen Aufgaben war, die Finanzen und Transaktionen seines neuen Arbeitgebers mit Erfolg gegenüber den Kontrollgremien der Stiftung und dem Finanzamt zu verschleiern. Damit war Hildebrand ein Comeback gelungen, wenn auch nur ein Internes. Eine Briefkastenfirma auf den fernen Kaiman-Inseln war das unentdeckte Kapitaldepot. Diese machte es auch möglich, den „Freundeskreis Ahnenerbe" latent zu unterstützen. Nebenher beherrschte er exzellent die Kommunikationstechnik und verfügte über ein hohes Maß an Überzeugungskraft im Dialog mit Dritten.

Das hatte Bäuerling veranlasst, ihn als neuen Büromanager Schumacher zur Seite zu stellen. Dem war es nur recht, konnte er sich nun der wichtigen Aufgabe der „Materialgewinnung" widmen.

Die drei „Human-Mediziner", so verstanden sie sich weiterhin, hatten in einer vertraulichen Beratungsrunde mit Hildebrand feststellen müssen, dass die bisherige Praxis der „Gewinnung von Forschungsmaterial" Risiken in sich barg. In langen Gesprächen war ein Modell entwickelt worden, das die Aufdeckung der medizinischen „Forschungstätigkeit" durch Dritte erheblich erschweren sollte. Bei dem neu rekrutierten „Material für Forschungszwecke" handelte es sich um elternlose, ausländische Kinder. Sie waren in Folge der Balkankriege aus den zerstörten Städten und Dörfern im ehemaligen Jugoslawien geflohen und mit Hilfe von Schleusern zunächst über die Grenze nach Österreich und weiter in die Bundesrepublik geschleust worden.

Schumacher und seinem cleveren Assistenten war es in enger Zusammenarbeit mit dem „Freundeskreis" in Thüringen und mit viel Geld gelungen, ein Netzwerk aufzubauen. Über getarnte Drahtzieher hatten sie den Kontakt zu einer kriminellen Schleuserorganisation unter Führung der „Lady" hergestellt. Die skrupellosen Männer, aus der Neo-Nazi- und der Rockerszene, die sich sonst nur mit dem Handel von russischen Prostituierten und Waffenschmuggel befassten, hatten sich mit dem lukrativen Deal einverstanden erklärt.

Die Männer griffen traumatisierte Kinder auf, die die Grenzen nach Deutschland illegal überwunden hatten. Der Weitertransport erfolgte mit zwei Krankenfahrzeugen, beschriftet mit dem Logo des Roten Kreuzes und der Tarnbeschriftung *Verein für vergessene Kinder*. An mobilen Sammelstellen war es die „humane" Aufgabe der „Lady" und ihrer „Helfer in weißen Kitteln", die zu Tode erschöpften Jungen und Mädchen auf ihrer Weiterreise zu betreuen. Die echt wirkenden Fahrzeuge überzeugten die Kinder davon, dass für sie nun alles gut werden würde.

Zwei „Sniper", ehemalige Angehörige einer Spezial-Fallschirmjägereinheit der DDR-Volksarmee, schirmten die Transporte bis zu ihrer Ankunft am Ziel ab.

Mit der „Lady" fand jeweils an jedem dritten Dienstag eine telefonische Absprache über die Zahl der „Patienten" statt. Dabei wurden die Summen für den „Ankauf" festgelegt, wie bei einer Auktion. Die Gespräche erfolgen über Mobiltelefon und waren nicht zurück zu verfolgen. Die Geldübergabe erfolgte nach Abschluss des Deals auf vielbefahrenen Rastplätzen an der A1 und A7. Die „Lady" blieb dabei als Kontrollinstanz immer im Hintergrund.

32. Spurensuche

In Kluges Fachbereich hatte sich die Hektik der zurückliegenden Tage gelegt. In Schumachers Kombi war die blutige Leiche von Hans Werner Nottbohm aufgefunden worden. Noch in der Latexhülle, deren aufgetrennte Rückseite mit dunkelbraunem, 2,5 cm breitem Industrieklebeband notdürftig zusammen gehalten wurde.

Sicherheitshalber erfolgte die Überführung der Leiche mit polizeilicher Begleitung zur Pathologie des Krankenhauses. Der Ford Kombi war sichergestellt und auf einem Tieflader zur Dienststelle transportiert worden. Während sich ein Ermittlerteam unter Ahlers Leitung mit dem Tatverdächtigen Friedrich-Wilhelm Schumacher befasste, war ein weiteres Team in Nottbohms Doppelhaushälfte geeilt. Im Treppenhaus waren Kampf- und Blutspuren gesichert worden.

Im Schlafzimmerschrank waren zwei weitere Sexpuppen entdeckt worden. Auf Nottbohms PC hatten die Ermittler die Bestelldatei dafür sichtbar machen können.

Wichtigster Fund war ein Küchenmesser mit langer, blutverschmierter Klinge. Es lag am Fuß der Geschoßtreppe im Erdgeschoss. Dabei handelte es sich aller Wahrscheinlichkeit nach um die Tatwaffe.

Mit personeller Unterstützung erfolgten bis in die späten Abendstunden umfangreiche Durchsuchungen in Schumachers Firma und seinem Wohnhaus. In der Druckerei konnte ähnliches Industrieklebeband gesichert werden, wie es zur Verschnürung der Latexhülle vorgefunden worden war.

In einem Aktenkorb hatte man die polizeiliche Vorladung an Nottbohm gefunden, die die Ermittler in dessen Briefkasten eingeworfen hatten. Bei Schumacher selbst wurden Faser- und Biotopspuren, aber auch DNA-Material aus Nottbohms Haus gesichert. Im Ergebnis belasteten die aufgefundenen Spuren und Beweismittel sowie der Leichenfund in Schumachers Pkw diesen massiv. Er wurde beschuldigt seinen ehemaligen Mitarbeiter Hans-Werner Nottbohm in dessen Haus erstochen zu haben.

33. Vernehmung

Im nüchternen Vernehmungsraum mit dem doppelseitigen Wandspiegel hielten sich vormittags um 10.00 Uhr zwei Männer und eine Frau auf. Vor dem Schreibtisch saß der Kaufmann Friedrich-Wilhelm Schumacher, 40 Jahre alt, mit gesenktem Kopf und blassem Gesicht. Ihm gegenüber, in einem roten Aktendeckel blätternd, Jens Ahlers. Schräg hinter ihm Frauke Malz.

„Herr Schumacher, das ist Kriminaloberkommissarin Malz. Mein Name ist Ahlers, für Sie Kriminalhauptkommissar Ahlers."

Schumacher zeigte keine Reaktion. Ahlers wurde deutlicher.

„Herr Schumacher, hat man Ihnen bei Ihrer Festnahme erklärt, welche Tat Ihnen vorgeworfen wird?"

Der hob nur müde seinen Kopf. „Kann ich was zu Trinken bekommen?" Die Nacht in der Gewahrsamszelle hatte ihn nicht zum Schlafen kommen lassen. Die Ermittler tauschten Blicke. Der Mann war deutlich angeschlagen.

„Das geht klar." Malz verließ den Raum, und Ahlers wiederholte seine Frage. Schumacher murmelte leise vor sich hin.

„Ich verstehe Sie nicht, Herr Schumacher!" Ahlers wurde direkter. „Sie sollten keine Spielchen treiben. Es sieht nicht gut aus für Sie!"

„Ich weiß, Herr Kriminalhauptkommissar. Man hat mir den Mord an Nottbohm vorgeworfen und Anstiftung zum Mord an einem Mann, den ich nicht kenne."

Schumacher hatte sich kerzengerade aufgerichtet.

„Hat man Sie darüber belehrt, dass Sie als Beschuldigter keine Aussage zu machen brauchen?"

Schumacher schien für einen Moment nachzudenken.

„Ja, das hat man. Aber ich habe nichts damit zu tun. In beiden Fällen nicht. Das kann ich beweisen".

Die Tür öffnete sich und Malz kam mit drei Tassen Kaffee herein. Eine Tasse reichte sie Schumacher, der sie in wenigen Zügen leertrank.

„Also gut", sagte Ahlers, „dann eben anders! Herr Schumacher, wir haben Nottbohms Leiche in Ihrem Fahrzeug gefunden, wir haben die Tatwaffe, wir haben das Klebeband, mit dem Sie die Puppenhülle verklebt hatten, und ihre DNA-Spuren aus Nottbohms Haus. Auf Ihren Schuhen haben wir Blut von Nottbohm gefunden, und Sie wollen uns weismachen, dass Sie mit Nottbohms Tod nichts zu tun haben? Und, *last, not least*, haben wir die polizeiliche Vorladung an Nottbohm in Ihrem Papierkorb gefunden!"

Ahlers fixierte ihn mit hartem Blick.

„Nottbohm hatte bei uns ausgesagt, dass Sie einen Killer angeheuert hätten, um ihn vor den einfahrenden Zug zu stoßen. In Ihrem Auftrag, Herr Schumacher! Doch es war anders gekommen. Ihr Killer erwischte Nottbohms Freund! Das bedeutet Anstiftung mindestens zu einem Totschlag, wenn nicht Mord. Packen Sie endlich aus, Herr Schumacher!"

Ahlers schlug mit der Faust auf den Tisch. Schumacher starrte vor sich hin, und Malz bemerkte das Zittern seiner Hände, als er nach der leeren Kaffeetasse griff.

„Herr Schumacher, überlegen Sie erst, bevor Sie jetzt etwas dazu sagen."

Der stöhnte und schüttelte hilflos den Kopf. Die Szene in Nottbohms Haus wurde vor seinem geistigen Auge lebendig. Er hatte Nottbohm mit den Füßen abgewehrt. Danach war er die Treppe hinunter gestürzt und in einer Blutlache tot liegen geblieben. Das Küchenmesser, mit dem Nottbohm ihn bedroht hatte, hatte aus dessen Brust geragt. Und als er zwei Tage später Nottbohms Leiche aus dem Haus geholt hatte, war das Messer liegen geblieben. Aber was hatte es mit dem zweiten Vorwurf auf sich, dass er einen Killer beauftragt hätte, um Nottbohm nach der Geldübergabe auf dem Bahnsteig zu töten? Das war doch absoluter Quatsch. Die wollten ihm etwas anhängen. Der Kurier, Messerschmidt, sollte nur Geld gegen die Dokumente tauschen.

„Herr Schumacher, Sie könnten sich entlasten, wenn Sie uns den Namen des Geldboten nennen, den Sie beauftragt haben!"

„Nein, auf keinen Fall!" Schumacher schüttelte erneut den Kopf.

„Herr Kommissar und Sie, Frau Malz! Ich habe Herrn Nottbohm nicht getötet und auch keinen Killer beauftragt. Ja, ich wollte meine Dokumente zurückhaben. Aber ich habe niemanden zum Mord angestiftet. Und jetzt will ich einen Anwalt!"

Ohne dass ihn jemand daran hindern konnte, sprang er auf und trat vor den doppelseitigen Spiegel. Sein Gesicht war wutverzerrt, als er wie ein Berserker mit den Fäusten dagegen schlug.

„Ihr Schweine, ihr habt meine Existenz zerstört. Ich bin kein Mörder!"

Mehr gelang ihm nicht. Mit hartem Griff hatte Ahlers ihn zu Boden gebracht. Die hereinstürmenden Uniformierten legten dem wild um sich schlagenden und tretenden Mann Handfesseln an.

„Die Vernehmung ist zu Ende. Bringt den Verrückten zurück in die Zelle!"

Die Beamten stellten Schumacher auf die Beine. Alles wuselte durcheinander. Mit diesem Ablauf hatte niemand gerechnet. Ahlers untersuchte den Spiegel, doch das mehrschichtige Glas hatte keinen Schaden genommen. Schumacher wurde widerstandslos weggeführt.

Malz und Ahlers klappten enttäuscht ihre Unterlagen zu. Ronda würde sich um das Geschirr kümmern. Schumachers verantwortliche Vernehmung würde morgen früh im Beisein eines Rechtsanwaltes fortgesetzt werden.

Doch am anderen Morgen wurde Schumacher in der Gewahrsamszelle in einer Blutlache vorgefunden. Um ihn herum lagen die Scherben seiner weißen Kaffeetasse. Ein Arzt, der zu einer Blutprobenentnahme gekommen war, leitete sofort die Wiederbelebung ein und veranlasste die Verlegung ins Städtische Krankenhaus.

Ahlers verlor ein zweites Mal die Beherrschung.

„Scheiße, wie kann das sein!" fluchte er. „Der Typ muss sich mit unserer Tasse geschnippelt haben!"

Ihre Ermittlungen waren erneut ins Stocken geraten. Die genauen Umstände mussten von einem anderen Fachkommissariat geklärt werden. Schlimmer noch, die neue Situation verlangte eine 24-Stunden-Bewachung an Schumachers Krankenbett. Danach Zuführung in eine JVA mit Haftkrankenhaus.

Kluge hatte bei der „Pannennachricht" ähnlich geflucht und wollte von Ahlers haarklein wissen, wie die Vernehmung abgelaufen sei.

„Da steckt der Wurm drin", wurde zu seiner geflügelten Aussage. Selbst leitete er eine zweite Durchsuchung in Schumachers Objekten. Es mussten Indizien her, die den Zusammenhang von Schumacher mit dem beauftragten Killer beweisen sollten. Akribisch wurden erneut alle Geschäfts- und Kontounterlagen gesichtet und sichergestellt.

Kluge hatte sich den Dachboden des alten Firmengebäudes in der Innenstadt, Nottbohms ehemaligen Arbeitsplatz, vorgenommen. Seine Intuition hatte ihn angetrieben. Und dort war er fündig geworden, aber anders als erwartet.

In einer staubigen Truhe, gesichert mit einem einfachen Kastenschloss, waren stapelweise verschnürte Unterlagen und Dokumente zum Vorschein gekommen. Sie waren mit Reichsadler und Hakenkreuz versehen. Das waren zwar nicht die Beweise, die er sich erhofft hatte, aber die Dokumente enthielten brisante Einzelheiten zu den Kindestötungen durch Ärzte der ehemaligen Landesheil- und Pflegeanstalt Lüneburg.

Erneut war ihm ein Schauder über den Rücken gelaufen. Er wusste, dass er die Dokumente nicht einfach mit nach Hause nehmen konnte. Aber er würde sich von Oberstaatsanwalt Clement die amtliche Erlaubnis zur Durchsicht der Dokumente einholen.

Wegen der politischen Relevanz gehörten diese eigentlich in das Staatsschutzkommissariat.

Aber das hat noch ein bisschen Zeit. Vordringlich muss ich mich um zwei unaufgeklärte Morde kümmern, beruhigte er sich.

Als er dem Seniorchef des Verlages, Ernst-August Schumacher, die Dokumente vorgelegt hatte und ihn das Sicherstellungsprotokoll unterschreiben lassen wollte, hatte dieser abgewunken.

„Nehmen Sie diesen Dreck von diesem verdammten Nazi bloß mit! Nur gut, dass der tot ist! Und jetzt wird auch noch mein Enkel als Mörder verdächtigt. Eine Schande für unsere Familie!"

Der Chefermittler spitzte die Ohren. Das war das erste Mal, dass er vom Tod des mittleren Schumacher direkt zu hören bekam. Ähnliches hatte Nottbohm in seiner Vernehmung erwähnt.

Ich werde der Sache nachgehen, dachte er, als er seinen Ermittlern vom „Zufallsfund" auf dem Dachboden berichtete. Dabei fiel ihm wieder die anonyme Nachricht ein, in der auf eine merkwürdige Privatklinik am Rand der Lüneburger Heide hingewiesen worden war. Demnach sollten dort ausländische Kinder ärztlichen Misshandlungen ausgesetzt sein. Was bedeutete das? Ärztliche Misshandlungen? Bedeutete das *medizinische Versuche?* So wie vor gut fünfzig Jahren? Gab es möglicherweise einen Zusammenhang mit der unbekannten Kindesleiche im Bereich der Polizeiinspektion Soltau?

Ich muss unbedingt mit Stephan sprechen, aber auch mit den Soltauer Kollegen.

34. Messerschmidt

Am Tag darauf titelte die „Lüneburger Zeitung": *Chef des bekannten Lüneburger Verlages „Schuma-Print" unter Mordverdacht! Ehemaliger Mitarbeiter nach vorangegangener Erpressung in dessen Doppelhaushälfte erstochen!*

Der interessierte Leser, der in der Wohnung im 4. Stock des Wohnblocks an der Theodor-Heuß-Straße 81 vor seiner Kaffeetasse saß, konnte aus dem Text erfahren, dass der Tatverdächtige auch als Anstifter wegen eines weiteren Tötungsdelikts am Lüneburger Bahnhof beschuldigt worden ist.

Der kräftige, über eins achtzig große Mann mit einer auffälligen Narbe über der linken Augenbraue, dem blonden, kurzgeschorenen Haar und den Tätowierungen auf den muskulösen Oberarmen griente ironisch vor sich hin. Das klappte ja wunderbar.

Zufrieden zog er aus seinem IKEA-Regal das dicke Werk „*Goethes Leben*" und schlug es in der Mitte auf. In den beidseitig ausgestanzten Buchseiten lagen Geldbündel: 10.000

DM in 500er Scheinen, versehen mit den Banderolen der Sparkasse Lüneburg. Ein sehr beruhigender Anblick.

Und noch besser war, dass er bisher nichts davon auf den Kopf gehauen hatte, da er als sparsamer Mensch von den zweitausend DM „Kurierlohn" lebte. *„Goethes Leben"* war seine stille Reserve. Der schwer verdiente Lohn für die Übergabe der Segeltuchtasche an seinen Auftraggeber.

Für ihn als „Spezialisten für Schließeinrichtungen" war es nicht besonders schwer gewesen, die verschlossene Aktenmappe mit der Kohle vor dem Tausch gegen die Segeltuchtasche „zu öffnen". Danach waren zwei Geldbündel weniger darin.

Und es war *seine* Idee gewesen, dem Kurier als gefährlichen Wiedererkennungszeugen auf dem Bahnsteig einen Schubs zu geben. Danach war er ohne Hast zum Bahnhofsausgang geschlendert. Die Sonnenbrille hatte er in einen Abfallbehälter auf dem Ost-Bahnhof versenkt, anschließend sich auf sein Fahrrad geschwungen und war zur Stammkneipe an den Sülzwiesen geradelt.

Dort hatte er gut gefrühstückt und mit den Mädels von der Nachtschicht an der Neuen Sülze geschnackt. Klar, er hatte noch einen springen lassen auf den Deal, aber er war vernünftig geblieben, obwohl ihm der Sinn nach einer schnellen Nummer gestanden hatte. Er wusste, dass ihm der Wirt ein sicheres Alibi geben würde. Entspannt hatte er anschließend die Tasche zu Schumacher gebracht und dafür zwei Riesen eingestrichen. Seinen verdienten „Kurierlohn".

Und jetzt haben die Bullen Schumacher am Sack. Besser konnte es nicht laufen.

Beinahe liebevoll legte er die Geldbündel in die Buchseiten des „wertvollen Goethe".

In Gedanken hatte er die Situation vor Augen, als sein damals angetrunkener Auftraggeber in der Stammkneipe an den Sülzwiesen mit einem Schläger aneinander geraten war. Mühelos hatte er den Typen mit einem Karategriff in Schach halten können, bevor der vom Wirt rausgeworfen wurde. Nach einem Blickwechsel mit diesem, hatte er sich um Schumacher „gekümmert" und ihn mit zwei fleißigen Mädels bekannt gemacht. Schumacher hatte sich überschwänglich bedankt. Er würde sich noch erkenntlich zeigen. Daraufhin hatte er seine Handynummer auf Schumachers Bierdeckel geschrieben. Kohle konnte er immer gebrauchen.

Keine zwei Wochen später hatte sich dieser tatsächlich gemeldet. Es ging um einen „Kurierdienst", der sich bei erfolgreicher Durchführung für ihn auszahlen sollte. Die Rechnung war aufgegangen. Nun konnte er wieder die „Einarmigen Banditen" an der Kneipenwand bedienen.

Das einstudierte „Kneipen Szenario" wurde bei zahlungskräftigen, bezechten Gästen häufiger abgezogen. Er war immer der seriöse und zupackende Helfer. Ein hässliches Grinsen zog über sein Gesicht.

Für eine Zigarette auf dem kleinen Balkon war noch Zeit. Die „Daddelhalle" machte erst um zehn auf.

35. Das Kommissariat

Am Tag nach Schumachers Suizidversuch warteten Kluges Ermittler vergeblich auf ihren Chef. Ahlers übernahm die Frühbesprechung und tauschte die neuen Erkenntnisse über Schumachers Zustand und den Ermittlungstand aus.

KOK Gebert, der in der Nacht zum Wachdienst im Krankenhaus eingeteilt war, hatte eine Nachricht zurück gelassen. Demnach war Schumachers Zustand zufriedenstellend. Er sollte noch am selben Tag in die psychiatrische Ambulanz überstellt werden.

„Wie es aussieht, wird Schumacher wohl für eine ganze Weile vernehmungsunfähig sein. So sagen es die Doktoren. Und er will einen Anwalt an seiner Seite haben. Aber das hält uns nicht ab, einen Haftbefehl gegen ihn zu beantragen."

Zustimmendes Nicken.

„Frauke und ich werden den Abschlussbericht schreiben, und ihr kümmert euch um die Restspuren-Bearbeitung. Wenn ihr noch was für unseren Bericht habt, gebt es Ronda zum Schreiben."

Dann klapperten die Kaffeetassen und alltägliche Gespräche machten ihre Runde. Als letzte ging Ronda Kubitzke.

Zwei Stunden später meldete sich Kluge bei ihr.

„Sag Jens, dass ich mich um meine Frau kümmern muss und zwei Tage dienstfrei nehme. Mit Tödter habe ich schon gesprochen."

„In Ordnung, Chef. Richte ich aus."

Kopfschüttelnd legte sie auf. So kurz war der lange nicht gewesen.

36. Das Kommissariat – einen Tage später

Das Telefonklingeln unterbrach die morgendliche Dienstbesprechung. Ahlers griff zum Hörer, aber Mike Gebert war schneller.

„Erstes Fachkommissariat, Kriminaloberkommissar Gebert, wer stört?"

Allgemeines Schmunzeln, doch dann sahen alle, wie er schlagartig ernst wurde.

„Ja, ich höre. Moment, ich muss das notieren!" Er nahm den Hörer vom Ohr.

„Schreiber und Papier", flüsterte er. Ringsherum war es mucksmäuschenstill geworden. Die Ermittler lauschten, während Gebert schrieb. Minutenlang.

„Ich habe verstanden, Herr Doktor. Wir werden uns sofort darum kümmern. Mein Name ist Gebert, Mike Gebert, Kriminaloberkommissar." Mit hochrotem Gesicht legte er auf.

„Was ist los, Mike. Erzähl schon!"

„Schumacher ist tot! Er ist aus dem Fenster im vierten Stock gesprungen, als der Kollege von der Wache gerade zur Toilette gegangen war. Nach ersten Erkenntnissen war Schumacher nach der Morgenvisite und einem Beruhigungsmittel eingeschlafen. Der Kollege wollte die Gelegenheit für seinen Toilettengang nutzen und hatte im Stationszimmer Bescheid gesagt, weil ihn ein Pfleger vertreten sollte. Das funktionierte auch. Doch als der Minuten später das Krankenzimmer erreichte, war Schumachers Bett leer. Das Fenster stand offen, und Schumacher lag drei Stock tiefer in einer Blutlache."

Totenstille füllte den Raum. Unglaublich! Ahlers war totenblass.

„Verflixt, da steckt doch wirklich der Wurm drin! Drei Tote in 14 Tagen. Das darf doch nicht wahr sein!" Der Geräuschpegel schwoll von Null auf Hundert.

„Das wirft unsere Ermittlungen voll über den Haufen." Ahlers fuhr sich hektisch durch seine schulterlangen Haare. Mehrmals. „Wenn Bernhard das erfährt, dreht er am Rad!" Dann fällte er eine Entscheidung.

„Mike und Frauke, ihr fahrt sofort zum Krankenhaus. Nehmt den Fundort auf. Mit allem Drum und Dran. Heidi und der ED begleiten euch. Kümmert euch danach um den Kollegen. Der steht sicher unter Schock. Kein Schuldvorwurf und keine Vernehmung, ist das okay?"

Keine Antwort. Die betroffenen Mienen der Ermittler waren Antwort genug.

„Ich gehe zu Tödter und anschließend zur Staatsanwaltschaft. Unser Tatverdächtiger ist zwar tot, aber wir haben es immer noch mit dem unbekannten Täter vom Bahnhof zu tun."

Zurück blieb eine diskutierende Ermittlerschar.

37. Privatklinik

Punkt 11.00 Uhr erschienen Baum und Schumacher bei Bäuerling, der sie schon ungeduldig erwartete. Wie häufig bei wichtigen Anlässen im dunkelblauen Sakko, weißem Hemd und Krawatte mit dem Symbol des „Ahnenerbes".

„Setzt euch, es wird nicht lange dauern."

Die Männer folgten der Aufforderung. Bäuerling blätterte nervös in einem Ordner.

„Ich muss euch von einem Anruf einer unbekannten Frau berichten. Die Frau sprach mich mit Namen an. Mit meinem alten, ihr wisst schon."

Bevor einer reagieren konnte, fuhr er fort.

„Sie beschuldigte mich, ihren Bruder Gerhard 1942 in der Kinderfachabteilung umgebracht zu haben. Stellt euch das mal vor! So eine Impertinenz! *Umgebracht zu haben!*" Seine Stimme überschlug sich. „Ihr wisst doch, wie das zuging damals. Der Wille des Führers war Gesetz."

Beide Ärzte nickten eifrig.

„Und außerdem hatten wir die ‚Abschlussbehandlung' Oberschwester Hedwig übertragen, das wisst ihr doch auch noch!" Er schlug den Ordner auf.

„Ich habe ein paar alte Aufzeichnungen gefunden und bin tatsächlich auf den Fall mit dem Jungen gestoßen. Der gehörte zu den begutachteten, die ich schriftlich nach Berlin gemeldet hatte. Einer von vielen. *Lebensunwert* – das hatte in der Behandlungsermächtigung des Reichsausschusses gestanden. Und danach habe ich verfahren." Er klappte den Ordner zu. „Hatte alles seine Richtigkeit!"

Unruhig ging er hin und her. „Ihr müsst euch vorstellen, hat mich diese primitive Frau doch auch noch bedroht. Eine unglaubliche Frechheit!"

„Was meinst du mit bedroht, Gustaf?

„Die Frau hat offensichtlich Kenntnis von unserer wichtigen Forschungsarbeit. Sie nannte es ‚verbrecherisches Tun'. Das mir, einem Forscher mit Herzblut!" Bäuerlings Gesichtsfarbe hatte eine ungesunde Röte angenommen. „Und sie hat gesagt, sie werde dafür sorgen, dass ich dieses Mal nicht ungestraft davonkommen werde."

Er blieb vor seinem Bücherschrank stehen und nahm eine bräunliche Flasche und drei Kognakschwenker heraus. Auf dem Etikett war der Schädel eines Stieres abgebildet.

„Wollt ihr auch?"

Beide nickten. So aufgeregt hatten sie ihren Chef lange nicht erlebt. Der füllte die Gläser mit seinem Lieblingskognak aus Spanien, *Veterano Osborne*.

„Auf unsere Zukunft!" Die Gläser klirrten leise.

„Was können oder müssen wir unternehmen, bevor die Frau Schaden anrichten kann?"

Baum hob die Hand. „Ich werde Hildebrand den Auftrag geben, sich mit der Angelegenheit zu befassen. Er ist clever genug."

Bäuerling setzte sein Glas ab.

„Kann er herausfinden, wo die Frau lebt und was sie treibt? Ich habe unserem Techniker schon den Auftrag gegeben, die Anrufnummer festzustellen. "

„Wir sollten zweigleisig verfahren, Gustaf. Hildebrand und der Techniker machen jeder seine Arbeit. Und wenn Ergebnisse vorliegen, sehen wir weiter. Vielleicht war die Drohung auch nur heiße Luft. Wir sollten abwarten, ehe wir aus der Deckung kommen!" „Und wenn nicht?" „Dann haben wir immer noch einen Trumpf im Ärmel. Ich denke an unsere tüchtige ‚Lady' und ihre schlagkräftige Truppe", fügte Schumacher hinzu.

„Auf jeden Fall müssen wir unsere Sicherheitsbestimmungen verschärfen! Kameraüberwachung am Eingang und zusätzliche Scheinwerfer. Die Sicherheitsfirma soll sich darum kümmern!"

Bäuerling sah nervös auf seine Uhr. Aber seine Partner ließen kein Zeichen zum Aufbruch erkennen. „Was ist noch? Habe ich etwas vergessen?"

„Gustaf, hast du dir schon mal Gedanken gemacht, woher die Frau von unseren Forschungen weiß?" fragte Baum. Bäuerling zuckte nervös.

„Ich hatte das Gerede der Frau bereits vergessen. Ja, ihr habt Recht. Wir müssen herausbekommen, ob und woher die wirklich etwas weiß! Wenn ja, gibt es einen Verräter direkt vor unserer Nase!"

„Ich schlage vor, dass sich Hildebrand mit unserem Personal beschäftigt. Vielleicht gibt es da Zusammenhänge", meinte Schumacher.

„Gut, so machen wir es. Haltet mich auf jeden Fall auf dem Laufenden." Er öffnete seinen Kollegen die Tür. „Bleibt wachsam gegen die Feinde im Verborgenen. Und denkt daran: 19.00 Uhr ‚Zelldusche' im Labor!"

38. Die Staatsanwaltschaft

Zeitgleich trat KHK Kluge durch die schwere Eingangstür in das Gebäude der Staatsanwaltschaft. Gleich dahinter befand sich der geschlossene Pförtnerbereich mit schusssicherem Panzerglas. Ein älterer Justizbeamter in grüner Uniform kam an die Scheibe. Er erkannte Kluge. Ein Summen ertönte. Die Zwischentür öffnete sich.

„Ich grüße Sie, Herr Hauptkommissar. Habe Sie länger nicht gesehen! Wie geht es Ihnen?"

„Mir geht es einigermaßen, Herr Wagner. Sie wissen ja, immer viel zu tun, damit ihr nicht arbeitslos werdet." Beide lachten.

„Ich habe einen Termin mit Oberstaatsanwalt Clement, in fünf Minuten". „Oh, dann werde ich ihn informieren, dass Sie hier sind." Wagner griff zum Telefon.

„Herr Clement erwartet Sie. Zimmer 314. Den Weg kennen Sie ja."

Kluge machte sich auf den Weg.

In der dritten Etage betrat er den Toilettenraum. Danach Händewaschen und noch einen Blick in den Spiegel. Noch etwas blass. Kein Wunder nach dieser Aufregung zu Hause. Dem Himmel sei Dank, dass sich Elaines Befund als negativ herausgestellt hatte. Eine kleine Zyste, kein Karzinom.

Von seinem heutigen Gespräch mit seinem Freund, Oberstaatsanwalt Stephan Clement, wusste niemand in seinem Kommissariat. Er spürte eine unbekannte Nervosität, als er kräftig gegen dessen Tür klopfte.

„Herein, wenn es nicht die Steuerfahndung ist." Clement schüttelte ihm freundschaftlich die Hand.

„Nimm Platz! Wie geht es dir? Ich habe von euren Mordermittlungen gehört, und auch von dem Jux um die Pornopuppen. Schade, dass du mir so etwas immer vorenthältst, Bernhard!

Stephan Clement, der 52-jährige Jurist mit vollen, dunkelblonden Haaren und seiner vom Tennis durchtrainierten Figur, schmunzelte. Kluge war verblüfft. Woher wusste Stephan das nun schon wieder?

„Aber deswegen bist du ja nicht hergekommen. Also gieß dir einen Kaffee ein. Ich habe schon mal eine Kanne geordert und meiner Geschäftsstelle Bescheid gesagt, dass ich in der nächsten Stunden nicht gestört werden möchte."

„Gute Idee, Stephan!" Kluge lächelte.

Neugierig blickte er sich um. Seit seinem letzten Besuch war alles neu renoviert worden, und die Büromöbel waren vom Feinsten. Dazu ein moderner Monitor auf dem Schreibtisch. Ein rustikaler Läufer sowie geschmackvolle Vorhänge schufen eine freundliche Atmosphäre.

„Na, gefällt dir mein Büro? Du möchtest wohl gern tauschen, was?"

„Gefällt mir wirklich gut, Stephan, aber viel zu elegant für mich als *Hiwi der Staatsanwaltschaft*, wie du so gern sagst!" Der grinste verständnisvoll. „Kannst ja öfter mal herkommen!"

Kluge nickte und nahm einen Schluck.

Clement sah auf seine Uhr. „Du hast es dringlich gemacht, Bernhard. Lass uns beginnen."

„Okay! Einverstanden."

Er schilderte die Unterschlagung der Nazi-Unterlagen durch Nottbohm und die damit verbundene Erpressung von Schumacher, die gescheiterte Geldübergabe, die mit einem Tötungsdelikt endete. Dann Nottbohms Tod, der Schumacher stark belastet hatte und die Fahndung nach dem unbekannten Täter, der Nottbohms Freund vor den Zug gestoßen hatte.

Clement hörte genau zu und machte sich Notizen. Plötzlich stutzte er. „Hast du eben Schumacher gesagt?"

Er griff einen roten Aktendeckel, schlug diesen auf und las. „Todesursachenermittlung zum Nachteil von Friedrich-Wilhelm Schumacher. Ist das etwa dein Schumacher?" Kluge erstarrte.

„Was sagst du da? Schumacher tot? Unser Tatverdächtiger heißt so! Das kann doch nicht sein!" Er sprang auf. „Wie und wo soll der denn gestorben sein?"

„Du weißt nichts davon, Bernhard?" Er blätterte. „Hier steht schwarz auf weiß, dass Schumacher Suizid begangen hat. Er ist vor zwei Tagen aus dem Fenster im dritten Stock der Inneren Abteilung des Städtischen Krankenhauses gesprungen."

„Das darf doch nicht wahr sein. Verdammte Scheiße! Wir hatten Schumacher gerade vorläufig festgenommen. Er sollte als Beschuldigter vernommen werden!" Bernhard Kluge vergaß für einen Moment, wo er sich befand. Clement legte die Akte zur Seite. So aufgeregt hatte er seinen Freund noch nicht erlebt.

„Bitte, Bernhard, bitte setz dich und beruhige dich. Und erkläre mir bitte, warum du so überrascht bist." Kluge verstand. Er berichtete, dass er für die zurückliegenden Tage krankgeschrieben war.

Clement hörte genau zu und schwieg. Aber er bemerkte, dass seinen Freund noch etwas anderes bedrückte.

„Ist da noch etwas, was du loswerden möchtest?"

Bernhard Kluge blickte seinem Freund lange in die Augen. Seine Stimme zitterte, als er von Elaine und dem Verdacht auf Krebs bei ihr erzählte. Und dass er mit großer Angst dem Untersuchungsergebnis entgegen gesehen hatte. Dann kam er nicht weiter. Seine Stimme versagte. Stephan Clement legte ihm die Hand auf die Schulter.

„In der Tat, das ist sehr heftig, Bernhard. Und wie geht es Elaine jetzt?"

„Gott sei Dank war die Biopsie negativ. Demnächst wird sie für ein paar Tage zu unserer Tochter nach Hamburg fahren."

Clement ging wortlos zu seinem Büroschrank und kam mit einer Flasche und zwei Gläsern zurück.

„*LAGAVULIN. Islay Single Malt Whisky.* Sixteen Years old, my friend!"

Bernhard Kluge erkannte sofort die dunkelbraune Flasche. Elaine und er hatten sie Stephan zum 45. Geburtstag geschenkt. Der füllte die runden Gläser Daumenbreit auf.

„Auf Elaines Gesundung, und auf dich und deine Ermittlungen. Cheers!"

Beide genossen das spezielle Getränk von der Isle of Islay, Scotland. Seit Jahren verband sie eine echte Freundschaft, die bei einer gemeinsamen, dienstlichen Aktion begonnen hatte.

Als das Telefon klingelte, stand Kluge auf.

„Es tut mir leid, Stephan. Wir müssen uns noch mal vertagen. Ich muss sofort in mein Kommissariat." Kluge war ernst geworden. „Ich möchte meine Leute nicht hängen lassen."

Das Telefon schellte erneut, doch Clement ignorierte es wieder.

„Mein lieber Freund! Ich kann dich gut verstehen. Pass gut auf dich auf!" Die Männer reichten sich die Hände. „Dein dir sehr wichtiges Gesprächsthema, die NS-Dokumente, habe ich nicht vergessen. Ich habe mir schon Notizen dazu gemacht."

39. Staatsarchiv Lüneburg

Durch die breiten Fenster zur Lindenstraße fiel das helle Licht des Frühlingsnachmittags herein. Auch auf den breiten Schreibtisch von Katharina Weber. Vor ihr lagen verschnürte Dokumentenbündel aus der NS-Zeit in Lüneburg, ihrer Heimatstadt. Ein neues Projekt war zu bearbeiten.

In Abstimmung mit Dr. phil. Jörg Eckhard, ihrem Vorgesetzten, würde sie sich mit den Vorgängen in der damaligen Landesheil- und Pflegeanstalt Lüneburg befassen und ein digitalisiertes Profil erstellen.

Der breite Bildschirm gab ihre Anschlussdaten wieder, die sie bereits gespeichert hatte.

Es war für sie ein Glücksfall gewesen, im Staatsarchiv Fuß zu fassen, auch wenn ihre Stelle befristet war. Zuvor hatte sie an der Universität Lüneburg einen Forschungsauftrag wahrgenommen, der nach einem Jahr ausgelaufen war.

So hatte sie sich wieder ihrem speziellen Wissensgebiet gewidmet, der medizinischen Forschung im Dritten Reich.

Es gab zwei große Bereiche: die der legalen in Zusammenarbeit zwischen Universitäten und pharmazeutischen Unternehmen, und die der kriminellen, legitimiert durch „Rassengesetzgebung" der Nazis. Dabei war sie, von Quellenliteratur unterstützt, auf viele Mediziner gestoßen, die sich dem „Töten unwerten Lebens" verschrieben hatten. Zu dieser Kategorie zählten auch die Ärzte der damaligen Landesheil- und Pflegeanstalt Lüneburg Baum und Beker, der sich nun Bäuerling nannte.

Weber griff zu ihren eigenen Aufzeichnungen. Die Strafverfolgung der beiden „Mordärzte" hatte nie zu Gerichtsurteilen wegen der Kindestötungen in der „Kinderfachabteilung" der Heil- und Pflegeanstalt Lüneburg geführt. Obwohl Baum als ehemaliger Leiter der KFA 1962 zugegeben hatte, bis zum Kriegsende 1945 an der vorsätzlichen Tötung von Kindern beteiligt gewesen zu sein.

Auch gegen Bäuerling, alias Beker, der als ehemaliger Leiter der Heil- und Pflegeanstalt verantwortlich für die Kindertötungen und für die „Verlegungsaktionen" von „lebensunwerten Erwachsenen" in großem Umfang in Tötungsanstalten wie Hadamar gewesen ist, war es zu keiner gerichtlichen Verurteilung gekommen. Ermittelt wurde gegen die „Mordärzte" in den 50er und 60er Jahre durch die Staatsanwaltschaften Hannover und Lüneburg. Bei den verbrecherischen Handlungen der „Kinder-Aktion" und der sogenannten *T4-Aktion,* bei der Verlegung von Patienten aus der Heil- und Pflegeanstalt Lüneburg in Tötungsanstalten des Dritten Reiches waren Hunderte von Menschen umgekommen. Doch in keinem der Verfahren hatten die „Mordärzte" ein Unrechtsbewusstsein wegen der Anordnung der Tötung oder eigenhändiger Tötung der Kinder gezeigt.

Diese furchtbare Erkenntnis hatte sie veranlasst, sich mit den Dokumentationen über beide Ärzte auseinander zu setzen. Immer im Hintergrund der grausame Tod ihres Bruders 1942. Aus den Archiven der Landeshauptstadt Hannover und dem Bundesarchiv in Wiesbaden hatte sie Fakt um Fakt zusammengetragen, um mehr über die Hintergründe des staatlich geduldeten bzw. angeordneten Mordens in der NS-Zeit zu erfahren.

Von ihrem Vorgesetzten hatte sie erfahren, dass es in der Psychiatrischen Klinik am Wienebütteler Weg 1 ebenfalls einen Historiker gab, der sich mit den Verbrechen der beiden NS-Ärzte befasste. Längst hatte sie diesen Mann kontaktieren wollen.

Weber legte ihre Aufzeichnungen zur Seite. Warum war es nie zu Verurteilungen der beiden Täter gekommen? Denn auch zur NS-Zeit hatte im Strafgesetzbuch des Reiches der Tatbestand des Mordes, gemäß § 211 RStGB, seine Geltung behalten. Sie kannte Hitlers „Euthanasie"-Befehl – genannt „Gnadentoderlass"– vom 1. September 1939, gerichtet an den Reichsleiter Bouhler und Dr. med. Brandt. Dieser pervertierten Form von Tötung und verbrecherischem Verstoß gegen den Hippokratischen Eid waren Tausende von Ärzten nachgekommen. Doch nur wenige waren nach Kriegsende angeklagt und verurteilt worden. Wo waren damals die objektiven Richter und Staatsanwälte? Und wie war es möglich gewesen, dass die wenigen, wegen tausendfachen Todes angeklagten Mediziner nur geringfügig bestraft werden konnten? Oder durch das gleiche Ärzteklientel mit Gutachten ausgestattet werden konnten, die eine Verhandlungsunfähigkeit auf Lebenszeit ausschlossen? Mit diesen Themen werde ich mich zu Hause auseinandersetzen, dachte sie. Waren das auch die Gründe, die zur Straffreiheit von Baum und Bäuerling geführt hatten?

Bei ihren Überlegungen wurde ihr deutlich, dass ihre Arbeit letztlich nur ihrer persönlichen Klärung diente. In den Jahrzehnten nach den schrecklichen Taten waren diese Themen längst aus dem gesellschaftlichen Fokus verdrängt. Und die beiden „Mordärzte" aus Lüneburg müssten nach ihren Geburtsdaten lange tot sein. Sie hätte jedem vehement widersprochen, der etwas anderes behauptet hätte. Doch dann waren der Anruf und die Begegnung mit ihrem späteren Freund Till Geiger erfolgt. Dieser war auf dem großen Gelände eines ehemaligen Gutshofes, der in eine Privatklinik umgewandelt worden war, als Gärtner beschäftigt. Zuerst hatte sie seinen Aussagen über Misshandlungen an Kindern sehr skeptisch gegenübergestanden. Aber da sie ihn als vertrauenswürdig kannte, hatte sie beschlossen, Geigers Hinweisen nachzugehen. Und als Geiger von zwei lebensalten Ärzten gesprochen hatte, begannen Alarmglocken in ihr zu läuten.

Sie hatte sich die Örtlichkeit der Klinik beschreiben lassen und diese mehrmals und zu unterschiedlichen Tageszeiten heimlich aufgesucht. Mit ihrer teuren Fotoausrüstung hatte sie Fahrzeuge und Personen mit Dutzenden von Bildern dokumentiert und konnte diese nach kurzer Zeit zuordnen. Von einem Fotografen, einem guten Freund, hatte sie sich die Negative entwickeln lassen, um sie in mühseliger Arbeit mit Archivfotos der „Mordärzte" zu vergleichen. Das war anfangs sehr schwierig gewesen, bis der Freund ein neues Bildbearbeitungsprogramm auf seinem Rechner installiert hatte. Dieses konnte die Porträtfotos aus dem Archiv digital so verändern, dass sie sich dem wahren Lebensalter der vermeintlichen „Mordärzte" annäherten.

Erst dann glaubte sie sich sicher zu sein, dass es sich bei den zwei Männern in Arztkitteln um die ehemaligen Lüneburger Ärzte der Heil- und Pflegeanstalt handelte. Beide waren auf dem Klinikgelände häufig in Begleitung eines dritten Mannes, ebenfalls im Arztkittel, unterwegs. Aber diesen Mann hatte sie bisher nicht zuordnen können.

Das hatte sie ratlos gemacht. Es konnte einfach nicht wahr sein, dass die Ärzte aus der NS-Zeit, die Anfang des 20. Jahrhunderts geboren sein mussten, sich so frisch und munter bewegten.

Aber von Geiger, dem sie die Fotos gezeigt hatte, war bestätigt worden, dass es sich tatsächlich um die Klinikärzte handelte. Er hatte sogar deren Namen, Bäuerling und Baum, genannt. Den dritten Arzt hatte er als Dr. Schumacher bezeichnet. Tagelang war sie mit ihren Gedanken schwanger gegangen, etwas gegen die Ärzte zu unternehmen.

Nach ihrem ergebnislosen, anonymen Schreiben an die Polizei hatte sie sich für den direkten Weg entschieden.

Von einem Kartentelefon am Graalwall hatte sie Bäuerling, den Leiter der Privatklinik, angerufen. Die Durchwahlnummer hatte ihr Geiger beschafft. Im Telefonat hatte sie ihn des Mordes an ihrem Bruder Gerhard beschuldigt. Doch der Arzt hatte dem Vorwurf vehement widersprochen.

Danach hatte sie sich noch rat- und hilfloser gefühlt, als zuvor. Es musste ein anderer Weg beschritten werden. Aber welcher?

40. Gelbe Karte

Kluge hatte eilig das Dienstgebäude der Staatsanwaltschaft verlassen. Draußen atmete er tief durch nach dem Schreck über Schumachers Tod. Er blickte die schmale und holperige Burmesterstraße entlang. Heute war Mittwoch: Markttag. Außerdem Mittagszeit, und da wusste er seine Ermittler in der Kantine. Danach war noch Zeit genug für ein Gespräch.

Der kurze Weg führte ihn an der hohen, mit NATO-Draht versehenen Mauerkrone der Justizvollzugsanstalt Lüneburg entlang. Wie oft hatte er dort Beschuldigte vernommen.

Als er um die Ecke zum „Ochsenmarkt" einbog, erreichten ihn die Geräusche und vielfältigen Gerüche des Wochenmarktes. Quirliges Treiben herrschte zwischen den vielen Ständen mit Obst, Gemüse, Kräutern und Blumen. Darüber stand die Mittagssonne. Wie von einem Magneten gezogen ging er zu den Verkaufsständen, die den Markt umrahmten. Leckere Dinge gab es da. Vielfältige Brot- und Brötchensorten, Kuchen, Käse unterschiedlichster Sorten, bis hin zu frischem Fisch. Und nicht zuletzt Bratwurst, Currywurst und Pommes frites, deren Duft ihm schon von weitem in die Nase stieg. Er folgte der vielversprechenden Spur. Kurz entschlossen bestellte er sich eine Riesencurrywurst mit Pommes frites von Kartoffeln aus der Region. Ein Bistrotisch bot sich an, und er begann genüsslich zu essen. Jetzt noch ein Bier dazu, das wär's. „Na, Herr Kluge, genießen Sie Ihr Dienstfrei am Wurststand?" Er ordnete die Stimme sofort ein. Mit üblichem, arrogantem Grinsen stand ihm sein 20 Jahre jüngerer Dienstvorgesetzter gegenüber. Er legte sein Plastikbesteck zur Seite und wischte sich betont umständlich den Mund ab.

„Oh, der Herr ZKD-Leiter. Und Sie, haben Sie auch die Stempeluhr dabei?" „Warum so unfreundlich, Herr Hauptkommissar? Frische Luft tut doch immer gut. Auch mir!" Kriminaloberrat Tödter legte grinsend eine Kunstpause ein. „Dann wissen Sie sicher noch nicht, dass Ihre Ermittlungen in Sachen Schumacher vorerst geplatzt sind?"

„Aber ja doch, Herr Kriminaloberrat. Eben habe ich davon von meinem *Freund*, dem Oberstaatsanwalt Clement, erfahren. Nach dem ungestörten Verzehr meiner leckeren Currywurst und trotz meines dienstfrei, beabsichtige ich in *mein* Fachkommissariat gehen, um mich zu informieren."

Ein langer Satz, in dem er demonstrativ das Wort *Freund* betonte. Voller Genuss biss er in seine Wurst und registrierte zufrieden, dass Tödter eine Antwort fehlte. Aber schon kam der Gegenschlag. „Vorbildlich, äußerst vorbildlich, Herr Hauptkommissar. Da Sie sich offensichtlich inoffiziell wieder in den Dienst versetzt haben, kann ich nun auch dienstlich werden." Ein hässliches Grinsen machte sich auf dessen Gesicht breit. „Waren Sie denn inzwischen meiner Aufforderung nachgekommen, sich um den eigenartigen Verkehrsunfall im Soltauer Bereich mit der ausgeschlachteten Kinderleiche zu kümmern?" Kluge schluckte. Mühsam beherrscht legte er den Wurstrest auf den Pappteller. „Nein, das bin ich nicht, weil es mir zeitlich noch nicht möglich gewesen war. Außer den *nebensächlichen* Ermittlungen in der Doppelmordsache musste ich mich ja *hauptsächlich* um die von Ihnen weitergeleiteten Terminsachen des Ministeriums des Innern kümmern!" Peng! Die Ironie war nicht zu überhören. Beide Männer blickten sich feindselig an. Es herrschte Schweigen wie in einer fernen Galaxie. Selbst die Geräusche des Markttreibens erreichten die gegensätzlichen Männer nicht. „Darüber werden wir noch sprechen, Herr Kriminalhauptkommissar. Ich erwarte Sie nach Ihrer Rückkehr in den Dienst. Morgen um Punkt 09.00 Uhr."

Tödter drehte sich um und verschwand grußlos in der Menge. *Du kannst mich mal, du arrogantes Arschloch*, dachte Kluge wütend. Ihm war der Appetit vergangen. Er wusste, dass Tödter am längeren Hebel saß. Und mit der Abmahnung hatte der auch noch Recht. Verdammt! Die lockere Stimmung war dahin. Er wischte er sich den Mund und warf den Pappteller lustlos in einen Abfallkorb. Kurzentschlossen änderte er sein Ziel und schlug den Weg zum Parkplatz ein. Von dort war es nicht mehr weit nach Hause.

41. Staatsarchiv Lüneburg

Es war Mittagspause. Zwei Tage nach ihrem Telefonat mit Bäuerling ließ Katharina Weber ihr Gespräch nochmals Revue passieren.

Wie konnte sie erreichen, dass die Tätigkeit der ehemaligen „Lüneburger Mordärzte", Kinder zu misshandeln, wie sie stark vermutete, aufgedeckt werden würde?

In den historischen Unterlagen über Lüneburg zur NS-Zeit war nachzulesen, dass viele Lüneburger Kaufleute und wohlhabende Bürger dem Nationalsozialismus nahe gestanden hatten. Auch die Verwaltung im Rathaus, das Gesundheitsamt, Justizbehörden und mehr oder weniger alle im Öffentlichen Dienst Tätigen hatten dazu gehört. Selbst die Polizei war nicht ausgenommen.

In den Lüneburger Amtsstuben kannte man damals die bürokratischen Abläufe in der Heil- und Pflegeanstalt. Niemand war dagegen angegangen, weil das lebensgefährlich sein konnte. Würde das heute nicht genau so sein? Aber nun aus Desinteresse an der dunklen NS-Vergangenheit? Weber öffnete die Thermoskanne mit der herzhaften Kräuterteefüllung. Ich muss noch mal in die Akte schauen und mich vergewissern, ob und wie sich die Ärzte als „Befehlsempfänger" der Tötungsaktion herausreden konnten.

Ein Griff zu dem roten, abgegriffenen Aktendeckel. Auf Seite drei fand sie das gesuchte Dokument aus dem Jahr 1939. Laut las sie den Text des kopierten Dokumentes.

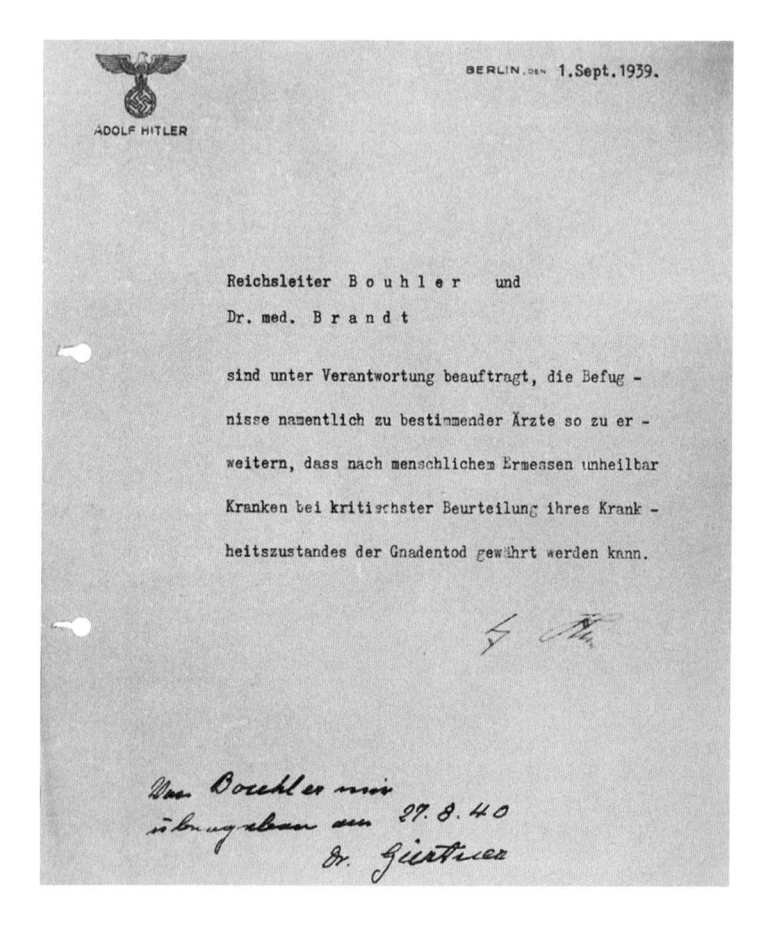

> BERLIN, den 1. Sept. 1939.
>
> ADOLF HITLER
>
> Reichsleiter B o u h l e r und Dr. med. B r a n d t
>
> sind unter Verantwortung beauftragt, die Befugnisse namentlich zu bestimmender Ärzte so zu erweitern, dass nach menschlichem Ermessen unheilbar Kranken bei kritischster Beurteilung ihres Krankheitszustandes der Gnadentod gewährt werden kann.

Für die Heil- und Pflegeanstalt Lüneburg lag die Entscheidung über Leben und Tod bei dem Direktor der Anstalt und dem Leiter der Kinderfachabteilung. Ganz eindeutig. Doch das war Vergangenheit. Über fünfzig Jahre her.

Sie hatte recherchiert, dass in den Fünfziger- und Sechzigerjahren keine Freiheitsstrafen gegen die „Lüneburger Mordärzte" ausgesprochen worden waren.

Auf zahlreichen Kongressen und Tagungen hatte sie die Hintergründe dafür erfahren. Nach 1945 waren die Justizbehörden personell, mit Einwilligung der Politik, mit ehemaligen NS-Juristen ausgestattet und mit sogenannter „Entnazifizierung" beauftragt worden. Diese waren in Wehrmachts-, Straf- und Sondergerichten tätig gewesen und hatten in ihren Funktionen Tausende Unschuldiger, nach dem NS-Leitsatz *„Recht ist was dem Volke nützt"*, zum Teil wegen „Bagatelldelikten" zum Tode verurteilt.

So war es nicht verwunderlich gewesen, dass aus den weiterhin bestehenden Netzwerken der NS-Zeit sich Täter gegenseitig vor Anklage und Strafe geschützt hatten. Ermöglicht durch ehemalige KZ- und Straflager-Ärzte, die zum Teil wieder in hohen Positionen saßen und ihre angeklagten Berufskollegen mit Gefälligkeitsgutachten vor gerichtlichen Strafverfahren schützten. Weber schüttelte den Kopf. Wie hatte das alles geschehen können?

Die überwiegende Mehrheit der Bevölkerung hatte damals von der schrecklichen Vergangenheit nichts mehr wissen wollen. Und das hatte auch für sie gegolten, bis ihr durch die Forschungsprojekte die Augen für die ungesühnt gebliebenen Verbrechen an Hunderten von Kindern geöffnet wurden. Aber ihr Problem lag in der Gegenwart. Ob ihre anonyme Nachricht über die „Lüneburger Mordärzte" nicht angekommen war?

„Hallo, Frau Weber, habe ich Sie erschreckt? Ich störe doch nicht?" Vor ihr stand schmunzelnd ihr Chef. „Ich, ich …", stammelte sie.

„Bitte bleiben Sie doch sitzen." Dr. phil. Jörg Eckhard, 52 Jahre, dunkelblondes, kurzgeschnittenes Haar, schlank und wie immer *en vogue* mit seiner Garderobe, schwenkte eine zusammengefaltete Zeitung. Sie erkannte an der fetten Schlagzeile sofort die Lüneburger Tageszeitung. „Danke, Herr Eckhard, aber …?"

Dieser wurde deutlicher. „Sie hatten doch vorgestern den Namen *Ferdinand-Louis Schumacher* in unserer Datei recherchiert." Er wies auf die Seite mit den Todesanzeigen. „Und hier ist von einem Friedrich-Wilhelm Schumacher die Rede, der verstorben ist. Er soll der Chef von

Schuma-Print gewesen sein. Und dazu passend habe ich einen weiteren Artikel aus der LZ, der allerdings schon eine Woche alt ist." Wie ein Kaninchen aus dem Hut zog er eine einzelne Zeitungsseite hinter seinem Rücken hervor.

„Ja, das stimmt. Ich hatte eine Namensrecherche eingeleitet, weil ich Zusammenhänge klären will." „Ich weiß, Frau Weber. Das Interessante daran ist aber, dass offensichtlich dieser Schumacher mit einem Mord an seinem ehemaligen Mitarbeiter in Verbindung gebracht worden ist. Und nun ist er selbst tot!" „Sie meinen, da könnte ein Zusammenhang bestehen, vielleicht Verwandtschaft mit meinem Schumacher?" Eckhard lachte verschmitzt. „Sie sind doch die Forscherin, und das heißt ermitteln und analysieren!" Er winkte kurz, und ehe sie sich versah, war er in seinem Büro verschwunden.

Sie nahm die Zeitungsausschnitte in die Hand. Tatsächlich: ein *Friedrich-Wilhelm Schumacher* war in der Anzeige mit dem schwarzen Rand genannt. Dann der Blick in ihre Aufzeichnungen.

Ferdinand-Louis Schumacher. Das war der Name, den ihr Till Geiger aus der Privatklinik genannt hatte. Der angebliche Arzt. Dieselbe Schreibweise des Nachnamens. Auffällig die Vornamen. Als ob sie aus der Kaiserzeit stammten. Sollten es eventuell Brüder sein? Ein Blick auf die Uhr. Halb zwei. Da war das Einwohneramt noch nicht wieder besetzt.

Sie überlegte und ergriff ihr Adressverzeichnis. Sie gab die Daten in ihren schnellen Rechner ein, und es dauerte keine zwei Minuten, da erschien auf dem Bildschirm, was sie herausfinden wollte.

Die beiden Schumachers waren Vater und Sohn. Der Sohn, Friedrich-Wilhelm war nun tot. Und da war noch ein Schumacher: steinalt, Ernst-August Schumacher. Der Vornamen erinnerte an den einstigen Hannoverschen König. Ganz offensichtlich das Familienoberhaupt.

Doch der Datensatz über Ferdinand-Louis Schumacher machte sie stutzig. Die Eintragung besagte, dass dieser 1969 an den Folgen eines tödlichen Verkehrsunfalles verstorben war. Das kann doch nicht wahr sein, dachte sie. Ich habe *diesen* Schumacher doch mit eigenen Augen auf dem Klinikgelände gesehen und fotografiert.

Irritiert prüfte sie die Zeitungsausschnitte, setzte Rechner und Drucker erneut in Betrieb.

Was hatte das zu bedeuten? Wenn Ferdinand-Louis Schumacher nicht tot und trotzdem als solcher beurkundet war, konnte das nur bedeuten, dass weit mehr hinter dieser verwirrenden Geschichte steckte. Weber schauderte.

Langsam erkannte sie, dass hinter dem Ganzen – zwei „junggebliebene Ärzte" und ein amtlich beurkundeter „toter Arzt"– die angeblich Kinder misshandeln sollten, eine ausgeklügelte Organisation stecken musste.

Als sie sich zwei Stunden später von ihrem Chef verabschiedete und dieses Mal die Treppen nach unten benutzte, war sie noch so sehr in das Rätsel des „toten Schumacher" vertieft, dass sie nicht den unauffällig gekleideten Mann bemerkte, der sie beobachtete. Und auch nicht, dass der Mann in ein Handy sprach und danach mit einem zufriedenen Grinsen im Schwarm der Fußgänger untertauchte, die es in die Innenstadt drängte.

42. Das Kommissariat

Am Tag nach der unliebsamen Begegnung mit dem ZKD-Leiter saß Kluge eine halbe Stunde vor Dienstbeginn an seinem Schreibtisch. Keine Neueingänge, aber „offene Baustellen", die Morde am Geldkurier Gerstenmeier und Nottbohm bedrückten ihn.

Schumachers Tod macht es nicht einfacher, dachte er. Und, *last, not least*, die Abmahnung von Tödter.

Er blickte nachdenklich aus dem Fenster. Die alte Kastanie bildete schon die ersten Kerzen. Ein Zeichen des beginnenden Frühlings.

Auf dem Flur wurde es lauter. Stimmen, Geräusche. Die Bürotür wurde zaghaft geöffnet. Neugierige Blicke. „Unser Chef ist wieder da!" „Supi!" „Wo warst du denn so lange?"

Das war die freche Stimme von Mike.

„Nun kommt schon rein!" Kluge war berührt. Ja, so konnten seine Ermittler auch sein. Ronda begrüßte ihn mit ihrer festen Umarmung.

„Mann, oh Mann, ich war doch nur für ein paar Tage weg! Diese Anhänglichkeit, unheimlich!"

Er hob die Hand.

„Wir starten die Frühbesprechung um nullsiebenhundertdreißig. Ich habe Kuchen mitgebracht. Und Ronda wird bestimmt einen guten Kaffee machen. Punkt nullneunhundert will mich *Herr* Tödter in seinem Büro sehen. Bis dahin müsst ihr mich schlau machen."

Die Ermittler schwatzten durcheinander wie auf dem Wochenmarkt. Als sie gegangen waren, blieb Ahlers zurück. Beide Männer tauschten Blicke.

„Du weißt von Schumachers Suizid?"

„Ja, ich habe gestern bei Clement davon erfahren!" Schweigen.

„Wie konnte das geschehen?" Kluge deutete auf seinen runden Tisch.

Ahlers setzte sich. Und dann sprudelte es aus ihm heraus. Von der missglückten Vernehmung mit Schumachers Unschuldsbeteuerung, dann dessen Suizidversuch mit den Scherben der Kaffeetasse. Und zuletzt der Freitod im Krankenhaus.

„Das hätte nicht passieren dürfen!" Kluges Aussage war eine Feststellung, keine Anklage. Ahlers Gesicht wirkte plötzlich wie mit Porzellan überzogen, weiß und starr.

„Aber das Schlimmste kommt noch!" Seine Stimme wurde noch leiser. Kluge hatte auf einmal das Gefühl, als ob ihm jemand den Hals zuschnürte.

„Die Rechtsmediziner hatten im Obduktionsbefund definitiv festgestellt, dass Nottbohm zwar an der Stichverletzung verblutet war, aber nicht durch Schumachers Tathandlung, sondern als Folge des Treppensturzes!"

Kluge schüttelte ungläubig den Kopf. „Das kann nicht wahr sein. Und weiter?"

„Die Feststellung trafen sie auf Grund des schräg verlaufenden, tiefen Stichkanals ins Linksherz, verursacht durch das Küchenmesser." Nervös fährt er fort. „Auf dem glatten

Kunststoffgriff hatten wir von beiden Fingerabdrücke gefunden, aber das …"

Kluge unterbrach ihn schroff.

„Ich ahne etwas. Der Befund war euch bei seiner Vernehmung nicht bekannt?"

„Ja, so war es. Die Obduktion war wegen eines Sprengstoffanschlages in Hamburg verschoben worden. Die Rechtsmediziner mussten in einen Soforteinsatz, und deshalb erreichte uns ihr Gutachten erst einen Tag später. Bis dahin waren wir uns so sicher."

„Mit anderen Worten, Schumacher scheidet definitiv als Täter aus und hat sich aus Verzweiflung wegen der Tatvorwürfe das Leben genommen."

Ahlers stöhnte. „Ja! So war es! Es ist einfach entsetzlich! Alles spricht dafür, dass Nottbohm sich das Messer beim Sturz von der Treppe selbst in die Brust gerammt hat."

Verzweifelt blickte er seinen Chef und Freund an.

„Nur die Ruhe, Jens. Der Tatverdacht gegen Schumacher war berechtigt. Denk an Nottbohms Aussage, dass Schumacher einen Killer beauftragt haben soll. Sein Tod ist sehr, sehr tragisch, eben weil *uns* das Obduktionsergebnis zu spät erreicht hat. Aber auch, weil es im Krankenhaus zu einem eklatanten Fehler bei der Überwachung gekommen ist. Für beide tragische Ereignisse sind wir nicht verantwortlich. Wir beide wissen, wie unberechenbar Menschen sein können, wenn sie einen Suizid planen. Schließlich hatten wir rechtzeitig für ärztliche Überwachung gesorgt."

Er legte seinem Vertreter die Hand auf die Schulter.

„Ich werde Tödter berichten, dass wir bis zu diesem Zeitpunkt alles Erforderliche getan hatten, um zwei Morde aufzuklären. Es ist nun vordringlich unsere Aufgabe, den zu ermitteln, der den Kurier vor den Zug gestoßen hat. Das sind wir dem toten Gerstenmeier schuldig, aber auch Schumacher!"

Ahlers nickte stumm. „Danke, Bernhard, das werde ich dir nicht vergessen", flüsterte er. Gebeugt wie ein alter Mann ging er zur Tür.

„Du solltest vor unserer Besprechung noch mal in den Spiegel schauen, Jens."

Kluge ging zum Fenster und blickte nachdenklich hinaus. *So dicke* war es in seinen langen Dienstjahren selten gekommen. Hoffentlich hatte die Presse davon noch nichts erfahren.

43. Messerschmidt

Der gesuchte „Auftragsmörder" vom Lüneburger Bahnhof, der sich selbst den Auftrag dazu erteilt hatte, saß in seiner Zweizimmerwohnung in Kaltenmoor beim Frühstück. Zufrieden betrachtete er das schwarz umrahmte Inserat im Tagesblatt.

Friedrich-Wilhelm Schumacher, Inhaber von *Schuma-Print,* hatte den Löffel abgegeben. Das bedeutete, dass die Bullen ihre Ermittlungen abschließen würden.

Laut Presse war Schumacher für den Tod seines Mitarbeiters Nottbohm und dem Toten auf den Gleisen des Lüneburger Bahnhofs verantwortlich gemacht worden.

Damit war *er* aus dem Schneider. Die Bullen würden sich bestimmt nicht mehr für die fehlenden zehn Riesen den Arsch aufreißen.

Zufriedenes Grinsen glitt über das Gesicht von Holger Messerschmidt, Spitzname *Messi,* alias Lothar Wegner, 45 Jahre, ledig und ohne feste Arbeit.

Er hatte schon vor langen Jahren seine Ausbildung als Maschinenschlosser abgebrochen, nachdem er festgestellt hatte, dass er ohne sich die Hände schmutzig zu machen, schnelle Kohle machen konnte. Dabei half ihm seine handwerklich-technische Naturbegabung an den unterschiedlichen Glücksspielautomaten. Sie ermöglichte ihm intuitiv die Funktionen der „Daddelkiste" zu erkennen. Und genau zum richtigen Zeitpunkt die richtigen Tasten zu drücken, so dass reichlich „Heiermänner" aus dem Münzenschacht fielen. Nachteil dabei war, dass er bald in der Hamburger Kneipenszene Spielverbot bekam. Einer der „ausgeschlafenen" Wirte hatte ihn als „Zocker" erkannt und wegen Automatenmissbrauchs angezeigt. Die Folgen hatten ihn Monate von seiner „Profession" ferngehalten. Acht Monate lang, ohne Bewährung, hatte er die Welt durch ein kleines Gitterfenster in der JVA I, – *Santa Fu* – in Hamburg betrachten müssen.

Doch er hatte den Urlaub auf Staatskosten gut genutzt und sich eine neue Connection aufgebaut.

In seinen Freistunden hatte er sich im Trainingsraum fit gehalten und seine Karate-Kenntnisse an „gute" Zellengenossen weitergegeben. Das hatte er bei der Bundeswehr gelernt, als er zum Marinekampfschwimmer ausgebildet worden war. Eine überlebenswichtige Grundlage für die Zeit im Knast.

Bei der Truppe hatte er eine gute Zeit gehabt. Er hatte Spezialaufträge in der Ostsee ausgeführt, in die nur wenige eingeweiht gewesen waren. Doch dann war er von einem Tag auf den anderen entlassen worden, weil ihm die Schlapphüte vom MAD Kontakte zur Neonazi-Szene nachgewiesen hatten. Dabei hatte er doch nur in der „Wehrsportgruppe Lübeck", die mit dem „Freundeskreis Ahnenerbe" verbandelt war, den Jungs paramilitärische „Übungen" beigebracht.

Danach hatte er lange Zeit in Hamburg auf „Auftrag" gearbeitet und immer ausreichend Kohle gehabt, bis er in einer Steige auf der Reeperbahn mit einer Kiez-Größe zusammengeraten war. Dem hartgesottenen Luden hatte er mit wenigen Griffen das rechte Handgelenk und den Unterkiefer gebrochen, als der ihm mit seinem Messer zu nahe gekommen war. Er musste „'ne Fliege machen" und hatte erst später von seinem „Auftraggeber" erfahren, weil er durch die Mangel gedreht hatte. Der Lude konnte seine rechte Hand nicht mehr für alles gebrauchen, auch nicht für seine achtschüssige „Puste" mit ausgefeilter Nummer. Deshalb war es für ihn höchste Zeit gewesen, in die Provinz abzutauchen, denn gegen die Kiez-Gang hatte er allein schlechte Karten.

Winsen, die mittlere Kleinstadt, direkt vor der Haustür gelegen, war nicht weit genug entfernt von der Reeperbahn. Deshalb hatte er sich für die anonyme Hochhaussiedlung Kaltenmoor am östlichen Stadtrand von Lüneburg entschieden. Es war höchste Zeit gewesen, sich eine neue Legende zuzulegen. Die letzte Kohle hatte er für seinen neuen Namen auf den Tisch geblättert.

Messerschmidt sah sich in der Wohnung mit den zwei dürftig möblierten Zimmern um. Ein Schlafzimmer, ein Wohnzimmer, Küchenzeile und Bad.

Ich sollte alles ein bisschen aufhübschen und eine Tussi an Land ziehen, dachte er zufrieden.

Zielsicher griff er nach *„Goethes Leben"*, der wertvollen Schwarte mit den Scheinen.

Ein gutes Gefühl, die Geldbündel mit den 500er Noten in die Hand zunehmen. Noch besser war, dass sich keine Sau mehr damit beschäftigen würde. Da kam Freude auf.

Heute Abend würde er in der Stammkneipe an den Sülzwiesen einen Schein klein machen. Und es würde auch noch für eine spezielle Nummer im Puff reichen. Unwillkürlich fuhr er sich mit der Hand über den Schritt. Er war für alles bereit.

44. Gut „Wiesengrund"

Der stillgelegte, große Bauernhof, ehemals LPG im nordöstlichen Bundesland, lag abseits der Bundesstraße 108 – von Teterow nach Rostock – inmitten hügeliger Felder und Wiesen der Mecklenburger Schweiz.

Nach der Wende war noch durch die Volkskammer der DDR eine Kommission, die „Treuhand", gegründet worden. 1991 wurde diese unter die Leitung der niedersächsischen Politikerin und späteren Präsidentin, Birgit Breuel, gestellt, nachdem ihr Vorgänger, Karsten Rohwedder, 1991 angeblich durch einen Anschlag der RAF ermordet worden war. Aufgabe der Treuhand war es damals, die Volkseigenen Betriebe der DDR nach den Grundsätzen der Sozialen Marktwirtschaft zu privatisieren und die „Effizienz und Wettbewerbsfähigkeit der Unternehmen zu sichern" oder, wenn das nicht möglich war, stillzulegen.

In den folgenden Jahren hatten sich Landwirte aus den alten Bundesländern um Grundbesitz im neuen Bundesland Mecklenburg-Vorpommern beworben. So auch um die ehemalige LPG, die eine Fläche von 450 ha zu bewirtschaften hatte. Doch dem einzigen Bewerber war bald die Luft ausgegangen, weil er die bürokratischen Hürden nicht überwinden konnte. So waren die landwirtschaftlichen Flächen an Kapitalkräftigere aufgeteilt worden. Nur das zum Teil erneuerte Wohngebäude mit einer großen Scheune und zwei langen Stallungen blieben den Käufern, einem jungen Ehepaar erhalten. Die hatten versucht, sich mit Pferdezucht und einem Reitstall über Wasser zu halten. Doch das scheiterte an der abgelegenen Lage des Hofes, der nur schwer zu erreichen war. Rettung in letzter Not war der Auftritt einer, in schwarzes Leder gekleideten, dunkelhaarigen, jungen Frau, die in Begleitung zweier breitschultriger Männer mit Glatzen und schwarzen Nadelstreifenanzügen erschienen war.

Dem großzügigen finanziellen Angebot konnten die Eheleute nicht widerstehen. Schon eine Woche später erfolgten der Verkauf und die Umschreibung im Grundbuch der Kreisstadt Güstrow. Die gesamte Kaufsumme wurde durch die Käuferin, Thea Zöllner, 36 Jahre, in Anwesenheit des Rechtsanwaltes und Notars, Dr. Adolf Giermann, bei der Volksbank Güstrow bar eingezahlt. Mit mehr Geld als je zuvor verließen sehr zufriedene Verkäufer die Hofstelle, die ihnen schwere Jahre beschert hatte. Auf Fragen des Bankers zur Nutzung, hatte die neue Besitzerin schmallippig geäußert, man werde sehen, was man draus machen kann. Doch ihre Pläne lagen längst fertig in der Schublade, und es hatte nur ein halbes Jahr gedauert, bis das erworbene Grundstück mit Wohnhaus und Scheunen nach aufwendigen Umbauten mit einem landwirtschaftlichen Betrieb nichts mehr zu tun hatte.

Zur Tarnung hatte die neue Eigentümerin den Reitstall erweitert und Pferde dazugekauft. Aus Scheune und Viehstall war eine Art Gefängnis geworden, bestehend aus zwanzig vergitterten Zellen mit Waschbecken und Toiletten. Hier sollten die Kinder und Jugendlichen „aufbewahrt" werden, die als Heimatlose aus den vom Balkankriege zerstörten Dörfern geflohen und von Schleusern weitergeleitet worden waren.

Zöllner, eine nach außen moderat wirkende Frau, war eine kühl rechnende Managerin, wenn es darum ging, die menschlichen Zelleninhalte gewinnbringend weiter zu vermitteln. Nie hatte es sie gekümmert was mit den Kindern geschah, wenn diese bei Nacht und Nebel an zahlungskräftige Empfänger übergeben wurden. Ihr primäres Ziel war es, ihre verzweigte Organisation zu kontrollieren und vor neugierigen Behörden zu schützen. Sie wusste, dass ihre Tätigkeit kriminell war. Aber sie vertraute der Hilfe ausgebuffter Juristen, die sie bereits mehrfach vertreten hatten.

An diesem Aprilnachmittag sollte neue Ware geliefert werden, um acht leere Zellen zu füllen. Die alte Büro-Uhr zeigte bereits 18.00 Uhr.

Zwei ehemalige Krankentransportfahrzeuge, – KTW –, ausgerüstet mit Blaulicht und für die Transporte umgerüstet, hatten sich zuletzt um 17.00 Uhr von der A2 über Mobiltelefon angekündigt. Das war vor einer Stunde. Thea Zöllner wusste um die vermehrten Polizeikontrollen auf den Autobahnen, seitdem ein TV-Sender gut recherchierte Berichte über Menschenschmuggel aus den Balkanstaaten veröffentlicht hatte. Deshalb hatte sie ihre Strategie geändert. Zwei Rocker aus ihrer Gang begleiteten die KTW und wechselten sich als Kundschafter ab, um Kontrollstellen der Bullen ausfindig zu machen. Das hatte bisher gut geklappt. Die Bullen hatten den „Sanis" in ihren weißen Kombis freundlich zugewunken und sie passieren lassen.

Sie hörte lautes Brummen.

Die Kundschafter auf ihren PS-starken Enduros fuhren in schwungvollem Bogen vor den Eingang. Zöllner eilte auf den Hof. Die beiden Fahrzeuge mit den Aufschriften *Association pour les enfants tomber dans l'oubli*, parkten bereits vor dem Scheuneneingang. Ihre Securities standen bereit, als die Fahrer die Flügeltüren öffneten. Acht übernächtigte und verängstigte Kindergesichter starrten ihnen entgegen.

Immer dasselbe Bild, dachte die Lady und winkte den Kindern freundlich zu, als diese stolpernd ihre Füße auf festen Boden setzten. Lautes Geschwätz und Rufe in einer fremden Sprache ertönten. Die Kinder begannen sich vor Freude zu balgen und tobten wild herum.

Zöllner ließ es zu. Keines hatte die Chance das ummauerte Anwesen zu verlassen. Wohin auch? Der für den Transport verantwortliche, aus Kroatien stammende Mann konnte sich mit den Kindern einigermaßen verständigen. Er reichte Zöllner eine Handvoll Dokumente, die man ihnen abgenommen hatte. Eine Art Personalausweise in fremder, teilweise kyrillischer Schrift. Der Fahrer des zweiten KTW hatte inzwischen das wenige Gepäck ausgeladen. Ein lauter Pfiff. Der Kroate benutzte sein Megaphon. Die dröhnende Stimme ließ die durcheinander wirbelnden Kinder zur Ruhe kommen. Neugierig blieben sie stehen.

Zöllner übergab einen vorbereiteten Text, und in alphabethischer Reihenfolge las der Mann die Namen der Kinder vor. Die acht 12 – 14-jährigen Jungen und Mädchen bildeten eine Reihe und folgten den Wachleuten in die umgebaute Scheune. Alles andere war Routine.

Die Kinder erhielten die Gelegenheit, sich in den Zellen zu waschen. Später fanden sie sich an einem langen Holztisch ein und bekamen ausreichend zu essen und zu trinken. Danach war frühe Nachtruhe angesagt. Am nächsten Morgen sollten saubere Kleidung und Schuhwerk verteilt werden. Beides stammte aus gewerblichen Kleidersammlungen und reichte für die kurzen Aufenthalte aus.

Zufrieden mit dem Transport gingen Zöllner und ihr „Kroate" in das Büro. Nun galt es, eine realistische Kostenrechnung aufzustellen und die „Interessenten" über die neue Lieferung zu informieren.

45. Privatklinik

Hinter verschlossener Tür hatten sich wieder einmal die drei Ärzte und Hildebrand, der „Mann für alle Fälle", zusammengefunden. Der blätterte nervös in seinen Aufzeichnungen.

„Was ist los, Hildebrand?" Bäuerlings Ungeduld war nicht zu überhören. „Gibt es Neuigkeiten, die wir wissen müssten? Ich meine, haben Sie etwas über die Anruferin herausbekommen? Zeit genug hatten Sie ja!"

Der schlanke Schumacher und der rundliche Baum tauschten Blicke. Der Alte hat heute wieder eine Scheißlaune! Ehe Hildebrand antworten konnte, tat es Baum.

„Bei allem Respekt, Gustaf. Du weißt, dass Schumacher und Hildebrand mächtig mit unserer ‚Materialbeschaffung' zu tun haben und dass es mit den Transporten nicht immer glatt geht."

Bäuerling blickte verdutzt. Schwang da eben Kritik mit?

„Na gut, soll mir Recht sein! Trotzdem zur Sache. Meine Zeit drängt. Denn mal los, Hildebrand."

„Die anonyme Anruferin heißt Katharina Weber, ist 56 Jahre alt, wohnt am Eisenbahnerlängsweg in 21338 Lüneburg, Hausnummer 78 a. Von Beruf Historikerin und beim Staatsarchiv der Stadt Lüneburg in der Lindenstraße 4 beschäftigt."

Bäuerlings Gesicht verzog sich. „Moment mal Hildebrand! Sagten Sie eben Staatsarchiv und von Beruf Historikerin?"

„Richtig, Herr Medizinaldirektor. Das haben wir herausgefunden."

„Habt ihr das gewusst, Baum, Schumacher? Und wenn, seit wann?" Bäuerlings Ton war schärfer geworden.

„Ich wusste es seit zwei Tagen. Nach Hildebrands Observation."

„Und ich habe auch erst heute davon erfahren, lieber Kollege Gustaf."

Die Ironie in Baums Antwort war nicht zu überhören.

„Verdammt, ist euch vielleicht entgangen, was mir diese Historiker-Schlampe unterstellt?"

Bäuerling schlug wütend auf den Tisch. „Oder habt ihr nicht so viel Phantasie, euch vorzustellen, was dieses Weib anrichtet, wenn die mit ihren Anschuldigungen zu den Behörden läuft?"

„Dazu wird es nicht kommen, weil wir – Schumacher wies auf Hildebrand – Maßnahmen ergriffen haben, die das verhindern werden! Die Frau wird einen Denkzettel erhalten, den sie nicht so schnell vergessen wird!"

Bäuerling war verblüfft. „Und wie soll das geschehen?" knurrte er. Wieder der Blickaustausch zwischen Schumacher und Hildebrand.

„Wir haben uns gedacht, dass die Maßnahme unverfänglich aussehen muss, zum Beispiel wie ein ganz alltäglicher Unfall." Jetzt stutzte auch der rundliche Baum.

Bäuerling sprang wütend auf.

„Verdammt, was soll die Geheimnistuerei, lasst die Katze aus dem Sack, ihr Dilettanten!"

„Lass es gut sein mit deinen Beschimpfungen, Gustaf, und beruhige dich. Wenn wir Dilettanten wären, so wüssten wir heute nicht, woher die Gefahr droht."

Beide Männer starrten sich böse an. Bäuerling setzte sich wieder.

„Nun erzählt, wie der Plan laufen soll. Geht der in die Hose, dann kann es für uns alle sehr brenzlich werden, und wir können unsere Zelte abbrechen!"

46. Das Kommissariat

Als Kluge missmutig in sein Dienstzimmer zurückkehrte, weil er Tödter nicht angetroffen hatte, stürmte Kubitzke aufgeregt herein.

„Zwei Frauen wollten dich sprechen. Eine Kollegin aus Soltau, hier bei uns im Geschäftszimmer, und noch 'ne Frau. Sie wollte mit dir über irgendeine Klinik sprechen, in der Kinder misshandelt werden sollen."

„Und wo ist die Frau jetzt? Hast du ihr nicht gesagt, dass sie warten soll."

„Nee, sie hatte keine Zeit. Wie ich verstanden habe, arbeitet sie im Staatsarchiv. Du sollst sie anrufen." Kubitzke drückte ihm eine Visitenkarte in die Hand. Katharina Weber stand darauf und eine Telefonnummer.

„Hat sie sonst noch etwas gesagt?" Kubitzke ließ sich Zeit. „Ja, es sei dringend. Sie will mit dir noch sprechen, bevor sie in den Urlaub geht."

„Okay! Und was ist mit der Kollegin aus Soltau? Hat die gesagt, was sie wollte?"

„Sie sprach von einer Kinderleiche an der B3 und wollte nur mit *dir* reden. Ich glaube, sie kennt dich!" „Und weiter? Hat sie ihren Namen genannt?"

„Ja, Stefanie Winderlich. Dann trank sie einen Kaffee, klönte mit Jens und telefonierte."

„Da ist ja sehr interessant! Drei Sachen auf einmal! Multi-Multi-Tasking. Hat sie auch noch etwas Wichtiges von sich gegeben?" Bei dieser Frage zuckte Kubitzke zusammen.

„Ja, von einem neuen Leichenfund im Wald bei Behringen. War dann aufgesprungen und raus. *Ohne* sich für den Kaffee zu bedanken!"

Kluge setzte sich. Was bedeutete das nun wieder? Gibt es Zusammenhänge mit dem anonymen Hinweis auf die dubiose Klinik in der Heide und dem Fund der Kinderleiche? Welche Rolle spielte die Frau aus dem Archiv? Er bemühte sich ruhig zu bleiben.

„Hast du ihre Erreichbarkeit notiert, Ronda?" „Ja, hab ich. Hier ist ihre Karte!"

Kluge las nachdenklich. „KHK'in Winderlich – Leiterin FK 1 in Soltau."

„Kennst du die etwa, Chef?" Ihre Neugier war nicht zu überhören.

Kluge schnaufte. „Du solltest dich um deine Angelegenheiten kümmern, Ronda, und schicke Jens rein. Aber gleich!" Das war deutlich, und sie verschwand mit rotem Kopf.

Kluge blickte erneut auf die Visitenkarte mit dem Emblem des weißen Niedersachsenpferdes auf rotem Grund. Erinnerungen wurden wach. Und an das Gespräch mit Tödter auf dem Wochenmarkt. Der Verkehrsunfall mit dem toten Jungen. Ein Unfall oder mehr?

Er zog die Schreibtischschublade auf. Dort lag der rote Aktendeckel mit der Aufschrift – *Dringende Fälle* –. Darin die unbearbeitete Mail aus Soltau, die er vor zwei Wochen hineingelegt hatte. Wohlverwahrt. Aber vergessen! Scheiße! Hastig überflog er den Text. Ganz klar: das war der Grund für Winderlichs Besuch.

Ohne zu klopfen trat Jens Ahlers ein, freundlich lächelnd.

„Setz dich!"

Sein Lächeln löste sich auf, wie der Schnee in der Frühlingssonne.

„Na, das klingst nicht gerade freundlich, Chef!"

„Dafür ist jetzt nicht unbedingt Zeit", knurrte Kluge. Er platzierte sich hinter seinen Schreibtisch. „Was wollte die Kollegin aus Soltau? Ronda schwatzte was von einer Kinderleiche. Das ist mir zu wenig!" Immer noch der unfreundliche Ton. Aha, daher weht der Wind, dachte Ahlers.

„Die Kollegin war KHK'in Winderlich, Leiterin FK 1 der Kriminalpolizeiinspektion (KPI) Soltau, also dein weibliches Pendant. Sie wollte wissen, warum wir noch keinen Kontakt mit ihr wegen der ausgeschlachteten Kinderleiche vor zwei Wochen aufgenommen haben. Sie hatte uns eine Mail gesandt. Deshalb wollte sie unbedingt mit dir sprechen."

„Und wie ging es weiter?"

„Als sie bei Ronda ihren Kaffee trank, hörte ich sie aufgeregt telefonieren. Plötzlich flitzte sie den Flur entlang und war weg. Ohne noch ein Wort zu sagen."

„Die muss es ja verdammt eilig gehabt haben!"

Er schob Ahlers die Mail aus Soltau über den Tisch. „Hier lies!" Der vertiefte sich in den Text.

„Bitte, deine Meinung dazu! Aber ehrlich!"

„Der Leichenfund ist ein Hammer. Und gar nicht so weit weg von unserer Kreisgrenze."

„Weiter, Jens!" „Hört sich richtig gruselig an: eine ausgeschlachtete Kinderleiche!"

„Ich möchte deine Meinung, nicht deinen Kommentar, Kollege", knurrte Kluge.

Ahlers verstand. Das Eingangsdatum auf der Mail und der heutige Kalenderstand sagten alles.

„Die Mail ist knapp vierzehn Tage alt, Chef. Und niemand außer dir wusste davon! Deshalb konnte ich der Kollegin dazu nichts sagen."

„Du hast Recht, Jens. Das hätte nicht passieren dürfen. Schlimm genug, aber heilbar. Tödter hatte mir deswegen eine Gelbe Karte verpasst."

Er kam jetzt hinter seinem Schreibtisch hervor.

„Viel gravierender ist, dass Ronda das auch mitbekommen hat. Sie soll bloß ihren Mund halten."

„Okay, das übernehme ich. Aber was ist mit der Winderlich? Kennst du die Kollegin persönlich?"

„Ja, und ganz gut. Wir haben zusammen den Fachhochschulabschluss gemacht. Eine clevere Frau. Aufgrund der Frauenquote wurde sie vor mir befördert und ist in Soltau K-Leiterin geworden." Einen Moment lang blickte er versonnen.

„Ronda sprudelte etwas von einer weiteren Kinderleiche. Und wenn ich mir vorstelle, dass da Zusammenhänge bestehen könnten, mache ich mir Vorwürfe."

Er rieb sich an der Nase. „Verdammt, wenn da etwas dran sein sollte ..."

Das Klingeln des Telefons unterbrach ihn. Ärgerlich griff er zum Hörer. „Scheiße", murmelte er leise.

„Was ist los, Bernhard?"

„Ich soll mich beim KPI-Leiter einfinden. Tödter hat sich von jetzt auf gleich krank gemeldet."

Er schloss seinen Schreibtisch und steckte sein Merkbuch ein.

„Es tut mir leid, Jens. Im Augenblick habe ich ein paar offene Baustellen. Später mehr dazu!"

Dann übergab er ihm die Mail und seine Notizen

„Setz dich persönlich mit Winderlich wegen der Leiche in Verbindung. Oder noch besser, fahr gleich zum Fundort. Grüß sie von mir. Ich werde mich so bald wie möglich bei ihr melden."

Er klopfte ihm auf die Schulter. „Hau rein! Wir sehen uns nach deiner Rückkehr!"

Und schon war er verschwunden und ließ seinen Vertreter mit vielen offenen Fragen zurück.

47. Staatsarchiv Lüneburg

Nach ihrem ergebnislosen Versuch, persönlich mit Kriminalhauptkommissar Kluge zu sprechen, war Katharina Weber in ihren dunkelroten Audi 100 gestiegen und zu ihrem Arbeitsplatz an der Lindenstraße gefahren. Sie hatte Glück mit einem Parkplatz.

Als sie ausstieg, entging ihr wiederum, dass sich ihr dunkelhaariger Beobachter erneut an ihre Fersen geheftet hatte. Zu dumm, dass sie den Kommissar nicht erreichen konnte, aber vielleicht würde er noch vor Urlaubsantritt zurückrufen.

In ihrem Büro war alles so wie immer. Ein frischer Kaffee, ein paar Kekse und die Ausgabe der Lüneburger Tageszeitung erwarteten sie.

Lars, der neue Praktikant, der ihr ab und zu beim Herausfinden der Quellenverzeichnisse half, hatte dafür gesorgt. Sie mochten den blondhaarigen Achtzehnjährigen und hätte ihn gern als Sohn gehabt. Trotzdem kam sie nicht zur Ruhe.

Der „Fall Schumacher" und die „Lüneburger Mordärzte" ließen sie einfach nicht los. Nun noch weniger, weil der Treff mit Kluge nicht geklappt hatte. Sie hatte ihm eine Zusammenfassung ihrer Theorie übergeben wollen. Jetzt lagen die beschriebenen Blätter wieder vor ihr.

„Guten Morgen, Frau Kollegin. Na, haben sie Ihre Arbeit abgeschlossen?"

Das war die freundliche Stimme ihres Chefs. „Sie sind doch nicht schon mit ihren Gedanken im Urlaub? Der beginnt erst morgen früh." Weber musste lachen, doch dann wurde sie ernst.

„Nein, Herr Eckhard. Mich plagt etwas anderes."

Dieser reagierte spontan.

„Ich weiß, dass Sie sich mit einem Thema befassen, dass nicht zu Ihrem eigentlichen Forschungsauftrag gehört. Und bisher habe ich keine Notwendigkeit gesehen, etwas zu verändern. Aber ich glaube, Sie sollten mir erklären was Sie bedrückt."

Er zog sich einen Stuhl heran und lächelte aufmunternd.

Und dann schilderte Weber, erst zögerlich, dann immer offener, was sie in den Archiven und Dokumenten über die Kindertötungen in der ehemaligen Landesheil- und Pflegeanstalt und die mörderischen Ärzte der NS-Zeit herausgefunden hatte. Dass sie sich sicher war, zwei der ehemaligen NS-Mediziner aus Lüneburg auf dem Gelände der Privatklinik bei Schwindebeck wiedererkannt zu haben. Obwohl ihr das wegen der Geburtsdaten und des daraus resultierenden hohen Lebensalters fast unmöglich erschien. Und über den Verdacht, dass in der Klinik möglicherweise Kinder misshandelt werden sollen. Das habe sie von ihrem Hinweisgeber erfahren.

„Sind das Ihre Aufzeichnungen?" Weber nickte stolz.

„Zeigen Sie die doch bitte mal!"

Eckhard überflog sie und machte sich Notizen. Als Weber über die amtliche Beurkundung von Schumachers Tod berichtete, der aber nach Angaben ihres Hinweisgebers quicklebendig sein sollte, legte Eckhard den Kugelschreiber aus der Hand.

„Was Sie berichten, Frau Weber, klingt sehr abenteuerlich. Aber da ich Sie als ernsthafte und kompetente Wissenschaftlerin kenne, gehe ich davon aus, dass Sie Ihre Vermutungen und Verdachtsmomente nicht nur einmal überprüft haben."

„So ist es, Herr Eckhard."

„Weiter gehe ich davon aus, dass Sie diese Erkenntnisse auf Ihrer Festplatte gespeichert haben?"

Sie nickte eifrig.

„Haben Sie mit sonst jemand über Ihre Feststellungen gesprochen?"

„Bisher nicht. Ich war heute bei der Kripo, Auf der Hude 2. Aber der leitende Ermittler war in einer Besprechung."

„Das ist erst mal gut so. Ich denke, wir beide sollten überlegen, wie Sie den Verdacht gegen die vermeintlich noch lebenden und praktizierenden Ärzte verifizieren können."

Plötzlich wurde Weber hellwach.

„Ich meine damit, dass ich meine Verbindungen zu guten Freunden, auch bei der Justiz, nutzen möchte, um Ihre Recherchen zu stützen. Inoffiziell natürlich. Dann ist immer noch Zeit genug, die Ermittlungsbehörden einzuschalten."

Wie war das eben?

„Aber Herr Dr. Eckhard, denken sie doch an die Kinder, die dort vielleicht gequält werden. Das muss doch verhindert werden. Unbedingt!" Röte stieg ihr ins Gesicht.

Dr. Jörg Eckhard stand mit überheblichem Lächeln auf. „Wer weiß, was ihr Hinweisgeber da gesehen haben will. Wo Kinder sind, wird getobt und auch mal geschrien. Und das ist auch in einer Privatklinik möglich!" Er blickte seine Mitarbeiterin eindringlich an.

„Hören Sie gut zu, Frau Weber. Ab sofort überlassen Sie mir die weiteren Feststellungen in dieser Angelegenheit. Das ist eine dienstliche Weisung! Ich gehöre dem akademischen Stiftungsrat der Klinik an. Und ich habe großes Interesse daran, dass deren Ruf als gemeinnützige Einrichtung nicht beschädigt wird." Ein scharfer Blick traf sie. „Haben Sie das verstanden, Frau Weber?"

„Ja, das habe ich, Herr Doktor Eckhard."

„Gut, und da ich sehe, dass Sie das Ganze sehr anstrengt und überfordert, schlage ich vor, dass Sie bereits heute Ihre Tätigkeit beenden und sich auf Ihren Kurzurlaub vorbereiten. Was halten Sie davon?" Weber zögerte einen Moment.

„Das geht mir alles viel zu schnell", entgegnete sie.

„Aber ich bitte Sie! Ich meine es doch nur gut mit Ihnen!"

Katharina Weber fühlte sich überrumpelt.

„Gut, ich bin einverstanden", murmelte sie.

„Na bitte, geht doch!" Eckhard nahm ihre Aufzeichnungen an sich.

„Die werde ich entsorgen! Vergessen Sie nicht die Daten über Ihre phantasievollen Recherchen auf Ihrem Rechner zu löschen. Dann verstehen wir uns auch wieder viel besser. Sie wollen doch hier noch ein bisschen länger bleiben, oder?" Der Zynismus war nicht zu überhören.

Als Eckhard weg war, zitterte sie am ganzen Körper. Wie benommen bediente sie die Löschtaste. Datei und der Papierkorbinhalt lösten sich auf.

Wütend stolperte sie die Treppen ins Erdgeschoss hinunter. Nie erfuhr sie, dass Eckhard ihre handschriftlichen Recherchen im Ordner – *Stiftungsrat* – abheftete und anschließend ein paar Telefonate führte. Einzig mit dem Ziel einer dringenden Zusammenkunft des wichtigen Gremiums.

Als sie sich mit ihrem Audi in den Verkehr einfädelte war der dunkelhaarige Beobachter nicht zur Stelle. Er hatte sich auf den regulären Dienstschluss seines „Objekts" eingestellt und gerade das öffentliche WC aufgesucht.

48. Staatsforst Behringen, Jagen 144

Nach dem Gespräch mit Kluge hatte Ahlers mit der Kripo in Soltau telefoniert, aber Winderlich nicht erreichen können. Die ist unterwegs zum Tatort, hatte die Auskunft gelautet.

Er hatte seine Einsatztasche gegriffen und Kubitzke zugerufen, dass er unterwegs sei. Über Funk hatte er mitgehört, dass sein Ziel ein Waldstück bei Behringen war. Auf nähere Auskünfte verzichtete er, weil die aufmerksamen Zeitungsschreiber gern den Polizeifunk abhörten. Was natürlich nicht erlaubt war.

Nach gut einer halben Stunde Fahrt durch die waldreiche Landschaft der Lüneburger Heide bemerkte er über sich den grünen Polizeihubschrauber. Wenig später traf er auf den ersten grün-weißen Dienstwagen.

Ein Uniformierter, der das dienstliche Blaulicht erkannte, winkte ihn freundlich durch. Kurz darauf erreichte er den Parkplatz, auf dem die Einsatzfahrzeuge der Soltauer Kripo standen.

Ahlers stieg aus, zeigte seine Dienstmarke und folgte einem weiteren uniformierten Einweiser. Der führte ihn bis zu einer Abbiegung, an der gelbes Trassierband den Weg sperrte. Dann ging er allein weiter und erreichte nach 100 Metern eine zehn mal zwanzig Meter große Fläche. Mitten in einer Fichtendickung gelegen und mit gelbem Signalband abgegrenzt.

Über ihm donnerte der bereits betriebsältere, hellgrüne Polizeihubschrauber „Leine Dora 1" im wolkenlosen Nachmittagshimmel und sorgte für die fotografische Sicherung des Fundortes von oben.

Ahlers sah, dass die Spurensicherer in ihren weißen Schutzanzügen alle Hände voll zu tun hatten.

Aufmerksam registrierte er die professionelle Teamarbeit. Mittendrin stand eine mittelgroße, schlanke Frau mit einem hübschen Gesicht und einer lockigen Kurzhaarfrisur. Sie trug eine blaue Jeans und eine derbe Wetterjacke mit dem bekannten Wolfs-Emblem. Das musste Stefanie Winderlich, die K-Leiterin, sein. Worüber sie sich mit ihren Ermittlern austauschte, konnte er nicht hören. Aber ihre ruhigen Bewegungen und ihre Körperhaltung ließen erkennen, dass sie Führen gewohnt war und die Lage im Griff hatte.

Blitze objektivstarker Kameras zuckten auf. Die Scheinwerfer des Spuren-Teams warfen grelles Licht auf den Leichenfundort unter den Ästen dicht stehender Fichten.

Winderlich winkte ihm zu. Er trat näher und bemerkte nach freundlicher Begrüßung die beiden Rechtsmediziner, die vorsichtig eine durchwühlte Fläche in Zimmergröße durchharkten. Knochen und Kleidungsfetzen waren zu erkennen.

Ahlers sah einen verschmutzten, mit Fichtennadeln und Erde bedeckten Schuh, Ober- und Unterschenkelknochen und Teile des Brustkorbes. Alles war mit Algen und Moos überzogen. Für die Spurensicherung sieht das nicht gut aus, dachte er.

„Komm bitte mit, Kollege Ahlers."

Winderlich ging bis zu einer etwa zwanzig Meter entfernten, moosigen Stelle des Waldbodens. Hier befand sich ein zweiter Fundort, über den ein großer Tatortschirm gespannt war. Ahlers las auf der Spurentafel „Römisch I". Winderlich hob einen umgestülpten Karton hoch. Ein menschlicher Schädel mit leeren Augenhöhlen starrte beide an. Die gelbverfärbte, haarlose Schädeldecke war ebenfalls mit Fichtennadeln bedeckt.

„Darf ich?" Winderlich nickte.

Ahlers ging in die Knie. Der Schädel wies keine Verletzungen auf. In Ober- und Unterkiefer fehlten die Endzähne. Nachdenklich erhob er sich.

„Na, was meinst du Kollege? Haben wir Mann, Frau oder Kind vor uns?" Winderlich hatte ihn genau beobachtet. Er stutzte, bis er das feine Lächeln der Chefermittlerin bemerkte.

„Die Knochenlängen der oberen und unteren Extremitäten am anderen Fundort entsprechen meiner Meinung nach nicht denen eines ausgewachsenen Menschen. Der Schädel mit seinen unvollständigen Zahnreihen wirkt ebenfalls relativ klein."

Winderlich nickte und stülpte den Karton über das Asservat.

„Du hast Recht! Es dürfte sich wahrscheinlich um die Überreste einer kleinwüchsigen Person handeln, möglicherweise um die eines Kindes. So die ersten Ergebnisse der Pathologen."

Beide Ermittler blickten sich nachdenklich an. Ein beschissener Fall mit einem von Wildschweinen durchfurchten Fundort.

„Was sagen die Mediziner zur Liegezeit?"

Winderlich zog ihr Merkbuch heraus.

„Aufgrund der Biotop- und Moosantragungen mit Grünfärbung der Knochenteile gehen sie vorsichtig von einer Zeitspanne von 1–3 Jahren aus."

„Hui", entfuhr es Ahlers, „das macht die Ermittlungen nicht einfacher! Gibt es Hinweise auf äußere Gewalteinwirkung?"

„Das ist der Knackpunkt, denn an den Knochen, einschließlich des Schädels, sind bisher keine Merkmale dafür festgestellt worden. Und Verletzungsmuster relevanter Bereiche, wie Hals, Lunge oder Herz und andere Organe, sind nicht mehr vorhanden. Vermutlich durch Wildschweine und Füchse längst gefressen."

Ahlers nickte. Ähnliche Fundsituationen waren ihm bekannt.

„Genaueres wird die Sektion ergeben, die für heute im Soltauer Klinikum vorgesehen ist. Erst danach werden wir gezielt ermitteln können."

Auch das war Ahlers nicht fremd. Zunächst musste die Alters- und Geschlechtsbestimmung der menschlichen

Überreste her. Dann kam die mühsame Suche nach Gewaltmerkmalen. Usw., usw.

„Lass uns zurückgehen. Vielleicht sind die Rechtsmediziner ein Stück weiter gekommen."

Er folgte der Ermittlerin.

„Ich habe noch eine Frage, Kollegin. Siehst du einen möglichen Zusammenhang mit der ausgeschlachteten Kinderleiche in euerm Beritt?"

Winderlich blickte ihn irritiert an.

„Sicher können wir zurzeit noch keine Zusammenhänge erkennen, auch weil wir noch nicht definitiv wissen, ob wir es hier auch mit einem Kind zu tun haben. Aber die lange Liegezeit und die bisherigen Befunde lassen Zweifel aufkommen. Parallel zur rechtsmedizinischen Begutachtung werden wir bundesweit offene Vermisstenfälle überprüfen. Das sollte auch für euch gelten. Denn in beiden Fällen ist räumliche Nähe zu eurem Bezirk gegeben!"

Das war sehr deutlich. Schweigend folgte er der tüchtigen Kommissariatsleiterin, deren lockiges, kurzes Haar im leichten Wind wehte.

49. Die Staatsanwaltschaft

Nachdem sich Ahlers auf den Weg gemachte hatte, bat Kluge Ronda alle Anrufe in der nächsten halben Stunde von ihm fern zu halten und ihn bei Oberstaatsanwalt Clement anzumelden.

Auf seinem Schreibtisch lag der anonyme Hinweis auf die dubiose Klinik am Rand der Lüneburger Heide. Mit Hilfe von Kartenmaterial machte er sich an die Arbeit. Bestand eine räumliche Nähe des Fundortes der Kinderleiche zu der unbekannten Klinik?

Auf der Visitenkarte stand der Name Katharina Weber, Staatsarchiv Lüneburg. Was hatte ihm die Frau mitteilen wollen? Steckte sie hinter dem anonymen Hinweis? Er wählte die Nummer. Der Ruf ging raus, fast eine halbe Minute lang. Keine Reaktion. Wiederholung. Wieder warten. Dann eine unfreundliche Männerstimme.

„Staatsarchiv Dr. Eckhard, wen möchten Sie sprechen?"

„Kluge ist mein Name, können Sie mich bitte mit Frau Weber verbinden?"

„Tut mir leid, Frau Weber können Sie nicht erreichen!"

„Und warum nicht?" Kluge blieb hartnäckig.

„Das muss Sie nicht interessieren und ist eine interne Angelegenheit, die Sie nichts angeht."

Holla, das war deutlich unhöflich.

„Zur Kenntnis, Herr Dr. Eckhard. Ich bin Kommissariatsleiter bei der Kripo in Lüneburg und meine Anfrage hat dienstlichen Charakter! Also geben Sie mir bitte Auskunft, wann und wo ich Frau Weber erreichen kann. Auch ihre Privatnummer und Anschrift. Es ist wichtig!"

Auf der anderen Seite blieb es eine Weile still.

„Hätten Sie ja gleich sagen können, wer Sie sind", kam es knurrend zurück. „Frau Weber hat einen Kurzurlaub angetreten und ist erst am Montag wieder im Archiv. Ich weiß nicht, ob sie damit einverstanden wäre, wenn ich Ihnen die private Nummer und Anschrift mitteile. Da könnte sich ja jeder als Polizist ausgeben!"

In Kluge begann es langsam zu kochen.

„Herr Dr. Eckhard, strapazieren Sie nicht meine Geduld! Sie sehen meine dienstliche Anschlussnummer auf ihrem Display, und wenn Sie möchten schicke ich Ihnen gern einen grün-weißen Streifenwagen vorbei!" Das wirkte.

„Ist ja gut. Aber Sie müssen mich auch verstehen, Herr Kommissar, dass ich meine Mitarbeiterin schützen muss. Hier ist die private Festnetznummer." Er diktierte eine fünfstellige Telefonnummer. „Und hier die Anschrift!"

„Danke, Herr Dr. Eckhard. Ich habe das Gefühl, dass wir uns demnächst über den Weg laufen werden!"

Am anderen Leitungsende schnaubte der Leiter des Staatsarchivs vor Wut. Die Weber, das Miststück, hält sich nicht an meine Order. Ein Grund mehr für ein Treffen mit dem Vorstand.

Kluge ging ins Geschäftszimmer.

„Ronda, check bitte mal Katharina Weber und auch ihren möglichen Fahrzeugbesitz. Ich gehe zur Staatsanwaltschaft."

Das Telefonat beschäftigte ihn. Was für ein arroganter Typ, dieser Eckhard. Ich kann nicht vier Tage warten, bis Weber wieder im Dienst ist. Vielleicht kann ich sie zu Hause erreichen. Eilig verschloss er seine Tür.

„Mike und Frauke, kommt aus euren Schlafkabinen. Ich muss euch was sagen." Stühle scharrten, und die Ermittler zeigten sich.

„Nein, es brennt nicht, und ja, ich komme wieder!" Kluge grinste.

„Und was willst du dann von uns?" Das war Mikes gewohnt freche Stimme.

„Euch sagen, dass Jens nach Behringen unterwegs ist, und ich zur Staatsanwaltschaft gehe."

„In Sachen Schumacher?" fragte Malz. „Nicht direkt, aber es hat mit den sichergestellten Nazi-Dokumenten zu tun. Ihr wisst schon!"

„Natürlich Chef ", provozierte Gebert.

„Gibt es neue Hinweise auf den Täter vom Bahnhof?"

Erstaunter Blickwechsel war die Folge.

„Aber wir hatten dir doch gesagt, dass wir uns noch mal mit Schumachers Wohnung befassen müssen. Wir brauchen nur den Durchsuchungsbeschluss. Der Antrag an die StA ist raus."

„Ach ja, richtig. Das hatte ich nicht mehr auf dem Zettel. Tschüss, bis später."

Die Mitarbeiter blickten ihm die Köpfe schüttelnd nach.

Draußen bot der April klare Luft und ein bisschen blauen Himmel, als Kluge im Fußgängerpulk die Ampelkreuzung der Reichenbachstraße überquerte. Es wurde langsam Frühling. Zu Hause im Garten streckten Krokusse und Hyazinthen ihre Köpfe aus der Erde. Am Wochenende wollten Elaine und er sich um die Beete kümmern. Der einwöchige Aufenthalt bei der Tochter in Hamburg hatte ihr gut getan und sie die schlimmen Tage im Krankenhaus vergessen lassen.

Nach kurzem Weg erreichte er das Gebäude der Staatsanwaltschaft. Sein Dienstausweis verschaffte ihm Einlass und ersparte ihm dieses Mal die Begleitung. Als auf sein zweimaliges Klopfen niemand antwortete, öffnete er vorsichtig Clements Tür. Der Raum war leer. Er bemerkte ein DIN A4 großes, rotes Formular auf dessen Schreibtisch. *Herr Kriminalhauptkommissar Bernhard Kluge. Sie sind bis zu meinem Eintreffen festgenommen und müssen sich bis dahin mit einer Tasse Kaffee begnügen!*

Typisch Stephan. Er schmunzelte und bediente sich am Automaten. Mit dem vollen Becher ging er zum Fenster und spürte, wie sich nach ein paar Schlucken seine Lebensgeister regten. Schon 12.00 Uhr durch.

Na gut, dachte er. Fang ich eben allein an. Er vertiefte sich so intensiv in seine Unterlagen und fuhr erschrocken zusammen, als er eine Hand auf seinen Schultern spürte.

„Keine Panik, oder ist es dein schlechtes Gewissen, Bernhard?"

Lachend schüttelten sie sich beide Männer die Hände. „Hast du mir noch einen Kaffee übrig gelassen?" Die Frage war rein rhetorisch. Clement setzte sich zu ihm.

„Danke Stephan, dass du kurzfristig Zeit für mich hast. Ich möchte heute an das abgebrochene Gespräch anknüpfen, nein, ich muss heute anknüpfen."

Clement goss sich gemächlich einen Kaffee ein.

„Na, dann los! Nach deinem Gesichtsausdruck zu schließen, wird es heute wohl länger dauern."

Und dann begann Kluge.

Er sprach über die Erpressungshandlung des toten Nottbohm, der seinen Chef mit aufgefundenen Nazi-Dokumenten unter Druck gesetzt hatte. Über das Geld und den Mord an dem Geldboten. Über weitere aufgefundene Dokumente aus der Nazizeit, die die Familie Schumacher belasteten, und über sein Entsetzen beim Einblick in diese Schriften. Über den anonymen Hinweis auf eine dubiose Privatklinik, in der angeblich Kinder misshandelt würden, und die Frau vom Staatsarchiv Lüneburg, die ihm Hinweise geben wollte.

Clement machte sich ununterbrochen Notizen.

Als er endlich seinen Kugelschreiber aus der Hand legte, stürzte Kluge hastig den Rest seines Kaffees hinunter.

„Das ist starker Tobak, Bernhard. Und wenn ich dich richtig verstehe, machen dir die Dokumente aus der Nazizeit am meisten zu schaffen."

„Ja, das ist absolut richtig. Ich kann nicht begreifen, dass es Ärzte gab, die hier in Lüneburg vorsätzlich Kinder getötet haben. Mit Luminaltabletten oder Spritzen."

Clement nickte nachdenklich.

„Aber wir sind im Jahr 1993! Die Täter von damals sind leider durch die Gesetzesmaschen einer von ehemaligen Nazis mitbestimmten Politik, Justiz und Ärzteschaft gerutscht. Teilweise durch Amnestien und unterstützt durch zweifelhafte Gutachten von Ärztekollegen, die selbst in den Konzentrationslagern der Nazis Zehntausende Unschuldiger vieler Nationen umgebracht hatten." Er stand auf. „Doch das ist Vergangenheit, an die wir strafrechtlich nicht mehr anknüpfen können. Es sei denn, es ergeben sich neue Ansätze."

„Was meinst du damit, Stephan?"

„Ich meine, du solltest dich vorrangig um die Hinweise auf diese Privatklinik kümmern. Die angeblichen Misshandlungen von Kindern könnten ein Politikum werden. Wie du weißt, sind durch den Krieg auf dem Balkan wieder einmal Tausende Familien auseinander gerissen, getötet und vertrieben worden. Darunter dürften sich auch Hunderte elternloser Kinder befunden haben, die hier vielleicht auch eine Rolle spielen."

„Du meinst, dass zu prüfen wäre, ob es sich bei den Kindern um ausländische handeln könnte?"

„Genau das meine ich. Aber zunächst müssen Beweise dafür gesammelt werden. Und da sehe ich den Ansatz bei der Frau aus dem Archiv. Du musst sie unbedingt zu einer schriftlichen Aussage veranlassen!"

Kluge nickte. Seine Konzentration ließ nach. Beinahe zwei Stunden waren herum. Aber er wusste, dass sein Freund Recht hatte. Die Staatsanwaltschaft benötigte Sachbeweise, um einen Verdacht gegen die Klinik zu erheben.

Stephan Clement blickte ihn mit ernstem Gesicht an.

„Wenn wirklich diese Klinik, besser gesagt, die Mediziner in ähnliche Straftaten involviert sein sollten, die dem

Schreckens-Szenario der NS-Zeit entsprechen, wird sich ein Sturm zusammenbrauen. Ich spreche hier von der sogenannten ‚Kinder-Euthanasie'. Glaubhaft kann ich dir versichern, dass damals auch Juristen in diese Szenarien verstrickt waren. Auch hier in Lüneburg. Für diese Verbrechen wurden sie nicht einmal angeklagt."

Kluge hörte große Betroffenheit heraus. Doch als er nachfragen wollte, winkte Clement ab.

„Lass es genug sein. Ein anderes Mal mehr, ja?"

„Natürlich, mir reicht es auch!"

Clement kehrte an seinen Schreibtisch zurück.

„Wir sollten unsere Besprechung für heute beenden. Es sind verdammt viele Einzelheiten, die wir beide verdauen müssen. Wir verbleiben so, dass ich meine Notizen verwahre, ohne ein Verfahren gegen Unbekannt einzuleiten. Bisher stützt sich gegen die Klinik-Ärzte alles nur auf Vermutungen. Du hast die schwierige Aufgabe der Beweisführung. Und als Freund kann ich dir nur raten, sehr vorsichtig an die Sache heranzugehen. Du darfst schlafende Hunde nicht zu früh wecken."

Vertrauensvoll legte er seinem Freund die Hand auf die Schulter.

„Ich bin jederzeit für dich da, Bernhard, und unterstütze dich, soweit ich kann und darf."

„Danke, Stephan, ich weiß, was ich zu tun habe. Mach's gut, mein Freund!"

Hinter einem nachdenklichen Ankläger schloss sich die Tür. Ein genauso nachdenklicher Chefermittler, dem der Kopf brummte, war froh, alles Bedrückende losgeworden zu sein. Unten, auf der schmalen Burmesterstraße, atmete er tief durch. Das war schon heftig gewesen.

50. Katharina Weber

Mit einem Gefühl der Wut und der Hilflosigkeit hatte Weber nach kurzer Fahrt das kleine Haus am Eisenbahnerlängsweg 78 a erreicht und ihr Auto in der Einfahrt abgestellt. Mit flatternden Händen schloss sie die Haustür auf, stellte ihre Umhängetasche in den Flur und öffnete nervös den Briefkasten.

Das „Wochenblatt" und ein paar Werbedrucksachen fielen heraus. In Gedanken hängte sie ihre Steppjacke an die Garderobe, legte die Postsendungen und ihre Tasche auf das antike Dielentischchen.

Erst mal zur Ruhe kommen. Der alte bequeme Sessel war der richtige Platz. Nach einer Weile ging sie in die Küche und setzte sich einen Kaffee auf. Dann zurück zu ihrem Lieblingsplatz.

Was war da im Archiv abgelaufen? Hatte Dr. Eckhard ihr wirklich untersagt, weiter zu recherchieren, und angeordnet alle Daten über den „Fall Schumacher" zu löschen? Und ihr gedroht? Sie konnte es noch nicht begreifen. Eckhard, der freundliche Vorgesetzte, der ihr immer freie Hand gelassen hatte. Was steckte dahinter?

Sie genoss den herben Geschmack des Plantagenkaffees und blätterte entspannt die Postsendung durch. Nur Werbung eines grünen Waschmittelherstellers und des großen Bekleidungsgeschäftes am Markt.

Wie soll ich weitermachen? Ich muss wegen der Kinder etwas unternehmen. Was hatte Eckhard damit sagen wollen, er gehöre dem Stiftungsrat der Klinik an und müsse jede Rufschädigung abwenden? Wusste er mehr über die Kinder? Das wäre ungeheuerlich. Aber warum hat er mich dann solange ungestört arbeiten lassen? Plötzlich durchfuhr es sie wie ein Blitz. Natürlich! Eckhard hat nur darauf gewartet, dass ich meine Recherchen abschließe. Ein ganz mieser Typ! Wahrscheinlich ein verkappter Neo-Nazi.

Sie goss sich eine zweite Tasse ein und ging ins Arbeitszimmer.

Dort stand ihr Laptop. Mit ein paar Handgriffen nahm sie den schnellen Rechner in Betrieb. Ein Ping signalisierte die Abrufbereitschaft ihrer verschlüsselten Recherche-Datei. Nach wenigen Sekunden rief sie die Daten ab, die sie von ihrem Arbeitsplatz kopiert hatte. Zufrieden ergänzte sie ihre Zusammenfassung und brannte vor dem Ausloggen Text und Fotos auf eine CD. Fertig!

Zurück in die Diele. Der Kaffee war inzwischen kalt. Sie goss ihn weg. Weg auch mit den überflüssigen Werbedrucksachen aus dem „Wochenblatt". Dabei rutschte etwas vor ihre Füße. Ein DIN A4 Blatt mit großen, roten, aufgeklebten Buchstaben. Aber es war keine Werbung. Sie setzte sich. Ihr Herz schlug schneller, als sie den Inhalt erfasste. *Wir wissen, wer du bist und wo du arbeitest, deine Zeit läuft ab, du bist schon so gut wie tot!* Die Zeilen verschwammen vor ihren Augen. Panik erfasste sie. Zweifellos eine Morddrohung.

Sie hetzte zum Fenster. Aber die Straße war leer. Dann zur Haustür und den Riegel vorgeschoben. Heftig atmend blieb sie stehen und lauschte ängstlich. Doch es blieb ruhig. Sie hatte keinen Zweifel daran, dass die anonyme Drohung die Reaktion auf ihren Anruf bei Bäuerling, dem „Mörderarzt" war. Damit hatte sie voll ins Schwarze getroffen. Bäuerling war derselbe Arzt, der vor über fünfzig Jahren ihren Bruder in der Heil- und Pflegeanstalt ermordet hatte.

Langsam beruhigte sich ihr Herzschlag. Der analytische Teil ihres Gehirns begann seine Arbeit. Der oder die Unbekannten mussten den Drohbrief in die Zeitung geschoben haben. Aber woher kannten die Leute ihre Anschrift?

Katharina Weber, 56 Jahre, professionelle Wissenschaftlerin, straffte sich. Eigentlich musste ich damit rechnen, dass der Arzt zurückschlägt, dachte sie. Wieder fiel ihr die Recherche um die unterschiedlichen Daten zu dem Schumacher ein, der eigentlich tot war. Hinter dem Drohbrief verbargen sich Leute, die sich durch ihren Anruf in Gefahr sahen. Wem kann ich mich anvertrauen? Spontan griff sie zum Telefon und ließ sich mit der Kriminalpolizei verbinden. Eine Frau nahm den Anruf entgegen.

„Katharina Weber hier. Sagen Sie bitte Herrn Kluge, dass ich um 13.00 Uhr zu ihm komme. Ich werde bedroht!"

Erleichtert legte sie auf. Nun würde alles gut werden. Sie würde ihren Verdacht mit einem Profi teilen und ihm den Drohbrief vorlegen.

Sorgfältig wählte sie ihre Garderobe. Ein letzter Blick in den Spiegel. Dann nach unten in die Diele. Die antike

Wanduhr zeigte 12.45 Uhr an. Sie steckte die gebrannte Daten-CD in ihre Handtasche, verschloss sorgfältig die Haustür und ging eilig zum Auto.

Beim Einsteigen bemerkte sie neben dem linken Vorderrad eine handgroße, feuchte Stelle. Jetzt pinkeln schon die Hunde an mein Auto, dachte sie angeekelt.

Zügig startete sie den Audi 100, bog nach links in die Erbstorfer Landstraße. Bis zur großen Kreuzung an der Bockelmannstraße waren es dreihundert Meter. Sie sah, dass die Ampel Grün zeigte und gab richtig Gas. Doch dann merkte sie, dass sie die Grünphase nicht mehr schaffen würde. Dreißig Meter vor ihr schaltete die Ampel auf Gelb. Mit voller Kraft trat sie das Bremspedal durch und stellte mit Entsetzen fest, dass sich die Geschwindigkeit nicht verringerte.

Der Schrei, den sie in ihrer Todesangst ausstieß, ging in lautem Hupen und einem frenetischen Knall unter, als der von links kommende Lieferwagen ungebremst in die Fahrerseite krachte.

Blech kreischte, Metall knirschte und knallte, als der weiße Ford Transit mit polnischem Kennzeichen den roten Audi 100 noch meterweit vor sich herschob und diesen umwarf. Schwer beschädigt kam er auf dem Dach zu liegen.

Katharina Weber durchfuhr ein grauenhafter Schmerz. Danach wurde alles dunkel um sie.

Ein völlig schockierter, junger Fahrer sprang aus dem verbeulten Lieferwagen und lief schreiend zum umgestürzten Auto.

Im Nu bildete sich ein Chaos bremsender und schleudernder Fahrzeuge, die versuchten der Unfallstelle auszuweichen. Wie bestellt kam auf der Gegenfahrbahn ein grün-weißer Streifenwagen zum Stehen. Zwei Uniformierten sprinteten zum qualmenden Audi und zerrten mit aller Kraft an den Türgriffen. Vergeblich. Der Fahrer des Transits holte eine schwere Brechstange herbei. Mit wuchtigen Schlägen zertrümmerte er das linke Fenster. Während der Streifenführer Rettungswagen und Feuerwehr alarmierte, zerschnitt sein Kollege den Sicherheitsgurt und die Reste des Airbags. Nun erst gelang es den Männern, die stark am Kopf blutende und bewusstlose Fahrerin hinter dem Lenkrad hervorziehen. Ein Autofahrer eilte mit einer Decke herbei. Vorsichtig legten die Männer die Verletzte darauf. Andere versuchten sich mit Bordfeuerlöschern am Unfallfahrzeug.

„Zurück, alle Mann weg!"

Der Streifenführer winkte mit seiner Kelle. Das kam keine Minute zu früh. Aus dem Motorraum des roten Audis 100 stieg plötzlich eine stinkende, dunkle Rauchwolke auf, dann ein hämmernder Knall. In Sekundenschnelle züngelten Flammen hoch. Die Zuschauer wichen erschrocken zurück.

Die reglose Fahrerin war inzwischen mit einer Alu-Folie zugedeckt worden. Ein Polizist sprach beruhigend auf sie ein. Eine junge Frau, die sich als Ärztin ausgewiesen hatte, versuchte ebenfalls Kontakt. Endlich, wie es schien nach Ewigkeiten, waren Rettungsfahrzeuge zu hören. Wenig später erreichte der Notarzt den Unfallort, zeitgleich mit seinen Assistenten. Sofort begann das Team mit Erste-Hilfe-Maßnahmen. Die immer noch bewusstlose Fahrerin wurde an Ort und Stelle mit Sauerstoff beatmet und in den RTW geschoben. Der Notarzt und die junge Ärztin stiegen dazu. Türen klappten, und das Fahrzeug verließ mit rasender Geschwindigkeit, eingeschaltetem Blaulicht und Martinshorn den Unfallort.

In den Diensträumen des 1. Kommissariats, Auf der Hude 2, waren die schrillen Signale der Einsatzfahrzeuge auch gehört worden. Kluge blickte wiederholt auf die Uhr. Sein Termin mit der Frau aus dem Staatsarchiv war überschritten. Doch er wusste, was er zu tun hatte.

51. Zurück in die Vergangenheit

Im Dienstzimmer von Professor Dr. Gustaf Bäuerling waren am nächsten Tag drei Männer versammelt, zwei in weißen Kitteln und einer in Zivil.

„Berichten Sie, Hildebrand!"

Ralf Hildebrand, der dunkelhaarige „Mann für alles", blickte selbstsicher in die Runde.

„Der Drops ist gelutscht", Herr Professor. Mit anderen Worten, die überschlaue Archivarin ist ausgeschaltet!"

„Wann und wie ist das geschehen?"

„Frau Weber hatte gestern Mittag, 12.48 Uhr, auf der Bockelmann Straße in Lüneburg mit ihrem Auto einen sehr schweren Verkehrsunfall. Sie war von einem Transit mit polnischem Kennzeichen gerammt worden, nachdem sie mit hoher Geschwindigkeit eine Ampel überfahren hatte. Ihr Fahrzeug brannte anschließend aus!" Hildebrand grinste und blickte sich zufrieden um.

„Und was ist mit ihr? Ist sie tot?" Kein Wort der Anerkennung.

„Nach der Zeitungsmeldung liegt Weber mit schweren Kopfverletzungen auf der Intensiv und im Koma!"

Erst jetzt entspannte sich Bäuerling und grinste sarkastisch.

„So wird es jedem gehen, der seine Nase zu tief in unsere Arbeit steckt. Darauf müssen wir anstoßen Kollegen. Sie auch, Hildebrand!" Wenig später klirrten die schweren Kognak-Schwenker.

„Was haltet ihr von dem komatösen Zustand der Frau, Kollegen?"

„Gustaf, du solltest hin und wieder mal eine Intensivstation besuchen. Die Leute mit Koma haben nur sehr geringe Chancen auf Überleben. Das musst du doch noch wissen! Und wenn sie es schaffen sollten, bleiben zerebrale und meist irreparable Fehlfunktionen zurück!"

Schumacher, der mit Hildebrand den Plan ausgeheckt hatte, konnte seine Ironie nur schwer unterdrücken.

„Ich brauche deine Belehrungen nicht, Dr. Schumacher! Ich will auch nicht wissen, wie ihr das mit Weber gemacht habt. Mich interessiert an erster Stelle, ob das Weib für uns noch gefährlich werden kann."

„Nach Lage der Dinge stehen die Chancen dafür 1:100. Du kannst also beruhigt in die Zukunft sehen, deine und unsere. Und damit du zu 101 % beruhigt bist, werden wir uns bei unseren Kollegen im Städtischen Krankenhaus in ein paar Tagen nach Webers Status erkundigen."

Wieder war Schumachers Ironie unüberhörbar.

„Hildebrand, kommen Sie die nächsten Tage zu mir. Sie haben einen Bonus verdient! Und nun könnt ihr euch wieder euren Aufgaben zuwenden." Bäuerling beendete das Gespräch und wandte sich an Schumacher.

„Ich benötige dringend die Liste über die ‚Material-Anlieferung'", rief er diesem nach. Danach sank er erschöpft in seinen Sessel.

In der letzten Zeit hatte er häufiger das Gefühl, dass ihn die gewonnenen Lebensjahre wieder einholten. Ab und zu durchströmte ein leises Zittern seine rechte Hand. Der Anfang von Parkinson?

Beunruhigt griff er zur Kognakflasche und füllte sein Glas randvoll. Er nahm einen großen Schluck. Ein warmes Gefühl durchrann ihn. Wieder jemanden beseitigt, der mir gefährlich wurde!

Seine Gedanken schwenkten zurück.

Erinnerungen an die Jahre von 1941 bis 1945 wurden wach, in denen er und seine Kollegen ungehindert an Lebenden und Toten forschen konnten. Und dafür vom Reichsführer SS mit hohen Orden ausgezeichnet wurden. Das war eine glorreiche Zeit.

Mühsam humpelte er zum Bücherregal aus hundertjähriger Eiche und zog gezielt das geheimnisvolle Fotoalbum heraus. Darin Bilder aus seiner Vergangenheit, von denen niemand wusste.

Ein journalgroßer Einband aus Menschenleder, gefertigt von abgemagerten „Untermenschen" in den Werkstätten von Natzweiler-Struthof. Dem Ort, an dem er und andere Ärzte die unwiederbringliche Freiheit hatten, medizinische Versuche an lebendigem „Material" durchzuführen. Und davon hatte es genug gegeben.

Ich konnte in alle Richtungen forschen. Und heute? Da taucht ein bekloppstes Weib auf und droht mir, einem großen Wissenschaftler, der für die Blutreinheit der Deutschen Herrenrasse seine ganze Kraft einsetzt!

Er schlug das dicke Album auf.

Fotos von Kindern in Schwarz-Weiß und Farbe, in allen Größen. Dann Exponate von Leichen, die an die Reichsuniversität Straßburg zu Forschungszwecken übersandt worden waren. Dafür war er später zum SS-Hauptsturmführer ernannt worden. Und nun sein geliebter Arbeitsplatz, der Seziertisch, der in seiner Einfachheit wie aus der Steinzeit erschien.

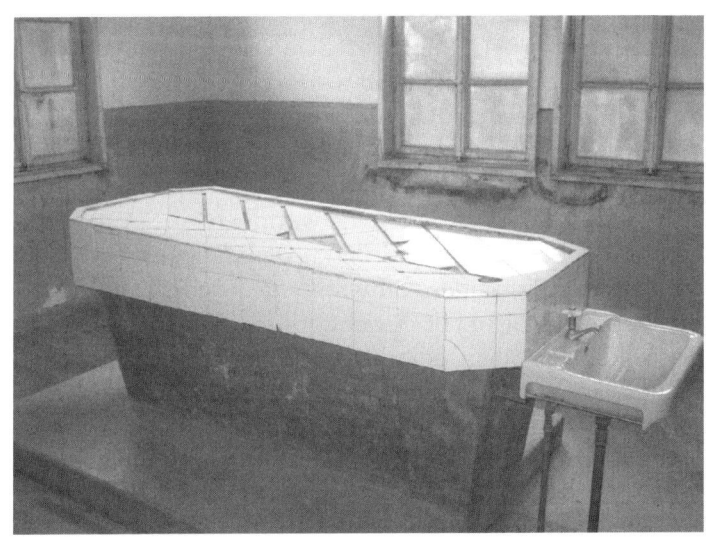

Wie oft hatte er dort mit seinem Kollegen Hans, dem fähigen Anthropologen gestanden. Ja, es war nicht immer leicht gewesen. Sehr lange Zeit hatte ihn der Geruch der vielen Leichen begleitet. Doch war er sich der Richtigkeit und der Bedeutung seines Auftrages bewusst. Seine Resultate waren an das *Forschungsinstitut für Physiologische und Wehrchemie* bei der Militärärztlichen Akademie in der Bendlerstraße, in der Reichshauptstadt Berlin, übersandt worden. Sie dienten der Beurteilung von physiologischen Einwirkungen bei menschlichen Körpern durch Toxine, Gase, Kälte und Sauerstoffmangel.

In Zusammenarbeit mit IG Farben Höchst dienten die Ergebnisse der Entwicklung von Medikamenten und chemischen Kampfstoffen. Dadurch wurde es der Wehrmacht ermöglicht, mit neuen Waffen den „bolschewistischen Feind" aus dem Osten zu vernichten. Er hatte seine Forschungsreihe erfolgreich abschließen können und war in die Reichshauptstadt zum RSHA beordert worden.

Wehmütig klappte Bäuerling das Album zu und betrachtete nachdenklich den Einband.

Welcher dieser „Untermenschen" hatte das Glück gehabt, seine Haut für einen so guten Zweck zu Markte zu tragen? Zynisch verzog sich seine Miene, die des ehemaligen Hauptsturmführers der SS.

Der Griff zur Flasche erfolgte wie von selbst.

Er dachte an die vielen entstellten Körper und Gliedmaßen in Natzweiler und an die „lebensunwerten" Kinder in der Heil- und Pflegeanstalt, die es viel einfacher mit ihrem Sterben hatten. Dank der Ärztekunst und der Chemie, die ihre Leiden verkürzt hatten. Es war doch eine „großzügige Sterbehilfe", die er und Baum den „Lebensunwerten" damals geleistet hatten. So wie heute wieder. Und dafür wollte ihn die Hexe vor Gericht bringen! Ihn, dessen größtes Anliegen es war, dem Wohl des deutschen Volkes zu dienen. Auch heute noch.

Unvermittelt begann sein Herz zu rasen. Haltlos rutschte er aus dem Sessel. Der Kognak lief über den weißen Kittel. Die leere Flasche rutschte zu Boden, ebenso die Fotos aus seiner Vergangenheit. Dass wenig später die Tür zu seinem Arbeitszimmer aufflog und die hereinstürmenden Ärzte und Ulrike Kummer beinahe über ihn stolperten, bekam er nicht mehr mit.

„Der Chef säuft immer öfter und immer mehr!"

„Sagen Sie unserer Ambulanz Bescheid, Ulrike, die sollen ihn in den Kotzraum bringen", lautete Schumachers Kommando.

„Da liegt er nun, der große Professor. Man müsste ein Foto machen und es ihm bei der nächsten Besprechung vor die Nase halten, wenn er wieder rumbrüllt!" Baum wandte sich zornig ab. So durfte es nicht weitergehen.

Auf dem Gang waren Schritte zu hören. Zwei der blonden Pfleger in weißen Kombis kamen mit einer Trage herein geeilt. Sie verzogen keine Miene und hievten ihren Chef mit sicheren Griffen darauf.

„Ab, zum Magenspülen! Das soll der Assistenzfutzi machen. Der muss noch lernen!"

Schumacher machte sich lustig.

„Hier, sieh mal, Ferdinand, worauf sich unser Chef ausgeruht hatte."

Baum bückte sich und hob das Foto-Journal auf.

„Was ist das denn? Das habe ich noch nie gesehen!"

Dann schlugen sie Seite um Seite um. Zwanzig lange Minuten. Insgesamt über fünfzig großformatige Blätter aus schwarzem Fotopapier. Mit Bildern vollgeklebt, die selbst den abgebrühten Medizinern Schweiß auf die Stirn trieben.

„Ich hatte keine Ahnung, dass Gustaf solche Fotos gemacht hatte. Davon hatte er nie was gesagt!"

„Warst du dabei?" fragte Schumacher. „Nee, ich war damals in Berlin beim Reichsausschuss wegen der Kinder-Euthanasie", log Baum unverblümt.

„Kein Wunder, dass er das Saufen anfängt. Oder was meinst du, Heinrich?" fragte Schumacher scheinheilig, der seinem Kollegen die knappe Erklärung nicht abnahm. Baum schwieg, klappte das Fotoalbum zu und strich vorsichtig mit den Fingern über den Einband.

„Tolles Leder, so weich, wo hatte ich bloß so was Ähnliches gesehen?"

„Lass uns wieder an unsere Arbeit gehen! Unser ‚Material' wartet. Der Alte muss selbst mit sich klar kommen!"

52. Ermittlungen

Das erneut fehlgeschlagene Treffen mit Weber blockierte Kluges Ermittlungen. Aber was hinderte ihn daran, selbst aktiv zu werden? Oberstaatsanwalt Clement hatte grünes Licht gegeben.

Warum war Weber nicht erschienen? Hatte sie Zweifel an ihren Verdächtigungen bekommen?

Er eilte ins Erdgeschoss. Doch dieses Mal benutze er den Hinterausgang zur Fahrbereitschaft. Als er mit dem

Dienstwagen starten wollte, fuhr der gelbe ADAC-Abschlepper auf den Hof.

Als er auf der Ladefläche einen stark beschädigten und ausgebrannten roten Audi 100 sah, stieg er wieder aus. Der Fahrer hielt vor der Werkstatt. Vom Wrack stieg noch leichter Qualm auf. Der schwere Unfall an der Klärwerkkreuzung hatte sich schnell bei den Mechanikern herumgesprochen. Mann, oh Mann, wer immer hinter dem Steuer gesessen hat, wird auch nicht viel besser aussehen, dachte er.

„Moin Dieter, ist das die Kiste vom VU an der Klärwerks-Ampel?" „Ja, ganz genau!"

„Sieht ziemlich beschissen aus die Fahrerseite. Und wieso kommt das Schrottteil zu euch?"

„Hatte der Leiter des Verkehrsunfalldienstes angeordnet. Er will einen Gutachter haben."

„Und wer saß hinter dem Steuer?"

Kfz-Meister Unger schüttelte den Kopf: die Leute von der Kripo wollten immer alles ganz genau wissen. „Eine Frau, Mitte Fuffzig, heißt es. Die musste im RTW wiederbelebt werden. Soll böse für sie aussehen!"

Kluge durchfuhr eine heiße Welle. Er hatte die Verkehrsführung vor Augen. Von der Unfallkreuzung bis zum Eisenbahnerlängsweg war es nicht weit. Und es war der direkte Weg in die Stadt oder auch zur Dienststelle! Er musste sich Gewissheit holen. Als er sich in den Verkehr in der Hindenburgstraße eingeordnet hatte, ging ihm ein Gedanke durch den Kopf. Er fuhr rechts ran und wählte die Nummer des Staatsarchives. Als er bereits aufgeben wollte, hörte er die bekannte, arrogante Stimme.

„Eckhard, Dr. Eckhard, Staatsarchiv, mit wem spreche ich?"

„Sie sprechen wieder mit Hauptkommissar Kluge, Sie wissen schon ..."

„Ja, ja, ich weiß. Und was wollen Sie jetzt wieder von mir?"

„Ich war mit Frau Weber verabredet. Wissen Sie, wo ich sie erreichen kann?"

Ein Knurren war zu vernehmen.

„Ich habe Ihnen doch schon gesagt, dass sie ein paar Tage Urlaub macht. Keine Ahnung wo die sich herumtreibt!"

Kluge ersparte sich eine grobe Antwort und startete zum dritten Mal. Krankenhaus oder Wohnanschrift. Er entschied sich für das Krankenhaus an der Bögelstraße, setzte das Blaulicht auf's Dach und betätigte das Martinshorn. Beides verkürzte seine Fahrtzeit, und mit blinkendem Blaulicht auf dem Dach sorgte er für einen Parkplatz direkt vor dem breiten Klinikeingang.

Ohne sich um böse Blicke zu kümmern, eilte er an die Rezeption, legte seinen Dienstausweis auf den Tresen und fragte nach Katharina Weber. Seine Befürchtungen bestätigten sich. Weber lag auf der Intensivstation im 3. Stock. Mit dem Fahrstuhl ging es zügig hinauf, doch am Eingang zur Station endete sein Schwung. Eine kräftige Stationsschwester stoppte ihn.

„Sie können hier nicht rein!"

Kluge hatte damit gerechnet. Er zog die ovale, messingfarbene Dienstmarke hervor.

„Kripo Lüneburg, Hauptkommissar Kluge. Ich möchte den Leitenden Stationsarzt sprechen. Aber bitte gleich!" Die Schwester verzog keine Miene.

„Warten Sie hier!"

Hinter ihr fiel die undurchsichtige Glastür ins Schloss. Kluge ging nervös hin und her. Gleich zwei Uhr. Als sich die Tür wieder öffnete stand ein großer, schlanker Mann mit grauem Haar und schmalem Gesicht vor ihm. Auf dem weißen Kittel war ein Namensschildchen befestigt.

„Sind Sie der Kripomann?"

Er nickte.

„Ich bin Dr. Haverland, der Leitende Oberarzt der Station 3 – Intensiv". Seine Stimme klang ruhig und angenehm.

„Kluge, Hauptkommissar Kluge." Er griff nach seinem Dienstausweis, doch der Arzt winkte ab.

„Man erkennt doch von weitem, von welcher Fraktion sie kommen." Dann wurde er ernst. „Sie kommen bestimmt wegen Frau Weber?"

Kluge nickte ein weiteres Mal.

„Leider können Sie nicht zu ihr. Sie ist nicht ansprechbar. Wir müssen sie intensiv versorgen. Aber ich ahne, was Sie wissen möchten, und deshalb ich kann Ihnen nur sagen, dass wir Frau Weber in ein künstliches Koma versetzt haben. Die nächsten Tage werden zeigen, ob sie ihre schweren Verletzungen überstehen wird. Tut mir leid, Herr Hauptkommissar."

Kluge wusste, dass er nicht mehr erfahren würde. Es handelte sich nur um einen Verkehrsunfall. Wahrscheinlich selbst verschuldet. Bei einem Tötungsdelikt wäre es vielleicht anders.

„Das ist sehr schlimm für Frau Weber. Aber danke! Meine Fragen muss ich wohl erst mal verschieben!"

„So ist es, Herr Kluge!" Haverland zeigte ein freundliches Lächeln. Kluge erkannte eine Spur von Müdigkeit und bemerkte zahlreiche Falten im Gesicht des Arztes. Überraschend streckte ihm der Arzt die Hand entgegen.

„Wiedersehen, Herr Hauptkommissar!" „Auf Wiedersehen, Herr Doktor!"

Die Glastür klappte. Die arme Frau Weber. Im Koma, wenn auch nur im künstlichen.

„Elende Scheiße", knurrte er laut vor sich hin. Just in dem Moment, in dem die kräftige Stationsschwester auftauchte.

„Wie gewöhnlich! Pfui Deubel! Das will ein Führungsbeamter sein!" Sprach's und verschwand im Fahrstuhl.

Wo sie Recht hat, hat sie Recht, dachte er und nahm die Treppe nach unten. Er hatte keine Lust der wortgewaltigen Stationsschwester ein drittes Mal zu begegnen.

53. Staatsforst Behringen, Jagen 144

Die Dämmerung begann sich an diesem Aprilnachmittag früh zwischen den Fichten breit zu machen. Während einer Pause waren die Ermittler, die Wissenschaftler und die uniformierten Einsatzkräfte des PR Soltau mit heißem Kaffee und Tee versorgt worden. Stefanie Winderlich hatte das rechtzeitig organisiert.

Um zwei Campingtische herum entwickelten sich intensive Gespräche. Ahlers stellte fest, dass bei allen die Anspannung gewichen war. Als er sich eine Tasse heißen Tee eingoss, gesellte sich das Team der beiden Hamburger Rechtsmediziner dazu. Ahlers kannte den schlanken, dunkelhaarigen Mann, Leiter der Hamburger Rechtsmedizin, von gemeinsamen Tatortbegehungen. Auch dessen Assistentin, eine Biologin und Archäologin. Beide Wissenschaftler waren in Kripo-Kreisen bekannt und genossen den Ruf, zuverlässig und kompetent zu sein.

„Sie sind doch Hauptkommissar Ahlers aus Lüneburg nicht wahr?" „Das ist richtig, Herr Dr. Peschel." Beide gaben sich die Hand.

„Meine Assistentin, Frau Dr. Heise, ist Ihnen auch sicher bekannt?" „Natürlich!" „Und was führt Sie hierher, auf fremdes Terrain?" „Da in der Nähe unserer Kreisgrenze auch eine Kinderleiche aufgefunden wurde, hat mich mein Chef losgejagt". Peschel schmunzelte und bediente sich mit Kaffee.

„Frau Heise und ich waren auch in Soltau. Eine ganz merkwürdige Sache mit dem Kind. Ich erinnere mich gut daran. Zunächst konzentrierten sich die polizeilichen Ermittlungen auf einen tödlichen Verkehrsunfall. Und dann stellten wir bei der Sektion der Leiche fest, dass sich schon fachkundige Hände daran zu schaffen gemacht hatten. Und diese Feststellung gab uns einige Rätsel auf." Peschel schmunzelte erneut.

„Sie haben richtig gehört, Herr Ahlers. Als wir, mein Kollege Schütz und ich, der Sache auf den Grund gingen, stellten wir trotz der Zerstörungen durch das Feuer fest, dass die großen Organe *fehlten*. Sie können sich unsere Überraschung vorstellen."

„Und dann …?"
Peschel fuhr fort.

„Ihr Soltauer Kollege war genauso überrascht. Und das sah richtig gruselig aus. Eine Kindesleiche, völlig ausgeschlachtet, und das höchst professionell. Wie zur Organspende vorbereitet."

157

Ahlers schauderte. Er versuchte sich vorzustellen, was dem vorausgegangen sein musste.

„Wussten Sie nichts davon?"

„Nein, nur von dem Leichenfund."

„Und sie wussten auch nicht, dass der Junge seiner Herkunft nach vom Balkan stammen dürfte?"

Für einen Moment war Ahlers durcheinander. Kluge hatte was von ausländischen Kindern gesprochen. „Nein, auch das war mir nicht bekannt!"

„Sie sollten sich unbedingt mit Frau Winderlich unterhalten." Peschel trank seine Tasse leer und stand auf. „Ich glaube, es wird Zeit, Frau Heise, dass wir uns von Frau Winderlich verabschieden."

Ahlers registrierte das nur nebenher. Er musste unbedingt noch ein paar Fragen loswerden.

„Bitte, noch einen Augenblick, Herr Dr. Peschel!" „Ja, Herr Ahlers?"

„Gibt es aus Ihrer Sicht ein erstes Ergebnis? Ich meine, können Sie bereits jetzt etwas zu dem Alter der Leichenteile sagen? Ich meine damit nicht die Liegezeit! Und könnte es sich auch um die Überreste eines Kindes handeln?"

Dr. Heise schüttelte nach einem Blickwechsel mit Peschel den Kopf.

„Also, Herr Ahlers, das ist die Gretchenfrage unserer heutigen Arbeit, und ich kann sie noch nicht definitiv beantworten. Aber nach den bisherigen Ergebnissen – er blickte seine Kollegin an – können wir sagen, dass wir es mit den Überresten eines kleinen Menschen zu tun haben. Eher dem eines Kindes als dem eines kleinwüchsigen Mannes. Soweit wir erkennen konnten, sind die Weisheitszähne oben und unten noch nicht durchgestoßen. Ist doch richtig, Frau Kollegin?"

„So ist es", bestätigte diese.

„Herr Ahlers, wir müssen die Ergebnisse der Sektion abwarten. Erst danach können wir uns mit der Liegezeit befassen." Peschel reichte ihm die Hand.

„Grüßen Sie bitte Herrn Hauptkommissar Kluge! Wenn uns ein Ermittlungsergebnis vorliegt, melde ich mich!"

„Vielen Dank, und bis zum nächsten Mal in Lüneburg", erwiderte Ahlers, als sich beide Wissenschaftler auf den Weg machten.

Peschels Aussagen gingen ihm durch den Kopf. Das ist der Hammer, wenn er so deutlich von den Überresten eines Kindes spricht. Er winkte Stefanie Winderlich zu und ging zurück zum Auto. Im feuchten Wald war es ungemütlich geworden. Seine Füße waren kalt, und er spürte Hunger. Ein Blick auf die Uhr. 16.00 Uhr durch. Noch eine knappe Stunde bis Lüneburg, und dieses Mal ohne Blaulicht.

„Da gibt es einiges zu klären, mein lieber Bernhard."

54. Spurensuche

Nach dem erfolglosen Besuch auf der Intensivstation hatte Kluge sich entschieden, zu Webers Haus zu fahren. Es war schon nach 15.00 Uhr, als er sich ihrem Grundstück näherte. Plötzlich schoss aus der Grundstückeinfahrt ein dunkler Mercedes heraus. Mit hoher Beschleunigung raste das Fahrzeug an ihm vorbei. Er bremste scharf. Im Rückspiegel konnte er nur noch die Kennbuchstaben WL und die Ziffer 4 ablesen. Er war sich sicher, dass zwei Männer in dem Fahrzeug saßen. Der Beifahrer hatte dunkle Haare.

Seine Erfahrung sagte ihm, dass irgendetwas faul war. Was hatten die Typen auf Webers Grundstück zu tun? Er stieg aus und ging den Rest des Weges. Waren es Versicherungsleute wegen des Unfalles? Der rasante Fahrstil sah eher wie eine Flucht aus.

Das kleine Einfamilienhaus mit seinem spitzen Giebel und den weißen Fensterrahmen machte einen gemütlichen Eindruck. Die Hofeinfahrt war mit Waschbetonplatten ausgelegt. Nichts Auffälliges auf den ersten Blick. Er ging um das Haus herum. Im kleinen Blumengarten begann es zu blühen. Alles schien in schönster Ordnung, und gerade das machte ihn stutzig. Er malte sich aus, wo der Mercedes gestanden haben könnte. Und nun fiel ihm auf, dass das Grundstück von übermannshohen, immergrünen Hecken begrenzt war. Günstig für unliebsame Besucher, dachte er und wurde hellwach. Aber am Haustürschloss und der Terrassentür wies nichts auf einen Einbruch hin. Doch das sollte nichts heißen. Profis hebelten nicht, sie benutzen spezielles Werkzeug, das an Schlössern oft nur winzige Spuren hinterläßt.

Die Spurensicherung musste her. Kurzentschlossen rief er den Dauerdienst an. Er spürte, dass sich auf Webers Grundstück irgendetwas Ungewöhnliches abgespielt hat. Aber was? Gebückt schritt er Quadratmeter für Quadratmeter des Hofbelages ab. So intensiv, dass er das Klappen einer Autotür überhörte.

„Was machst du denn da, Bernhard? Bist du am Pilze suchen? Dann solltest du lieber in deinen ‚Sexpuppenwald' gehen", spottete Ulrich Gieseler. Kluge lachte.

„Hallo Uli! Schön, dass du kommst!" Beide schüttelten sich freundschaftlich die Hände.

„Die Tatortbereitschaft musste zu einem Bruch nach Häcklingen und da habe ich gedacht ..."

„Und so weiter und so weiter." Beide lachten. Gieseler brauchte man nicht viel zu erklären. Zügig machte der sich an der Haustür zu schaffen.

Er nahm auf dem Hof wieder seinen Suchrhythmus auf. Wonach hätte er nicht sagen können. Und dann, beim vierten Plattenquadrat in der Hofmitte glitzerte etwas in der schräg stehenden Nachmittagssonne. Zwischen den kleinen Plattenkieseln sah es aus wie ein Wassertropfen. Noch einer und noch einer. Auf einer Fläche so groß wie eine ausgestreckte Hand. Die Flüssigkeit war geruchlos und schien ölig zu sein. Mit seinem Papiertaschentuch tupfte er einen Tropfen auf und schnupperte vorsichtig.

„Uli, hast du irgendetwas zum Abdecken?" „Kann sein im Kofferraum." Giesler warf ihm den Autoschlüssel zu. Er fand einen leeren Schuhkarton und stülpte diesen über die Tropfen.

„Und wie sieht es bei dir aus?"

Gieseler schwenkte eine starke Optikerlupe über den Schlitz des Sicherheitsschlosses.

"Ich glaube, wir haben es mit Profis zu tun."
"Du meinst ..."
"Ich bin mir ziemlich sicher, dass an diesem Schloss manipuliert worden ist. Hier schau mal."
Kluge erkannte winzigste Kratzer auf dem Metall. Nun war alles klar. Er hatte die Täter bei ihrer „Arbeit" gestört. Das flüchtende Auto war Transportmittel der unbekannten Täter.
„Bernhard, ich bin mit meiner Kunst am Ende. Weitere Untersuchungen sind nur bei den Spezialisten in Hannover möglich. Aber dazu müsste das Schloss komplett ausgebaut werden. Deshalb kann ich es zurzeit nur fotografisch sichern."
„Okay, gute Idee."
Gieseler ging zum Tatortfahrwagen und kam mit Kamera und Stativ zurück.
„Besser wäre natürlich, den Schließzylinder zu untersuchen. Aber das müsste mit Frau Weber abgestimmt werden."
Kluge deutete auf den Schuhkarton.
„Darunter befindet sich eine unbekannte Flüssigkeit in Tropfenform. Die möchte ich ebenfalls fotografiert und gesichert haben."
„Gut, also erst Foto und dann mit Tupfer ins Röhrchen."
„Genauso, und beides mit Bericht ans LKA, so schnell es geht. Ich vermute einen Zusammenhang zwischen Webers Unfall und dem versuchten Bruch hier."
„Das geht in Ordnung, Chef!"
„Danke für deine Hilfe, Uli. Wir sehen uns später, mach's gut!"

Als Gieseler eine halbe Stunde später auch das Grundstück verließ, begann es bereits zu dämmern. Weitere Stunden vergingen. Es wurde dunkel.
Nur der Wind spielte um das Haus. Er trieb ein paar Blätter vom letzten Jahr vor sich her, als der schwarze Viertürer unbeleuchtet auf den Hof rollte. Eine ganze Weile rührte sich nichts im Fahrzeug. Dann öffneten sich leise beide Vordertüren und zwei Maskierte glitten geschmei-

dig heraus. Ein schmaler Lichtstrahl richtete sich auf die Haustür. Der mittelgroße Beifahrer huschte zum Eingang, während sich der Fahrer im Schatten der Büsche versteckte und die Straße beobachtete. Sie wollten nicht ein zweites Mal überrascht werden. Und dann ging alles sehr schnell. Ein leises Knacken. Das Türschloss war überwunden. Der Maskierte verschwand im Haus. Der aufmerksame Beobachter sah ab und zu ein Licht aufblitzen. Nach langen Minuten erschien der Maskierte wieder und gab ein Zeichen. Fertig! Autotüren klappten leise, bevor der Fahrer startete. Sein Kumpel hatte einen flachen Gegenstand auf den Knien liegen. Er grinste zufrieden.

„Was meinst du, wo ich dieses schöne Spielzeug gefunden habe?" „Keine Ahnung, im Büro?" Der Dunkelhaarige, nun ohne Maske, lachte hässlich.

„In der Schublade unter dem Bett!" Er wieherte spöttisch. „Typisch Wissenschaftlerin. Kein Mann im Bett, dafür einen Laptop!"

„Ist es das, was wir gesucht haben?"

Doch eine Antwort blieb aus. Der Dunkelhaarige lehnte sich zufrieden zurück. Der Tipp auf die private Datenspeicherung war Gold wert gewesen. Nun gab es keinen Nachweis mehr, der seinen Arbeitgeber und seinen Job in Gefahr brachte. Und die, die alles angezettelt hatte, lag im Koma.

„Ruhe sanft", dachte er zynisch.

55. Wunderpflanze

In der großen, mit Sonnenenergie beheizten Gewächshalle blühten Hanfpflanzen. Der schwere, betäubende Duft wurde durch die leise summende Absauge-Technik eingesogen. In der zweiten Halle, der Aufzuchthalle, war das nicht erforderlich. Hinter besonders gesicherten Türen wuchsen Pflanzen, deren Blätter und Blüten keiner der europäischen Arten entsprach. Grasartig schlank, bis zu einem Meter fünfzig hoch wachsend, gaben die Pflanzen ihre Kraft an die in der Erde befindlichen Knollen ab.

Diese hatten eine ähnliche Struktur wie die mehrgliedrigen Knollen des Ginsengs. Deshalb war die Pflanze auch als *Ginsengia Tibetis Temporalis* bezeichnet worden.

Die Ursprungspflanzen waren 1939 als Knollen und Samen und als geheimnisumwittertes Geschenk tibetischer Mönche an „Dr. Sahib" und Dr. Ernst Schäfer ins Deutsche Reich gelangt. Zunächst gut verborgen vor den politischen Machthabern und später über Jahrzehnte von Biologen gepflegt.

Unter Leitung von Prof. Bäuerling und genialen Biologen und Chemikern war es gelungen, im Labor der Privatklinik aus den Knollen Extrakte zu gewinnen, die die Zellstrukturen im menschlichen Körper erneuerten. Eine Wunderpflanze.

Das künstliche Klima in der Halle ließ die Energieknollen nur so langsam wachsen wie am Ursprungsort, den Hochgebirgslandschaften des tibetischen Himalayas. Die dafür notwendigen, durch Aggregate erzeugten Temperaturen waren für 10 Stunden auf -15° und +10° Celsius programmiert. Während der Nachtzeit übernahm ein computergesteuertes Überwachungssystem für Temperatur, Licht und Bewässerung diese Aufgabe. Durch den automatisierten Betrieb von Sonnensegeln wurde ein Überheizen des riesigen Glasdaches während der warmen Jahreszeit verhindert. Die Segel wurden mit Einbruch der Dunkelheit eingefahren, um für die Pflanzen natürliche Lichtverhältnisse zu schaffen.

In der 20 Meter langen und 10 Meter breiten Halle erreichten die in Reihen wachsenden Pflanzen unterschiedliche Höhen, von 10 cm bis 60 cm. Damit war eine permanente Wachstumsreihe gewährleistet. Erreichten die ersten Pflanzen mit einer Höhe von 1,50 Meter ihren Blütenstand, wurde eine Woche später mit der Ernte begonnen.

In langjährigen Forschungen bei der Aufzucht war es gelungen, den Wachstumsprozess zu minimieren, um der Pflanze die Möglichkeit zu geben, ihre Energie in die Knolle zu leiten.

Neuanpflanzungen erfolgten mit vorgekeimten und speziell behandelten Samenkörnern. Die nur zehn Zentimeter hohe Bodenkrume entsprach der des kargen Hochgebirgsbiotop.

Für dessen physiologische Zusammensetzung waren ein Biologe und ein Chemiker des Forschungslabors zuständig. Beide enge Vertraute des Klinikleiters. Einmal monatlich wurden Bodenproben für die vergleichenden Laboruntersuchungen gezogen. Dabei wurden Mineralien und Inhaltsstoffe der Knollen geprüft. Lagen diese unter einem festgelegten Grenzwert, wurden die minderwertigen Knollen in der eigenen Verbrennungsanlage vernichtet. Die geheimen Messergebnisse wurden elektronisch gespeichert.

Um Verluste zu minimieren, musste jede Pflanze vor Schädlingen und Schädigungen bewahrt werden. Das verlangte intensive Pflege und tägliche Kontrolle. Sollten an den lanzenartigen Blättern Auffälligkeiten festgestellt werden, musste der verantwortliche Leiter sofort dem Biologen Meldung erstatten.

Nach der Ernte wurden die wertvollen Knollen unter gleichen klimatischen Bedingungen in einem abgegrenzten Bereich der Halle gelagert, aufgereiht in unbehandelten Naturholzregalen. Zutritt hatten dort nur der Biologe und Chefarzt Bäuerling. Chemische Untersuchungen hatten ergeben, dass eine Liegezeit bis zu einem halben Jahr den lebensverlängernden Inhaltsstoffen nicht schadete.

Mittlerweile waren in den hygienisch reinen Kühlräumen des Labors Dutzende von Tagesdosierungen des Pflanzenextraktes gelagert. Gleich daneben befand sich der Ordinationsraum mit Türcodierung und Kameraüberwachung. Dort unterzogen sich die Ärzte einmal wöchentlich einer Infusion aus dem chemisch umgewandelten Extrakt der tibetischen Heilpflanze. Sie nannten es „Frischzellen Behandlung."

Im Gewächshaus war Frühstückspause eingekehrt. Die erste nach Arbeitsbeginn um 07.00 Uhr. Fünf Männer in grünen Kombis mit dem ovalen Runensymbol saßen entspannt im Aufenthaltsraum, gleich neben Till Geigers Büro.

Dieser blätterte in der Lüneburger Zeitung. Auf der dritten Seite wurde über einen schweren Verkehrsunfall in der Einmündung Erbstorfer Straße / Bockelmannstraße berichtet. Eine 56-jährige Frau war dabei schwer verletzt worden. Er stutzte. 56 Jahre, so alt könnte Katharina sein, dachte er.

Schwarz auf weiß war zu lesen, dass ein roter Audi 100 von einem polnischen Lieferwagen gerammt worden war, als die Fahrerin bei Rot die Ampel überfahren hatte. Und einen roten Audi besaß sie auch. Ein heftiger Schreck durchfuhr ihn. Doch er ließ sich nichts anmerken und beendete seine Pause.

Nun war sein Kontrollgang dran. Er überprüfte die technischen Funktionen der Klima-Elektronik und die der Zerstäuber-Anlage für die Bewässerung.

Das war das A und O für das Überleben der Pflanzen, von denen er wusste, dass sie sehr wertvoll sind. Darüber hinaus unterlag ihm die Kontrolle über den Zustand der Pflanzen, die das permanente Messen der Bodentemperatur einschloss. Diese aufwendigen Kontrollgänge erfolgten vier Mal am Tag. Am Ende des 10-stündigen Arbeitstages übertrug er die handschriftlichen Messdaten in seine elektronische Datei.

Als er den zweiten Kontrollgang beendete, fiel ihm der Verkehrsunfall in Lüneburg ein. Heute Abend werde ich zu Katharinas Haus fahren.

56. Das Kommissariat

Als Kluge nach einem gemütlichen Abend zu Hause am anderen Morgen um 7.30 Uhr sein Büro betrat, stand ein Karton auf seinem Schreibtisch. Ein Sicherstellungsprotokoll lag dabei.

„Morgen Ronda, komm doch bitte mal rüber." „Ja, gleich Chef!"

Kluge streifte sich Handschuhe über. Im Karton lag eine grau verschmutzte Damenhandtasche. Er ahnte etwas.

„Moin Bernhard! Ein Kollege von der Wache hatte den Karton abgegeben. Er sagte, dass die Handtasche aus dem ausgebrannten Auto stammt."

„Und hat er etwas zur Unfallursache gesagt?" „Nein, aber du sollst dich mit dem Verkehrsermittlungsdienst kurzschließen. Dort liegt der Vorgang."

Kluge nahm das Asservat und drehte es hin und her.

„Ruf Gieseler an. Er möchte zu unserer Besprechung kommen."

Kubitzke gab einem ernst dreinblickenden Ahlers die Klinke in die Hand.

„Nanu, Jens, gibt es was Wichtiges?" „Ja, gibt es. Sehr Wichtiges! Und das betrifft uns beide!"

„Na leg mal los, wenn du nicht mal Zeit für einen Morgengruß findest."

Ahlers schloss die Tür. Und dann wurde es laut in Kluges Dienstzimmer, sehr laut. Ronda Kubitzke schloss ihre Tür und setzte die Kaffeemaschine in Betrieb.

10 Minuten später versammelten sich die Ermittler. Jeder hatte seinen angestammten Platz und brachte die eigene Kaffeetasse mit. Eigentlich wie immer, doch es herrschte angespannte Stimmung. Selbst dem witzigen Mike Gebert fiel nichts ein. Die Tassen klapperten. Endlich erschienen Kluge und Ahlers. Beide mit ernsten Gesichtern.

„Guten Morgen, Kollegen, wir haben leider was Unerfreuliches zu besprechen", begann Kluge.

Malz, Gebert, Schreiber und Probst blickten irritiert. Merkwürdiger Start heute.

„Fang bitte an, Jens!"

Und dann berichtete Ahlers ausführlich von den Resten einer vermutlichen Kinderleiche in dem Staatsforst bei Behringen, deren Liegezeit noch nicht bestimmt werden konnte. Vom Gespräch mit Doktor Peschel über eine zweite, verbrannte Kinderleiche, offensichtlich ausländischer Herkunft, die in der Nähe von Visselhövede in den Resten eines Leichenwagens gefunden worden war.

„Und was haben wir damit zu tun?" Das war wieder der altkluge Mike Gebert.

„Das werde ich euch erklären, Kollegen." Kluges Miene war noch ernster geworden.

„Mir ist ein Versäumnis passiert, für das ich allein die Verantwortung übernehme. Jens hatte guten Grund mir das vorzuhalten! Und auch unser ZKD-Leiter."

Er blickte in seine Notizen.

„Vor drei knapp Wochen hatte mir Tödter eine Mail aus Soltau reingereicht. Ich sollte mich darum kümmern. Darin stand, dass nach einem tödlichen VU auf der B4 im Raum Visselhövede eine verbrannte und ausgeschlachtete Kinderleiche gefunden worden war. Ich legte die Mitteilung ab und wollte mich später darum kümmern. Die Mail geriet in Vergessenheit, auch weil noch zwei anonyme Hinweise und zwei verpatzte Treffen mit einer Frau Weber dazwischenkamen. Die hat auf Misshandlungen an Kindern in einer privaten Klinik in der Heide hingewiesen."

Kluge spürte, wie sein Mund trocken wurde.

„Nun könnte der Fund der ausgeschlachteten Kinderleiche womöglich im Zusammenhang mit der ominösen Klinik stehen. Die räumliche Nähe lässt das zu. Daher wäre eine Befragung von Weber sehr wichtig. Aber die ist das Opfer des schweren Verkehrsunfalles an der Klärwerkkreuzung. Sie liegt auf der Intensivstation und befindet sich im künstlichen Koma."

Fragende Blicke, ratloses Kopfschütteln.

Kubitzke füllte Kluges Tasse nach.

„Ich wollte mich gestern auf die Suche nach der Klinik machen, die in der Nähe von Schwindebeck liegen soll. War dann erst im Krankenhaus. Hatte aber keine Chance, mit Frau Weber zu sprechen. Deswegen bin ich zu ihrem Haus im Eisenbahnerlängsweg. Dort kam mir von ihrem Grundstück ein schwarzer Mercedes entgegen. Ich konnte die Kennbuchstaben WL und eine 4 als Kennziffer ablesen. Das kam mir verdächtig vor. Ich holte Uli zu Hilfe, und der stellte am Türschloss Beschädigungen fest. Wir vermuten einen versuchten Bruch. Zusätzlich asservierte Uli auf den Betonplatten des Hofes Tropfen einer unbekannte Flüssigkeit."

Es klopfte. Gleich zweimal.

„Komm schon rein!" Das war wieder Mike. Gieseler stand in der Tür und grinste.

„Was ist das denn für eine Trauergesellschaft hier? Kommt ihr nicht voran?"

„Hört, hört, der Kleine vom Erkennungsdienst!" Auch Kluge versuchte ein Lächeln.

„Und schau mal, Bernhard, was ich hier habe?" Hinter seinem Rücken zog er eine silbrig glitzernde CD hervor.

„Setz dich und spuck schon aus!"

Gieseler zögerte nicht lange.

„Die Handtasche, die jetzt bei Bernhard liegt, stammt aus dem Unfallauto von Katharina Weber. Die Kollegen von der Wache brachten sie mir zur Spurensicherung. Im Taschenfutter fand ich einen angeschwärzten Briefumschlag. Und darin steckte diese CD. Ich habe sie sorgfältig gereinigt, getrocknet und in unseren Rechner geschoben. Und dann las ich etwas von einer Klinik, einem Hinweisgeber und Kindern, die dort gequält werden. Außerdem sind 'ne Menge Fotos drauf."

Kluge sprang auf.

„Gib her, Mann. Das glaub ich nicht!"

„Doch Bernhard! Macht's gut Kollegen. Ihr werdet reichlich zu tun bekommen! Tschüss!" Dann war er so schnell verschwunden, wie er gekommen war.

Kluges schlechte Laune war wie weg geblasen.

„Das ist eine Superüberraschung!" Er blickte zuversichtlich in die Runde. Dann zog er ein Formular aus seiner Mappe.

„Frauke und Jens, hier ist der Durchsuchungsbeschluss für Schumachers Privaträume. Das Haus ist unbewohnt. Manni und Heidi Schreiber werden euch unterstützen. Denkt an den Zeugen vom Ordnungsamt. Wir sehen uns um vierzehnhundert bei mir."

Als Mike die Hand hob, winkte Kluge ab.

„Lass gut sein, Mike! Aber ihr müsst das Ding durchziehen." Seine Stimme wurde wieder ernst.

„Und ich muss nicht extra erwähnen, dass über den brisanten Fund der CD Stillschweigen angesagt ist!"

Kaum hatte sich die Tür hinter Ahlers und ihm geschlossen, entbrannte eine lautstarke, überfällige Diskussion.

57. Durchsuchung

Punkt 10.00 Uhr trafen die vier Ermittler an Schumachers exklusivem Prachtbau in Häcklingen ein. Trotz seiner gepflegten Gartenanlage und den hohen Buchenhecken machte das Ganze einen verlassenen Eindruck. Am doppelflügeligen Portal klebten noch die Siegel von der ersten Durchsuchung, die 14 Tage zurück lag. Einsatzleiterin Frauke Malz riss die stark klebenden Aufkleber ab.
„Schlüssel bitte, Herr Oberkommissar!"
„Hier, zu Ihrer Verfügung, Frau Oberkommissarin", frotzelte Gebert.
Die Stimmung war entspannt. Doch der Auftrag war klar. Die heutige Maßnahme war die letzte Möglichkeit, nochmals nach Beweismitteln für den Auftragsmord am Geldkurier zu suchen.

Das Schumacher'sche Foyer war mit elegantem Interieur gestaltet, ebenso die sich anschließende Diele. Teure Ledergarnituren in Weiß und weiße Schleiflackmöbel im luxuriösen Essraum beeindruckten die Ermittler.
„Wir sollten anfangen, bevor euch die Augen aus dem Kopf fallen. Und nicht vergessen, dass hier der Auftraggeber für den Mord gelebt hatte!" Das war wieder Mike.
Die Ermittler stellten ihre Gerätschaften ab.
„Halt, nicht so schnell. Ich hatte mit Wolter vereinbart, dass er als neutraler Zeuge um 10.15 Uhr zu uns stößt."
„Du nun wieder, Frauke. Immer nimmst du uns den Spaß!"
Mike Gebert neckte gern seine Kollegin. Provozierend flegelte er sich in einen der teuren Sessel, als der Türgong anschlug. „Hopp, hopp, Frauke, dein Typ ist gefragt."
Wenig später begrüßte Malz den Beauftragten der Stadt Lüneburg, Friedhelm Wolter, 48 Jahre alt. Es bedurfte kei-

ner langen Einweisung. Wolter war nicht das erste Mal als unabhängiger Beobachter dabei und kannte das Procedere.

Malz breitete den Grundriss des Hauses aus.

„Im OG sind zwei Schlafzimmer, ein Herrenzimmer und zwei Bäder zu durchsuchen. Das werden Manni und Heidi übernehmen. Auch das Protokoll. Im EG kommen noch die Küche, Gästezimmer mit separatem Bad, Wohn-Ess-Bereich und Diele dazu. Das übernehmen Mike und ich. Einen Keller gibt es nicht!" Sie faltete den Plan zusammen.

„Dazu gehört eine erste, oberflächliche Durchsicht von Kontounterlagen. Gesucht wird nach verdächtigen Aufzeichnungen, auch handschriftlichen. Findet ihr welche, werden sie eingetütet und versiegelt an die Staatsanwaltschaft übergeben." Die Ermittler nickten. Das war die übliche Routine.

„Wenn wir im Haus durch sind, kommt die Doppelgarage dran, samt Autos", endete die lange Ansprache. „Ist das bei euch angekommen? Lasst euch Zeit und seid gründlich."

Die Durchsuchung begann um Punkt 10.30 Uhr. Wolter ging durch die Räume und machte sich Notizen. Nach einer Stunde rief Malz alle zusammen.

„Wie sieht es im OG aus?

„Wir haben im Herrenzimmer zwei Ordner mit Zahlungsbewegungen bei unterschiedlichen Geldinstituten gefunden. Da steckt noch Büroarbeit drin. Aber nichts Gravierendes. Außerdem nehmen wir einen Tageskalender und einen Terminer zur Auswertung mit. Im Grunde sind wir oben durch."

„Okay, einverstanden. Fertigt das Sicherstellungsprotokoll an und lasst es von Herrn Wolter unterschreiben. Danach könnt ihr mit der Garage beginnen."

Malz legte nach. „Auch im EG nichts Beweisrelevantes. Das ist bedauerlich."

Wolter folgte dem Garagenteam und ließ zwei nachdenkliche Ermittler zurück.

„Schöner Mist!" maulte Gebert. „Wir brauchen dringend einen neuen Ansatz, sonst können wir die Akte zuklappen und ein Mörder mehr läuft frei herum!"

„Und das nach dem Drama mit Schumacher!"

„Wem sagst du das!"

Allen im Kommissariat war die tragische Situation um Schumachers Suizid unvergessen.

„Komm Mike, wir gehen noch einmal nach oben. Ich habe das Gefühl, dass wir nur dort etwas übersehen haben können. In Schumachers persönlichem Bereich."

Über die breit geschwungene Marmortreppe gelangten sie ins Obergeschoss und waren erneut überrascht. Dicke Teppiche bedeckten das teure Parkett; auch in den Schlafräumen und dem großräumigen Bad fanden sie nur Eleganz und Luxus vor. Vermutlich von einem Designer entworfen und eingerichtet. Doch Schumachers Herrenzimmer übertraf alles.

Teure Teppiche ließen das Gehen zu einem lautlosen Gleiten werden. Die Mahagoni-Wand- und Bücherregale strömten gediegenen Luxus aus. Alles im Raum war farblich aufeinander abgestimmt. Möbel, Gardinen, Teppiche. Über allem der Geruch abgestandener Luft.

Malz öffnete spontan einen Fensterflügel.

„Das ist ja hier wie in einem Museum, oder soll ich lieber sagen einer Gruft? Wer das wohl alles erbt?"

Und dann machten sie sich an die Arbeit.

Auf einem Glastisch standen ein einsames Bierglas und ein handgroßes Porträt in vergoldetem Rahmen. Malz drehte es hin und her. Es musste aus glücklichen Zeiten des Ehepaares stammen. Die Gesichter beider Menschen strahlten. Auf den hohen Bücherregalen hatte sich Staub abgelagert. Lesefreudig waren die Schumachers wohl nicht gewesen, dachte Malz.

Nach einer halben Stunde hatten sie alles durchsucht. Malz schloss enttäuscht das Fenster. Nichts! Sie machten sich auf den Weg nach unten. Am Treppenabgang blieb Malz abrupt stehen.

„Warte mal, Mike."

Da war etwas, das nicht in die Ordnung des Herrenzimmers passte. Aber was? Sie machte kehrt und ging zurück zum Glastisch. Dort stand das leere, bauchige Bierglas mit Spuren angetrockneten Schaums. Malz streifte sich einen Handschuh über, hob es an und betrachtete es genauer. Dann drehte sie es ein paarmal und setzte es neben dem Bierdeckel ab. Ein runder, gebrauchter Bierdeckel mit goldumrahmtem, dunklem Aufdruck einer bekannten Biermarke.

„Willst du das Glas etwa als Andenken mitnehmen?"

„Nein, das nicht, aber den hier!" Sie drehte den Bierdeckel um, der so gar nicht in das teure Ambiente passte. „Hier sieh mal!" Gebert wurde neugierig.

„Und was siehst du?" „Eine Zahl! Handgekritzelt. Neun Ziffern!"

„Richtig! Und was schließt du daraus?"

„Dass es eine Mobilnummer ist, die wir wahrscheinlich nicht in Schumachers Notizen finden." „Das schätze ich auch. Und ich habe das sichere Gefühl, dass uns diese Nummer zu unserem Killer führt."

„Bingo, Frauke!"

Malz strahlte. Aber noch war nichts bewiesen. Intuitiv spürte sie, der kleine Pappdeckel könnte *das* Indiz zur Aufklärung werden. Sie tüteten das Asservat ein und gingen runter zu den anderen. Das Team wartete schon.

„Beide Garagen und Schumachers Zweitauto sind gründlich durchsucht. Negativ", sagte Probst.

„Oben sind wir auch durch." Malz hielt den Plastikbeutel hoch.

„Aber hier ist noch ein Asservat. Ein Bierdeckel aus dem Herrenzimmer. Das müsst ihr mit ins Protokoll aufnehmen."

Probst und Schreiber blickten sich betroffen an. Doch Malz winkte ab.

„Das ist schon okay! Der Pappdeckel passte einfach nicht zum Ambiente. Ich nahm ihn hoch und siehe da, auf der Rückseite eine handgeschriebene Zahlenreihe. Vermutlich eine Handynummer. Und wenn wir großes Glück haben, führt sie uns zum Killer von Gerstenmeier."

Die Ermittler waren baff.

„Dann sind wir durch. Einsatzende für's Protokoll: 12.52 Uhr!"

Malz bedankte sich bei Wolter und begleitete ihn zur Tür. Danach verluden die Ermittler die sichergestellten Unterlagen und Beweismittel. Gebert klebte ein neues Siegel über das Türschloss. Geschafft. Im Fahrzeug schwang Malz freudig den Plastikbeutel mit dem wichtigen Indiz.

„Am Ende wird der Sack zugemacht!"

58. Das Kommissariat

Die gute Stimmung trug das Vierer-Team auch in die Vierzehn-Uhr-Besprechung. Doch dieses Mal lagen keine Akten auf Kluges rundem Tisch, sondern ein großes Tablett mit frischem Butterkuchen und Kaffee. Kluge und Ahlers machten zufriedene Gesichter. Ronda wirkte entspannt, wie seit Tagen nicht.

„Bedient euch. Wir haben eine kleine Pause verdient. Danach werde ich euch reinen Wein einschenken."

Fröhliches Gemurmel, klapperndes Geschirr und eine ungewohnt freundliche Ronda, die alle bediente. „Alter kommt vor Schönheit!" war ihr Schlagwort. Nach einer Weile setzte Kluge seine Tasse ab.

„Hört zu ihr ‚Fressköppe'. Unser Chef will was sagen!" Wieder mal Mike.

Kluge lächelte, aber dann wurde er ernst. Er hielt zwei ausgedruckte Seiten hoch.

„Jens und ich haben die CD von Weber ausgewertet. Etliche Personen werden dadurch belastet. Jeder von euch bekommt eine Kopie zum Lesen. Der Inhalt ist *VS – Streng vertraulich*. Ihr wisst was das bedeutet!"

Das hörte sich nach viel Arbeit an. Fragen wurden laut.

Kluge berichtete von Katharina Weber. Wer sie war und welcher Tätigkeit sie nachging. Dass sie bei ihrer Forschungsarbeit über die Nazizeit auf die Privatklinik bei Schwindebeck gestoßen ist und diese konspirativ aufgesucht hatte. Von ihrem Hinweisgeber und Freund Till

Geiger, der dort als Gärtner beschäftigt ist, und ihr über die vermutliche Misshandlung von Kindern berichtet hatte. Dass Weber sich aufgrund von Archiv-Bildmaterial und eigenen Fotos sicher war, die beiden Ärzte auf dem Klinikareal wiedererkannt zu haben, die vor gut fünfzig Jahren in der damaligen Heil- und Pflegeanstalt Lüneburg Hunderte von Kindern ermordet hatten.

Kluge machte eine Pause und blickte aufmerksam in die Runde. Die inhaltsschweren Fakten mussten erstmal sacken.

„Wie soll das denn gehen mit diesen angeblichen Ärzten? Die müssten doch längst Gruftis sein oder in der Kiste!" „Und wie will Weber die denn identifiziert haben?" „Ist das eine Kinderklinik da in Schwindebeck, oder wie das heißt?"

Kluge hob die Hand.

„Alles nacheinander; ich bin noch nicht ganz fertig!"

Er berichtete über Webers Feststellungen zum Arzt Dr. Ferdinand-Louis Schumacher. Laut Geburtsurkunde war dieser Vater des tatverdächtigen und jetzt toten Verlagseigentümers Friedrich-Wilhelm Schumacher.

„Aber nach amtlichen Unterlagen war F.-L. Schumacher bereits 1969 als tot beurkundet worden. Und nun will Weber ihn als dritten ‚Mordarzt' identifiziert haben!"

„Das wird ja immer gruseliger! Und das soll stimmen?" Gebert konnte sich nicht zurückhalten.

Kluge ließ sich nicht aus dem Konzept bringen.

„Und genau das und noch viel mehr müssen wir verifizieren. Ich habe von der Staatsanwaltschaft grünes Licht bekommen, Beweise für einen Anfangsverdacht gegen die Klinik-Ärzte zusammen zu tragen. Verbunden mit der Warnung, sehr vorsichtig an diese Sache heranzugehen."

Es wurde ruhig im Raum, als Kluge fortfuhr.

„Was das Ganze so bedeutsam macht ist, dass es wirklich zwei Ärzte in Lüneburg gegeben hat, die 1941 und 1942 in der Heil- und Pflegeanstalt Hunderte von Kindern mit ‚Luminal' oder anderem Gift totgespritzt haben, weil sie ‚lebensunwert' wären. Die zwar in den Sechzigerjahren vor Gericht gestellt wurden, aber nie verurteilt worden sind!"

Heidi Schreiber, die Jüngste in der Runde, bekam vor Aufregung einen roten Kopf.

„Das ist ja grauenhaft! Und das sollen Ärzte gemacht haben, die eigentlich Menschen helfen sollen?"

Ahlers, bisher schweigsam, schaltete sich ein.

„Ich hatte jetzt Gelegenheit, bei Bernhard Einsicht in die Nazi-Dokumente zu nehmen, oder besser, darin zu lesen. Mir ist dabei übel geworden. Dokumente, schwarz auf weiß, eigenhändig unterschrieben von den beiden Ärzten, die Weber erkannt haben will. Ungeheuerlich!" Ein Satz, der die Zuhörer aufschreckte.

Kluge registrierte die aufbrodelnde Stimmung.

„Kollegen, wir müssen an diese verdammt schwierige Ermittlung rangehen wie an alle anderen. So wie Clement es formulierte. Aber vorsichtiger. Sollte es tatsächlich so sein, wie Weber es beschreibt, müssen wir davon ausgehen, dass eine kriminelle Organisation dahintersteckt."

„Das wäre der Hammer", formulierte es Gebert für alle. Manfred Probst, der in der „Soko Menschenhandel" des LKA ermittelt hatte, hob die Hand.

„Bernhard, willst du damit andeuten, dass die Kinder nicht zufällig in der Klinik sind?"

Für einen Moment blieb es still.

„Ja! Jens und ich halten das für möglich. Wenn dort wirklich Kriminelles an Kindern geschieht, dann können es doch nur solche sein, die keine Eltern oder andere Angehörige haben. Und um die niemand sich kümmert. Und wo trifft das heutzutage zu?"

Kluge gab der Antwort Zeit. Wieder war es Heidi Schreiber, die zaghaft die Hand hob.

„Ich hatte auf ‚*Phoenix*' einen Bericht über den Bosnien- und Kroatienkrieg gesehen. Mit Tausenden von Toten, Vertriebenen und Vermissten. Und dazu sollen auch Hunderte von elternlosen Kindern gehören." „Das habe ich auch gesehen", und: „Ich habe in der ‚Süddeutschen' darüber gelesen", erfolgten die Reaktionen.

„Und genau dort setzen Schleuser und Menschenhändler an, die sich an dem Unglück der Menschen noch dumm und dusselig verdienen!"

Kluges Stimme hatte alle Fröhlichkeit verloren.

„Mein Gott, wenn das zutreffen sollte, wäre das grauenhaft!" Ronda rieb aufgeregt ihre Hände. „Die armen Kinder!" Sie hatte von Webers CD eine Abschrift gemacht.

Die lockere Stimmung war verflogen. Der Kaffee wurde kalt. Was war der Mord an dem Geldkurier im Vergleich zu dem tausendfachen Töten in der ehemals friedlichen Urlaubsregion an der Adria? Und obendrein an unschuldigen Kindern?

Nach langem Schweigen meldete sich Malz zu Wort.

„Darf ich auch mal was Positives berichten? Von unserer Durchsuchung?" Kluge blickte überrascht.

„Natürlich. Gern, Frauke. Wir hören zu!"

„Kurz und gut, wir waren zum Schluss erfolgreich. In Schumachers Herrenzimmer haben wir einen Bierdeckel mit einer handgeschriebenen Zahlenreihe gefunden, wahrscheinlich einer Handynummer. Vielleicht führt die uns zum Killer, den Schumacher beauftragt hatte."

„Oha! Ich staune! Gratuliere!"

„Ja, und wir haben erst gestaunt. Wir hatten schon aufgegeben, als Frauke meinte, am Fundort etwas übersehen zu haben. Wir noch mal nach oben und finden unter einem Bierglas den inkriminierten Bierdeckel. Supi!" Gebert geriet aus dem Häuschen. Spontaner Beifall.

„Kollegen, das hört sich wirklich gut an!" Kluge sah auf die Uhr.

„Jens und ich müssen leider los. Wir haben noch eine harte Nuss zu knacken. Für heute soll es genug sein." Er stand auf. „Ich wünsche euch einen verdienten Feierabend. Ach ja, trinkt noch ein Bier oder zwei auf den schönen Erfolg und auf meine Rechnung. Rondas Kühlschrank ist befüllt. Aber lasst eure Autos stehen. Und nun Tschüss."

59. „Verein für Erhalt und Pflege heimatlicher Bräuche"

In der alten, unzerstört gebliebenen Villa aus der Gründerzeit nahe Erfurt hatte der eingetragene und steuerbefreite Verein kurzfristig zu einer „Sondersitzung zur Abwehr von Gefahren gegen den Freundeskreis" geladen.

Die Mitgliederzahl betrug zwar nicht mehr als 42 Mitglieder, aber die waren aus Sicht des Vorstandes äußerst aktiv. Dahinter verbarg sich der „Freundeskreis Ahnenerbe", Nachfolger des „Ahnenerbe", gegründet 1935 auf Weisung des Führers des Dritten Reiches, als „Behörde für die Erforschung des Ahnenerbgutes" bezeichnet. 1940 als *Amt A*, Teil des Persönlichen Stabs des „Reichsführer SS, Heinrich Himmler", unterstellt.

Der geschäftsführende Vorstand setzte sich aus fünf Männern und einer Frau zusammen, die zusammen 430 Jahre alt waren. Sie waren beruflich als Ärzte, Anwälte und Vermögensberater tätig. Daneben gab es zwei Beisitzer, von denen einer der frühere Direktor der damaligen Landesheil- und Pflegeanstalt in Lüneburg, Prof. Dr. Gustaf Bäuerling, vormals Bodo Beker war. Beker hatte 1938 als Anthropologe an der Tibet Expedition teilgenommen. Jetzt war er ärztlicher Leiter der Privatklinik in der Lüneburger Heide. Ein Fossil aus der Zeit des Großdeutsches Reiches, das nach des Führers Willen vom Ural bis an die Atlantikküste hatte reichen sollen. Mit Berlin als monumentaler Reichshauptstadt. Ausgestattet mit überdimensionalen, architektonischen Bauwerken eines tausendjährigen Reiches, in dem nur reinrassige, blonde und blauäugige Menschen leben sollten. So stand es im Vorwort des Vereins.

Doch durch den Verrat an der Idee des Führers und dem Einfluss des bolschewistischen Weltjudentums in Amerika, war es den übermächtigen Feinden gelungen, das Dritte Reich auszulöschen.

Heute, am 20. April, Führers Geburtstag, waren auch zwei jüngere Mitglieder anwesend. Sie sollten aus ihrer

Tätigkeit beim Bundeskriminalamt in Wiesbaden und dem Landesamt für Verfassungsschutz in Thüringen berichten.

Der Vorsitzende, ehemals SS-Hauptsturmführer Dr. Kurt Bonn, über den seine Vorgesetzten in der Kanzlei des Führers lobend gesagt hatten, dass er sich bei der tausendfachen Ampullen-Beschaffung von Skopolamin und Morphium für die „Euthanasie" „hervorragend bewährt" hatte, ergriff das Wort:

„Willkommen Kameraden, lasst uns unseres unsterblichen Führers gedenken. Wir wollen uns vor dem Symbol des ‚Ahnenerbe' versammeln, gewidmet mit dem Handzeichen unseres im Walhalla befindlichen Reichsführer SS." So geschah es.

Nach der feierlichen Gedenkminute nahmen die Teilnehmer am runden Eichentisch mit den Runenschnitzereien ihre Plätze ein. Vor Bonn stand der rote Tischwimpel mit dem Hakenkreuz. Sichtbare Erinnerung an das nie untergegangene Dritte Reich.

Er las beide Tagungsordnungspunkte vor:
– Gefährdung von Finanzierungsquellen durch Fremdeinwirkung;
– Präventive Arbeit zum Schutz des Vereins.

Nach dem ernüchternden Bericht über die Probleme, die sich um ihren Beisitzer Bäuerling auftürmten, kamen die eingeschworenen Mitglieder zum einstimmigen Ergebnis:

Die Ermittlungen der Kriminalpolizei Lüneburg mussten gebremst werden. Bäuerling war eine wichtige Größe im Netzwerk der „Braunen Kameradschaften", garantierte er doch mit seinen „Forschungsarbeiten" die finanzielle Grundlage des Vereins.

Zwei Maßnahmen kamen in Frage: Einschaltung des Netzwerkes und Justiz-Einsatz eines „Soldaten" für Schmutzarbeit. Genau in der Reihenfolge.

Die beiden Vereinsmitglieder in hohen Funktionen staatlicher Behörden berichteten, dass zurzeit keine Gefahr für den „Freundeskreis Ahnenerbe" bestehe. Sie saßen an wichtigen Schaltstellen, um geplante Sanktionen gegen den Verein und seine Netzwerke bereits im Vorfeld abzuwenden.

Nach Abschluss des formellen Teils erfolgte ein Referat über die vorgeschichtliche Bedeutung einer unbekannten Hochkultur im europäischen Raum, vorgetragen von Dr. Elisabeth Schuman.

Verfasser des Aufsatzes war der verstorbene Kamerad Hermann Wirth, dessen frühe Erkenntnisse und Forschungen sich in denen des Vereins „Ur-Europa", fortsetzten. Unterstützt wurde dieser rhetorisch hervorragend strukturierte Vortrag der Anwältin durch eindrucksvolle Dias von Höhlenzeichnungen und Gesichtsmasken, die man in den „Externsteinen" in Norddeutschland aufgefunden hatte.

Reichlicher Applaus beendete den Vortrag.

Mit einem ermutigenden Schlusswort des Vorsitzenden ging die „Sondersitzung" zu Ende. Bonn verwies auf den nächsten Termin, bei dem Einnahmen, Spenden und Abgaben des Vereins erörtert werden sollten.

60. Privatklinik – Unterirdisches Geschoss

Auf dem Weg hinunter in den besonderen Trakt hörten Baum und Schumacher lautes Stöhnen. Sie ließen den Transportfahrstuhl ungenutzt und benutzten die steinerne Treppe. Für heute war die Inspektion der „Arbeitsräume" vorgesehen.

Als sie in den langen Gang traten, wurde das Stöhnen lauter. Das war nicht ungewöhnlich, denn hinter den verschlossenen Türen wurde das lebendige „Material" verwahrt. Die Männer grinsten zynisch.

Hier befanden sich das Büro für die Abwicklung der „Forschungsarbeiten", die verschlossenen Zellen in denen ihr „Material" gelagert wurde, der „Hygieneraum", OP- und Sezierräume und der Experimentier-Bereich, genannt „Folterkeller".

Gesichert durch Deckenkameras, mit denen der weiß gefliese Flur rund um die Uhr überwacht wurde. Ähnliche Kameras gehörten auch zur Ausstattung der 12 Quadratmeter großen Zellen, deren isolierte Metalltüren mit „Spion" und „Nahrungsklappe" ausgestattet waren.

Das „Material" waren Kinder beiderlei Geschlechts in den Altersgruppen von 8–14 Jahren. Sie kamen aus den Kriegsgebieten vom Balkan und würden das Untergeschoss nicht lebend verlassen. Trotz der auf Hochtouren laufenden Entlüftungsanlage drang dumpfer Geruch aus den Räumen. Auch das war den Ärzten nicht fremd.

Am Ende des Ganges befand sich der „Hygieneraum". Moderne Technik hatte eine zweifache Nutzung möglich gemacht. Als Dusche zur Reinigung des „Materials" – weil Baum nichts so sehr hasste, wie unangenehmen Körpergeruch – und zum problemlosen *„Entfernen des lebensunwerten Materials aus der Volksgemeinschaft"*, wie Bäuerling es kaltschnäuzig nannte.

Das erfolgte durch Einleiten eines Gases durch die Duschköpfe, ähnlich wie vor 50 Jahren. Doch mit der verbesserten Technik war erreicht worden, dass nur noch eine so geringe Menge ausströmte, dass das Hirn irreparabel geschädigt wurde, die inneren Organe aber am Leben erhalten werden konnten. Bisher hatte es nie technische Probleme gegeben.

Die Besichtigung der „Duschräume" war schnell abgeschlossen. Alles war blitzsauber; gereinigt von „Probanden", die noch nicht für die „Forschung" vorgesehen waren.

Der Inspektionsgang führte sie weiter zum weiß gekachelten Sektionsraum und dem Kühlraum für die Organbehälter, bevor diese in Kühltransporter verladen wurden. Als Baum die breite Doppeltür öffnete, blendeten sie die starken Deckenstrahler.

Drei Männer in weißen Kitteln und Mundschutz arbeiteten an einem Sektionstisch. Zwei der Chirurgen blickten nur kurz auf. Die einzigen Geräusche im Raum stammten von der Entlüftung und der Absauganlage, die vom Sektionsgehilfen bedient wurde und das in Brust-und Bauchhöhle befindliche Blut aus dem geöffneten Körper vor ihnen entfernte. Süßlicher Geruch schwebte im Raum. Ein Chirurg übergab dem Sektionsgehilfen behutsam ein großes, dunkelrotes Organ. Der säuberte es unter fließendem Wasser und hob es in einen viereckigen Plastikbehälter mit konservierender Flüssigkeit. Sie winkten den Chirurgen freundlich zu und gingen weiter zum nächsten Raum. Dessen Einrichtung ähnelte der des Sektionsraums. Der Raum war ebenfalls mit modernster OP-Technik ausgestattet, bereit für medizinische Versuche am „lebenden Forschungsmaterial".

Baum kannte die Auftraggeber. Es waren dieselben Pharmaunternehmen, die bereits zu Kriegszeiten ihre Arbeit in den KZ finanziell unterstützt, aber auch unter Aufsicht der SS selbst an den Ursachen virulenter Erkrankungen geforscht hatten.

Damals standen Beker und ich Tag und Nacht an den primitiven Sezier-Tischen aus Stein, dachte er. Manchmal bis zu den Knöcheln im Blut. Kein Vergleich mit den heutigen Bedingungen.

Dafür stand in diesen Jahren „lebendes Forschungsmaterial" in Hülle und Fülle zur Verfügung. War damals etwas beim „Eingriff" danebengegangen, war immer genügend Ersatz vorhanden gewesen.

Jetzt bestand das „Material" aus ausländischen Kindern, die zuvor in der Klinik „betreut" worden waren. Die „Betreuung" diente dem Zweck, „sauberes Forschungsmaterial" in die Hand zu bekommen, um physische Reaktionen auf die „Behandlung mit virulenten Stoffen" nicht zu verfälschen. Überwiegend wurde die Wirkung von Neuroleptika, aber auch die von Influenza-Viren, Tuberkulose-Bakterien auf den menschlichen Körper im Kindesalter erforscht. Dazu wurden die „Probanden" durch subkutanen oder intravenösen Injektionen mit verschiedensten Erregerstämmen infiziert.

„Forschungen an Lebenden" war das dritte, finanzielle Standbein der Privatklinik, neben dem Handel mit selbst hergestellten Opiaten und dem Organhandel. Nirgendwo anders konnten die Pharmakonzerne bei Versuchen an lebendem „Material" Forschungsergebnisse 1:1 erzielen.

Zufrieden beendeten Baum und Schumacher ihren Kontrollgang und gingen zum „Experimentier-Bereich", dem Herzstück der Forschungsabteilung. Baum nannte ihn zynisch „Folterkeller".

Dieser Raum, der größte im Untergeschoß, war deckenhoch gekachelt. Hier fanden Versuche an lebendem „Material" statt. Dafür waren eine Hitzekammer, eine Kältekammer sowie ein Tauchbecken eingerichtet worden. In einer geschlossenen Kabine mit Sitzpolster und dickem Bullauge wurden die „Probanden" unterschiedlich starken elektrischen Stromzuflüssen und Spannungen ausgesetzt. Über lederne Kopfhauben floss Strom in die Körper. Forschungsziel war, die physischen Reaktionen und die Auswirkungen des Stromflusses auf Organe zu testen. Dabei wurden Stärken bis zu 300 Volt freigesetzt.

Für diese Forschungsergebnisse floss von den Pharmaunternehmen das meiste Geld. Deshalb war es existenziell wichtig, dass sich die Gerätetechnik in bestem Zustand und auf hohem Hygienestandard befand. Baum war bekannt, dass Bäuerling Verhandlungen über neue Forschungsaufträge führte. Der behielt sich vor, persönlichen Kontakt zu den alten Netzwerken der Pharmaindustrie aus der NS-Zeit zu pflegen. Selbst er, Baum, war nicht eingeweiht.

Nach anderthalb Stunden hatten er und Schumacher die Inspektion beendet. Wieder benutzten sie die Treppe und kamen im Forschungslabor heraus. Nur von dort war der Zugang zum UG möglich. Zwei Sicherheitskräfte waren wechselweise für die Überwachung abgestellt.

In seinem Büro fand Baum zur Ruhe. Bisher lief alles gut mit ihren Geschäften, auch wenn die kleine Archivarin Ärger gemacht hatte. Es war weiterhin richtig, was sie taten. Die nationalsozialistische Rassenlehre hatte für sie nichts von ihrer Gültigkeit verloren. Ihr ideologischer Auftrag bestand nach wie vor darin, das deutsche Volk vor Vermischungen rein zu halten. Und dazu gehörte weiterhin die Eliminierung von „minderwertigem Material".

Leider steht nicht mehr die „Kanzlei des Führers" hinter unserer schweren Arbeit, dachte er. Aber die mächtigen Pharmaunternehmen glichen diese Macht mit ihren Aufträgen aus. Und die sind erheblich lukrativer, als „Orden vom Führer", dachte er. Üppige „Forschungsgelder" und horrende Summen für den Organhandel flossen auf unsere unerreichbaren Konten. Und der „Freundeskreis" in Thüringen sorgte für Sicherheit, wenn von außen Gefahr drohte.

61. Till Geiger

Es war wieder einmal spät geworden an diesem Apriltag. Aber noch hell, als Geiger die Nacht-Elektronik in der Aufzuchthalle einstellte. Damit war sichergestellt, dass die wertvollen Knollen bis zum anderen Morgen mit Frischluft und Feuchtigkeit versorgt wurden. Auf der Fahrt nach Lüneburg ging ihm vieles durch den Kopf.

Er war zufrieden mit seinem Arbeitsplatz und fühlte sich mit der Pflege der seltenen G*insengia Tibetis Temporalis* ausgelastet. Für seine qualifizierte Tätigkeit in der Aufzuchthalle war er als geeignet befunden worden. Vor seinem Berufsabschluss als Landschaftsgärtner mit Diplom hatte er ein Studium zum Elektronikingenieur abgeschlossen.

Dr. Bäuerling, der Klinikleiter, hatte vor einem Jahr auf seine Bewerbung positiv reagiert und ihm seine Aufgaben erläutert. Weiter hatte dieser ihn darauf hingewiesen, dass er in dem von Ärzten und dem Personal benutzten Wohnhäusern nichts zu suchen habe. Das galt auch für die Kantine der Klinik.

Sein Großvater, Dr. med. Heinz-Jochen Geiger, war einer der Lagerärzte im Dritten Reich, der nach den Vorgaben der Rassenlehre in den Straflagern Neuengamme, Flossenbürg und Mauthausen „erfolgreich" gewesen war und „unwertes Leben" vernichtet hatte. Bei Verbüßung seiner 25-jährigen Haftstrafe war er durch die „Gute Hilfe" und den „Freundeskreis Ahnenerbe" intensiv betreut worden. Trotz dieser harten Zeiten war er seiner Überzeugung treu geblieben, legal gehandelt zu haben. Das hatte man im „Freundeskreis" honoriert und für seinen Enkel Till Geiger eine Empfehlung für den Job in der Privatklinik ausgesprochen. Till Geiger hatte sich zuvor als engagiertes Mitglied in der verbotenen „Wehrsportgruppe Lübeck" bewiesen.

Was der „Freundeskreis" nicht ahnte war, dass ihr Protegé längst sein Wissen über die neonazistische Gruppierung an einen V-Mann des Verfassungsschutzes weitergegeben hatte. Ein ärztliches Attest hatte ihm den Ausstieg aus der aktiven Wehrsportgruppe den Weg „amtlich" ermöglicht. Aber er ahnte, dass er beobachtet wurde.

Als Warnung war ihm eine Begegnung mit dem aktivsten Wehrsportler aus der „Gruppe Lübeck" in Erinnerung geblieben, dem er unerwartet während eines abendlichen Kneipenbummels am Stintmarkt in Lüneburg gegenüber gestanden hatte. Der Einladung des ehemaligen Nahkämpfers auf ein paar Biere hatte er nur mit einer Notlüge entgehen können. Trotzdem war man freundlich auseinander gegangen.

Für ihn blieb die Erkenntnis, dass „Messi", das war der Spitzname des „halbseidenen", gefährlichen Mannes, offenbar auch in Lüneburgs wohnte. Eine erneute Begegnung würde wahrscheinlich nicht so glatt verlaufen. Er wusste, dass „Messi" neugierig war, mehr über ihn heraus zu finden, und keinem Streit aus dem Wege ging.

Nach einer halben Stunde bog er mit seinem schnellen Golf IV von der Erbstorfer Landstraße nach rechts in den Eisenbahnerlängsweg. Langsam fuhr er bis vor die Hausnummer 78a.

Hier wohnte Katharina Weber, die vom Alter her seine Mutter hätte sein können. Eine Frau, die er wegen ihrer Klarheit und ihres historischen Wissens schätzte. Aus der Nachbarschaft war eine Freundschaft geworden, und er hatte viel aus ihrem Leben erfahren. Auch vom Schicksal ihres ermordeten Bruders in der „Kinderfachabteilung". Sie hatte ihm von ihrem Verdacht gegen die Klinikärzte erzählt, die angeblich dieselben sein sollten, wie vor 50 Jahren. Und er hatte ihr von seinen Beobachtungen berichtet.

Seine Befürchtung traf zu. Webers Auto stand nicht auf dem Grundstück. Bestätigte das den Zusammenhang mit dem schrecklichen Verkehrsunfall?

Er stieg aus und ging aufmerksam um das kleine Haus. Dann stutzte er. Die Haustür war nicht eingerastet. Mit leichtem Druck gab sie nach. Im schmalen Hausflur blieb er stehen, lauschte. Nichts zu hören.

„Katharina, sind Sie da?"

Noch ein zweites Mal. Doch es blieb still. Kurz entschlossen ging er in die Küche und erschrak. Auf dem Fußboden lagen zerschlagenes Geschirr, Bestecke und Küchenutensilien in einem wilden Durcheinander. Im Wohnzimmer ein ähnliches Bild. Herausgerissene Bücher, umgekippte Schubladen mit Schriftstücken, zerstörtes Porzellan und Trinkgläser neben von der Wand gerissenen Bildern. Ein Zeugnis grober Gewalt und Zerstörung.

So etwas hatte er bisher nur in Fernsehkrimis gesehen. Ohne zu zögern wählte er die Notrufnummer. „Kommen

Sie schnell! Hier ist eingebrochen worden!" Er nannte seinen Namen und Webers Anschrift. Der Polizist befahl ihm, alles so zu lassen, wie er es vorgefunden habe. Der Kriminaldauerdienst würde sich darum kümmern.

Geiger bemerkte, dass er zitterte. Wer tat so etwas? Und warum?

Er verließ das Haus und setzte sich ins Auto. Was ist mit Katharina? Er würde die Polizei fragen, ob sie die verunglückte Frau ist. Beunruhigt stellte er den Sitz schräg und das Radio auf Suchfunktion. Rod Stewarts Balladen entspannten ihn, bis der Tatortwagen der Kripo scharf bremsend auf das Grundstück fuhr. Zwei junge Männer in Zivil eilten auf ihn zu.

„Kriminaldauerdienst! Sind Sie Herr Geiger? Dann zeigen Sie uns bitte den Tatort."

62. Das Kommissariat

Kluge fluchte tags darauf nicht schlecht, als ihm am 23. April Spurensicherer Gieseler persönlich die Nachricht überbrachte, dass in Katharina Webers Haus eingebrochen wurde. Er wedelte mit einem Schriftstück. „Das ist der Tatortbericht vom KDD. Da steht drin, dass uns Till Geiger, ein Bekannter der Weber, benachrichtigt hat."

„Kennen wir Geiger oder wissen wir was über ihn?" „Ich bin kein Ermittler, Bernhard, nur Spurensicherer." Gieseler grinste fröhlich.

„Ich weiß! Aber ich weiß auch, dass du immer viel mehr weißt. Also nicht so schüchtern."

Gieseler blätterte im Vorgang.

„Hier stehen Geigers Personalien und dahinter der kleine Stempel mit *kV*. Also keine Vorgänge. Geiger ist sauber." Er legte den Bericht auf Kluges Tisch. Der war plötzlich hellwach.

„Sieh an, Till Geiger ist Gärtner. Und wo ist wohl sein Arbeitsplatz, Uli?"

„Was weiß ich! Vielleicht auf dem LSK-Platz?"

„Nein, viel besser, Kollege. Er ist in der Privatklinik beschäftigt." Kluge rieb sich an der Nase.

„Wir müssen uns mit Geiger beschäftigen. Vielleicht kann der uns mehr über die angeblich misshandelten Kinder erzählen." Er legte den Bericht zur Seite. „Gibt's noch andere Überraschungen?"

Gieseler griff in den schmalen Aktenkorb, den er unter dem Arm hielt.

„Hier ist der Schließzylinder aus Webers Haustür, den wir neulich nicht ausbauen konnten. Ganz deutlich sind daran Kratzer erkennen." Demonstrativ hielt er ihn Kluge unter die Nase, als wenn er sagen wollte, *am Bruch hast du Schuld, weil wir nichts unternommen haben.* Ähnliches ging Kluge durch den Kopf.

„Verdammte ...", das war in der letzten Zeit häufig das Adjektiv, das er benutzte. Das andere Wort verkniff er sich.

„Und konntet ihr daran Spuren sichern?" „Der oder die Täter müssen Handschuhe getragen haben. Wie gesagt: kaum Spuren am Schließzylinder."

„Was können die in Webers Haus gesucht haben? Viel Reichtümer wohl eher nicht, oder?"

Gieseler überlegte. „Der einzige Raum, in dem nicht viel beschädigt wurde, war das kleine Büro. Aber dort stand kein PC ... ein Büro ohne PC? Ist doch merkwürdig?"

Kluge wurde hellhörig.

„Was ist, wenn Weber keinen stationären Rechner hatte, sondern nur einen Laptop? Wäre doch möglich?" Ohne die Antwort abzuwarten fuhr er fort.

„Eine Frau, die in einem öffentlichen Staatsarchiv arbeitet, wird auch mal von zu Hause arbeiten!"

Aber einen Laptop hast du nicht gefunden, Uli?" Gieseler schüttelte den Kopf.

„Dann waren die Typen hinter dem her, besser hinter den Daten!" Er wurde ernst. „Und das kann nur bedeuten, dass Webers Verdacht gegen die verdammte Klinik begründet ist. Und ich bin mir sicher, dass ihr Unfall kein echter war, sondern ein Anschlag."

Er griff zum Telefon. „Ronda, schicke mal Jens rein!" Gieseler wurde unruhig.

„Ist noch etwas, Uli?"

Der zog eine durchsichtige Prospekthülle aus dem Korb. „Hier! Hatte ich beinahe vergessen!"

Kluge hielt diese gegen das Licht, als ob ihn das erleuchten sollte. „Donnerwetter, das ist ja ein satter Drohbrief. Wo kommt der denn her? Das darf doch nicht wahr sein!"

„Der lag bei Weber im Papierkorb!" Gieseler errötete.

Doch Kluge klopfte ihm freundlich auf die Schulter. „Lass mal, Uli! Das ist doch geil! Damit können wir die losen Fäden zusammen führen."

Es klopfte. „Komm schon rein, Jens."

Kluge wartete bis Ahlers die Tür zugemacht hatte.

„Es gibt was Neues. Der Inhalt von Webers CD erklärt, warum es ihr an den Kragen gegangen ist. Mit ihrem Wissen hat sie Alarm ausgelöst. Und nicht nur das. Die Typen haben ihr einen Drohbrief geschickt. Hier, sieh mal!" Er legte die Prospekthülle auf den Schreibtisch. „Und sie dann knallhart aus dem Verkehr gezogen. Im wahrsten Sinne des Wortes."

Ahlers staunte. „Mann, Bernhard, supi!"

Zehn Minuten später füllte sich das Dienstzimmer überraschend mit laut schwatzenden Ermittlern.

„Was ist los Freunde, habt ihr Sehnsucht nach mir?"

Das war jedoch nicht der Grund, sondern ein überfälliger Gardinentausch im Besprechungsraum.

„Na gut, wenn ihr schon hier seid, das Neueste vom Tage."

Kluge schwenkte die Plastikhülle.

„Das ist ein anonymer Drohbrief, den Uli in Webers Haus gefunden hat. Der Text ist eindeutig und ein Indiz dafür, dass auf Weber ein Anschlag verübt wurde." Er reichte das Beweismittel herum.

Erneutes Klopfen unterbrach die Aktion. Ronda Kubitzke stand mit rotem Gesicht im Türrahmen.

„Hier, Chef, wichtige Post! Du wirst staunen!"

„Was soll das Ronda? Meine Post lese *ich* zuerst!" schnaubte er wütend. „Gib schon her!"

Die Ermittler grinsten; sie kannten Rondas zeitweilige Übergriffigkeit.

„Hört zu, Kollegen! Kommt vom LKA! Der Gutachter schreibt, dass die Flüssigkeit auf Webers Waschbetonplatten mit an Sicherheit grenzender Wahrscheinlichkeit Bremsflüssigkeit ist, wenn auch mit Verschmutzungen. Und er hat noch hinzugefügt, das diese Sorte auch bei Audi Union Verwendung findet."

„Bingo, Treffer, Schiff versenkt", tönte es.

„Das ist noch nicht alles! Hier ist das Gutachten des Unfallsachverständigen zu Webers Auto. Und das lautet?" Abwartende Stille. Dann Heidi Schreiber.

„Die Bremsleitungen waren durchgeschnitten?" „Bow, unser Youngster. Hat sie Recht, Chef?"

„Und wie! Schwarz auf weiß: Die Bremsleitung am linken Vorderrad muss vor dem Unfall mit einem scharfen Gegenstand durchtrennt worden sein. Die Reste weisen nicht auf Verschleiß hin." Zufrieden legte er die Gutachten zur Seite.

„Kollegen, wir haben es nun mit einer versuchten Tötungshandlung und einem gefährlichen Eingriff in den Straßenverkehr zu tun. Und wir können nur hoffen, dass Katharina Weber den Anschlag überlebt." Er räusperte sich. „Aber es geht noch weiter. Alles weist auf einen Zusammenhang mit der dubiosen Klinik hin. Jens und ich werden uns noch heute einen Überblick verschaffen. Aus der Luft. Und jetzt wird auch der Zusammenhang mit dem flüchtenden Pkw von Webers Grundstück deutlich." Kluge wurde ernst. „Ich meine die schwarze Kiste mit dem WL-Kennzeichen!" Er blickte in die Runde. „Dieselben Typen sind nach unserer unsere Spurensuche bei Weber eingebrochen und haben vermutlich ihren Laptop mitgenommen. Aber es bleibt bei der Einteilung, dass ihr, Mike, Frauke, Heidi und Manni, vordringlich die Spur mit dem Bierdeckel bearbeitet. Frauke hat die Federführung."

Sorgfältig verstaute er die Gutachten in einem roten Aktendeckel.

„Ich werde damit zur Staatsanwaltschaft gehen. Das bringt uns voran. Jens fordere in der Zwischenzeit einen Hubschrauber für unsere Obs an. Nach meiner Rückkehr starten wir."

63. Controlling

Am selben Vormittag, an dem sein Name als Zeuge im Vorgang der Kripo auftauchte, hatte Geiger seine Frühstückspause um neun Uhr beendet. Mit seiner Protokollmappe machte er sich auf den Weg in die Halle II, in der er die elektronischen Messgeräte überprüfen musste. Das geschah zweimal in der Woche.

In einem abgeschirmten Raum sorgte ein Gebläse für gleichmäßige Temperaturen, um den Wärmestau an den fluoreszierenden Bildschirmen zu verhindern. Sorgfältig kontrollierte er ein Gerät nach dem anderen und trug die Werte in die Tabellen seines Protokolls ein.

Nur er war für den reibungslosen Betrieb der Anlage verantwortlich. Und wie immer hatte er nach einer halben Stunde alle Daten zusammen und verglich diese mit dem Ergebnis der letzten Kontrolle. Alles schien wie immer zu sein, doch dann zuckte er zusammen.

Die Messlinien, die den Strombedarf in Halle II anzeigten, bildeten auf dem Monitor eine ansteigende Kurve. Schon das zweite Mal in dieser Woche. Das war ungewöhnlich. Er beschloss, dass automatisch gesteuerte Überwachungsprogramm aufzurufen und sich einen Datenauszug zu erstellen. Vorher würde er noch die Systeme für Klima und Heizung auf ihre Funktion überprüfen. Jeder technische Fehler konnte zu einem irreparablen Schaden bei der Aufzucht der wertvollen Pflanzen führen. Nachdenklich kehrte er in sein Büro zurück. Die negative Feststellung machte ihn unruhig.

Er blättert in den Bedienungsanleitungen und verglich akribisch die Zahlenkolonnen der monatlichen Messergebnisse. Dann notierte er Zahlen, zog Linien und druckte Daten aus. Schließlich kam er zur Ruhe, die eher eine erzwungene war. Erneut verglich er seine Aufzeichnungen und fluchte leise vor sich hin. Es blieb bei dem beunruhigenden Ergebnis.

Die wöchentlichen Aufzeichnungen der Messwerte ließen erkennen, dass kurzfristig und zu unterschiedlichen Zeiten eine stark erhöhte Stromlast, im Mega-Bereich, erfolgt war. Wie ist das möglich, und was ist der Auslöser? Er wurde nervös.

Aber wo floss die Energie hin?

Ich muss dem Verlauf der daumendicken Leitungen mit dem hohen Querschnitt folgen, um den Endabnehmer zu finden. Unruhig ging er auf und ab.

Und ich brauche einen klaren Kopf und einen kräftigen Kaffee, dachte er. Wie ein Roboter bediente er die Kaffeemaschine und setzte sich mit einer vollen Tasse an seinen Schreibtisch. Was kann hinter der Störung stecken? Verdammt!

In Gedanken fiel sein Blick auf das Wandbrett mit den Notizen. Dort stand in Rot: *Katharina im Krankenhaus aufsuchen!*

Er blickte auf die Uhr. Es ging auf zehn zu. Zeit für einen Kurzbesuch im Lüneburger Krankenhaus. Sein täglicher Bewegungsspielraum war großzügig ausgelegt. *Also los. Wenn ich zurück bin, kümmere ich mich um die Technik.* Er meldete sich bei Ulrike Kummer ab und startete.

64. Privatklinik

Im Back-Office hatten sich die drei Klinikärzte um Hildebrands Monitor geschart und lasen Zeile für Zeile die Daten von Webers Laptop. Für Hildebrand war es nach dem Coup in Webers Haus nicht schwierig gewesen, den Zugangscode zu knacken.

Es war auch seine Idee gewesen, nach Hard- und Software zu suchen, nachdem er von Bäuerling den Hinweis auf Webers Datensammelwut bekommen hatte, den dieser wiederum von seinem Kollegen im Stiftungsrat erhalten hatte.

Die Gesichter der drei Mediziner wurden immer ernster. Die Details, die die übereifrige Wissenschaftlerin über ihre ärztlichen Tätigkeiten und über ihre wahre Identität zusammengetragen hatte, konnten das Aus für die Klinik und sie alle bedeuten. Und nicht nur das. Sie mussten befürchten, dass sich die Staatsanwaltschaft einschalten und die Polizei mit Ermittlungen beauftragen würde, um die belastenden Daten zu verifizieren. Und alle wussten, dass ihnen dieses Mal nicht die Netzwerke der Mediziner und Juristen aus der Nachkriegszeit helfen würden. Das konnte hohe Freiheitsstrafen und für sie das Ende bedeuten, wenn sie keinen Zugang mehr zu den lebensverlängernden Pflanzen aus Tibet haben würden.

Hildebrand bediente die Maus; der Bildschirm erlosch. Bäuerling tupfte sich hastig über die Stirn. Jeder konnte in den Augen des anderen die eigene Angst ablesen. Doch dann wurden Bäuerlings Gesichtszüge hart.

„Bisher ist nichts verloren. Wir sind im Besitz der Originaldaten, und unser Mann im Stiftungsrat hat festgestellt, dass die belastenden Dateien auf Webers Rechner gelöscht sind."

Er wandte sich an Hildebrand.

„Sie haben gute Arbeit geleistet! Dank Ihrer erfolgreichen ,Arbeit' wird die Historikerin keine Gefahr mehr für uns sein. Um sicher zu gehen, müssen wir feststellen, ob die gefährliche Frau weiterhin im Koma liegt."

„Und wie soll das geschehen, Gustaf?"

Der Klinikleiter erhob sich. Sein Blick war kalt, so wie vor fünfzig Jahren, wenn er Oberschwester Hedwig in der Kinderfachabteilung den Befehl zum „Totspritzen" erteilte.

„Du wirst dich darum kümmern, Doktor Schumacher. Umgehend!" Seine Lautstärke steigerte sich.

„Und noch etwas. Wir müssen unbedingt herausfinden, wo der ,Maulwurf' sitzt, der die Frau über die Kinder informiert hat. Wenn das gelungen ist, muss der auch eliminiert werden! So wie die Weber." Mit einem herrischen Ruck rückte seine Krawatte mit dem „Ahnenerbe-Symbol" zurecht.

„Über beides will ich sofort Bericht haben." „Jawoll, Hauptsturmbannführer!"

Bäuerling hob grüßend den rechten Arm und ging. Das war eine klare Botschaft.

Baum konnte sich ein böses Grinsen nicht verkneifen. Ja, so kannte er seinen Vorgesetzten aus der Zeit in der Landesheil- und Pflegeanstalt.

"Da hast du ja einen netten Auftrag, Ferdinand", grollte er. "Und ich kann mich wieder allein mit dem ‚Drecks-Material' rumschlagen." Wütend blickend knallte er die Tür zu.

65. "Phoenix 2"

Kluge und Ahlers waren zum ehemaligen BGS-Standort an der Hamburger Straße gegangen. Dort sollte sie um vierzehnhundert der Polizeihubschrauber aufnehmen.

Nach Kluges Sachvortrag hatte Oberstaatsanwalt Clement als "Notrichter", wegen der Eilbedürftigkeit der Observations-Maßnahme, die Genehmigung dazu erteilt. Ziel: Örtliche Feststellung der Klinik als Verdachtsobjekt und Herstellung von fotografischem Beweismaterial.

"Bitte gewöhn dir diesen ‚Schnellschuss' nicht an, Bernhard. Das war heute eine absolute Ausnahme! Und außerdem bekomme ich kein Amtsrichtergehalt," hatte Clement lächelnd ergänzt.

Kluge blickte zum Himmel.

Das Wetter an diesem späten Apriltag war für den Hubschrauber Einsatz geeignet. Ab und zu bewölkt, aber zwischendurch gelang der Sonne der Durchbruch, und sie verbreitete angenehme Temperaturen.

"Bernhard, hör auf zu träumen, unser Flieger kommt."

Richtig, das näherkommende Geräusch des fabrikneuen Polizeihubschraubers "Phoenix 2" – *Typ Aerospatiale SA 365 C2 Dauphin* – war zu hören.

Wenige Minuten später setzte das schlanke Fluggerät mit der Kennung "D-HOPQ" in einem schwungvollen Bogen zur Landung an. Die weiß lackierten Seitenwände mit roten und schwarzen Streifen wichen von der früheren Grünlackierung ab.

Die Männer warteten, bis der zweimotorige Antrieb des vierblättrigen Kabinenrotors und des Heckrotors mit klatschenden Geräuschen zum Stillstand kam. Zwei freundlich winkende Kollegen in Fliegerkombi saßen hinter der mehrfach geteilten, durchsichtigen Bugnase. Beide Kabinentüren öffneten sich, Pilot und Co-Pilot sprangen mit Schwung heraus.

„Willkommen in Lüneburg, Kollegen Hagen und Warnecke."

„Und ihr seid Kluge und Ahlers, richtig?" „Ganz richtig."

Die Männer begrüßten sich und gingen gleich zum verbalen *„Du"* über, wie es unter Kollegen üblich war.

„Bevor wir starten noch ein Wort zu Warneckes Aufgaben. Er hat neben der Funktion des Co-Piloten auch die des Beobachters, übernimmt die Kamera Führung und sorgt für die Dokumentation. Wenn ihr unterwegs besondere Wünsche habt, können wir uns über Bordfunk verständigen."

„Danke. Hört sich gut an. Und wie war euer Flug?"

„Gut, störungsfrei. Und dank Ahlers Vorweginformation hatten wir unseren Anflug etwas ausgeweitet und schon mal das in Frage kommende Objekt in Augenschein genommen. Vorsichtshalber auch ein paarmal auf den Auslöser gedrückt. Aber das fällt noch in den Bereich der Landschaftsfotografie. Wir dürfen nämlich ab und zu ein paar Extrabilder machen."

Pilot Konrad Hagen schmunzelte, aber dann wurde seine Miene ernst.

„Ihr wisst Kollegen, dass wir einen richterlichen Beschluss brauchen. Schließlich können unsere Bilder als Beweismittel bei Gericht verwandt werden." Kluge kannte die einschlägigen Bestimmungen der Strafprozessordnung.

„Hier, das Drittexemplar des Gerichtsbeschlusses! Nur für euch! Das ist das Wichtigste und nun kommt das Zweitwichtigste." Kluge zog aus seiner Umhängetasche eine Landkarte im Maßstab 1: 25.000 und wollte sie Hagen geben.

„Lass gut sein, Kluge. Wir haben euer Ziel gespeichert und können gleich starten," sagte der freundlich grinsend.

Kluge und Ahlers stiegen in die Maschine und nahmen ihren Platz auf der Rückbank ein. Bevor sie sich jeder seinen Helm überstülpten, wies Hagen die Ermittler in die Bordkommunikation ein. Ein kurzer Test, dann das Klicken der Sicherheitsgurte und schon begannen die Motoren zu dröhnen.

„Ready for get off"! Die Ermittler blickten sich gespannt an. Es ging los. Gewaltige Power wurde frei; jeweils 680 PS hoben den schlanken Flugkörper nach vorn und gleichzeitig nach oben. Wow, das war für beide etwas ganz Ungewohntes.

Im Nu schraubte sich die Maschine über die Baumkronen und die ehemaligen Kasernengebäude. Mit einem Anpressdruck und einer Schnelligkeit, wie Kluge und Ahlers sie noch nicht erlebt hatten. Wie ein überdimensionaler Fahrstuhl, dachte Kluge mulmig. Hoffentlich hält mein Magen das durch.

Er blickte aus dem linken Kabinenfenster. Eben waren sie noch über dem schmalen, glitzernden Band der Ilmenau und dann schon über dem Rathaus, der Michaeliskirche und dem Kalkberg mit seinen weißen Abbrüchen.

Der Pilot schwenkte die schnelle Maschine in einem eleganten Bogen in südwestliche Richtung. Nach wenigen Minuten hatten sie das Häusermeer der Innenstadt und die weiten Randgebiete von Lüneburg hinter sich gelassen. Alles schien wie auf Streichholzgröße zusammengeschrumpft. Grüne und braune, wie Schachfelder angelegte Felder tauchten unter ihnen weg, sich abwechselnd mit grünen Wäldern, die die Bundesstraße 209 nach Amelinghausen begrenzten. Und „Phoenix 2" stieg immer noch.

„Wir steigen auf 1.500 feet. Das ist eine gute Höhe für unsere Kamera, und wir sind nicht so leicht als Polizei zu erkennen."

Unter ihnen wurde Amelinghausen mit seinem markanten Kirchturm und dem in der Nachmittagssonne glitzernden Lopausee sichtbar.

Die Maschine schwenkte nach rechts. Bald waren der mäandernde Lauf des Heideflüsschens Luhe und auch die eingleisige Bahnlinie in Richtung der Schwindebecker Heide zu erkennen. Kluge blickte auf seine Karte.

„Wir haben die Vermutung, dass unser Objekt in Flugrichtung Ortschaft Schwindebeck sein könnte. Umgeben von Wald."

Eine Weile blieb es im Bordfunk ruhig. Dann die etwas spöttisch klingende Stimme des Piloten.

„Wenn *du* das meinst, Kluge. Machen wir uns also auf die Suche!" Die Ermittler verstanden sich.

Der Hubschrauber hob seine Nase. Im Nu hatte die schnelle Maschine wieder 1.500 feet erreicht. Die Luhe war zu einem dünnen Strich geworden. Rechts der eingleisigen Bahnlinie erkannten die Insassen die Dächer der kleinen Ortschaft, und im Wald links daneben etwas Hohes, metallisch Glitzerndes.

„Das muss es sein!"

Hagen steuerte in einen leichten Sinkflug und richtete die Maschine auf das Ziel aus. Keine zwei Minuten später erkannten die Ermittler das von Weber beschriebene Objekt, die Privatklinik.

„Wir fliegen eine weite Runde. Kollege Warnecke bedient auf mein Kommando die Kamera."

Die Ermittler pressten die Nasen an die Kabinenfenster.

Ja, das musste die Klinik sein. Die großen Steingebäude, die flachen Nebengebäude, die Glasdächer der großen Gewächshäuser, die hohen Mauern und Zäune. Alles auf einem imponierend weiten Gelände. Genau wie auf dem Reißbrett. Und dann das markante Erkennungszeichen: ein silbrig glänzender, hochragender Schornstein. Kleine, kaum sichtbare Rauchwolken stiegen in die Atmosphäre.

„Kameras laufen im Zoombereich. Übersicht und Nahaufnahmen, alles was ihr braucht. Unsere Bildbearbeitung holt später jede Einzelheit raus."

Die Lüneburger Ermittler schwiegen. War das der Ort, wo Kinder misshandelt wurden? Oder schlimmer? Durch ehemalige Nazi-Ärzte? Kluge lief es kalt den Rücken hinunter.

Unten, vor einem großen Gebäude mit vielen Fenstern, liefen weißgekleidete Personen hin und her.

„Hast du den hohen Schornstein bemerkt, Jens?"

„Natürlich!" „Was meinst du dazu?"

„Kann der Energieversorgung dienen ..." „Oder einem Krematorium! Ähnlich wie bei uns auf dem Stadtfriedhof!"

Hagen brachte seine Maschine auf neuen Kurs. „Hat da jemand Krematorium gesagt, Kollegen?" „Richtig verstanden."

„Das war auch mein erster Eindruck. Warnecke hat das Objekt gezoomt. Das kann eventuell für die Bauaufsicht interessant sein. Mitten im Wald errichtet!"

Jetzt bekamen die Ermittler einen detaillierten Eindruck von dem mit hohen Mauern umzäunten Gesamtkomplex. Zwei Tore verschlossen die Zufahrten. Asphaltierte Wege führten nach Schwindebeck und in Richtung Steinbeck.

„Reicht das für eure Ermittlungen?"

„Noch nicht ganz. Kannst du noch eine Runde ziehen? Ich möchte gern hinter das Hauptgebäude blicken." „Und was erhoffst du dir davon, Kollege Kluge?"

„Ich sah dort mehrere Pkw. Vielleicht kann Kollege Warnecke die Kennzeichen scannen."

Der Hubschrauber flog in eine leichte Linkskurve und umrundete erneut das große Areal.

„Siehst du die schwarzen Luxuskarossen, Jens? Ziemliche dicke Teile. Würden zu meiner Begegnung bei Webers Haus passen."

„Seid ihr nun zufrieden?" „Mehr als genug, Kollege Hagen!"

„Gut, dann schlage ich Abbruch und Rückflug vor. Mein Co-Pilot und ich wollen *schnell* noch einen kleinen ‚Testflug' über den ‚Totengrund' machen. Seid ihr dabei?" Rein rhetorische Frage. Hagen kicherte in sein Mikro.

„Dann wollen wir mal 'ne Pulle reinhauen."

Unversehens erschütterten die ungebremsten Energien der beiden Aggregate von „Turbomecal Arriel" des französischen Hubschraubers die Kabine. Sie rissen die Maschine mit einer Geschwindigkeit von 250 km/h nach vorn. Kluge und Ahlers wurden abrupt in ihre Polster gepresst und büßten ihre gesunde Gesichtsfarbe ein.

Unten, auf dem Klinik Gelände, hatten die beiden „Securities" das Herannahen des Hubschraubers gehört. Einer war sofort ins Sekretariat gelaufen und hatte Alarm geschlagen. Wenig später standen beide Ärzte und Hildebrand vor dem Gebäude und blickten angestrengt nach oben.

Der versuchte mit einem Fernglas die Kennung der Maschine abzulesen. Doch machtlos sahen alle zu, wie die schnelle Maschine einen weiten Kreis über dem Areal flog, mit aufbrüllenden Turbinen in einen Geradeausflug überging und in Sekundenschnelle aus ihrem Sichtfeld verschwunden war.

66. Das Kommissariat – drei Tage später

Wieder einmal hatten sich die Ermittler versammelt und warteten gespannt auf Kluge.

Die Kaffeetassen waren bereits nachgefüllt, als Ahlers und er, in Begleitung eines Uniformierten mit drei Silbersternen auf den Schultern, eintraten. Eine silberne, stilisierte Schwinge über der linken Brusttasche ließ die Zugehörigkeit zur Hubschrauberstaffel erkennen.

„Guten Morgen, Ermittler, das ist Polizeihauptkommissar Konrad Hagen, Leiter der Polizeihubschrauberstaffel Niedersachsen." Ungewohnte Stille.

„Bow, sieht der gut aus in seiner Hülle! Müssen wir Sie zu ihm sagen?"

Hagen grinste zufrieden. „Wie bei mir; einer hat immer was zu sagen!" Alle lachten.

Kluge deutete auf einen Stuhl.

„Nachdem ihr abgelacht habt, ist Kollege Hagen dran. Er hat gestochen scharfe Aufnahmen von unserer Luft-Obs mitgebracht. Aber vorher hätte ich noch gern was zu eurem Durchsuchungsbeschluss gehört!"

Malz lächelte gewinnend.

„Vielleicht dauert es auch ein bisschen länger, Chef?"

Sie berichtete von der Auswertung des in Schumachers Haus sichergestellten Bierdeckels, auf dem ein nicht auswertbarer Teilfingerabdruck und eine Handynummer gesichert werden konnten. Die Handynummer hatte zum Eigentümer, dem wegen Diebstahls und gefährlicher Körperverletzung vorbestraften Bernd Messerschmidt alias Lothar Weber, 7.4.1948 in Hamburg, geführt.

„Unsere zweitägige Observation von Messerschmidt hat ergeben, dass dieser ohne Job und regelmäßig Gast an Spielautomaten ist. Im ‚Alten Gasthof' an den Sülzwiesen. Bei Observation in der Kneipe haben uns Kollegen vom MEK unterstützt."

Malz blickte in die Runde.

„Und dabei haben die Kollegen rausgefunden, dass ‚Messi', so lautet sein Spitzname, immer reichlich Patte dabei hatte, aber manchmal dem ‚einarmigen Banditen' auf die Sprünge half."

Die Ermittler schmunzelten.

„Und in diesem Zusammenhang müssen wir uns noch mal die Erpressersumme ansehen. Nottbohm wollte 50 Riesen von Schumacher haben. Die Kollegen von der Bahn haben aber nur 40 Riesen auf den Gleisen gefunden. Könnte es nicht sein, dass sich Messerschmidt, als Kurier die 10 Riesen schon mal im Vorwege unter den Nagel gerissen hat?"

Diskussion flackerte auf. Ja, so könnte es durchaus sein. Letzte Sicherheit würde vielleicht die Wohnungsdurchsuchung bringen.

„Und wann wollt ihr zuschlagen?"

Malz blickte auf ihr Team. „Morgen früh, nullsechshundert! Mit Unterstützung des SEK!"

„Mit wem?" entfuhr es Kluge. „Sagte ich doch Chef, das SEK ist mit einem Trupp dabei." „Und wer hat die Anforderung gestellt?"

„Tödter, ich meine Kriminaloberrat Tödter, der seit vorgestern wieder zurück ist. Er hatte sofort zugestimmt." Kluge staunte. Einiges war während seiner Abwesenheit offensichtlich an ihm vorbei gelaufen.

„Okay, einverstanden! Aber nun ist Kollege Hagen mit seiner Präsentation dran. Und solange bleiben wir zusammen, alle!" Er hatte Mike Geberts Stuhlrücken gesehen.

„Ronda, würdest du noch mal nachschenken, die neue Kanne geht an mich."

67. Privatklinik, einen Tag später

Am Nachmittag erlebten Hildebrand und die beiden Ärzte einen mürrischen Klinikleiter, der mit aufgedunsenem Gesicht in sein Büro kam.

„Hildebrand, haben Sie nun endlich herausgefunden, was das für ein Hubschrauber war und woher der kam? Und ich will auch wissen, was ihr davon haltet und ob das für uns ein Problem werden kann."

Der war verblüfft, denn er hatte bereits am Vortage deutlich gemacht, dass er die Kennung nicht ablesen konnte.

„Nein, bisher nicht!"

„Und offenbar ist es Ihnen auch nicht gelungen, den ‚Maulwurf' aufzudecken?"

Bäuerlings Stimme hatte einen scharfen Ton angenommen. Nun hielt Baum es nicht mehr aus.

„Was ist mit dir los, Gustaf? Warum machst du Hildebrand so fertig?"

Doch der ließ sich nicht bremsen. Wütend knurrte er Schumacher an. „Und von dir hört man auch nichts mehr seit Tagen!"

Schumacher glaubte, nicht richtig gehört zu haben. Erst drei Tage vorher hatte ihm Bäuerling aufgetragen, dass er sich um Weber kümmern sollte. Was sollte das jetzt?

„Entschuldige Gustaf, du selbst hast befohlen, dass ich mich mit der Weber beschäftigen soll. Von der Geschichte mit dem Hubschrauber habe ich erst jetzt durch Heinrich erfahren. Und wenn du uns fragst, sehe ich das nicht als problematisch an."

Bäuerling schüttelte den Kopf und zischte seine Wut heraus.

„Aber genau das ist es ja. Die wollen uns nur in Sicherheit wiegen und dann schlagen sie zu! Ihr habt doch mitgekriegt, wie oft der Helikopter über unserer Klinik gekreist ist."

Drei Männer blickten sich verblüfft an.

„Was meinst du mit *die* und *zuschlagen*, Gustaf? Weißt du mehr als wir?"

Baums Stimme hatte einen kalten Ton angenommen. „Dann sag es uns, klipp und klar!"

„Ich hatte ein Gespräch mit einem guten Freund von der Lüneburger Justiz, der längst im Ruhestand ist. Er ist Mitglied eines Zirkels ehemaliger Richter des Erbgesundheitsgerichtes. Ihr wisst schon. Ich meine die Kameraden, die damals Schwachsinnige und Asoziale zwangssterilisieren ließen. Mein Freund erzählte mir, dass ihm zu Ohren gekommen sei, ein Staatsanwalt würde sich für unsere Klinik interessieren."

Das schlug wie eine Bombe ein. Die Zeit schien für einen Moment stehen zu bleiben.

„Will er sie dir etwa abkaufen", kam es ironisch von Baum.

Bäuerling knurrte wütend.

„Das ist kein Spaß, Heinrich. Lass das."

Dann fuhr er fort. „Ich habe mich natürlich unwissend gezeigt und ihn gefragt, ob das rechtmäßig sei. Und dass wir, die Klinik, doch darüber informiert werden müssten. Worauf er wissen wollte, ob es denn Gründe für Nachforschungen geben würde. Selbstverständlich bestritt ich das und erklärte ihm ausführlich das Konzept unserer Stiftungsklinik, das in der Fürsorge für eltern- und obdachlose Kinder besteht."

Die Zuhörer seufzten erleichtert.

„Na, dann ist doch alles gut, Gustaf. Lass doch die Hiwis von der Staatsanwaltschaft kommen. Dann können sie gerne unsere Kinderstationen besichtigen. Und wir stellen ihnen Dr. Lemke, unseren Hausjuristen zur Seite, der jeden ihrer Schritte auf Rechtmäßigkeit prüfen wird."

Dr. Heinrich Baum lehnte sich entspannt zurück.

„Kann man den eifrigen Staatsanwalt nicht bremsen, ich meine von oben, Gustaf", fragte Schumacher. Der Gedanke an staatsanwaltliche Ermittlungen, möglicherweise auch in eigener Sache, von der die anderen nichts wussten, machte ihn doppelt besorgt.

Bäuerling zögerte.

„Gute Idee. Ich hatte schon mit unserem ‚Freundeskreis' darüber gesprochen. Vielleicht ist es besser, zweigleisig vorzugehen." Doch dann wurde er wieder hektisch.

„Aber was sollte das gestern mit dem Hubschrauber? Waren das Bullen? Haben die unsere Klinik fotografiert?"

Beide Ärzte versuchten ihren Chef zu beruhigen. Aus der Luft könne man nicht sehen, was sich unter der Erde verbirgt. Und außerdem könne man notfalls gegen das ungenehmigte Fotografieren datenschutzrechtliche Schritte vornehmen. Bäuerling schwieg. Er war blass geworden.

„Hildebrand, ich habe von Ihnen immer noch keine Erklärung erhalten und deshalb befehle ich Ihnen, dass Sie sich mit Dr. Schumacher nur noch um die Beschaffung von ‚Material' kümmern. Der ‚Freundeskreis' wird mir einen fähigeren ‚Soldaten' schicken."

Als Baum und Schumacher protestierten, wischte er ihre Kommentare beiseite.

„Ich will das so, keine Widerrede." Doch damit war es nicht genug.

„Was gibt es Neues aus dem Krankenhaus, Schumacher?" schnauzte er.

„Ich hatte mit Dr. Haverland, dem leitenden Internisten, gesprochen, und mich als Hausarzt Dr. Klingfort ausgegeben. Er war sehr freundlich. Die Weber liegt immer noch auf Intensiv, wird aber nicht mehr künstlich beatmet."

„Und weiter?"

„Haverland rechnet nicht mit einem frühzeitigen Aufwachen. Und wenn, dann mit irreparablem Schaden. Er will mich auf dem Laufenden halten. Das klingt doch fabelhaft, oder?", beendete er seine Erklärung.

„Also keine Gefahr, Chef", ergänzte Baum.

Bäuerling entspannte sich. Ein dünnes Grinsen wurde sichtbar.

„Dann gieß uns jetzt was ein, Ferdinand. Das haben wir uns verdient."

Der zog die bekannte Flasche mit dem Stier-Label aus dem Schreibtisch. Baum stellte vier Schwenker auf den Tisch.

„Wir müssen sehr vorsichtig sein. Ich werde mit meinem Juristen vom ‚Freundeskreis' sprechen. Bei dem hab ich noch was gut." Bäuerling hob sein volles Glas.

„Prost, Kameraden!"

Er leerte sein Glas in einem Zug. Die „Kameraden" taten es ihm nach. Als Baum nachgießen wollte, winkte er ab.

„Hildebrandt, es bleibt dabei. Sie kümmern sich mit Schumacher um das ‚Material!' Das war's!"

Mit verkniffener Miene entließ er drei verunsicherte Männer. Sie bekamen deshalb nicht mit, dass ihr Chef in seinem Sessel erschöpft zusammenrutschte. Erschrocken wurde ihm sein wahres Alter von 87 Lebensjahren bewusst.

Aus der immer verschlossenen Schublade zog er vergilbte Aufzeichnungen von damals heraus. Er blätterte und schlug wütend mit der Faust auf den Schreibtisch. Dabei fluchte er wie ein gemeiner Landsknecht. So laut, dass Ulrike Kummer erschrocken die Tür öffnete und leise wieder schloss. Seit dem Anruf der unbekannten Frau war der Professor nicht mehr derselbe, dachte sie erschrocken.

68. Das Kommissariat

Auf Kluges Tisch waren großformatige Luftbilder und eine Übersichtskarte der Privatklinik ausgebreitet. Polizeihauptkommissar Hagen erklärte den Ermittlern die Details und fügte die Fotos so aneinander, dass ein überdimensionales Gesamtbild entstand.

Alle Objekte waren in voller Tiefenschärfe wiedergegeben. Selbst die Einzäunungen um die einzelnen Gebäude waren klar zu erkennen. Kluge griff zu seiner Lupe. Innerhalb der großflächigen Umzäunung eines flachen Gebäudes glaubte er aus der Rasenfläche sechs röhrenartige Gebilde, mit einer Haube darauf, herausragen zu sehen. Sie bildeten ein großes Rechteck.

„Was könnte das sein?"

„Sieht aus wie Dunstabzüge oder kleine Schornsteine!"

„Könnte sein! Aber wozu soll das dienen? Müsste man sich im Original ansehen."

Hagen schob ein weiteres Foto auf die Tischplatte.

„Hier, seht mal her. Das ist der metallene Schornstein, der laut Bauvorschriften für höchste Verbrennungstemperaturen ausgelegt ist. Nicht nur für die Temperaturen eines Heizkraftwerkes, wie es wahrscheinlich in der Klinik vorhanden ist."

Alle hörten aufmerksam zu.

„Zu den Verbrennungstemperaturen kann euch bestimmt ein Sachverständiger der IHK etwas sagen. Ich meine etwas von 2.000 Grad gelesen zu haben. Aber das ist euer Ding. Und hier noch etwas zu ‚Kluges letztem Wunsch'".

Er rollte mehrere DIN A4 große Fotos auseinander. In Schwarz-Weiß, und mit hervorragender Schärfe, war der gesamte Fahrzeugbestand abgebildet. Auf den Fotos waren die Fahrzeugmarken und Kennzeichen deutlich ablesbar. Auch ein schwarzer Mercedes mit WL-Kennzeichen.

„Mann, das ist ja granatenstark". Ahlers konnte sich seine Begeisterung nicht verkneifen. Er griff zu Zettel und Schreiber und notierte Kennbuchstaben und Ziffern jedes Fahrzeugs. Kluge und Hagen amüsierten sich.

„Lass dir Zeit, Jens! Es kommt noch mehr dazu."

Nach einer halben Stunde war die Auswertung abgeschlossen.

„Die Fotos sind für eure Ermittlungsakte. Und noch ein Satz Kopien für eure Handakte." Hagen packte seine Utensilien zusammen.

„Zeit zum Start. Ich muss rüber zum Landeplatz. Mein Co ist bei den Kollegen vom MEK geblieben.

„Wie können wir danken, Kollege Hagen?" Der schmunzelte. „Rechnung kommt irgendwann. Aber, *by the way*, ein Mittagessen in eurer Kantine. Von deren berühmter Riesen-Curry hört man bis Hannover!" Alle lachten.

„Also bis zum nächsten Mal. Hat Spaß gemacht mit euch ‚Zivis'!" Und schon war der smarte Pilot und Leiter der Hubschrauberstaffel weg.

Kluge war zufrieden.

„Das ist super Bildmaterial. Und auch noch der Treffer mit dem WL-Kennzeichen am schwarzen Mercedes. Das müsste für einen Durchsuchungsbeschluss der Klinik reichen."

Er wirkte auf einmal sehr entspannt.

„Jens, du hattest dich doch vorhin so intensiv mit den dicken Schlitten beschäftigt. Kriegst du alles für einen Antrag bei der StA zusammen?" Ahlers kapierte und grinste.

„Überredet. Das ist kein Problem für mich, Bernhard. Aber nächstes Mal bist du dran!"

Beide Ermittler verstanden sich bestens.

„Grüß meinen Freund Stephan, wenn du ihn siehst", schob Kluge noch hinterher.

DIE VERGANGENHEIT 1942

69. Heil- und Pflegeanstalt Lüneburg

Der große, helle Saal der Kinderfachabteilung in Haus 23, Station 1, war mit einer langen Bettenreihe ausgestattet. Weiße Einzelbetten aus gestrichenem Metallgestänge standen mit dem Kopfende an der ebenfalls weißgestrichenen, mit einem grauen Farbsockel versehenen Wand.

Den Betten gegenüber fanden an der Fensterseite zwei Pflegetische mit Utensilien für die „Behandlung" der insgesamt 12 Kinder, Jungen und Mädchen im Alter von 3 – 12 Jahren, Platz.

Ein komplett ausgestatteter, mit Glasscheiben versehener Geräteschrank für medizinische und chirurgische Werkzeuge ergänzte die Einrichtung des nüchternen Raumes, der durch den Steinfußboden mit den langen, schwarzweißen Mosaikmustern zusätzliche Kälte ausstrahlte.

Im Saal herrschte Mittagsruhe, nur ab und an von leisem Stöhnen oder Röcheln einzelner Kinder unterbrochen. Grund dafür war die Verabreichung von Beruhigungsmitteln, die mit der Einnahme des Mittagessens erfolgt war.

Das war so von der Klinikleitung befohlen und wurde durch die beiden Pflegerinnen in ihren langen Schürzen und weißer Hauben routinemäßig umgesetzt.

Oberschwester Hedwig, 38 Jahre, schlank, blond unter ihrer Schwesternhaube, betrat mit einem braunen Couvert unter dem Arm den großen Raum und nahm ihren Arbeitsplatz am Fenster ein. Der Poststempel der Deutschen Reichspost ließ erkennen, dass die Sendung vom *„Reichausschuss zur wissenschaftlichen Erfassung von erb- und anlagebedingten Leiden"* aus der Reichshauptstadt Berlin kam. Sie wusste um den Inhalt des Couverts, der sich wöchentlich glich, nämlich die Entscheidung des Reichsauschuss' über das Weiterleben oder die Tötung von Kindern, deren Leben aufgrund von körperlichen Behinderungen, Erbanlagen oder geistigen Störungen, „Verblödung", dem Reich nur hohe Pflegekosten Kosten verursachte.

Mit einem Brieföffner schlitzte sie den oberen Rand auf und ließ den Inhalt auf die Tischplatte gleiten. Nur sie, außer dem Anstaltsleiter Prof. Dr. Beker und dem Leiter der Kinderfachabteilung Dr. Baum hatte die Genehmigung zum Öffnen dieser Postsendungen.

Ordnungsgemäß füllte sie auf einem Formblatt die Eingangsbestätigung aus, steckte sie in den beigefügten Rückumschlag, verschloss ihn und legte ihn in ihren Ausgangskorb.

Ja, so musste es sein. Alles hatte seine Ordnung, seitdem unser Führer sich persönlich um die Gesunderhaltung des Deutschen Volkes kümmerte. Dann begann sie mit dem Sortieren der übersandten Gutachten für die zwölf Kinder, unterzeichnet von Dr. Bouhler, Oberdienstleiter, Hauptamt II der KdF, der Kanzlei des Führers.

Dazu dienten zwei geflochtene Bürokörbe, die sie anschließend auf den Schreibtisch im Arzt- und Behandlungszimmer von Dr. Baum stellte.

Sie war genau über die weitere Behandlung der selektierten Kinder im Bilde, weil sie häufig im Auftrag von Prof. Beker oder auch in dessen Anwesenheit die Vorbereitungen für das Entsorgen der als „lebensunwert" bezeichneten Kinder getroffen hatte. Sie wusste auch, dass es für die Tötungshandlungen kein Gesetz gab, als sie in Abwesenheit ihres Klinikchefs, heimlich in dessen persönlichen Schriftverkehr gestöbert hatte. Sie hatte nur eine Kopie des

Führererlasses von 1939 gefunden, in denen es den verantwortlichen Ärzten freigestellt war, unheilbar kranken Kindern den Gnadentod zu gewähren.

Heute, am 30. September 1942, waren es acht Kinder, die laut Gutachten als nicht mehr lebenswert beurteilt worden waren, und es oblag nun der KFA, wie lange die Kinder noch „betreut" werden mussten. Es ging auch darum, die tägliche Verpflegung für die „unwerten" Esser einzusparen.

In der Regel waren es nur wenige Tage bis zur Durchführung der Maßnahme, dem Verabreichen einer Todesspritze mit „Luminal".

Als körperliche Reaktion trat bei den Selektierten in den meisten Fällen eine schwere Lungenentzündung auf, an deren unbehandelten Folgen diese einige Tage später schmerzfrei starben und so einem langen qualvollen Leben oder Siechtum entgingen. Als Todesursache trug sie in den Totenschein – *Lungenentzündung* – ein. Erst danach erhielten die Angehörige Kenntnis. So blieb diesen zum Glück das lange Mitleiden mit ihren lebensunfähigen Kindern erspart, dachte sie.

Die Behandlungs- und Bestattungskosten regelte ein Erlass. Die Angehörigen erhielten nach dem Ableben eine Rechnung. Sie hatte sich nie darum gekümmert, was mit den Leichen geschah. Nur einmal hatte sie in Bekers Büro ein Gespräch mit der Gerichtsmedizin Hamburg mitbekommen. Es ging um den Versand von bei den Kinderleichen entnommenen Organen zu Forschungszwecken. Da hatte sie sich doch gegruselt.

Oberschwester Hedwig warf einen Blick über die Bettenreihe und nickte zufrieden.

Es ist sehr gut, dass sich der Führer um die Schwerstkranken kümmert und ihnen einen Gnadentod ermöglicht. Nur so wird unser Volk gesund bleiben. Nur die Starken haben ein Recht zu leben und gesunde Kinder in die Welt zu setzen, so wie es uns die Natur seit Jahrtausenden lehrt.

Sie richtete sich kerzengerade auf und blickte stolz auf das gerahmte Schwarz-Weiß-Porträt des Führers des Deutschen Reiches, das über ihrem Arbeitstisch hing.

Schon früh war sie in die NS-Frauenschaft eingetreten und hatte durch ihre persönliche Überzeugung viele Frauen mitreißen können, dem deutschen Volk viele Kinder zu gebären. Selbst war sie Mutter eines Zwölfjährigen, der begeisterter Hitlerjunge war. Im nächsten Fronturlaub ihres Mannes, einem Oberfeldwebel bei den Fernmeldern, war weiterer Nachwuchs geplant.

Sie nahm die beiden Bürokörbe und warf noch einen Blick auf die drei Betten, in denen zwei elf- und dreizehnjährige Jungen lagen und eine Neunjährige. In diesem Fall erinnerte sie sich, dass das Kind von ihrer Mutter persönlich in die Kinderfachabteilung gebracht worden war, weil die Frau nach dem Heldentod ihres Mannes vor Leningrad nicht mehr in der Lage war, die dringend pflegebedürftige Neunjährige neben zwei anderen Kindern groß zu ziehen und sie nach drei Kriegsjahren weiter durchzubringen.

Wie dankbar die Frau war, als wir ihre Tochter aufgenommen hatten.

Aber nun war es an der Zeit, dass der Chef seine „Untersuchungen" bei dem Kind zu Ende führte. Deswegen hatte er ihr, seiner „besten Oberschwester", wie er oft sagte, aufgetragen, es mit mehr Nahrung zu versorgen als vorgesehen war. Es sollte für die „Untersuchung" möglichst normale physische Werte aufweisen.

Um 15.00 Uhr würde sie das Kind für eine Lumbalpunktion mit Schädelröntgen vorbereiten. Dazu war Hilfe von Schwester Karin, die ihr unterstellt war, notwendig. Sie wusste um die Forschungsarbeiten ihres Chefs, die über den Rahmen des üblichen Verfahrens hinausging, auch weil damit zusätzliche Unterbringungskosten für die Klinik verbunden waren.

Der Professor war sehr daran interessiert, durch seine klinische Forschung den Nachweis für das Entstehen von tuberöser Sklerose zu erbringen, um diagnostische Verfahren zu entwickeln.

Oberschwester Hedwig kannte die Reaktionen der Kinder, bei denen solche Untersuchungen durchgeführt wurden. Die Schmerzensschreie waren ihr durch Mark und Bein gefahren und klangen ihr noch Tage später in den Ohren. Nach Möglichkeit mussten die „Probanden" die „Behandlung" einige Tage überleben, um deren physische Reaktionen analysieren zu können. Wenn das aber auf Grund des schlechten Gesamtzustandes nicht mehr möglich war, blieb nach dem Ableben immer die Obduktion, bei der der Professor feststellen konnte, ob die klinische Untersuchung zu positiven Resultaten geführt hatte. Dieses erfolgte durch „Gehirnschnitte", also in Scheiben geschnittene Teile des Gehirns, die zur weiteren Feststellung in besonderen Behältnissen an die Universitätsklinik in Hamburg übersandt wurden. Sie blickte auf die große Wanduhr; zwanzig Minuten vor drei.

Noch Zeit für eine Tasse Getreidekaffee, denn Bohnenkaffee gab es nur sonntags im Kreis der Familie. Ein Blick über die lange Bettenreihe. In ein paar Tagen würden neue Kinder „ohne Namen" darin liegen. Mit Beginn der „Behandlungen" in der Kinderfachabteilung waren die Probanden nur Namen in Listen, die sie für die Administration führen musste.

Trotz ihrer persönlichen Überzeugung von der Richtigkeit der amtlichen Vorgaben aus Berlin, flüsterte die leise Stimme ihres Muttergewissens, dass sie, ihr Klinikchef Dr. Beker und Dr. Baum eigentlich Mörder seien, gemäß dem Strafgesetzbuch des Reiches, das bei Dr. Baum im Bücherregal stand. Anfangs hatte sie sich ihrem Vorgesetzten in einer emotionalen Stimmung anvertraut und vom Eid des Hippokrates gesprochen, so wie sie es in ihrer Ausbildung gelernt hatte.

Prof. Beker hatte darauf nicht etwa böse, sondern ganz ruhig reagiert. Er hatte ihr erklärt, dass ihre gemeinsame, schwere Tätigkeit dazu beitrug, einen gesunden Volkskörper zu erhalten, und alles zum Wohl des ganzen Deutschen Volkes geschehe.

„Wenn sie nicht mitmachen können oder wollen, dann geschieht Ihnen nichts. Nur sollten sie an die einmalige und große Aufgabe denken, an der Sie mitwirken dürfen, unser Volk arisch rein zu halten. Nur das zählt!"

DIE GEGENWART 1993

70. Der Aufschlag

Um nullsechshundert, genau nach Ende der in der Strafprozessordnung gesetzlich festgelegten Nachtzeit für die Durchführung strafprozessrechtlicher Maßnahmen, standen die Ermittler vor der Haustür des zehnstöckigen Wohnblocks Theodor-Heuß-Straße 81. Vier Beamte des FK 1 unter der Leitung von Frauke Malz, vier weitere des Spezialeinsatzkommandos Lüneburg, SEK, in schwerer Ausrüstung mit Schutzhelmen und integriertem Head-Set, Schutzwesten und Tür-Ramme. Durchtrainierte Männer mit harten Gesichtern, die sich ihre schwarzen Gesichtsmasken überstreiften. Sie trugen Maschinenpistolen MP 5 mit vergrößerten Magazinen.

Begleitet wurden beide Teams von Friedhelm Wolter als unabhängigem Durchsuchungszeugen und dem Hausmeister der Wohnanlage.

Bei der vorangegangen Einsatzbesprechung waren die Aufträge besprochen worden. Zwei Beamte des SEK würden den Innenbereich absichern, um Überraschungen zu verhindern. Das zweite SEK-Team, sowie Malz und Gebert, würden mit dem Fahrstuhl bis zur Wohnung des Tatverdächtigen im 4. Stockwerk fahren. Probst und Schreiber sollten den Treppenaufgang nach oben nehmen.

Für Kommissarin Heidi Schreiber, die Neue aus dem 5. FK, war das der erste große und aufregende Einsatz. Zumal Messerschmidt als gefährlich beschrieben worden war.

Mit breitem Grinsen öffnete der Hausmeister die Eingangstür. Er wusste, dass die Polizei nicht zum letzten Mal in diesem Block erscheinen würde.

Im Treppenhaus herrschte absolute Stille. Lautlos verteilten sich die Einsatzkräfte, bis der Fahrstuhl herunterkam. Bis zum 3. Stockwerk dauerte es keine 2 Minuten. Hier stiegen Malz und ein SEK-Mann aus und benutzten die Treppen zum 4. Stock.

Der Fahrstuhl hielt endgültig im 5. Stockwerk, um dort Gebert, Wolter und den zweiten SEK Beamten herauszulassen, die lautlos zu Messerschmidts Wohnung hinuntereilten.

Vor der Wohnungstür machten die Ermittler einem SEK-Mann Platz. Der klebte einen schwarzen Klebestreifen über den Türspion. Danach gingen die Männer rechts und links in Stellung. Der Gruppenführer drückte den Klingelknopf sekundenlang. Alle lauschten angespannt.

Nochmaliges Klingeln. Nichts, kein einziges Geräusch drang nach außen.

Der Gruppenführer gab ein Zeichen. Ein SEK-Mann setzte das elektronische Gerät mit der Saugmuschel auf das Türblatt und stülpte sich zwei Ohrmuscheln über. Ein Knopfdruck aktivierte die Betriebsbereitschaft. Ein grünes Licht leuchtete auf.

Erneutes Klingeln. Alles blickte angespannt auf den SEK-Mann. Der schüttelte den Kopf und löste das Gerät. Ein kurzer Befehl des Gruppenführers ins Kehlkopf-Mikro. Keine fünf Minuten später trat der Hausmeister aus dem Fahrstuhl. Im Handumdrehen öffnete er die Wohnungstür.

Auf Handzeichen stürmte das schwer bewaffnete SEK-Team in die Wohnung.

„Polizei, nehmen Sie die Hände hoch!" Wenig später: „Gesichert! Zielperson nicht am Ort!"

Nun waren die Ermittler dran. Malz' Team begann mit der Durchsuchung der Wohnung, abgesichert durch das SEK.

Vor dem 10-stöckigen Gebäude war ein gelbes Taxi vorgefahren. Einziger Insasse war Bernd Messerschmidt, der nach einem gemeinsamen frühen Frühstück mit einer „Dame" vom Häuserstrich die Heimfahrt angetreten hatte. Die letzte Kohle hatte gerade noch für das Taxi gereicht.

Müde schlurfte er über den Parkplatz zum Hauseingang. Und dann wurde er plötzlich hellwach. Vier Fahrzeuge weckten seine Sinne. Sein Instinkt meldete ihm: *„Bullentaxis"*. Die Autos mit unterschiedlichen Kennzeichen waren blitzsauber und nebeneinander rückwärts eingeparkt. Vorsichtig schlich er näher, strich über die Motorhauben. Handwarm. Und dann stach ihm aus einem VW Kombi etwas Rundes, Weißes in die Augen. Im Kofferraum lag kaum verdeckt eine Polizeikelle. Nun war alles klar. Die Bullen erwarteten ihn. Verdammte Scheiße, wie ist das möglich? Meine Bude ist „heiß". Die werden die Kohle finden.

Er hörte ein Fahrzeug. Ein weißer Transit kam nach einem schwungvollen Bremsmanöver vor dem Hauseingang zum Stehen. Noch ein Bulle, wahrscheinlich Spurensicherung. Blitzschnell duckte er sich. Von einer Minute zu anderen war er voll in die Scheiße gerutscht.

Als der Ermittler in der weißen Kombination mit zwei Metallkoffern im Hauseingang verschwand, hastete er in Richtung Friedhof. Dort war er unbeobachtet. Verflucht, wer hat mir die Scheißbullen auf den Hals gehetzt?

71. Das Kommissariat

Als das Durchsuchungsteam zurückkehrte, hatte Kluge schon über „Flurfunk" mitbekommen, dass man Messerschmidt nicht angetroffen hatte. Für die Ermittlungen selbst war das nicht so gravierend. Weitere Maßnahmen hingen vom Durchsuchungsergebnis ab. Er ließ seinem Team genügend Zeit.

„Ronda, sag Frauke, dass wir uns um 10.00 Uhr im Besprechungsraum zusammensetzen."

Vor ihm lag der Entwurf für die Durchsuchung der Privatklinik in der Südheide. Adressat war Prof. Dr. Gustaf Bäuerling, alias Bodo Beker, 4.2.1906 in Aachen, gemeldet in 29648 Bispingen, OT Schwindebeck, Nr. 85.

Er war über das Geburtsdatum gestolpert, doch die Nachfrage beim Einwohnermeldeamt der Samtgemeinde Bispingen hatte die Daten bestätigt. Ein steinalter Mann! Der soll in seiner Klinik Kinder quälen? Unvorstellbar. Und der soll Nazi-Arzt in Lüneburg gewesen sein?

Aber Webers Dokumentation und ihr Bildmaterial sprachen eine andere Sprache. Sein letztes Telefonat mit Stephan Clement hatte diesen von der Notwendigkeit der Durchsuchung überzeugt. Clement hatte ihn erneut darauf hingewiesen, dass mit Widerständen bei den Ermittlungen zu rechnen sei.

Zu gern hätte er sich darüber ausgetauscht, aber Clement war seit zwei Tagen telefonisch nicht zu erreichen. Auch seiner Bitte um Rückruf war er nicht gefolgt. Irgendetwas stimmte da drüben nicht, dachte er unruhig. Zeit für die Teambesprechung. Hastig schloss er seinen Entwurf weg. Alles noch *top secret*.

Im Besprechungsraum erwarteten ihn Ahlers und die anderen vier. Malz strahlte.

„Ihr habt zugeschlagen und Beweismittel gefunden?"
„Oh ja!" „Und was für welche", tönte es aus der Runde.

„Also dann leg mal los, Frauke!" Malz Augen blitzten.

Zügig berichtete sie von der Unterstützung durch das SEK und der Durchsuchung der Räume und aller darin befindlichen Behältnisse. Von der Dokumentation und Spurensicherung durch den ED. Danach hatte sie die Geländeabsuche in Kaltenmoor mit dem Leiter der Einsatzhundertschaft und dem Leiter der Diensthundestaffel organisiert.

„Und dann hatte Heidi, unsere Jüngste im Team, den Glücksgriff des Tages gemacht."

Mit Handschuhen zog Malz vorsichtig aus einem Karton ein banderoliertes Geldbündel heraus, auf der fettgedruckt die Zahl 500 stand.

„Und davon gibt es noch weitere 19 komplette Bündel à 500 DM mit dem Aufdruck – *Sparkasse Lüneburg* –. Insgesamt die 10 Riesen, die uns gefehlt haben." Siegessicher blickte sie sich um.

„Stellt euch vor, Heidi, unsere Literaturkennerin, hatte sich mit ‚Goethes Leben' befasst. Das stand im ‚Billy-Regal' von IKEA. Und dann purzelten die Scheine nur so heraus! Supi!"

Gebert konnte sich vor Lachen nicht einkriegen. „Du hättest ihr Gesicht sehen sollen, Chef. Das wär was fürs Familienalbum gewesen."

Die Ermittler strahlten.

„Glückwunsch Frauke und Glückwunsch Frau Schreiber. Das bringt uns nach vorn."

Malz nahm den Faden wieder auf. „Und zu guter Letzt fanden wir auch noch ein Cap, aber leider nicht die Lederjacke. Die dürfte Messerschmidt noch tragen."

„Das ist sehr ordentlich. Wenn die Geldbündel durch die Sparkasse zugeordnet werden können, mit Ausgabedatum, Empfänger und so weiter, haben wir ein wichtiges Indiz in den Händen. Und das müsste …"

Das Telefon unterbrach ihn. Ronda nahm das Gespräch an und sagte ein paarmal „ja".

„Hier Chef, deine Freundin vom 1. FK. aus Soltau, Frau Winderlich!" Dabei griente sie.

„Hört, hört, unser Chef hat eine Freundin in Soltau", raunte es durch den Raum.

„Kluge, wer spricht?"

Eine schnell und laut sprechende Frauenstimme war zu hören, bis Kluge den Sprachverstärker ausschaltete.

„Moment! Gib mal etwas zum Mitschreiben, Ronda."

Papier knisterte.

„Entschuldige, Stefanie, noch mal von vorn, ich kann mir nicht alles merken!"

Kluge sprach und schrieb gleichzeitig. Das Blatt wurde immer voller, und seine Stimme immer leiser. Schließlich legte er Schreiber und Papier aus der Hand.

„Das ist starker Tobak! Und du bist dir ganz sicher Stefanie?"

Die Ermittler ahnten nichts Gutes. Kluge steuerte das Gespräch dem Ende zu.

„Wir müssen uns zusammensetzen, weil ich jetzt einen massiven Verdacht habe und ein möglicher Zusammenhang mit einer neuen Ermittlungssache besteht." Winderlichs Antwort war nicht zu hören.

„Okay. Machen wir erst mal Schluss. Wir sitzen gerade in der Nachbesprechung zu einem Tötungsdelikt. Da haben wir auch noch genug zu tun." Kluge rieb sich an der Nase. „Also mach's gut Stefanie. Ich melde mich."

Es klickte und Kluge gab den Hörer zurück. Eine steile Falte hatte sich auf seiner Stirn gebildet. Abwesend starrte er auf seine Notizen.

„Wo waren wir stehen geblieben?" Doch eine Antwort blieb aus. Alle wollten wissen, was Sache war.

„Leute", sagte er. Ihr kennt den Vers: *Ich blickte zum Himmel und betete darum, dass es nicht noch schlimmer kommen werde, doch es kam noch schlimmer!"*

Und dann berichtete er vom Leichenfund im Behringer Forst, der zweifelsfrei als die Reste einer Kinderleiche begutachtet worden war. Vom verbrannten Fahrer des Leichenwagens des Soltauer Bestattungsunternehmens Boone, das in Verdacht geraten war, Beweismittel unterschlagen zu haben. Von der Absuche des 1 ha großen Privatgrundstückes des Unternehmens, bei der die Leichenhunde verrückt gespielt hatten, und dass man bei der Nachsuche mit technischem Gerät die Leichen von neun Kindern entdeckt hat.

Totenstille. Dann brandeten Kommentare auf.

„Neun Kinderleichen? Das ist Horror pur! – Haben wir es mit einem Massenmörder in der Heide zu tun? – Das sind mittlerweile bereits 11 Kinderleichen, unglaublich!"

Kluge rieb sich heftig die Nase.

„Ronda, hol uns bitte was zu trinken!"

Alle wussten, was der Chef meinte. Sie kehrte mit einer halbvollen Flasche Aquavit zurück und verteilte die Gläser.

„Schenk ein, Ronda, aber mach keine Striche", das war Mike. Aber es war niemanden zum Lachen zumute.

Kluge hob sein Glas.

„Eigentlich hatten wir heute auf den tollen Erfolg von Frauke anstoßen wollen, aber jetzt müssen wir unseren Schock runterspülen. Ich befürchte, dass etwas bisher nie Dagewesenes auf uns zukommt. In einer Dimension die wir allein, ich meine durch eine Dienststelle, nicht bewältigen können." Betroffen fügte er hinzu „Stefanie Winderlich hat es wirklich nicht leicht!"

Sein ernster Blick erreichte jeden in der Runde.

„Kollegen, das Leben geht mit uns nicht zimperlich um. Aber wir werden zuerst den Mordfall um Messerschmidt, Schumacher und Nottbohm aufklären! Danach kommt die dubiose Privatklinik dran. Auf unser Gelingen!" Mit einem Ruck kippte er das scharfe Getränk hinunter.

„Jens und ich werden die Lage neu beurteilen", und an Malz gewandt: „Du bleibst mit deinem Team an Messerschmidt dran, Frauke. Besorgt euch schleunigst einen Haftbefehl. Wegen Verdacht des Mordes an Gerstenmeier. Haltet mich auf dem Laufenden. Und nun viel Erfolg."

72. Back-Office

Zeitgleich herrschte im Back-Office eine bedrückte Stimmung. Das hing mit Schwierigkeiten bei der „Materialgewinnung" zusammen. Keine zwei Stunden war es her, dass sich die „Lady" gemeldet hatte. Wieder über ein mobiles Telefon, dessen Nummer unsichtbar blieb. Doch dieses Mal hatte Hildebrand blitzschnell den *Voice-Recorder* eingeschaltet. Die aufgezeichneten Dialoge waren der Grund für ihre schlechte Laune.

„Lady": „,Material' wird teurer!"
Hildebrand: „Warum?"
„Lady": „Ausfall von Transportkapazitäten!"
Hildebrand: „Geht's genauer?"
„Lady": „Zwei Container beschädigt samt ,Material'"
Hildebrand: „Nicht unser Risiko!"
„Lady", wütend: „Grenzer wollen mehr Scheine sehen!"
Hildebrand: „Sucht euch andere Wege!"
„Lady": „Ist nicht möglich!"
Hildebrand (nach Pause): „Gut, fünf Riesen, aber nicht mehr!"
„Lady": „Reicht nicht für zwei Grenzen!"
Hildebrand: „Verstehe ich nicht!"
„Lady": „Slowenien und Österreich machen Schwierigkeiten!"

Hildebrand: „Moment, kann ich nicht allein entscheiden."

(Das Tonband gibt undeutliches Gemurmel wieder.)

„Lady": „Entscheidet euch! Aber zügig!"

Hildebrand: „Moment noch!"

„Lady": „Klaut mir nicht meine Zeit!"

Hildebrand: „Acht Riesen! Vier für jede Grenze!"

„Lady", eiskalt: „Zehn!"

Hildebrand, pokernd: „Neun Riesen oder Asche!"

„Lady", wütend: „Verfickte Krämerseele! Einverstanden, aber nur dieses eine Mal!"

Hildebrand, ironisch: „Wir sollten uns treffen und drüber reden, Lady!"

„Lady": „Fuck! Leck mich!"

Hildebrand, zynisch: „So'n kleiner Arsch ist schnell geleckt."

„Lady": „Also gut: 3. Mai, vormittags, Parkplatz am Teterower See, gleich neben B 208 Fahrtrichtung Laage."

Dann leises Knacken. Die Aufzeichnung war beendet.

Beide Männer blickten sich besorgt an. Die Zellen im Keller leerten sich. Von der „Weiterverarbeitung des Materials" hing eine Menge ab. Schließlich brachte der Organversand monatlich fünfstellige Summen ein. Deshalb durfte die Beschaffung nicht abreißen.

„Die ‚Lady' blufft was das Zeug hält!"

Hildebrand war über die Kriegssituation auf dem Balkan gut informiert. Das bedeutete, dass immer noch Tausende von Menschen ihre Heimat verloren oder versuchten nach Österreich zu gelangen. Darunter unzählige Kinder. Das war der nicht nachlassende Run für die Schleuser.

„Genau das ‚Material', was wir brauchen", sagte Hildebrand. „Niemand fragt nach, was mit den geschleusten Kindern passiert!"

„Aber der Chef darf nichts vom unserem Deal wissen, Hildebrand."

Der verstand. Nur zu deutlich war seine Erinnerung daran, als Bäuerling ihn abgekanzelt hatte.

„Es ist wirklich das Beste, das Sie sich mit der ‚Lady' treffen, Hildebrand. Wir müssen ihr sichere Konditionen abfordern und uns regelmäßige Lieferungen garantieren lassen! Haben Sie das verstanden?"

„Das wird nicht einfach! Die raffinierte Schlange ist mit allen Wassern gewaschen und knallhart."

„Na, da sind Sie doch der Richtige, mit Ihren Börsianer-Tricks."

„Gut, ich werde mein Bestes tun, aber ich brauche noch einen zweiten Mann. Und zwar jemanden, der sich im Milieu auskennt. Und der sich nicht gleich in die Hosen scheißt, wenn die Bodyguards ihre Baseballschläger zeigen."

Bevor Schumacher antworten konnte, summte der Festnetzanschluss. Auf dem Display erschien die Nummer des Lüneburger Krankenhauses. Er schaltete blitzschnell und drückte die Mithörtaste.

„Dr. Klingfort hier."

„Städtisches Krankenhaus Lüneburg, Dr. Haverland."

„Oh, Herr Dr. Haverland. Das ist ja eine Überraschung. Was gibt es Neues?"

„Ja, es gibt wirklich Neues, Erfreuliches. Ihre Patientin Katharina Weber ist aus dem Koma erwacht."

„Habe ich Sie richtig verstanden, Herr Kollege?" Schumacher alias Klingfort verschlug es die Sprache.

„Ganz genau. Es ist auch für unsere Station eine positive Überraschung, dass Frau Weber wieder zurück im Leben ist. Wenn ihr Zustand so bleibt, können wir sie morgen von der Wachstation auf die Innere verlegen. Ist das nicht erfreulich?"

„Ja, natürlich ist es das! Ich freue mich sehr für meine Patientin, denn anfänglich bestanden doch große Bedenken."

„Richtig, wir hatten größte Befürchtungen, dass sie ihre schweren Verletzungen nicht überleben, geschweige denn aus ihrem komatösen Zustand aufwachen würde."

„Meinen Sie, dass es Ihnen gelingt, Frau Weber wieder in einen normal denkenden Menschen zurück zu verwandeln?"

Auf der anderen Seite blieb es still.

„Das ist spekulativ, Herr Kollege. Augenblicklich bedarf sie einer weiteren, intensiven Behandlungsphase, der sich später psychiatrische Behandlungen anschließen werden. Es ist zu vermuten, dass sie eher große Gedächtnislücken aufweisen wird. Aber das dürfte Ihnen doch bekannt sein, Herr Kollege Klingfort!" Haverlands Stimme klang frostig.

„Haben Sie sonst noch Fragen?"

„Nein, danke für Ihre Nachricht. Ich wünsche Frau Weber baldige Genesung."

Schumacher sah, dass ihm Hildebrand ein Zeichen gab.

„Ach ja, noch eine letzte Frage. Meinen Sie, ich könnte Frau Weber einmal aufsuchen?"

Die beiden hörten wie Haverland ärgerlich schnaufte.

„Ein Besuch ist möglich. Aber melden Sie sich bitte bei mir. Guten Tag, Kollege Klingfort!"

Es klickte in der Leitung.

Das war sehr beunruhigend.

„Das ist heute die zweite Hiobsbotschaft. Ich muss den Chef informieren!" Er schüttelte den Kopf. „Wie ist das möglich, dass diese Frau so schnell wieder zu den Lebenden zurückgekehrt ist? Wenn sich die Weber tatsächlich erinnert, kann das für uns sehr gefährlich werden!"

Erneut nachdenkliches Schweigen, bis sich Schumacher aufraffte.

„Wir müssen uns vorrangig um das neue ‚Problem' kümmern, Hildebrand, und uns dringend was einfallen lassen. Die ‚Materialbeschaffung' muss zurückstehen!"

73. Das Kommissariat

Auf dem Flur schrillte Ahlers und Kluge schon das Telefon entgegen. „Verdammt, geht der Scheiß nun weiter?" Genervt riss Kluge den Hörer hoch.

„Kripo Lüneburg, 1. Fachkommissariat, Kluge."

„Staatsanwaltschaft Lüneburg, Abteilungsgeschäftszimmer, Justizobersekretärin Neumann."

„Ah, guten Tag. Die Frau Neumann von der Geschäftsstelle 22 Js von OstA Clement?"

„Richtig. Und deswegen rufe ich an, Herr Hauptkommissar. Bei mir liegt ein Durchsuchungsbeschluss vom

AG Lüneburg in Sachen Dr. Bäuerling / Privatklinik in Schwindebeck."

„Sagten Sie Durchsuchungsbeschluss?"

„Gewiss. Herr Oberstaatsanwalt Clement hatte mir diesen gestern kurz vor Feierabend rein gereicht, und mich gebeten, Sie heute zu benachrichtigen. Leider hatte ich tagsüber so viele Eingänge zu bearbeiten. Entschuldigen Sie bitte meine Verspätung."

„Oh, das ist nicht weiter schlimm, Frau Neumann, Ich lasse ihn abholen. Aber bevor Sie auflegen, was ist mit Herrn Clement? Ich konnte ihn in den letzten Tagen nicht erreichen?"

Neumann räusperte sich.

„Herr Kluge, verstehen Sie mich bitte nicht falsch, aber ich möchte am Telefon nicht darüber reden. Herr Clement hat einen verschlossenen Umschlag für Sie hinterlegt."

Kluge verspürte ein unangenehmes Gefühl. Viele Fragen brannten ihm seit Tagen unter den Nägeln, die er nur mit Clement erörtern konnte.

„Gut, Frau Neumann. Herr Ahlers wird beides abholen. Auf Wiederhören." Er legte auf. „Hast du mitbekommen, um was es geht, Jens?"

„So ungefähr. Ich hörte etwas von einem Durchsuchungsbeschluss."

„Stimmt, für die Privatklinik. Der liegt drüben auf dem Geschäftszimmer, zusammen mit einer Nachricht für mich."

„Und ich soll nun beides abholen?"

„Du würdest mir damit einen großen Gefallen tun. Aber das hat noch eine kleine Weile Zeit. Lass uns überlegen, wie wir mit den Soltauer Kindergräbern umgehen wollen."

Kluge griff erneut zum Hörer.

„Ronda, halte uns bitte für die nächste halbe Stunde Anrufe vom Leib. Und bring uns Kaffee, bitte!"

Sie setzten sich zusammen und griffen zu Papier und Filzstiften. *Brainstorming* war angesagt. Kluge stellte das Flipchart-Board mit seinen Magnethalterungen auf und zog bunte Pappkärtchen aus der Schublade.

„Na denn wollen wir mal!"

74. Das Geschäftszimmer

Nach dem Auftrag ihres Chefs wandte sich Kubitzke dem Kaffeekochen zu. Wenig später blubberte die Maschine in dem schlicht ausgestatteten Büro. Die hellen Möbel stammten aus den Sechzigern. Als sie das Geschirr für die beiden Ermittler zusammenstellte, summte das Telefon.

„Was möchtest du denn nun noch, Chef?"

Doch es war nicht Kluge, sondern eine freundliche Männerstimme.

„Wenn ich mit der Abteilung von Kriminalhauptkommissar Kluge verbunden bin, werde ich meinen Wunsch gern äußern. Ich bin auch Chef, nämlich Dr. Haverland vom Städtischen Krankenhaus Lüneburg," klang es humorig. Für den Anrufer unsichtbar verfärbte sich Kubitzkes Gesicht.

„Entschuldigung, Herr Doktor! Das ist mir sehr peinlich!" Sie stotterte. „Sie möchten bestimmt mit Herrn Kluge sprechen."

„Ja, ist das möglich?"

„Leider nein, Herr Doktor. Mein Chef ist in einer sehr dringenden Besprechung und hat mir aufgetragen, Anrufe nicht weiterzuleiten …"

„Na, da muss ich mich wohl auch daran halten, was meinen Sie, Frau …?"

„Kubitzke, Ronda Kubitzke, Chefsekretärin, Herr Doktor."

„Können Sie denn Herrn Kluge wenigstens etwas ausrichten, Frau Chefsekretärin?"

„Natürlich geht das, Herr Doktor!"

Sie hörte ein fröhliches Lachen.

„Gut! Also Frau Chefsekretärin Kubitzke. Richten Sie bitte Herrn Kluge dringend aus, dass Frau Katharina Weber aus dem Koma erwacht ist und sich jetzt auf der Inneren Station befindet. Ich habe bereits Dr. Klingfort, ihren Hausarzt, davon unterrichtet. Würden Sie das bitte alles genau so weitergeben?"

„Jawohl, Herr Doktor! Ich werde das Herrn Kluge gleich sagen."

„Danke und grüßen Sie ihn bitte. Vielleicht schaut er mal bei mir rein. Auf Wiederhören, Frau Kubitzke."

„Auf Wiederhören, Herr Doktor."

Sie legte auf, griff zum Notizblock und notierte Name, Zeit und Grund des Anrufes. Zufrieden mit sich legte sie die Mitteilung in Kluges Fach. Der Chefarzt hat mich *Chefsekretärin* genannt. Das war ihr spontan rausgeschlüpft. Dann widmete sich wieder dem Kaffeegeschirr.

Nebenan hatten Ahlers und Kluge das Flipchart mit einem Dutzend beschrifteter, farbiger Kartons bestückt. Namen, Ereignisse, Tatorte / Fundorte. Alles mit Linien verbunden, so dass für den Betrachter der Schwerpunkt erkennbar war. Über allem prangte auf einem roten Kärtchen der Name – **Prof. Dr. Gustaf Bäuerling** –.

Hinter einigen Aufzeichnungen standen Fragezeichen. Dabei handelte es sich um Sachverhalte, die noch nicht mit dem Verdächtigen verknüpft werden konnten, wie „Soltauer Kindergräber" – „Aussagen Weber" und andere.

Die Ermittler waren sich einig, dass sich aus den Erkenntnissen der Anfangsverdacht ableiten ließ, der strafprozessrechtlich für die Durchsuchung ausreichte. Aber ein konkreter Tatverdacht gegen Bäuerling ließ sich zurzeit noch nicht konstruieren. Zweck der Durchsuchung war es, Beweismittel zu finden, die den Anfangsverdacht erhärten sollten. Dazu zählte der persönliche Nachweis über misshandelte Kinder.

Kluge ging die Warnung seines Freundes Clement durch den Kopf: *„Ich habe das Gefühl, lieber Bernhard, da kommt etwas Ungeheuerliches auf uns zu. Und mit ‚uns' meine ich deine Dienststelle und meine Behörde. Wenn wirklich diese Klinik in solche Straftaten involviert sein sollte, die dem Schrecken-Szenarium der NS-Zeit nahekommen, ich spreche hier von der sogenannten ‚Euthanasie', dann braut sich ein Sturm zusammen, der nicht nur von den sogenannten Konfliktverteidigern mit Spitzenhonoraren angefacht wird".*

„Jens, es kann sein, dass wir mit unserem Aufschlag heftig ins Fettnäpfchen treten können, nein: werden. So ähnlich hatte es Stephan Clement bei unserem letzten Gespräch ausgedrückt, nur noch deutlicher."

„Was meinte dein Freund damit? Wollte er uns auf Konfliktverteidiger hinweisen, die vielleicht im Doppelpack erscheinen?"

„Nein, das glaube ich nicht. Damit können wir umgehen." „Aber was dann?" „Er sprach zwischen den Zeilen von vergangenen NS-Zeiten, als Juristen und Anwälte in die ‚Euthanasie-Morde' verstrickt waren. So glaube ich ihn verstanden zu haben."

„Aber heute ist es doch nicht wie vor fünfzig Jahren. Wenn es damals solche kranken Typen gab, sind die doch längst Geschichte!"

„Hoffentlich hast du Recht. Clement hat mich bestimmt nicht ohne Grund gewarnt. Und findest du das nicht eigenartig, dass er auf einmal ‚abgetaucht' ist?" Ahlers fuhr sich nachdenklich durch sein schulterlanges Haar.

„Komisch ist es schon, dass du ihn nicht erreichen kannst. Vielleicht werden wir mehr aus seinem Schreiben erfahren."

„Okay, gut das du mich daran erinnerst. Mach dich bitte auf den Weg. Es geht schon wieder auf Nachmittag zu. Vielleicht werden wir dann schlauer."

75. Flucht

Die frühe Morgenstunde auf dem menschenleeren Gelände des Waldfriedhofes trug dazu bei, dass Messerschmidt sich wieder beruhigte, nachdem er festgestellt hatte, dass ihm keine momentane Gefahr drohte. Aber es war nur eine Frage der Zeit, bis sein Name auf der Fahndungsliste und in den Bullendateien auftauchte. Also musste er untertauchen. Aber wohin?

Das Frühstück mit Kirstin, der Dunkelhaarigen aus dem Sülztor-Bordell, fiel ihm ein. Dort für eine Weile bleiben? Nein, wenn die Bullen auftauchten, würde die schnell einknicken. Die eigene Haut war ihr wichtiger.

„Scheiße, Scheiße", fluchte er laut.

Die Sonne schickte ein paar frühe Strahlen durch die Spitzen der Friedhofsbäume. Er zog sich hinter die grünende Hecke einer Grabanlage zurück und fand eine feuchte Holzbank.

Ernüchtert öffnete er seine Börse. Nur noch Münzen. Die reichten für ein Busticket in die Stadt.

Aber ich habe noch die Euro-Card, dachte er. Das war beruhigend. Er musste zu einem Geldautomaten. Am günstigsten war der am Oedemer Weg. Danach würde er sich ein neues Handy besorgen, mit einer Prepaid-Karte.

Sein nächster Check galt dem virtuellen Adressspeicher. Er klickte von einem Namen zum anderen; Kumpels, zu denen er noch losen Draht oder bei denen er noch was gut hatte. Ich brauche dringend eine Höhle und einen Job und Kohle. Vielleicht bei einer Security-Firma, die nicht so auf Lebensläufe schielte. Oder als Türsteher?

Nach der Spezialausbildung zum Marinekampfschwimmer hatte er sich in „Mucki-Buden" fitgehalten. Danach war er Kampftrainer in der „Wehrsportgruppe Lübeck" gewesen und hatte die „braunen Jungs" mit paramilitärischen Übungen begeistert. Das Ganze war von einem „Freundeskreis" gesponsert worden, so dass er immer ein paar Scheine „auf Tasche" hatte.

Das waren Zeiten, dachte er wehmütig. Bei einem Wettkampf mit „Kampfgerät": Pistolen und Gewehr-Attrappen, irgendwo an einem einsamen Ostseestrand, war ein wichtiger Typ vom „Freundeskreis" dazu gestoßen. Der hatte ihn als „Kamerad Messerschmidt" angesprochen und ihn vor der Gruppe sehr gelobt. Der lebensältere Mann, den die Kumpels als „Advokat" angesprochen hatten, bot ihm beim „Kameradschaftsabend" am offenen Lagerfeuer und fetziger Marschmusik einen Job als „Soldat" an. Beim Abschied hatte der Typ ihm eine Visitenkarte in die Hand gedrückt. „Verein für Erhalt und Pflege heimatlicher Bräuche" hatte drauf gestanden. *„Heimatliche Bräuche"*, dazu war ihm der Schützenverein eingefallen. Das war nichts für ihn, und deshalb war er nicht auf das Angebot eingegangen. Er wollte selbständig bleiben. Vom Befehlston bei der *Army* hatte er genug. Und außerdem hatte er aus Hamburg verschwinden müssen.

Messerschmidt begann zu frösteln. Ein Motorengeräusch riss ihn aus seinen Gedanken. Durch die Zweige sah er einen kleinen Trecker mit Anhänger, darauf einen Mann in grünem Arbeitskombi. Er duckte sich, dann war der Spuk schon vorbei. Friedhofsgärtner, verdammt früh, ich muss hier weg.

Er schlug den nördlichen Weg zur Stadt ein. Beim nahen Einkaufszentrum fuhren Busse, in die viele Leute einstiegen. Da würde er nicht auffallen. Seine Rechnung ging auf. Kein Fahrgast scherte sich um den anderen. Er entspannte sich. Der Bus hielt im morgendlichen Berufsverkehr zwar immer vor Verkehrsampeln, aber das war normal. Doch dann zuckte er zusammen, als zwei grüne Kleinbusse mit Blaulicht und hoher Geschwindigkeit entgegenkamen. Sie rasten in Richtung Kaltenmoor. Hinter den großen Seitenscheiben konnte er Uniformierte mit weißen Helmen erkennen. Bereitschaftspolizei, wahrscheinlich zwei Gruppen, dachte er. Gerade mal halb acht durch. Alle Achtung, die Bullen drehen ganz schön auf. Aber sie sind nicht schnell genug für mich. Gelassen lehnte er sich zurück. Eine Idee blitzte auf.

Er hatte die Nummer des „Advokaten" gespeichert, der ihm das Angebot gemacht hatte. Dessen Visitenkarte lag als Lesezeichen irgendwo in seinen Büchern. Plötzlich wurde ihm heiß. Verdammt, wenn die Bullen die finden! Doch schnell beruhigte er sich wieder. Die Visitenkarte war neutral und ließ keine Rückschlüsse zu.

Nur noch wenige Minuten bis zum Sande. Von dort würde er als „ganz normaler Bürger" seinen Weg zum Geldautomaten nehmen. Danach bei Karstadt frühstücken und auf den „Sülzwiesen" spannen, ob sich nicht eine „Fahrgelegenheit" bei den „Touri-Kisten" gab.

76. Das Kommissariat

Frauke Malz hatte Kluge das Sicherstellungsprotokoll von der Durchsuchung und den Haftbefehlsantrag gegen Messerschmidt vorgelegt, dann über den Einsatz der Bereitschaftspolizei und der Diensthundestaffel berichtet.

Bei der Geländeabsuche hatte sich ein Friedhofsgärtner gemeldet. Von seinem Traktor hatte er auf dem Waldfriedhof einen Mann sitzen gesehen. Leider nur im Vorbeifahren. Der Mann war mit einer dunklen Jacke bekleidet. Aber das war bisher der einzige Hinweis auf Messerschmidt. Zeitlich würde das passen und ließe den Schluss zu, dass Messerschmidt Wind bekommen hatte.

Kluge war mit Malz' Arbeit zufrieden. Gut, wenigstens das lief wie vorgesehen, dachte er. Gleich halb drei.

„Ronda, gab es in der Zwischenzeit etwas, was ich wissen müsste? „Nee, Chef. Hätte ich dir doch gleich gesagt."

„Und hast du was von Jens gehört?"

„Nee Chef, meine Ohren reichen nicht bis zur Burmesterstraße!"

Er verzog keine Miene. Lustlos griff er zum Sicherstellungsprotokoll, in dem auch die banderolierten Geldbündel aufgeführt waren. Mittlerweile lagen sie sicher im Tresor der Dienststelle. Insgesamt waren es nur ein gutes Dutzend Gegenstände, die als mögliche Beweismittel in Frage kamen und noch ausgewertet werden mussten. An einer Eintragung blieb er hängen. Es handelte sich um eine Visitenkarte eines „Vereins für Erhalt und Pflege heimatlicher Bräuche" mit einer ihm fremden Telefonnummer.

Kluge stutzte. Was hatte der Ganove mit einem Heimatverein zu tun? Aus dem Protokoll ging nur hervor, dass die Karte als Lesezeichen in einem Buch gelegen hatte. Er schrieb für Malz eine Anmerkung, klammerte den Zettel an das Protokoll und ging ins Geschäftszimmer.

Kubitzke saß versunken vor ihrem geöffneten Bildschirm und fuhr plötzlich erschrocken hoch. Hektisch rannte sie zu seinem Fach und zog ihre Gesprächsnotiz heraus. „Hier Chef, die Mitteilung vom Städtischen!" Ihre Stimme zitterte.

„Bitte was? Vom Städtischen Krankenhaus meinst du?"

„Ja, Chef!"

In Sekundenschnelle erfasste er den Inhalt.

„Ronda, sag mal, bist du noch ganz bei dir? Da sitzt du auf deinem breiten Hintern. Und wenn ich dich nach etwas Wichtigem frage, wirst du patzig!" Seine Worte dröhnten über den langen Flur. „Darüber sprechen wir noch, Frau Kubitzke. Das dürfen Sie glauben!" Wütend rannte er aus dem Zimmer.

Ronda Kubitzke plumpste in ihren Bürostuhl. Ich habe was versiebt, und der Chef hat mich *gesiezt*. Das hat er zuletzt bei meiner Einstellung getan.

Nebenan starrte Kluge aus dem Fenster. Dabei entging ihm, dass Ahlers reingekommen war.

„Was ist denn los bei euch, Bernhard? Ein Lärm auf dem Flur. Ronda sitzt vor ihrem PC und heult Rotz und Wasser. Und du peilst aus dem Fenster, als wenn du rausspringen möchtest."

Ahlers wedelte mit zwei Schriftstücken.

Aber Kluge schwieg und reichte ihm Rondas Notiz.

„Hier lies! Wie konnte Ronda das bloß vergeigen?" Dann starrte er aus dem Fenster. Ahlers überflog die Zeilen.

„Jetzt verstehe ich! Wer ist dieser Dr. Klingfort?"

„Keine Ahnung!" Kluge strich sich müde über die Stirn und deutete auf das aufgeschlagene Telefonbuch. „Es gibt keinen Dr. Klingfort im Telefonbuch. Wir müssen was unternehmen, Jens! Gleich!"

Ahlers sah einen erschöpften Chef vor sich.

„Das werden wir. Aber hast du vorher noch ein Ohr für was Wichtiges?" Es dauerte eine Weile bis Kluge ein Licht aufging.

„Entschuldige, Jens. Ich werde schon ganz rappelig. Du warst ja bei der StA. Zeig mal her?"

Der reichte ihm den Durchsuchungsbeschluss und einen verschlossenen Umschlag mit der Aufschrift: *Für KHK Bernhard Kluge persönlich!*

„Danke! Eins nach dem anderen." Eilig überflog er die richterliche Entscheidung.

„OK! Ist alles aufgeführt. Jetzt müssen wir nur noch den Zeitpunkt festlegen. Und nun das Nächste."

Ungeduldig riss er den Umschlag auf. Er begann zu lesen und schüttelte dann ungläubig den Kopf. „Das kann nicht wahr sein", murmelte er leise.

„Was ist los, Bernhard?"

„Unglaublich!" Er legte Clements Schreiben zur Seite und blickte Ahlers ratlos an. „Was ich dir jetzt sage, ist *top secret*. Meinem Freund Stephan hat man die weiteren Ermittlungen gegen Bäuerling entzogen! Stell dir *das* vor!"

Sein Gesicht hatte sich hochrot verfärbt.

„Hier steht es schwarz auf weiß. Und nicht genug. Man hat Clement kurzfristig in den Urlaub verbannt!" Ein Wutschrei folgte. „Was geht da bei der StA vor? Wer dreht da am Rad?" Er schlug mit der Faust auf den Schreibtisch. „Hier lies!"

Ahlers vertiefte sich. „Das ist nicht zu begreifen", war seine Reaktion.

„Deshalb war Stephan nicht zu erreichen. Jetzt verstehe ich auch seine Warnung."

Ahlers wurde hellhörig. Er war über Kluges Gespräche mit Clement nicht auf dem letzten Stand. Aber diese Entscheidung bedeutete nichts Gutes. In seinen fünfundzwanzig Dienstjahren hatte er noch nie gehört, dass einem Staatsanwalt oder sogar Oberstaatsanwalt und Abteilungsleiter die Ermittlungen entzogen worden waren.

„Und hier steht noch: *Die alten Netzwerke stecken dahinter!* Was bedeutet das?"

„Keine Ahnung, Bernhard. Aber das hört sich nicht gut an!"

„Richtig! Aber trotz allem werden wir den Gerichtsbeschluss umsetzen! Komme, was da wolle. Wahrscheinlich hatte mein Freund etwas geahnt und deshalb unseren Antrag durchgewunken. Ich muss Tödter informieren!" Er nahm das folgenschwere Schreiben und verschloss es in seinem Schreibtisch.

„Und nun zurück zu Haverland."

Ahlers war verblüfft über den schnellen Themenwechsel. Aber das war typisch für seinen Chef.

„Im Augenblick bleibt uns nichts erspart. Wir müssen eine offene Baustelle nach der andern abarbeiten." Ein zweites Mal las Kluge Kubitzkes Notiz.

„Ronda, komm bitte mal rüber!"

Stuhlscharren im Geschäftszimmer. Und dann erschien sie. So hatte Kluge seine Mitarbeiterin bisher nur erlebt, als ihre Katze überfahren worden war. Mit verheulten Augen und aufgequollenem, rotem Gesicht stand sie vor ihm. Wie das Leiden Christi, dachte er. Er schob ihr einen Stuhl hin.

„Setz dich bitte, Ronda. Kann ich dich etwas fragen?"

Aber sie blieb stumm und starrte weiter vor sich hin.

„Also gut! Erstens: Entschuldige, dass ich dich vorhin so angeschrien habe."

Eine Weile verging, bevor er weiter redete.

„Und zweitens: Erzähl uns, was Dr. Haverland gesagt hat. Jedes Wort!"

Wieder verging eine Weile. Dann räusperte sich Ronda Kubitzke die Stimme frei. Ausführlich berichtete sie das, was der Mediziner ihr aufgetragen hat.

„Entschuldige Chef, das kommt nie wieder vor. Das verspreche ich dir. Und bitte rede mich nicht mehr mit *Frau Kubitzke* an." Verschämt wischte sie sich ein paar Tränen ab.

Die Männer lächelten vorsichtig.

„Gut, Ronda, auch ich verspreche es dir!"

Kluge reichte seiner tüchtigen, aber manchmal patzigen Helferin die Hand. „Dann ist wieder Burgfriede, Ronda", war Kluges letztes Wort.

Diese nickte und verließ schniefend den Raum. Sie ließ zwei Männer zurück, die ebenso froh waren über die Beilegung des „Missverständnisses".

„Wir müssen unbedingt mit Haverland Kontakt aufnehmen, Jens, und ihn auf den wahrscheinlich falschen Hausarzt hinweisen, bevor Weber was zustößt!"

„Was meinst du?"

„Ich denke an den sogenannten Dr. Klingfort." „Du meinst?" „Ich mag mir nicht vorstellen, was passiert, wenn dieser dubiose Arzt, wenn es überhaupt einer ist, vor uns bei Weber eintrifft."

„Du denkst an einen neuen Anschlag?" „Ja, das halte ich für möglich."

„Ich rufe Haverland an und verfüge, dass niemand Frau Weber besuchen darf."

„Gut! Noch besser wäre es, du fährst ins Krankenhaus!" Es war eine äußerst bedrückende Vorstellung, die wichtige Zeugin in erneuter Gefahr zu sehen.

Als Ahlers gegangen war, zog Kluge die Notiz aus Clements Umschlag, die er seinem Vertreter vorenthalten hatte.

Du erreichst mich unter dieser Nummer. Merk sie dir und verbrenne den Zettel. Dein Freund Stephan!

Ja, so soll es laufen Stephan! Aber nicht mehr heute. Er steckte die Nachricht in sein Portemonnaie.

Heute ist unser zwanzigjähriger Hochzeitstag! Die „Kupfer-Braut" wartet schon.

77. Anwaltskanzlei Landeshauptstadt Erfurt

In der renommierten Anwaltskanzlei von Giermann & Dunkel, gelegen in einem der schön restaurierten Fachwerkhäuser auf der Krämerbrücke in Erfurt, nahm die Kanzleisekretärin Sieglinde Sturm ein Telefonat entgegen. Sie stellte es zu ihrem Chef, Dr. Adolf Giermann durch, dem Senior der nun schon in der dritten Generation bestehenden Kanzlei.

Im Gegensatz zu der äußeren Erscheinung des romantischen Fachwerkgebäudes war die Ausstattung in dessen Büro von kühler Sachlichkeit geprägt. Moderne weiße Möbel, farblich passende, geräuscharme Bodenbeläge, Designer-Leuchten und bequeme Besuchersessel in hellem Leder. Insgesamt verfügte die Kanzlei über sechs Büroräume, in denen auch die Steuerberatung seines guten Freundes Benno Dunkel untergebracht war.

Auf dem breiten Schreibtisch aus hellgrauem Pappelholz lag die Morgenpresse. Neben dem Anwalt stand eine Tasse Kaffee, aus der er sich ab und zu genüsslich einen

Schluck gönnte. Der Vormittag hatte bereits die zehnte Stunde überschritten, als ihn ein Anruf auf seinem persönlichen Anschluss erreichte.

Er nahm diesen entgegen und lauschte. Bis er von dem Anrufer eine Vorstellung hatte, brauchte es eine Weile. In Stichworten notierte er, was ihm wichtig erschien.

„Ich denke, wir werden Ihnen helfen können. Sind Sie erreichbar?" Sorgfältig fügte er eine Mobilnummer zu den Notizen hinzu. „Rufen Sie nicht wieder an. Sie erhalten einen Rückruf!"

Nachdenklich blickte er aus dem Fenster. Zu seinen Füßen floss die *Gera* unter der berühmten Brücke hindurch. Sie war nach den vielen Regentagen bis an beide Ufer mit bräunlichem Wasser gefüllt. Wie in jedem Frühjahr. Doch der blaue Himmel darüber machte alles wett.

Er erinnerte sich an den Anrufer und an die „Veranstaltung", oben an der Ostseeküste bei Lübeck. Ein brauchbarer Mann, der ihn damals beeindruckt hatte, und den er für seine Pläne hätte gut gebrauchen können. Aber der hatte damals sein Angebot abgelehnt. Nun kehrte sich das Ganze um. Wie so manches Mal.

Entspannt sah er sich in seinem Refugium um, als der private Anschluss erneut summte.

Dieses Mal erkannte er den Anrufer sofort und bediente den *Voice-Recorder*. Der „Hilferuf" aus der nordöstlichen Region Niedersachsens war nicht ungewöhnlich.

Persönlich hatten sich der Anrufer – Beisitzer im „Verein für Erhalt und Pflege heimatlicher Bräuche"– und er gegenseitige Unterstützung zugesichert. Juristischer Rat gegen monetäre Zuwendungen. Nun musste gehandelt werden, dringend, so hatte es der Anrufer formuliert.

Nach wenigen Minuten beendete er das Gespräch und stoppte den Recorder.

„Frau Lewandowski, bitte einen frischen Kaffee."

Erneut trat er an das breite Fenster. Sein Blick schweifte über den kleinen Fluss. Am betonierten Ufer wurden Tische und Stühle für die Touristen aufgestellt.

Unsere Stadt hatte sich enorm entwickelt, dachte Giermann, noch den drohenden Verfall der historischen Gebäude zu DDR-Zeiten vor Augen. Der Rat der Stadt hatte in den Achtzigern nur widerstrebend der Restaurierung der Krämerbrücke und anderer Sehenswürdigkeiten zugestimmt. In der neuen Republik war es dann mit großen Schritten voran gegangen.

Als die Kanzleisekretärin duftenden Kaffee hereintrug, hielt ihn nichts mehr an seinem Aussichtsplatz.

„Danke", sagte er und wartete bis sich die Tür hinter seiner „rechten Hand" geschlossen hatte.

Er ließ den Recorder laufen. Die Stimme des Anrufers erfüllte den Raum. Detailliert schilderte der sein „Problem". Er machte sich Notizen. Man könnte zwei Fliegen mit einer Klappe schlagen, dachte er zufrieden. Der Verein würde einen „tatkräftigen Mitarbeiter" dazu bekommen und gleichzeitig seinem Beisitzer helfen, dessen Problem zu lösen. Besser konnte es nicht laufen.

Er griff zum Hörer.

„Frau Lewandowski, verbinden Sie mich mit Anrufer zwei und danach mit Anrufer eins!"

Er nannte ihr die Rufnummern und rieb sich die Hände. Ein erfolgreicher Morgen.

78. Der Anschlag

Am Vormittag des 29. April, einem Donnerstag, herrschte im Städtischen Krankenhaus an der Bögelstraße ungewöhnlicher Hochbetrieb. Auf der Umgehungsstraße, in Fahrtrichtung Hamburg, hatte es einen schweren Verkehrsunfall mit zahlreichen Verletzten gegeben. Auch ein Schulbus war davon betroffen. Rettungsfahrzeuge von DRK und ASB wechselten die Standplätze vor dem breiten Eingangsportal, um die Verletzten an ihre Kollegen zu übergeben.

Das Foyer war überfüllt mit Männern und Frauen in weißen Kitteln, die die schwer verletzten Kinder und Erwachsenen auf ihren Rollliegen im Laufschritt zu den Aufzügen schoben. Deshalb fiel es auch gar nicht weiter auf, dass einer der Mediziner im Aufzug zurückblieb, als dieser im zweiten Stock hielt.

Der Mann fuhr weiter zum Stockwerk III, „Innere Station". Als sich der Aufzug öffnete, trat er, nun ausgestattet mit dunklem Oberlippenbart, Brille und schwarzer Perücke, auf den breiten Flur. An dessen Ende befand sich der Eingang zur „Inneren". Zielstrebig ging er hindurch und zum Stationszimmer in Gangmitte.

Dort war die Praktikantin, Schwesternschülerin Inge, mit dem Verteilen der Medikamente beschäftigt. Sie blickte erschrocken, als der unbekannte Arzt plötzlich lächelnd vor ihr stand.

„Ich bin Dr. Klingfort. Sagen Sie mir doch bitte, auf welchem Zimmer liegt Frau Weber, Schwester Inge. Dr. Haverland hat mich gebeten, nach ihr zu sehen."

Die blonde Auszubildende im Praktikum errötete. *Schwester Inge*, hatte zu ihr noch niemand gesagt, und schon gar kein richtiger Doktor. Das Namenschild ergänzte das.

„Gern, Herr Doktor. Frau Weber liegt jetzt im Einzelzimmer. Auf Anordnung von Dr. Haverland." Sie blickte auf eine Liste. „Das ist die Nummer 25, Herr Doktor, von hier aus der linke Gang."

Noch immer lächelte ihr der Arzt freundlich zu. Eigentlich hätte sie Dr. Haverland über jeden Besuch informieren müssen. So lautete die Vorgabe.

„Danke, Schwester Inge. Da finde ich hin!" Klingfort alias Schumacher war zufrieden. Nach der Nummerierung musste das Zimmer ziemlich am Ende des Ganges sein.

Etwa zur gleichen Zeit hatte Till Geiger auch den Aufzug im dritten Stockwerk verlassen, und sich an der Beschriftung der breiten Glastür orientiert. „Innere Station" stand darauf. Mit seinem Blumenstrauß in der Hand war er an der Rezeption aufgehalten worden. „Sie sind wohl von der Kripo? Dann müssen Sie jetzt zu Zimmer 25 – auf der ‚Inneren'." Er war verwundert. Was meinte die Frau mit *jetzt*? Nun hatte er es eilig, dorthin zu kommen.

Katharina Weber war in die einzige Patientin in Zimmer 25, in das sie tags zuvor verlegt worden war. Die morgendliche Visite und das Frühstück waren längst vorüber. Dr. Haverland hatte sich zufrieden über ihren Zustand geäußert. Sie war zwar noch mit der Infusionsflasche über ihrem Bett verbunden, aber diese enthielt nur „gute Sachen zum Aufbau", hatte der Arzt gesagt. In der neuen Woche sollte sie bereits mit leichtem Bewegungstraining beginnen.

Vom Bett konnte sie durch das Fenster blicken und freute sich am blauen, sonnigen Himmel. Beruhigt streckte sie sich aus. Hoffentlich kann ich bald wieder nach Hause. Wie es da wohl aussehen mag und in meinem Garten?

Annähernd drei Wochen waren seit dem Unfall vergangen, den sie sich immer noch nicht erklären konnte. Auch nicht, warum sie gestern in dieses Zimmer verlegt wurde. Die freundliche Stationsschwester hatte etwas von Renovierung gesagt.

Sie goss sich gerade vom Apfelsaft ein, als die Tür mit Schwung geöffnet wurde. Im Augenwinkel sah sie einen weißen Kittel, aus dessen Tasche ein Stethoskop ragte.

„Nanu, Herr Doktor Haverland, haben Sie noch etwas vergessen?" Dann erkannte sie, dass es ein fremder, älterer Arzt war. Dunkelhaarig, mit Oberlippenbart und Brille. Der trat freundlich lächelnd näher und schloss die Tür. Weber richtete sich verblüfft auf.

„Wer sind Sie denn? Und was wollen Sie?"

„Ich bin Dr. Klingfort, der neue Vertreter vom Stationsarzt." Der Bärtige lächelte weiter.

Weber wurde argwöhnisch. „Davon weiß ich aber nichts." „Ich bin erst seit einer Woche im Haus, und da konnte ich noch nicht alle Stationen kennenlernen, Frau Weber. Also kein Grund zur Unruhe." Er griff in seine Kitteltasche und zog eine Spritze heraus, die er fachmännisch aufzog.

„Dr. Haverland hat angeordnet, dass ich Ihnen eine Injektion zur Herzstärkung geben soll." Er trat an Webers Bett und schwenkte lächelnd eine rote Druckmanschette. „Tut gar nicht weh!"

„Das glaube ich Ihnen nicht. Dr. Haverland war vor einer halben Stunde hier. Er hat gesagt, dass mit mir alles in Ordnung ist."

Plötzlich war die Freundlichkeit des Arztes wie weggewischt.

„Sie werden jetzt tun, was ich Ihnen sage. Her mit ihrer Armbeuge!"

„Nein, das werde ich nicht. Ich will sofort Dr. Haverland sprechen!"

Voller Angst griff sie zum Notfallknopf. Doch Klingfort schlug ihre Hand weg und ergriff ihren linken Arm. In Sekundenschnelle streifte er die rote Manschette über das Ellbogengelenk und zog diese zusammen.

„Lassen Sie mich los!" Katharina Weber schrie vor Schmerzen.

„Das würde Ihnen so passen, Sie Schnüfflerin. Aber damit ist es jetzt vorbei!" Blitzschnell hatte er ihren Arm hochgerissen und die Spritze in ihre Vene versenkt.

„Hilfe, Hilfe", gurgelte Weber.

Aber gegen die körperliche Übermacht des kräftigen Mannes kam sie nicht an. Sie schlug wild um sich und fegte die Apfelsaftflasche samt Glas vom Nachttisch. Sekunden später entfaltete sich die Wirkung des Atropins. Ihr Körper sank zusammen, und ihr Kopf schlug haltlos auf die Kante des Nachttisches. Die letzte Erkenntnis war, dass sie Klingforts Gesicht schon irgendwo gesehen hatte.

Dessen teuflisches Grinsen nahm sie nicht mehr wahr. Auch nicht, dass dieser vor Schreck die Spritze fallen ließ, als von außen heftig gegen die Tür gehämmert wurde.

Sofort raste Klingfort alias Schumacher los und prallte im offenen Türrahmen mit einem Mann zusammen. Dabei fiel seine Brille herunter. Wie von Furien getrieben, rannte er am Stationszimmer vorbei zum Fahrstuhl. Als sich Sekunden später die automatische Tür hinter ihm schloss, atmete er erleichtert auf. Es hatte geklappt. Weber würde den Cocktail der Schwarzen Tollkirsche aus dem Giftschrank der Privatklinik nicht überleben.

Minuten später verließ Dr. Schumacher alias Klingfort unbehelligt das Städtische Krankenhaus. Entspannt ging er zu dem schwarzen Mercedes mit WL-Kennzeichen, den er verbotswidrig in der kleinen Stichstraße Am Witten Kamp geparkt hatte. Bart, Perücke und Kittel waren im Plastikbeutel verstaut. In Gewohnheit griff er sich an die Nase. „Elender Mist! Die Scheißbrille liegt oben!" Ärgerlich startete er den schweren Wagen und fuhr mit quietschen Reifen davon.

Als Till Geiger das Stationszimmer erreichte, schwenkte er seinen Strauß und rief der jungen Schwester zu, dass er zu Katharina Weber wolle.
„Halt, das geht nicht! Frau Weber hat gerade ärztliche Visite. Und ich muss auch meinen Chef anrufen und Sie anmelden!"
„Wieso anmelden?" „Das ist eine Anordnung von Dr. Haverland!"
„Na, meinetwegen! Wie lange kann denn die Visite dauern, Schwester?" „Das kann ich Ihnen nicht sagen!" Sie griff zum Telefon, sprach ein paar Sätze und nickte Geiger zu.
„Sie können zu Frau Weber. Wenn der Arzt raus kommt, haben Sie grünes Licht!"
„Na toll!" Geiger machte sich zur Nr. 25 auf. Dort standen ein Tisch und zwei Stühle. Vorsichtig legte er den Strauß ab und machte es sich bequem. Katharina wird sich bestimmt freuen. Ein Blick auf die Uhr. Schon zehn vor elf.
Er blickte auf die Zimmertür und glaubte von drinnen Stimmen zu hören. Plötzlich steigerte sich die Lautstärke und Schreie erklangen. Katharinas Stimme. Danach klirrte etwas, und ein gurgelndes Geräusch ließ ihn erschrocken aufspringen. Als er mit der Faust gegen die Tür schlug, wurde diese im selben Moment aufgerissen. Ein Mann im Arztkittel und dunklem Haar stürzte heraus, rempelte ihn so stark an, das dabei dessen Brille herunterfiel. Dann hetzte der Mann den Gang entlang. Was war hier los? Warum rannte der wie ein Geisteskranker? Es knirsche unter seinen Füßen. Die Brille, dachte er fahrig, als er ins Krankenzimmer stürmte. Was er sah, ließ ihn vor Schreck

erstarren. Vor dem zerwühlten Krankenbett lagen Scherben und eine Spritze. Seine Freundin Katharina Weber lag rücklings in schräger Stellung auf dem Bett. Ihre Augen waren geschlossen, das Gesicht leichenblass, und sie gab keinen Laut von sich.

„Katharina, hörst du mich?" Keine Antwort. Sie ist tot, dachte er voller Panik. Entsetzt rannte er auf den Gang. „Hilfe, Hilfe!" schrie er verzweifelt. Türen öffneten sich und erschrockene Gesichter erschienen.

„Rufen Sie um Gottes Willen einen Arzt. Mit Frau Weber in Zimmer 25 ist etwas Schreckliches passiert!" Er hetzte zum Stationszimmer. „Machen Sie bloß schnell! Frau Weber rührt sich nicht mehr!" Ihm wurde übel. „Hier trinken Sie erst mal!"

Die blonde Schwester reichte ihm ein Glas Wasser, das er gierig hinunterstürzte. Plötzlich wimmelte es von Männern und Frauen in weißen Kitteln.

Was war in Katharinas Zimmer geschehen? Irgendetwas war ihm an dem fliehenden Mann bekannt vorgekommen. Nun erst nahm er die Hektik auf dem Gang wahr. Er sah einen Arzt mit Rettungsrucksack vorbei laufen. Ihm folgten zwei Pfleger mit einer Transportliege. Sein Herz begann zu trommeln. Katharina sah wie tot aus.

„Ich bin Oberschwester Karin, und wer sind Sie, junger Mann?" Geiger blickte sie verwirrt an.

„Der Herr wollte Frau Weber besuchen, aber er musste warten, weil Dr. Klingfort in ihrem Zimmer war", antwortete die blonde Praktikantin. Oberschwester Karin bekam einen misstrauischen Blick.

„Was für ein Dr. Klingfort?" Sie überlegte. „Einen solchen Arzt gibt es im ganzen Haus nicht! Das müssten Sie doch wissen, Inge!" In strengem Ton wandte sie sich an Geiger. „Haben Sie was mit dem angeblichen Arzt zu tun?" Geiger fing an zu stottern.

„Wohl kaum, Sie. Ich wollte Frau Weber besuchen. Da hörte ich Geräusche und einen Schrei. Und dann kam dieser Doktor aus dem Zimmer gerast."

„Das ist ja eine haarsträubende Geschichte." Immer noch war die Vorgesetzte misstrauisch.

„Wie ist denn ihr Name?" „Ich heiße Geiger, Till Geiger, und arbeite als Garteningenieur in der Privatklinik in Schwindebeck." Die Oberschwester winkte ab.

„Kenn ich nicht. Aber Sie bleiben hier sitzen bis Dr. Haverland eintrifft. Der hat ganz bestimmt ein paar Fragen an Sie."

Und dann sahen alle, dass die Pfleger eine Liege mit der reglosen Katharina Weber darauf im Laufschritt vorbei schoben. Daneben ein Arzt, den Infusionsbehälter haltend.

„Oh jeh, das sieht nicht gut aus für die arme Frau", sagte eine Stimme. „Das befürchte ich auch. Sie war doch schon so gut darauf nach ihrem schweren Unfall", sagte eine andere.

79. Messerschmidt

Die Abenddämmerung war an diesem bedeckten Apriltag früher als gewöhnlich hereingebrochen. Im Stadtteil am östlichen Ende von Lüneburg, fiel Lichtschein aus zahllosen Fenstern der vielstöckigen Hochhäuser. So auch aus dem zehnstöckigen Gebäude in der Theodor-Heuß-Str. 81.

Messerschmidt hatte lange hin und her überlegt, wie es weiter gehen sollte. Er wusste, dass ihn die Bullen „auf dem Zettel" hatten. Am Geldautomaten hatte es geklappt, auch mit dem Telefonat. Aber er brauchte dringend andere Klamotten. In seiner Wohnung hingen genug. Er musste da rein, koste es, was es wolle.

Sein „Bulleninstinkt" ließ ihn hellwach werden, als er den grün weißen Opel-Kombi auf dem Parkplatz bemerkte. Scheiße, die warten auf mich! Vorsichtig zog er sich hinter ein Gebüsch zurück. Abwarten. Obwohl seine Füße langsam kalt wurden, hielt er durch. Und es lohnte sich.

Die breite Haustür öffnete sich, und zwei „Kalkmützen" in Uniform erschienen. In der Mitte einen torkelnden Mann führend gingen sie zum Auto.

„Glück gehabt", murmelte Messerschmidt. Es dauerte keine fünf Minuten bis er im vierten Stock vor seiner

Wohnungstür stand. Er hatte geahnt, was er dort vorfand. Ähnlich wie in den vielen TV Krimis war das Türschloss, einschließlich Knauf, mit breitem Klebeband – POLIZEI – versiegelt. „Scheiße!" Mühsam versuchte er mit seinem Schlüssel in das Schloss zu kommen. Doch es misslang. Es brauchte lange, um einen Klebestreifen zu entfernen. Immer wieder unterbrochen durch das sich automatisch ausschaltende Deckenlicht. Und dann packte ihn die Wut.

Mit einem wuchtigen Karatetritt flog die Tür mit lautem Knall auf. Blitzschnell verschwand er im Innern und schob die beschädigte Tür zu. Er hängte die Lederjacke an die Garderobe und schaltete das Flurlicht an. Wieder zu Hause.

Der „Siegelbruch" war ihm scheißegal. Und auch über den toten Kurier auf dem Bahnsteig machte er sich keine Gedanken.

Er verschwand im Badezimmer. Zeit für Körperpflege und danach Suche nach was Essbarem. Als er geduscht hatte und sein Wohnzimmer und Küche betrat, packte ihn erneut die Wut.

Die beschissenen Bullen hatte alles auf den Kopf gestellt. Schubladen waren herausgezogen, Bücher verstreut, Schranktüren geöffnet, selbst in der Küche war nichts an seinem Platz geblieben.

Wütend warf er sich in einen Sessel. Wie befürchtet, war der wertvolle Inhalt von „Goethes Leben" verschwunden.

Seine Pläne, mit viel Kohle eine neue Zukunft zu beginnen, waren mit einem Schlag zerstört. Wie sind die Bullen auf mich gekommen? Das sah doch alles so gut aus nach Schumachers Selbstmord. Hat mich einer verpfiffen?

„Scheiße"!

Er musste sich etwas Neues einfallen lassen. Erst mal was hinter die Kiemen schieben und eine Weile pennen, dachte er. Und so geschah es. Ein Geräusch schreckte ihn aus dem Schlaf, und im ersten Moment wusste er nicht, wo er war. In der Wohnung war es dunkel. Aber irgendetwas war anders als sonst.

Vorsichtig glitt seine Hand unter den Sessel. Seine Finger fanden mühelos den Gegenstand, der dort mit Klettband befestigt war. Sein Kampfmesser, noch von der Truppe stammend und als „verloren" gemeldet. Und von den „super schlauen Bullen" nicht bemerkt.

In Sekundenschnelle war er an der verglasten Innentür, riss sie auf und sah sich einem Mann gegenüber, der gerade seine Lederjacke von der Garderobe riss. Einem verwahrlosten Typen mit schulterlangem, verfilztem Haar, der völlig überrascht war.

Mit einem blitzschnellen Schlag auf den Kehlkopf des Mannes, der einen halben Kopf kleiner als er war, machte er den Eindringling wehrlos und ließ ihn einfach zu Boden fallen. Er schaltete das Licht an.

„Ein verdammter Penner, der mich beklauen will." Wütend trat er dem Mann in die Seite. Lautes Stöhnen. Ohne viel Federlesens zog er den Stöhnenden an den Füßen ins Wohnzimmer.

„He, du Penner, was willst du hier?" Erst jetzt bemerkte er den strengen Geruch, den der Mann ausströmte, und sah angeekelt, wie der vergeblich versuchte in die Senkrechte zu kommen. Nee, so wurde nichts mit einer „Unterhaltung".

Er ging ins Bad und kehrte mit einem Plastiktopf voll Wasser zurück. Gurgelnde und schniefende Geräusche waren die Folge, als er das Wasser dem Mann über den Kopf goss.

„Na siehste, geht doch! Und du stinkst gleich nicht mehr so erbärmlich. Steh auf, ich will sehen, mit wem ich es zu tun habe." Er griff dem Mann unter die Achseln, hob ihn mühelos hoch und ließ ihn in den Sessel plumpsen.

„Trockne dich ab, damit wir reden können!" Er warf ihm ein Handtuch zu. „So, dass reicht, Kumpel!"

Er betrachtete nun den Eindringling intensiver und schätzte sein Gegenüber auf vierzig. Mit den langen Haaren, dem schmalen, eingefallenen Gesicht und den dünnen Armen stellte der für ihn keine Gefahr dar. Bekleidet mit einer verwaschenen Jeans, grünem Schlabberpullover und einer viel zu weiten Steppjacke. Dies ließ auf eine Null-DM-Situation des Mannes schließen. Jede Menge vernarbter Einstiche, einige umrahmt von frischen Hämatomen, wurden sichtbar, als er dem Mann die Ärmel hochriss. Was ihn verunsicherte, waren dessen gepflegte Hände.

„Also Junkie, was wolltest du hier, und wie bist du reingekommen?"

Räuspern, Husten und dann eine heisere Stimme. „Ich hatte gesehen, dass die Tür aufstand."

„Ja und?"

„Ich habe dich vorgestern flitzen sehen, als die Bullen vor der Tür standen." „Aha, und was hat das mit heute zu tun?"

„Ich brauche Kohle für ein Blech und hatte gesehen, dass die Bullen deine Höhle dicht gemacht haben …" „

Und deswegen hast du gespannt?" Messerschmidt grinste böse. Er zog die lange Klinge aus dem Lederfutteral. „Du willst mich verarschen und wolltest den Bullen einen Tipp geben."

Mit hartem Griff zog er den Junkie hoch. „Und vorher wolltest du dir noch schnell was aus meinem Hausrat aussuchen, du verschissener Typ." Wie einen leeren Kartoffelsack ließ er den Mann fallen.

„Das mit den Bullen stimmt nicht, aber ich brauchte was zum Trinken."

Der Junkie schluckte mehrmals. „Ich hatte gesehen, wie du rauf bist und habe dann gewartet. Und als ich die offene Tür sah, dachte ich, dass du 'ne Fliege gemacht hast." Die Stimme des Mannes wurde immer leiser, und Messerschmidt sah, dass sich dessen Gesicht rot verfärbte.

„He, kipp mir nicht ab! Das fehlt mir gerade noch. Eine Leiche reicht."

Der Junkie war einem Kollaps nahe. Messerschmidt rannte ins Bad und kam mit einem Becher Wasser zurück. „Mach das Maul auf!"

Vorsichtig ließ er den Mann trinken. Bis der Becher leer war. Nach ein paar Minuten normalisierte sich dessen Gesichtsfarbe.

„Was mach ich jetzt mit dir?" Der Mann schwieg, blickte ihn aber frech an.

„Ich kann dich nicht laufen lassen, dann flitzt du sofort zu den Bullen."

„Nee, nie und nimmer. Ich hab bei den Bullen noch einen Zettel offen, wegen Dealen."

„Du meinst, eine Eintrittskarte für das ‚Hotel am Markt 7c'? Das mit den sicheren Türen und Fenstern?"

„Genau!"

Im selben Moment sprang der Junkie mit hässlichem Grinsen auf und fuhr blitzschnell mit seiner rechten Hand in die Jackentasche. Als er sie herauszog richtete er eine kleine, schwarze Pistole auf seinen Gegner. Messerschmidt erstarrte.

Dann knallte es leise, und er bemerkte an dem plötzlichen Schmerz, dass er getroffen war. Bevor der Junkie ein zweites Mal abdrücken konnte, trat er zu. Die Waffe flog in weitem Bogen durch den Raum. In derselben Körperdrehung zog er das Kampfmesser und rammte es dem heimtückischen Mann unterhalb des Brustbeins in den Körper. Mit blitzschnellem Sprung wich er dem herausspritzenden Blut aus. Ein Gurgeln brach aus dem weit geöffneten Mund des Sterbenden.

Mit kaltem Blick registrierte er, dass der Junkie rückwärts auf den Teppichboden stürzte. Sekundenlang mit den Händen in der Luft herumruderte, bis er sich nicht mehr rührte. Hellrotes Blut strömte aus der tödlichen Wunde.

Er wusste, dass er mit dem gezielten Stich die vom Herzen kommende Aorta abgetrennt hatte. Das hatte er bei der Kampfeinheit der Marine gelernt.

„Du hast es nicht anders verdient, Junkie."

Er bückte sich und betrachtete nachdenklich die kleine Waffe. Eine scharfgemachte Gaspistole, im Kal. 6,00 mm. Ein hundsgemeines Teil für den nahen Schuss. Nun können sich die Bullen einen Reim draus machen, wenn sie Lust haben. Er wusste, dass die kaputten Junkies für ein Blech alles taten, auch Kumpel bei den Bullen anschmierten. Pech für den Typen, dass er sich gerade seine Wohnung ausgesucht hatte.

Erst jetzt spürte er den Schmerz am linken Oberarm und die feuchte Wärme des Blutes.

Im Badezimmer zog er sich das Hemd aus. Streifschuss! Im Spiegel sah er eine strichförmige, blutende Wunde.

„Scheiße!" Er spülte die Wunde unter fließendem Wasser aus, fand einen Druckverband und presste ihn darauf. Das Ganze befestigte er mit Mullbinde und Clip. Fertig. Dann spülte er sein blutiges Kampfmesser ab. Glück gehabt, dachte er. Trotzdem Scheiße!

Ohne der Leiche noch einen Blick zu gönnen, packte er ein paar Sachen zusammen. Bereits nach zehn. Das unvorhergesehene Drama hatte beinahe eine Stunde in Anspruch genommen. Zeit, die er nicht eingeplant hatte.

Er schlich zur Wohnungstür und lauschte ins Treppenhaus. Doch es blieb ruhig. Im Flur stand die schmuddelige Umhängetasche des Toten. Mit einem Ruck kippte er sie aus.

Das übliche Dealerbesteck fiel heraus. Zwischen Schokoriegel und Papiertaschentüchern eine abgegriffene Geldbörse. Ein Ausweis auf den Namen Peter Neumann, dann einige Münzen, zwei Briefmarken und im Scheinefach ein blauer Hunni.

„Blutgeld" dachte er zynisch und ließ den Schein in der Hosentasche verschwinden. Und dann geriet ihm eine schlichte Visitenkarte zwischen die Finger. So ähnlich wie die vom „Freundeskreis". Aber als er das weiße „Niedersachsenross" auf rotem Grund erkannte, bekam er ein mulmiges Gefühl. Eine Visitenkarte von den Bullen, mit Telefonnummer, Namen und Dienststelle. – *Fachkommissariat 2 – Betäubungsmittel* – las er. Der Name darauf sagte ihm nichts.

Ich wusste es, der beschissene Junkie war ein Polizeispitzel. Und dass der in meine Wohnung eingedrungen war, kein Zufall. Die Bullen hatten das Schwein auf mich angesetzt. Der Typ sollte meine Lederjacke abziehen. Verdammt, woher wussten die Bullen das alles?

Jetzt war Eile geboten. Er musste so schnell wie möglich den Abgang machen. Angespannt lauschte er, aber draußen blieb es still.

Zurück ins Wohnzimmer, in dem der Spitzel verkrümmt in einer großen Blutlache lag. Den blutigen Mund weit geöffnet, als wenn er noch was sagen wollte. Und dort hinein schob er die Visitenkarte der Bullen. Verräter bedeutete das! Er griff seine Reisetasche und sah sich noch mal um. Schade, es war eine nette Höhle gewesen. Vorbei.

Eigentlich hatte er sein neues Mobiltelefon mit Sim-Card benutzen wollen, um sich bei seinem neuen Arbeitgeber anzukündigen. Aber das konnte er auch von unterwegs erledigen. Außerdem war er sich sicher, dass der Anrufer von heute Vormittag seinen neuen Auftraggeber bereits informiert hatte. Vom „Betriebsunfall" in seiner Wohnung musste der nichts wissen.

Seine Lederjacke, die er jetzt nicht mehr gebrauchen konnte, steckte er in einen Müllbeutel. Unterwegs würde sich eine Abfalltonne dafür finden. Auch schade drum, sie hatte ihm lange gute Dienste geleistet. Wegen des toten Junkies plagten ihn ebenso wenig Gewissensbisse wie wegen des Geldkuriers. Er hatte schließlich in Notwehr gehandelt.

Von außen zog er die beschädigte Tür vorsichtig ins Schloss. Es gelang ihm, zwei Klebestreifen so zu fixieren, dass der Siegelbruch auf den ersten Blick nicht zu erkennen war. Dieses Mal benutzte er die Treppe nach unten. Minuten später fiel die Tür hinter ihm zu.

Mittlerweile war es völlig dunkel geworden, und das kam ihm gerade Recht. Mit reichlich Patte und dem zusätzlichen Hunni konnte er sich ein Taxi nehmen. Aber die Fahrt bis zu seinem Ziel würde in mehreren Etappen erfolgen. Er würde den Bullen eine falsche Fährte liefern.

80. Privatklinik

Nach einer unruhigen Nacht, in der Bäuerling das zweite Mal mit Herzrhythmusstörungen zu kämpfen hatte, verzögerte sich der morgendliche Gesprächsaustausch. Baum und Schumacher warteten bereits auf ihn.

Vor sich hatten sie zwei große Boulevardblätter und die Lüneburger Zeitung ausgebreitet. Fette Schlagzeilen in

Schwarz und der Geruch nach Druckerschwärze überlagerten die angespannte Atmosphäre.

„Was ist denn in euch gefahren? Habt ihr eine Marienerscheinung gehabt?" Bäuerling lachte sarkastisch. „Dann solltet ihr das dem Heiligen Vater melden!" Doch die erwartete Reaktion blieb aus. Baum deutete schweigend auf die Schlagzeile: *Massenmörder in der Lüneburger Heide – Kleinstadt entsetzt –*, die die Titelseite der „Hamburger Morgennachrichten" schmückte.

Bäuerling las. „Und was haben wir damit zu tun? Es gab schon immer Verrückte!"

Beiden Männern verschlug es die Sprache.

„Gustaf, es geht hier um neun Kinderleichen beim Bestatter Boone in Soltau! B o o n e !" buchstabierte Baum. „Sagt dir das nichts, Gustaf?"

„Was soll mir das sagen?" Bäuerling war irritiert. „Ja und, was ist daran Besonderes? Leichen werden nun mal von einem Bestatter entsorgt."

Nun hielt es Schumacher nicht mehr auf seinem Platz.

„Hier steht in fettem Schwarz. Bei den Leichen fehlten die wichtigsten Organe! Weißt du, was das heißt, Gustaf?"

Jetzt erst erfasste Bäuerling die Schlagzeile. Er fasste sich an seine linke Brustseite und schimpfte los.

„Boone, dieser Verbrecher und Betrüger. Er hatte den Auftrag die Leichen zu verbrennen, weil wir damals technisch noch nicht so weit waren."

Seine Stimme zitterte. Mit seinem blütenweißen Taschentuch betupfte er die plötzlich feucht gewordene Stirn. „Wo hat man die Leichen gefunden?" ächzte er schwach.

„Auf dem Grundstück von Boone in Soltau. Grab an Grab."

Bäuerling wurde blass.

„Baum, du gottverdammter Idiot! Du hattest die Aufgabe, dich um den Transport und die Verbrennung zu kümmern! Was hast du damals gemacht?"

Er packte ihn am Revers und schüttelte ihn so stark, dass Baums Kopf vor und zurück schleuderte und sein Gesicht blau anlief. Schumacher erkannte die Gefahr. Mit aller Kraft riss er Bäuerling zurück und schleuderte ihn zu

Boden. Baum rang keuchend nach Luft. Speichel lief aus seinem Mund, und er hustete unaufhörlich.

Bäuerling krümmte sich vor Schmerzen. Minutenlang waren die keuchenden Laute beider Kontrahenten die einzigen Geräusche.

Widerstrebend half Schumacher seinem Chef auf die Beine. Doch Bäuerling war nicht in der Lage, allein aufrecht zu stehen. Baum schob ihm hastig seinen Stuhl hin.

Beide Ärzte waren fassungslos. Schließlich setzte ihm Baum ein volles Kognakglas an die Lippen. Bäuerling schmatzte und sabberte wie ein Verdurstender. Völlig außer Kontrolle. „Noch einen", flüsterte der. Dieses Mal führte er allein das Glas zum Mund. Sein Blick wurde klarer. „Wieviel Geld hast du dafür von Boone bekommen, Baum?"

Der verzog sein Gesicht. „Fünf Riesen, ich meine fünftausend. Wir hatten uns die Kosten für die Verbrennung geteilt. Ich ahnte ja nicht, dass dieser Leichenfledderer sich auch das ersparen wollte."

Kein Wort der Reue oder der Entschuldigung.

„Für lumpige fünftausend, weniger als ein halbes Monatsgehalt, setzt du unsere wichtige Aufgabe aufs Spiel! Heinrich, Heinrich, wenn du deinen großen Namensvetter aus dem Reichssicherheitshauptamt in Berlin damals so betrogen hättest, wärst du als Volksverräter an die Wand gestellt worden. Pfui Deubel!" Angeekelt schüttelte er seinen Kopf.

Doch Dr. med. Heinrich Baum setzte sich zur Wehr.

„Mach dich nicht lächerlich, Gustaf! Wie war das 1939 mit der Wurzel aus Tibet? Hast du da denselben Reichsführer SS nicht auch an der Nase rumgeführt?"

„Das ist Vergangenheit", grollte der. „Und längst vergessen! Und was ist, wenn Boone jetzt plaudert?" Baum grinste ihn kalt an.

„Der Leichengräber Boone ist tot, maustot. In seinem Leichenwagen verbrannt. Stand auch in der Zeitung." Es brauchte eine ganze Weile bis Bäuerling die Bedeutung verstanden hatte.

„Das ist noch lange kein Grund zum Jubeln, Doktor Heinrich Baum!" Seine Stimme war hart geworden. Die Männer begriffen. Die Gefahr war damit nicht vorbei. Neun Kinderleichen würden die Behörden auf Trab bringen.

„Wenn wir uns jetzt untereinander zerreißen, werden wir vor Gericht landen und sehr wahrscheinlich die Haftzeit nicht überleben", äußerte Schumacher besorgt. Seine Angst hatte ihren Grund nicht nur im Tod der „lebensunwerten" Kinder. Auch seine persönliche „Leiche im Keller", besser auf dem Waldfriedhof, von der seine Kollegen nichts wussten, würde ans Tageslicht kommen. Das allein würde schon für Jahre hinter Gittern reichen.

Ohne dieser erschreckenden Vorstellung weiter zu folgen, waren sich die drei Ärzte einig. Für sie galt der Wahlspruch der „Drei Musketiere" als Motto der nationalsozialistischen „Volksgemeinschaft": *Einer für alle und alle für einen!* Baum hatte einen kapitalen Fehler gemacht. Und Vertrauen verspielt. Das war klar. Irgendwann würde er beides ausbaden müssen.

Bäuerling erhob sich müde.

„Schwamm drüber, Heinrich! Bekomme ich heute auch noch etwas Positives zu hören?"

„*Ich* habe der Weber im Krankenhaus eine Spritze verpasst, die sie nicht überleben wird."

„Das ist gut, Ferdinand! Sehr gut! Lass dir bei Ulrike im Büro einen Sonderbonus eintragen!"

„Und ich habe bei der ‚Lady' einen günstigen Preis für die nächste Lieferung herausgeholt", verdrehte Baum die eigentliche Wahrheit. Schumacher verkniff sich das Grinsen. Er wusste es besser. Das war eine fette Lüge.

Doch Dr. Gustaf Bäuerling nickte zufrieden. Er hatte zu seiner alten Form zurückgefunden.

„Und wann trifft das neue ‚Material' ein", Heinrich?"

Schumacher übernahm die Antwort. „In den nächsten Tagen haben wir deshalb ein weiteres Gespräch mit der ‚Lady'." Aber Bäuerling blieb skeptisch.

„Das ist gut! Wir müssen unbedingt dafür sorgen, dass wegen der Leichen in Soltau kein Schatten auf uns fällt. Es geht um unsere Existenz. Habt ihr das verstanden?"

Schumacher und Baum nickten. Sie wussten, was zu tun war.

81. Das Kommissariat

Als Kluge pünktlich am 30. April um 07.30 Uhr, nach gelungenem Hochzeitstag im kleinen, verschwiegenen Gasthaus „Zum Kapitalen Hirschen", jenseits der Elbe, frohgelaunt sein Büro betreten wollte, kam Kubitzke aus ihrem Zimmer gerannt. Vor sich die aufgeschlagenen „Hamburger Morgennachrichten".

„Das musst du lesen Bernhard. Hier steht die ganze Gruselgeschichte über die Soltauer Kinderleichen!"

Ihn sprang die fette Überschrift: ***Massenmörder in der Lüneburger Heide – Kleinstadt entsetzt!*** – an. Darunter Fotos von den Exhumierungen und ein Interview seiner Kollegin Weidlich.

„Ach du liebes Unglück", war seine erste Reaktion. „Leg mit bitte den Artikel in mein Fach. Ich nehme ihn mit zur Frühbesprechung!"

Kubitzke blickte ihren Chef enttäuscht an. „Ich habe noch 'ne Neuigkeit!" „Und die wäre?" „Dein ‚geliebter ZKD-Leiter', Kriminaloberrat Tödter, ist wieder im Dienst!"

„Woher weißt du?" „Aus sicherer Quelle …!"

Kluge nickte grinsend. „Na ja, wenn man so einen Draht zum Geschäftszimmer hat wie du, dann braucht man kein Fernsehen", lästerte er.

Kubitzke rollte mit den Augen. „Mehr hast du nicht zu sagen, Bernhard?" Kluge schmunzelte. „Du weißt doch, was ich von solchen Quellen halte. Nachher ist immer nur die Hälfte wahr."

Beleidigt rauschte sie davon. *„Nichts kann man ihm Recht machen"*, hörte Kluge sie grollen.

Als er sein Dienstzimmer betrat, saß Jens Ahlers, sein Vertreter, an seinem Schreibtisch. Aschfahl im Gesicht.

„Nanu Jens, du schon hier?" Er hängte sein Jackett auf einen Bügel. „Das bedeutet nichts Gutes, wenn du mit so einer Miene auf mich wartest, oder?" Von Ahlers kam nur ein Krächzen.

„Ich verstehe dich nicht. Bitte sprich deutlich!"

„Es war zu spät …, gestern!" Kluge wurde misstrauisch und blickte Ahlers scharf an.

„Was meinst du mit *gestern* und zu *spät?*"

„Na, du weißt doch. Mein Warnanruf fürs Städtische Krankenhaus!"

Kluges Herz machte plötzlich einen Sprung.

„Sag nicht, dass mit Weber etwas passiert ist. Sage es nicht!" Seine Stimme klang drohend.

„Doch Bernhard, genau das ist es. Auf Katharina Weber wurde ein zweiter Mordanschlag verübt!"

Nun war es raus. Die entsetzliche Nachricht, die Kluge kalt erwischte, ließ nur eine Frage zu.

„Wie?" „Mit einer Spritze!"

„Das darf doch nicht sein, nach dem ganzen Drama." Ächzend ließ er sich in seinen Bürostuhl fallen und starrte abwesend aus dem Fenster. Ahlers schob ihm schweigend seinen Bericht rüber.

„Ist sie tot?" „Nein, das nicht. Aber sie schwebt erneut in Lebensgefahr und liegt wieder auf der Intensiv."

„Gibt es Hinweise auf den Täter?"

„Vermutlich ein Arzt. Der bereits genannte Dr. Klingfort!"

„Ich hatte es befürchtet. Nun sind wir doch zu spät gekommen!" Kluge stöhnte. „Die arme Frau. Was muss die aushalten, nur weil sie uns geholfen hat."

Minuten saß er reglos da. Doch dann kehrte seine Energie zurück.

„Jens, gerade deswegen müssen wir alles tun, um den Täter zu überführen. Ich vermute eine Verbindung mit der verdammten Klinik in der Heide. Das Tatwerkzeug weist eindeutig auf einen Mediziner hin." Entschlossen sprang er auf. „Ronda, bring uns Kaffee und zwei Tassen. Sag den anderen, dass sie ohne uns beginnen sollen. Und bitte keine Störungen in der nächsten Stunde."

Dann griff er zu Ahlers Aufzeichnungen. „So, nun erzähl der Reihe nach, was im Städtischen Krankenhaus vor sich gegangen ist!"

82. Gut „Wiesengrund"

Als Schumacher und Hildebrand am 3. Mai nach dem erfolgreichem Coup im Lüneburger Krankenhaus und nach langer Autofahrt den von der „Lady" beschriebenen Parkplatz am Teterower See erreichten, glitzerte das Sonnenlicht auf der grün und blau schimmernden Oberfläche. Nur wenige Fahrzeuge parkten auf dem weiten Gelände.

Hildebrand fuhr einen weiten Bogen und parkte so, dass sie die Einfahrt im Blick hatten.

Viertel nach zehn, wir sind gut in der Zeit, registrierte Schumacher. Hildebrand beobachtete aufmerksam die Umgebung. Eine Viertelstunde verging. Schumacher rutschte nervös hin und her.

„Ich will nicht hoffen, dass uns die ‚Lady' hängen lässt. Wir brauchen dringend neues ‚Material'."

Hildebrand nickte.

„Ich denke, die haben uns längst geortet und wollen sicher gehen, dass wir keinen Anhang im Schlepp haben." Und wie zur Bestätigung brauste ein dunkelgrüner Cadillac auf den Schotterplatz und stellte sich vor ihnen quer. Zeitgleich öffneten sich beide Vordertüren und zwei Männer in schwarzen Lederjacken und mit dunklen Sonnenbrillen sprangen heraus. Der kleinere von beiden winkte auffordernd.

„Die meinen uns, Doktor."

Hildebrand öffnete sein Fenster. „Und wo ist die Frau, mit der wir verabredet sind?"

Die beiden Lederjacken verzogen keine Miene. Wieder war es der kleinere Mann, der das Sagen hatte und der, nach Hildebrands Schätzung, über eins achtzig groß sein durfte.

„Sie wartet! Und wenn Ihnen was am Deal liegt, sollten Sie zügig bei uns einsteigen!"

„So war das nicht geplant!" Schumacher stieg wütend aus. „Wer weiß, wer Sie sind und was Sie mit uns vorhaben!" Über das Gesicht des Größeren zog sich ein zynisches Grinsen.

„Alter, das hättest du dir eher überlegen müssen. Stiehl uns nicht die Zeit. Mit der ‚Lady' ist nicht zu spaßen!"

Auch Hildebrand stieg aus. Er erkannte, dass die Typen nur Staffage waren und sie einschüchtern sollten. Schließlich ging es um viel Geld. Und das ging nur mit der „Lady".

„Doktor, wir sollten der freundlichen Bitte der beiden Herren in Schwarz nachkommen."

„Na bitte, geht doch!" Beide Männer grinsten hässlich. Der kleinere Fahrer wedelte mit zwei schwarzen Halstüchern.

„Heute spielen wir Blinde Kuh! Macht eure Kiste dicht und kommt endlich in Gang!"

Erst jetzt sahen die „Wessis", dass beide Männer Schulterholster trugen, aus denen dunkle Griffkolben herausragten. Hildebrand hatte mit so etwas gerechnet. Schließlich ging es nicht um Obst- und Gemüsehandel, sondern um Menschenhandel.

„Stellt euch an die Motorhaube. Streckt eure Greifzangen nach oben und macht die Beine breit."

Wieder war es der Ältere, der beide Besucher mit geübten Griffen abtastete.

„Sauber, alle beide. Und jetzt noch die Sonnenblende, damit ihr euch nicht die Augen verderbt."

Die Leibwächter der „Lady" verloren keine Zeit und schoben Schumacher und Hildebrand in den breiten Fond des amerikanischen Cadillac. Röhrend sprang der starke Motor an und riss das schwere, geländegängige Fahrzeug mit durchdrehenden Reifen vom Parkplatz. Die beiden „Fahrgäste" fühlten sich ohnmächtig und ausgeliefert.

Nach einer halben Stunde Fahrt auf einer Asphaltstraße und auf holperigem Fahrweg verringerte der Fahrer die Geschwindigkeit.

„Ihr könnte eure Blenden wieder abnehmen. Wir sind am Ziel!"

Schumacher und Hildebrand rissen sich die Tücher von den Augen. Endlich! Eine idyllische Landschaft tat sich auf. Vor ihnen lag ein großes, ländliches Anwesen. Auf weiten Pferdekoppeln tummelten sich ein Dutzend braune Pferdeleiber. Um das Fachwerkwohnhaus und die Nebengebäude verlief eine mannshohe Ziegelsteinmauer, die durch zwei schmiedeeiserne Tore unterbrochen war.

Als sich der *Caddie* der Hofeinfahrt näherte, schwangen die vorderen, doppelten Torflügel auf und gaben die Zufahrt frei. An den Pfeilern standen zwei Bewaffnete, ebenfalls in schwarzen Lederjacken. Nach dem letzten Telefonat mit der „Lady" war Hildebrand klar geworden, dass sich diese Frau nach allen Seiten absicherte. Das was Schumacher und er bisher erlebt hatten, entsprach seiner Einschätzung. Eigentlich hatte er mit dem „Neuen" vom „Freundeskreis" die Verhandlungen mit der „Lady" führen sollen. Doch Schumacher, der auf Bäuerlings Anweisung „abtauchen" sollte, hatte vehement darauf bestanden, die Gespräche mit der „Lady" persönlich zu führen.

Der Fahrer stoppte auf dem gepflasterten Rondell vor dem Fachwerkhaus. Schumacher griff zum Türgriff, als der Beifahrer ihn anbrüllte.

„Halt! Nicht so hastig, Alter."

Das breite Portal hatte sich geöffnet. Zwei große Dobermannrüden stürzten wütend bellend auf das Fahrzeug zu und sprangen wild an den Türen hoch. Schumacher wurde blass. Doch Hildebrand blieb gelassen, ließ sein Fenster ein Stück herunter und blies einem Hund eine volle Ladung Pfefferspray in den aufgerissenen Fang. Wildes Geheul war die Folge. Der Hund warf sich auf den Rücken und fuhr sich mit den Tatzen über seine Schnauze. Lange Speichelfäden rannen zu Boden. Der zweite Rüde umkreiste ratlos seinen Gefährten. Schließlich zog er sich jaulend zurück.

„Oh, oh, das gibt Zoff mit der Lady."

Hildebrand grinste zufrieden und steckte seelenruhig die Spraydose weg. Alle hörten einen scharfen Pfiff. Die „Lady" stand hoch aufgerichtet im Türrahmen, in der rechten Hand eine Hundepeitsche. Sie pfiff ein zweites Mal. Das kurz geschnittene, schwarze Haar umrahmte ein schmales, hartes Gesicht. Hildebrand zischte anerkennend durch die Zähne.

Der verletzte Dobermannrüde kam mühsam auf die Läufe und taumelte zu einem großen Käfig, dessen Tür sich sensorgesteuert öffnete. Sein vierbeiniger Gefährte hatte bereits den Weg dorthin gefunden. Ein Wink mit der Peitsche, der wohl soviel heißen mochte, dass die Ankömmlinge nun aussteigen sollten.

„Na, denn man viel Spaß!"

Der starke Motor brummte laut, als sich die Bodyguards entfernten. Während Schumacher immer noch blass im Gesicht war, konnte Hildebrand sich ein freches Grinsen samt Kommentar nicht verkneifen.

„Untauglicher Versuch; sollten Sie sich merken, Lady!"

„Mal sehen, was Ihr sonst noch draufhabt", reagierte diese wütend. „Kommen Sie schon, meine Zeit ist knapp!"

Hildebrand nickte Schumacher zu. „Na denn los, wir wollen ja schließlich was von der!" Er griff zur Mappe mit den vorbereiteten Vertragsformularen.

Im Haus empfing sie eine kühle, weiträumige Diele mit alten, handbemalten Fliesen. In einer Ecke, gegenüber einem deckenhohen Kachelofen, standen ein geschnitzter Eichentisch und ebensolche Stühle. Alte Stiche aus dem zurückliegenden Jahrhundert ließen von ihren Motiven auf die früheren Eigentümer schließen.

Die Männer blickten sich interessiert um. Das rustikale Interieur passte so gar nicht zu der Frau, mit der man Nägel mit Köpfen machen wollte, oder besser, musste.

„Nehmen Sie Platz!"

Die kalte Stimme der schlanken, in schwarzes Leder gekleideten Frau, füllte den Raum. Sie deutete auf zwei Stühle. Ihr scharfer Blick wechselte zwischen den Männern aus der Lüneburger Heide hin und her. Er blieb schließlich an Hildebrand hängen.

„Den kenne ich nicht Doktor! Kann ich dem Typen vertrauen?"

„Er ist mein neuer Adjutant und absolut verlässlich." Schumachers Antwort war ein einziges Stottern. Er stand immer noch unter dem Einfluss der Dobermannattacke.

„Na gut, lassen wir das mal so stehen. Sie wollen also einen Deal?"

„Deshalb sind wir hergekommen auf dieser Wüstenpiste, Lady!" Hildebrand hatte wieder Tritt gefasst. „Aber bevor wir Kohle auf den Markt werfen, müssen wir zuerst das ‚Material' besichtigen!"

Die „Lady" zog ihre Augenbrauen hoch. „Ist der richtig im Kopf, oder bläst der nur heiße Luft, Doktor?"

„Er ist gleichberechtigt, wenn es ums Verhandeln geht", stimmte Schumacher eingeschüchtert zu.

„Na gut, dann kommen Sie schon", knurrte sie.

Hildebrand hatte die Frau keinen Augenblick aus den Augen gelassen. Eine knallharte, mit Führungsqualitäten, die alles riskiert und nichts anbrennen lässt. Mal sehen, dachte er optimistisch.

Beide folgten ihr, als sie mit großen Schritten ihrer langen Beine vorausging. Die ist rattenscharf, waren Hildebrands Gedanken, der ihren Körpergeruch wie ein läufiger Straßenköter einsog.

Als sie um das große Scheunengebäude herumgingen, bemerkten die Männer, dass sie nicht allein waren. Am Eingang des Gebäudes, hinter dessen Fachwerkrahmen sich ein breiter Torflügel aus Stahl verbarg, standen zwei weitere, kraftstrotzende Männer mit Glatze. Sie trugen einen tarnfarbenen Kampfanzug, schwarze Einsatzstiefel und waren ebenfalls bewaffnet. Die Männer nahmen eine Art militärischer Haltung an, und der größere kam misstrauisch auf die fremden Besucher zu. Seine rechte Hand lag auf dem Pistolenholster.

„Schon gut, Lutz. Es sind Kunden, und sie wollen sich vom ‚Material' überzeugen!"

Ein hässliches Lachen war die Antwort.

„Da müssen die aber ordentlich Kohle mitbringen, bevor ich die Tür öffne, oder was meinst du, Ralf?" Der Angesprochene trat, sich in den Hüften wiegend, so dicht an Schumacher und Hildebrand heran, dass beide dessen unangenehmen Körpergeruch wahrnahmen.

„Du hast Recht, vielleicht springt für uns auch noch was heraus. 'n Schein mehr inne Täsch macht immer gute Laune."

Schumacher erkannte sofort den typischen Reeperbahn-Jargon. Könnte Seemann gewesen sein, jetzt um die vierzig und wegen Saufens gefeuert, dachte er. Die „Lady" unterbrach schroff das Geplänkel.

„Mach die Tür auf, Lutz!"

Knurrend tippte der Mann einen Code in die elektronische Türsperre. Lautes Brummen ertönte. Ein rotes Warnlicht setzte sich in Betrieb und der Torflügel schwenkte nach innen.

„So, meine Herrn, ich gehe voran und Sie folgen. Und noch eins. Gespräche und Kontakte mit dem ‚Material' sind verboten! Halten Sie sich nicht daran, werden die Guards ziemlich unfreundlich!"

Der riesige Innenraum hatte keinerlei Ähnlichkeit mit der ursprünglichen Großviehstallung. Dämmerlicht strömte durch breite Dachfenster. Graue Betonplatten bildeten den Fußboden.

Dort, wo sich früher an den Wänden die Viehboxen entlangzogen, waren nun Gefangenenzellen geschaffen worden. Nur der ehemalige Mittelgang, beiderseits durch Geländer begrenzt, war erhalten geblieben. Vor jeder der insgesamt zwanzig Zellen waren drehbare Metallgitter installiert. Sie bildeten gleichzeitig den Zugang zu den Räumen.

Die Besucher erschraken. Der Geruch von Schweiß und menschlichen Ausscheidungen nahm ihnen den Atem. Die Zellen waren nach dem gleichen Standard ausgestattet: Metallbett, Tisch und Stuhl, ein Schrank sowie ein weißes Waschbecken und eine Toilettenschüssel. In jedem der zwölf Quadratmeter großen Räume war ein Deckenstrahler installiert. Ein gemeinsamer Sanitär- und Duschraum befand sich am Gangende.

„Na, was sagen Sie zu unserem ‚Hotel' mit Einzelzimmern"?" Sarkasmus klang aus der Stimme der dominanten Frau. Eine Antwort blieb aus.

„Aber wo ist das versprochene ‚Material'? Ich sehe bisher nichts davon!" Hildebrand hatte die Gesprächsführung übernommen. Ärgerlich gab die „Lady" ein Zeichen.

Plötzlich erstrahlte die Scheune taghell. Zwei überdimensionierte Strahler an der Hallendecke sorgten dafür.

In den Zellen rumorte es. Abstoßendes Gekreische setzte ein. Die eingesperrten Insassen, Mädchen und Jungen, rüttelten und traten wild gegen die Gitter. In fremder Sprache schrien sie ihre Angst heraus. Minutenlang. Ihre blassen Gesichter waren von Hämatomen verunstaltet.

Hildebrand und Schumacher starrten gebannt und angewidert auf die unwirkliche Szenerie. Doch die „Lady" verzog keine Miene. Sie betrachtete die „Unterbringung" der Kinder als nur vorübergehend. Aber man konnte damit viel Geld verdienen. Der Deal mit der Privatklinik war nur eine Option für die Abnahme des „Materials".

Natürlich hatte sie über ihr Netzwerk Erkundigungen zur Klinik eingeholt. Doch sie hatte nichts über den Verwendungszweck des gelieferten „Materials" in Erfahrung bringen können. Auch wenn ihr das weitere Schicksal der Kinder bekannt gewesen wäre, hätte es an ihrer Einstellung nichts geändert. Viel Geld um jeden Preis machen, war ihre Devise. Mitleid war fehl am Platz.

Scharf beobachtete sie die beiden Kuriere aus der Heide. Aber deren Gesichter zeigten keine Regung. Nur als Schumacher urplötzlich unter dem Geländer durchschlüpfte, reagierte sie blitzschnell.

„Strahler aus!"

Schumacher hatte die wenigen Schritte zu einer Zelle überwunden, an deren Gitter ein weinendes Mädchen mit Zöpfen stand. Er wollte einen Schokoladenriegel durch die Gitterstäbe reichen, doch das Mädchen konnte ihn nicht ergreifen, weil Schumacher vom Bodyguard heftig zurückgerissen wurde. Die Schokolade fiel auf den Beton und zerbrach unter dessen breiten Schuhen.

„Verdammt Doktor, ich hatte doch jeden Kontakt verboten!"

Die „Lady" war rot vor Wut. „Die Vorstellung ist zu Ende. Jungs, schafft die Blödmänner raus!"

Die „hilfsbereiten" Bodyguards ließen sich das nicht zweimal sagen. Im Laufschritt trieben sie Schumacher und Hildebrand durch die Halle. Draußen vor dem Tor wussten beide, dass sie keine Freunde der „Lady" werden würden. Aber auch Hildebrand war ärgerlich.

„Sie haben alles versaut, Doktor. Nun müssen wir unbesehen das nehmen, was uns diese geile Hexe anbietet!"

Ein Pfiff der „Lady". Sekunden später waren die beiden Männer aus dem *Caddie* zur Stelle.

„Begleitet ‚unsere Freunde' in mein Büro. Aber lasst sie heil. Ich brauche sie noch!"

Ohne Schumacher und Hildebrand eines Blickes zu würdigen, verschwand sie mit großen Schritten. Hildebrands Blicke folgten ihr nach.

„Gleich fallen dir deine Glotzer aus dem Kopf, Alter. Und nun ab ins Büro, ihr Loser!" Die Bodyguards grinsten hämisch.

Lange nachdem der Vertrag mit der Privatklinik in Sack und Tüten und deren inkompetente Vertreter längst auf dem Heimweg waren, summte der Mobilanschluss im Büro. Zöllner nahm den Anruf an.

„Ich höre!"

„Keine Notizen, wie immer. Ist das klar, Thea?"

Die ältere Männerstimme mit dem thüringischen Einschlag sprach minutenlang. Typisch Jurist, dachte sie, und schrieb auf was der Anrufer sagte.

„Hast du alles verstanden, Thea?" „Hältst du mich für blöd, Advokat?" kam ihre Gegenfrage.

„Es eilt mit dem Auftrag. Unser Kamerad fühlt sich bedroht. Also lass dir was einfallen!"

„Und was ist mit der Kohle?"

Ironisches Lachen begleitete die Antwort. „Ich habe gehört, dass du gerade wieder einen guten Deal gemacht hast, einen sehr guten sogar. Reicht dir das nicht?"

„Das sind unterschiedliche Schuhe. Zwei Riesen, oder geh meinetwegen mit deinem Auftrag zur Konkurrenz!" Der Anrufer stutzte.

„Also gut, zwei Riesen. Aber es muss Wirkung zeigen; sowas wie einen ‚Denkzettel'!"

„Geht in Ordnung, Doktor. Hab schon 'ne Idee!"

„Die will ich gar nicht hören, Lady."

Thea Zöllner legte das Handy weg, überflog ihre Notiz und blätterte in ihrem Timer. Ja, das würde gehen. Da war noch ein Zeitfenster, und die Entfernung zum Objekt stellte kein Problem für die schnellen Jungs dar.

„Da hat jemand ganz schön Muffe", dachte sie lapidar.

Sie wandte sich ihrer Bürotätigkeit zu. Für das neue „Material", das für die Privatklinik vorgesehen war, mussten Papiere beschafft werden. Das hatte seinen Preis. Sie würde wieder hart verhandeln müssen mit dem „Graveur".

83. Das Kommissariat

Zeitgleich hatte Kluge nach der Großen Dienstbesprechung, die einmal im Monat im 4. Stockwerk des benachbarten Blocks A, Auf der Hude 1, stattfand, seine Mannschaft zusammengetrommelt.

Grund war der Anruf des Hausmeisters aus Kaltenmoor bei Frauke Malz. Der hatte bei seiner üblichen Begehung festgestellt, dass die Tür zu Messerschmidts Wohnung beschädigt und die Versiegelung aufgebrochen war. Im Wohnzimmer hatte er die blutüberströmte Leiche eines Mannes und eine „Puste" aufgefunden und sofort alles stehen und liegen gelassen. Inzwischen hatte der Kriminaldauerdienst mit dem ersten Angriff, der Spuren- und Beweismittelsicherung, am Leichenfundort begonnen.

Kluge raufte sich sprichwörtlich die Haare. Seinem Kommissariat blieb nichts erspart.

„Frauke, du und dein Messerschmidt-Team müsst wieder ran. Ob Mord oder Totschlag vorliegt, muss geklärt werden. Es ist naheliegend, dass Messerschmidt tatverdächtig ist."

Malz schwieg. Sie wusste, was das an neuer Ermittlungsarbeit bedeutete. Aber es führte kein Weg daran vorbei.

„Ich werde bei Tödter Verstärkung anfordern. Die geplante Durchsuchung der Klinik müssen wir aufschieben." Zustimmendes Gemurmel.

„Jens wird heute euer Steuermann für administrative Erfordernisse sein. Ich muss einen dringenden Termin wahrnehmen, über den ich jetzt nichts sagen kann."

„Hört, hört", grummelte Mike Gebert.

„Sei endlich mal still, Mike." Malz reagierte genervt. „Wir setzen uns gleich zusammen und machen uns Gedanken über die nächsten Schritte."

Ein gequälter Blick in Richtung Kluge und Ahlers sagte alles. Dumpf, wie die Stimmung, fiel die Tür ins Schloss. Das Telefon unterbrach das Schweigen.

„Kripo Lüneburg, Kluge."

„Städtisches Krankenhaus, Dr. Haverland. Guten Tag, Herr Kluge. Es geht um unsere Patientin Frau Weber …"

„Ist sie tot?"

„Nein, Gott sei Dank nicht. Das will ich Ihnen gerade mitteilen. Wir konnten sie reanimieren und ihren Kreislauf stabilisieren. In den Rückständen der aufgefundenen Spritze konnten wir das Herzmittel Atropin feststellen und sofort Gegenmaßnahmen einleiten."

„Das ist ja großartig, Herr Doktor. Befindet sie sich noch in Lebensgefahr?"

„Das darf Ich Ihnen nicht sagen, Herr Kluge. Aber sie hat gute Chancen, wenn sie die nächsten zwölf Stunden übersteht."

„Darüber sind wir sehr froh, weil wir Frau Weber nicht rechtzeitig vor einem neuen Anschlag schützen konnten."

„Auch wir sind sehr betroffen. So etwas Abscheuliches ist in unserer Klinik bisher nicht vorgekommen. Ich habe umgehend die Leitung im Hause aufgefordert, über strengere Sicherheitsvorkehrungen nachzudenken."

„Das ist eine gute Idee! Aber zurück zum Anschlag. Gibt es Zeugen unter Ihrem Personal, die den Tatverdächtigen identifizieren oder beschreiben könnten?"

„Ja, es gibt zwei Zeugen. Eine Auszubildende und einen Besucher. Ein Herr Geiger. Der wollte Frau Weber besuchen. Und er hatte den Täter aus ihrem Zimmer flüchten sehen."

„Meinten Sie etwa einen Till Geiger, einen jungen Mann, so um die Dreißig?"

„Ja! Er war ziemlich durch den Wind und hat etwas von *nun auch noch ein zweiter Anschlag'* gemurmelt. Wir haben seine Anschrift notiert, wollen Sie …"

„Entschuldigen Sie, Herr Doktor, dass ich vorprelle. Herr Geiger ist uns bekannt."

„Dann ist es ja gut!" Haverland klang reserviert.

„Haben Sie bitte Verständnis, dass ich mich so kurz fasse. Aber bei uns brennt zurzeit die Hecke!"

„Akzeptiert Herr Kluge! Ich kenne solche Zeiten."

„Da bin ich froh. Und erteilen Sie bitte niemandem eine Auskunft über Frau Webers Zustand. Es ist nicht auszuschließen, dass der falsche Dr. Klingfort bei Ihnen auf den Busch klopfen wird!"

„Verstanden, Herr Kluge. Wir sind gewarnt!"

Es klickte in der Leitung.

Ahlers hatte aufmerksam mitgehört.

„Was Neues aus dem Krankenhaus also? Hoffentlich nicht noch mehr Unangenehmes!"

„Nein! Frau Weber hat den Anschlag überlebt. Haverland hat auf zwei Zeugen hingewiesen. Einer ist Geiger, Till Geiger. Er war hier wegen des Einbruches bei ihr. Du solltest dich gleich darum kümmern!"

„Das ist gut! Ich hatte das Schlimmste befürchtet!"

„Okay! Geigers Anschrift und Telefonnummer findest du in seiner Zeugenvernehmung."

„Gut! Sonst noch was?"

„Ich bin ab zwölf unterwegs und notfalls über Handy zu erreichen. Und wimmele alles Unwichtige ab. Wir sehen uns morgen früh bei Dienstbeginn."

Ahlers stand auf. „Viel Erfolg bei allem, was du vorhast."

Kluge wartete bis sich die Tür geschlossen hatte. Dann benutzte er sein Privathandy. Sekunden später war Stephan Clement am Hörer.

„Es bleibt dabei, wir sehen uns um dreizehnhundertdreißig bei der Fähre in Bleckede."

Der konspirative Treffpunkt im Wald schien ihm am geeignetsten.

84. Messerschmidts Pläne

Der hatte den direkten Fußweg in die Stadt gewählt. Ziel war der Lüneburger Bahnhof. Er hatte seinen Plan geändert und sich entschlossen, den

Kumpels auf dem Kiez einen Besuch abzustatten, bevor er seinen neuen Job in der Privatklinik antreten würde. Außerdem war der Fluchtweg mit der Bahn anonymer.

Er wusste zwar um das Risiko, das in Hamburg für ihn bestand. Aber von seinem ehemaligen Zellenkumpel aus Santa Fu hatte er erfahren, dass die Luft rein war. Bis die Lüneburger Bullen ihn auf der Liste hatten, würde er längst in der Klinik untergetaucht sein.

Für zwei Tage war eine Bleibe im anonymen „Mümmelmannsberg" zugesagt. Das reichte.

Als er den Bahnhofsvorplatz erreichte, erkannte er von weitem zwei zivile „Bullentaxen". Das konnte doch nicht wahr sein. Die Fahrzeuge waren leer. Das bedeutete, dass die Bullen im Bahnhof auf ihn lauerten. Sein erster Impuls war, die Biege zu machen, doch im selben Moment rasten zwei grüne Mannschaftstransporter auf den Bahnhofsvorplatz. Reifen quietschten, Türen wurden knallend aufgeschoben und ein Dutzend Beamte in Einsatzanzügen mit Schutzwesten und Maschinenpistolen stürmten heraus.

Messerschmidt fühlte, dass ihm der Schweiß über sein Gesicht rann. Sein Darm drohte, sich zu entleeren. Er zitterte am ganzen Körper und wollte schon die Hände hochheben, als die schwer bewaffneten Männer hautnah an ihm vorbeirannten. Hinein in das Bahnhofsgebäude. Sekundenlang setzte sein Verstand aus. Er war wie paralysiert.

Erst nach einer Weile setzten sich seine Beine in Bewegung und trugen ihn roboterhaft in entgegengesetzte Richtung. Weg von den Bullen. Erst langsam, dann immer schneller. Keuchend blieb er irgendwann stehen. Noch einmal davongekommen. Der Einsatz der Bullen hatte nicht ihm gegolten.

Auf einer Bank stellte er seine Reisetasche ab. Von fern knallten Schüsse. Mehrmals. Er kannte die Geräusche: MP 5, die Maschinenpistole der Bullen.

Ich muss verschwinden. Aber wohin? Dann fiel ihm Kalle ein. Natürlich. Kalle, der Wirt an den Sülzwiesen. Dort würde er pennen und mit dem Bus ganz früh nach Kaltenmoor fahren. Im Kellerverschlag stand sein altes Fahrrad.

Mit dem würde er sich auf den Weg zur Klinik machen. Unauffällig und ohne Spuren zu hinterlassen. Hamburg war passé!

85. Konspirativer Treff

Die Fahrt zum Treffpunkt am Bleckeder Hafen war für Kluge problemlos verlaufen. Clement und er waren mit ihren Autos auf die Elbfähre gerollt, ohne Kontakt zu machen. Zwischen sich zwei muskelbepackte Rocker mit ihren 500er Enduros, die während der kurzen Überfahrt nicht einmal ihre Brillen und Helme abnahmen.

Kluge war ausgestiegen und hatte interessiert einen Blick auf die „Moppeds" geworfen, doch die Männer in ihren schwarzen Kutten mit dem Aufdruck *Hell Fire-Guys* und grünen Stahlhelmen verzogen keine Miene.

Als er und Clement am alten Wachturm auf dem Ostufer anhielten und sich begrüßten, standen dort bereits die Rocker und fotografierten sich vor dem fotogenen Objekt aus DDR-Zeiten, einem zerbröselndem Wachturm. Kluge registrierte, dass die Kennzeichen auf SN, Schwerin, lauteten.

Als sie später Neuhaus hinter sich gelassen hatten und bald darauf in den Waldweg zu ihrem Ziel abbogen, jagten die Männer mit laut dröhnenden Motoren an ihnen vorbei.

Ohne weitere Begegnungen erreichten er und Clement den Parkplatz, stellten ihre Autos ab und gingen die letzten hundert Meter zu Fuß. Sie waren die einzigen Gäste im Gasthaus „Zum Kapitalen Hirschen."

Der Wirt, Ernst von Rautenkranz, hatte das Schild *„Heute geschlossen!"* an die Türklinke gehängt und für sie, den zwangsbeurlaubten Oberstaatsanwalt und den Leiter des Fachkommissariats für Tötungsdelikte, einen separaten Gastraum vorgesehen.

„Danke, dass du kommen konntest, Stephan!"

Ein bitteres Lächeln glitt über dessen Gesichtszüge. „Ich habe ja nun Zeit dafür!" Er griff zu einer Ledermappe mit den Aufzeichnungen. „Gleich vorweg. Hier ist die richterliche Genehmigung für die Exhumierung der Leiche des angeblichen Ferdinand-Louis Schumacher. Ich konnte Sie noch rechtzeitig beim Richter des Amtsgerichtes ohne große schriftliche Stellungnahme durchsetzen. Richter Abel und ich kennen uns seit Langem, und wir können uns gegenseitig aufeinander verlassen."

Er reichte Kluge das Schriftstück mit dem amtlichen Behördenkopf.

„Ausgezeichnet, Stephan. Vielen Dank! Damit kommen wir einen Schritt weiter und einem der verdächtigen Ärzte näher."

„Das hoffe und wünsche ich dir, mein Freund."

„Und ich bin sehr gespannt, wer an Schumachers Stelle im Sarg liegt."

Clement schmunzelte, doch dann wurde er ernst und zog ein weiteres amtliches Schriftstück hervor.

„Hier steht es schwarz auf weiß, von meinem Behördenleiter abgezeichnet." Laut las er.

„Bis auf weiteres wird Oberstaatsanwalt Stephan Clement von den Ermittlungen im Zusammenhang mit der Privatklinik des Prof. Dr. Gustaf Bäuerling entbunden. Abgestempelt und verkündet am 30.4.1993, Leitender Oberstaatsanwalt, Meier-Greefe."

„Begründung", fragte Kluge

„Keine!"

„Wie?"

„Sag ich doch, Bernhard. Meine Nachfrage bei Meier-Greefe blieb ohne Erfolg. Der Leitende Oberstaatsanwalt war nicht zu erreichen und ließ mich über seinen Sprecher auf die disziplinarischen Rechtsfolgen bei Nichteinhaltung der Verfügung hinweisen. Punkt!"

„Das ist unglaublich!" Kluge schüttelte den Kopf. „Was steckt dahinter Stephan?"

„Wenn ich das wüsste, würde ich mich wehren. Aber so bewegt sich alles im Vakuum. Auch von meinen Kollegen war nichts zu erfahren. Bei manchen entdeckte ich sogar ein mitleidiges Lächeln."

Kluge bemerkte die Ratlosigkeit seines Freundes.

Er schätzte Stephan Clement als vorausschauenden und klar denkenden Juristen ein, der sich immer an die gesetzlichen Bestimmungen hielt. Wie musste es ihm mit dieser Brüskierung gehen?

„Aber du hast bestimmt Vermutungen. Ich erinnere mich an unser Gespräch. Du sprachst von der schwierigen Aufgabe der Beweismittelgewinnung. Du hast mich gewarnt, schlafende Hunde zu wecken und vorsichtig an die Sache heranzugehen. Ist es das?"

Clements Blick wurde ernst.

„Ja, genau so habe ich es gesagt, und ich bleibe dabei. Ich habe das Gefühl, dass ihr bereits jetzt mit euren Ermittlungen einigen Leuten heftig auf die Füße getreten seid."

Kluge wurde nachdenklich.

„Wenn du es sagst. Seit unserem letzten Gespräch sind wir ein ganzes Stück weitergekommen. Es ergeben sich konkrete Zusammenhänge mit dem Anschlag auf die Zeugin Katharina Weber, die Historikerin vom Staatsarchiv. Auch mit dem Einbruch in ihr Haus, bei dem Beweismittel entwendet wurden. Im weiteren Zusammenhang konnten wir das Kennzeichen des vermutlichen Tatfahrzeuges zuordnen, das ich als Fragment eines flüchtenden Mercedes notiert hatte. Hinzu kommt nun der zweite Mordversuch an Weber. Direkt im Krankenhauszimmer. Professionell ausgeführt mit einer Giftspritze durch einen dubiosen Arzt, der sich unter dem Pseudonym ‚Dr. Klingfort' Zutritt verschafft hatte."

„Und ihr meint, dass sich hinter dem Pseudoarzt einer der beschuldigten Ärzte verbergen könnte?"

„So ist es! Wir werden nach Vernehmung des Zeugen Geiger, der den Anschlag quasi miterlebte und der außerdem als Gärtner in der Klinik beschäftigt ist, bestimmt mehr wissen. Möglicherweise kann er den Täter identifizieren."

Bevor Clement reagieren konnte, klopfte es.

Die Tür ging auf und der freundliche Wirt erschien. Er trug ein Tablett mit zwei Kaffeegedecken, Milch, Zucker und duftendendem Butterkuchen. Dazu Mineralwasser und Gläser.

„Macht mal Pause, Bernhard. Du und dein Freund, ihr seht sehr nach Arbeit aus!"

Die überraschten Männer schauten sich belustigt an. Das klang verlockend.

„Guten Appetit, meine Herrn." Lächelnd verschwand von Rautenkranz.

„Frischer Butterkuchen, Clement. Den magst du doch, wie ich weiß!" „Und wie!" Beide langten kräftig zu. Die Spannung löste sich. Nach einer Viertelstunde und zwei Tassen kräftigen Kaffees übernahm Kluge das Abräumen.

„Das war eine gute Idee von dir, uns hier zu treffen, Bernhard. Aber du musst mir unbedingt darüber erzählen, wieso du mit dem freundlichen Wirt auf *„Du"* bist." Kluge lächelte geheimnisvoll. „Später! wenn ich meine dringenden Fragen losgeworden bin."

Clement horchte auf.

„Du auch? Aber das ist in Ordnung! Dann lass mich einige Dinge vorwegschicken, damit du die Zusammenhänge mit deinen Ermittlungen besser verstehst. Du wirst von mir Tatsachen hören, die in die dunkelste deutsche Vergangenheit zurückreichen. Bist du bereit dafür, Bernhard?"

Der nickte schweigend.

„Gut, dann höre bitte genau zu. Wenn du willst, mach dir Notizen."

In der nächsten halben Stunde erhielt Kluge einen Einblick in einen Teil deutscher Geschichte während der NS-Zeit. Lüneburg spielte dabei die Hauptrolle, denn es war Gauhauptstadt des Gaus Ost-Hannover. Schon 1933 hatten sich die Führungsspitzen in Verwaltung, Justiz und Polizei auf das Hitlerregime eingeschworen. *„Recht ist, was dem Volke nützt"*, war die neue Formel, die humane Rechtsanschauungen und die Rechtsnormen der „Weimarer Republik" in der Justiz ersetzte.

Clement nahm einen Schluck bevor er ins Detail ging.

„Nach der Machtergreifung 1933 wurde bei der Neuordnung des Gesundheitssystems die Rassenideologie und Rassenhygiene zur Staatsdoktrin erhoben. Sie fand im ‚Gesetz zur Verhütung erbkranken Nachwuchses' ihre Grundlage. Ziel der Rassenhygiene war es, die ‚deutsche Rasse' quantitativ und qualitativ zu fördern. Das implizierte, dass Menschen die geistig, körperlich oder psychisch behindert waren, der Zwangssterilisation oder dem staatlich organisierten Töten durch ‚Euthanasie' unterlagen.

Das Gesundheitswesen verlor seine Eigenständigkeit und wurde der Justiz unterstellt, die gemeinsam mit Ärzten, Amtsärzten der Gesundheitsämter, Hebammen, Lehrern und Mitarbeitern der Fürsorge sicherstellte, dass Menschen mit Merkmalen von Behinderungen, auf Grund des ‚Gesetzes zur Vereinheitlichung des Gesundheitswesens' von 1934, staatlichen Institutionen gemeldet werden mussten. Damit erhielten die Gesundheitsämter im Meldewesen eine steuernde Funktion, begründet durch ihre gerichtsärztliche Gutachtertätigkeit und die Entscheidung zur Selektion, zur Vernichtung von ‚Gemeinschaftsfremden'. 1935 wurde das ‚Ehegesundheitsgesetz' erlassen, das massenhafte Zwangssterilisationen nach sich zog.

Für das Erbgesundheitsgericht in Lüneburg war es für die Entscheidung zur Sterilisation unerheblich, erbliche Belastungen nachzuweisen. Die Gutachter schrieben *‚mit großer Wahrscheinlichkeit erblich belastet'*, und nach Aktenlage wurde das ‚Gutachten' vom Erbgesundheitsgericht als Grund für die Einweisung ins Lüneburger Krankenhaus übernommen. Ohne die begutachtete Person jemals gesehen zu haben. In besonderen Fällen führten diese Maßnahmen später auch zur Tötung der Betroffenen. Die gerichtlichen Entscheidungen des Lüneburger Erbgesundheitsgerichtes zogen in rund 500 Fällen bei Männern und Frauen unfreiwillige Sterilisationen nach sich, darunter rund 100 Patienten der Heil- und Pflegeanstalt Lüneburg.

Die Perfidität dieser willkürlichen Entscheidungen führte mit Kriegsbeginn 1939 zu (halb-)staatlichen Tötungsaktionen an Erwachsenen und Kindern, nachdem 1936 die staatlichen Ausgaben für Heil- und Pflegeanstalten drastisch gesenkt und bei Kriegsbeginn gegen Null heruntergefahren worden waren. Der Begriff der nationalsozialistischen ‚Euthanasie' bekam durch den Erlass des Führers vom 1.9.1938, verbunden mit genauen Weisungen an die Mediziner und vom ‚Reichsausschuss' in Berlin verfügt, eine nie dagewesene Dimension des Tötens. Ab 1941 konnten Menschen dem sogenannten, staatlich organisierten ‚Gnadentod' zugeführt werden. Die Tötungen erfolgten ohne rechtliche Grundlage und fielen auch im Nazi-Reich unter den Tatbestand des Mordes gem. § 211 des RStGB. Als es in der Bevölkerung und bei den Kirchen Widerstand gegen die Tötungen gab, wurden die Gas-Morde an Erwachsenen in den großen Tötungsanstalten, wie Hadamar, unterbrochen. Sie wurden jedoch mit anderen Tötungsmitteln, wie Tabletten, Spritzen und Aushungern, verborgen vor der Öffentlichkeit fortgesetzt.

In der Heil- und Pflegeanstalt Lüneburg waren es über 300 Kinder, die so umgebracht wurden. Und über 500 erwachsene Patienten sind aus Lüneburg in die sechs zentralen Tötungsanstalten verlegt und dort getötet worden. Amtlich hat man diese Vorgänge als ‚planwirtschaftliche Verlegungen' dargestellt, um die Öffentlichkeit zu täuschen. Der erste Transport aus Lüneburg wurde im März 1941 durch den Gauleiter Otto Telschow angeordnet. Im gesamten Nazi-Reich waren es Zehntausende, die so gnadenlos ermordet wurden. Diesen grauenhaften Vorgängen folgten Millionen ermordete jüdische Menschen aus Deutschland und hauptsächlich aus den im Krieg eroberten osteuropäischen Ländern. Und alles war begleitet von einer mit höchster Perfektion arbeitenden Bürokratie, bis in die untersten Ebenen."

Oberstaatsanwalt Clement unterbrach seinen Vortrag.

„War dir das bekannt, Bernhard?"

Kluge hatte das Gefühl, etwas hinunterspülen zu müssen. Ihm schwirrte der Kopf.

„Wow, das ist harter Stoff, Stephan! Ich glaubte eine Menge darüber zu wissen. Aber dass diese Morde direkt vor unserer Haustür stattgefunden haben, wusste ich nicht!" Ein langes, nachdenkliches Schweigen folgte.

„Doch ich erkenne noch nicht den Zusammenhang mit unseren Ermittlungen."

Clement nickte. Er ging zur Tür, öffnete sie und verschloss sie wieder leise.

„Nur zur Vorsicht, Bernhard! Was ich dir jetzt erzähle sind Tatsachen, und sie werden dich erkennen lassen, was sich hinter den Kulissen unserer hiesigen Justiz abspielte. Damit meine ich die Ermittlungsbehörde Staatsanwaltschaft sowie die Strafkammern bei Amts- und Landgericht. Und diese Fakten sind absolut *top Secret*, hast du verstanden?"

Stephans Stimme hat sich plötzlich verändert, dachte Kluge. Sie klang brüchig.

„Es könnte mich meinen Job kosten, wenn etwas nach draußen dringt!"

Clements Gesichtszüge waren verschlossen. „Dieses Mal sind Notizen nicht vorgesehen, Bernhard. Das musst du verstehen."

Ein zweites Mal berichtete Clement und rechnete mit dem dunkelsten Teil deutscher Geschichte und den Hunderttausenden daran beteiligten Herrschaftseliten und höchsten Führungsspitzen ab.

Nach Kapitulation und Neugründung der Bundesrepublik hatten sich diese sehr häufig an einflussreichen Stellen in Politik, Justiz, Wissenschaft, Medizin, Medien wiedergefunden. Menschen, die im NS-Regime in höchsten Funktionen beschäftigt gewesen waren, hatten noch Jahrzehnte nach Kriegsende ungestört weitergearbeitet und medizinisch geforscht wie zuvor. Viele dieser ehemaligen Funktionsträger waren an Tötungshandlungen an der Ostfront, im Deutschen Reich, in den Konzentrationslagern sowie in Forschungseinrichtungen und Kliniken beteiligt gewesen oder hatten diese befehligt. Dazu zählten auch Juristen. Der Einfluss, den die ehemaligen Nazis in den neuen Parlamenten und Landtagen ausübten und damit die Gesetzgebung der neuen Republik beeinflussten, war immens. Die Folgen waren gesetzliche Amnestien und Gesetzesänderungen, die zum Ergebnis hatten, dass aus den Reihen ehemaliger NS-Täter nur wenige wegen Mordes und Verbrechens gegen die Menschlichkeit verurteilt wurden. Damit entfielen Anklagen und Gerichtsverfahren gegen Zehntausende. Das war im Sinne und geschah mit der Zustimmung des überwiegenden Teils der Bevölkerung, die in der alliierten Gerichtsbarkeit nach 1945 nur die Rache der Sieger sah. Diese Leute standen den Nazi-Tätern näher als deren Opfern. In deren Köpfen fand eine Art politischer Restauration statt, nachdem die Alliierten Strafverfolgung und Rechtsprechung an die neue deutsche Gerichtsbarkeit abgegeben hatten.

Clement griff zum Wasserglas.

„Das war ein Schnelldurchgang, lieber Bernhard, damit dir die Zusammenhänge klar werden, die mich manchmal an meinem Beruf zweifeln lassen."

Traurig blickte er seinen Freund an.

„Als ich nach den Abschlüssen der juristischen Staatsexamen meinen Dienst begann, und das war Mitte der Sechzigerjahre, fand ich in den Gesetzestexten noch etliche Bestimmungen aus der Nazizeit, so ‚Verfolgung und Bekämpfung der Gewohnheitsverbrecher' oder des ‚Landfahrerunwesens'. Beide orientierten sich an den ideologischen Grundsätzen der Nazis und hatten weiterhin Bestand. Auch das Verbot der Homosexualität war ein Gesetz, dass die Nazis im Zusammenhang mit ihrer wahnsinnigen Rassenideologie und Rassenreinhaltung verabschiedet hatten und das noch sehr lange in der Bundesrepublik Bestand hatte. Wenn ich das in meiner Refendariatszeit kritisch hinterfragte, stieß ich bei Vorgesetzten auf Befremden. Erst später, hinter vorgehaltener Hand, erfuhr ich, dass viele Juristen, mit denen ich zu tun hatte, in der NS-Zeit hohe Funktionen ausgeübt hatten. Diese Leute hatten als Staatsanwälte Anklagen gegen Unschuldige erhoben, waren diesen als Richter gefolgt und hatten schwerste Urteile, auch Todesurteile, verhängt.

Ich beschaffte mir umfangreiche Literatur von Ernst Klee, einem anerkannten und angefeindeten Historiker, der in seinen akribischen Recherchen herausgefunden hatte, dass sich die gesamte Justiz in der NS-Zeit von Recht und Gesetz getrennt und dem absoluten Gehorsams- und Führerprinzip der NS-Ideologie unterworfen hatte. ‚Recht ist, was dem Volke nützt', war damals die Ideologie. Rechtsfindung unter dem Begriff der ‚Unschuldsvermutung' bis zu einer Verurteilung war entfallen."

Clement machte erneut eine Pause.

„Kannst du noch folgen, mein Freund?"

Dieses Mal dauerte es länger bis Bernhard Kluge reagierte.

„Mir erscheint das aus heutiger Sicht ungeheuerlich und nicht möglich. Doch ich weiß schon, dass es so war. Unser Dozent an der Fachhochschule hat uns mit sehr viel Quellenwissen versorgt."

„Aber so war es, lieber Bernhard! Ganz sicher! Und ist vielleicht schon wieder möglich."

„Du sprichst jetzt von der Jurisprudenz, Stephan. Aber wie war das mit meiner Berufsgruppe nach 1945, ich meine die Polizei?" Clement wurde sehr ernst.

„Da war es ähnlich! Tausende von Kriminalbeamten, Schutz- und Ordnungspolizei in Führungspositionen, waren durch die Entnazifizierung geschlüpft und bekleideten nach und nach wieder wichtige Funktionen. Das neu gegründete Bundeskriminalamt wurde von einem Präsidenten geleitet, der aus der NS-Zeit Dreck am Stecken hatte. Das BKA war zum Sammelbecken von ehemaligen Nazi-Polizisten und -Kriminalisten geworden. Aber auch in den Leitungsspitzen von Innenministerien und Polizeibehörden tummelten sich ehemalige Mörder und beeinflussten die Politik in erheblichem Maße."

Kluge schüttelte ungläubig den Kopf.

„Doch, doch, so war es! Mittlerweile sind diese Erkenntnisse ebenfalls historisch belegt, aber keiner will sie hören."

„Das hört sich für mich genauso erschreckend an, wie deine Schilderung der Juristen!"

„So ist es Bernhard! Doch davon ein anderes Mal mehr. Wir müssen an meinem Thema dranbleiben."

Clement ergriff ein anderes Schriftstück. „Ich werde dir nun schildern, wie es in meiner Behörde aussieht."

Er räusperte sich heftig.

„Als ich Ende der Sechzigerjahre nach Lüneburg kam, gab es noch etliche Juristen bei StA und Gericht, die auf eine dienstliche Vergangenheit in der NS-Zeit zurückblickten. Die saßen in hohen Leitungsfunktionen bei den

Strafkammern der Landgerichte und bei der Staatsanwaltschaft und richteten ihr Augenmerk auf die Ausschaltung der politischen Opposition. Die 4. Strafkammer der Staatsanwaltschaft Lüneburg führte politische Verfahren für den gesamten Oberlandesgerichtsbezirk Celle durch. Feind war die kommunistische Bewegung, deren Partei, die KPD, bereits 1956 verboten worden war. Die Staatsanwaltschaft Lüneburg hat Tausende politische Verfahren in die Wege geleitet, und das Landgericht Lüneburg Hunderte Angeklagte, angeblich kommunistische Leute, wegen Landesverrats zu Geld- und Haftstrafen verurteilt. Die Urteile hatten ihre Grundlage im ‚Ersten Strafrechtsänderungsgesetz von 1951' mit seinen Landesverratsdelikten. Der Gesetzestext war fast wörtlich aus der Strafrechtsnovelle von 1934 übernommen worden und schloss sich an die traditionelle Nazi-Ideologie vom ‚kommunistisch-bolschewistischen Feind' an."

Clement ermöglichte seinem Freund eine Atempause.

„Erst in den Siebzigerjahren kam es zu einem Wechsel der Behördenleitungen. Eine von Recht und Gesetz bestimmte und gewollte Veränderung der Ermittlungs- und Strafverfahren folgte nun wieder dem Prinzip der Unschuldsvermutung bis zu einer Verurteilung."

Das bisherige Personal war nach authentischen Dokumentationen in NS-Verbrechen verwickelt gewesen, aber nie deswegen verurteilt worden."

Er fuhr fort.

„In meinem neuen Behördenleiter hatte ich Mitte der Achtzigerjahre einen gradlinigen Vorgesetzten, der nicht mehr der NS-Ideologie verhaftet war. Für den hatten die Rechte des Beschuldigten hohe Geltung. Neben den Bestimmungen der Strafprozessordnung und anderer Gesetzestexte widmete er den gesetzlich zugelassenen Eingriffen in die Grundrechte höchste Aufmerksamkeit. Er orientierte sich ständig an der fortlaufenden Höheren Rechtsprechung. Dieser Mann folgte auch nicht den hinter der Hand geäußerten Vorurteilen gegen ethnische Minderheiten oder gegen die vermehrt in Erscheinung tretenden ausländischen Straftäter. Zu meinem großen Bedauern verließ er Lüneburg."

Clement griff zum Wasserglas.

„Nach vielen Dienstjahren, die mich an Kammergerichte und die Generalsstaatsanwaltschaft in Celle geführt hatten, wurde ich zum Oberstaatsanwalt befördert. Politische Delikte, die sich gegen den Bestand und die Sicherheit der Bundesrepublik richteten, gehörten nicht zu meinem Ressort. Aber ich bekam mit, dass Straftaten mit politischem Hintergrund aus einer Szene erfolgten, die sich wiederkehrender Nazi-Ideologie geöffnet hatte. Wie du auch weißt, nahmen Delikte mit Hetzparolen widerlichster Art schon in den Achtzigern ihren Anfang. Sie setzten sich mit Brandanschlägen auf Wohnheime, Überfälle auf Asylsuchende und Morden fort."

Wieder klopfte es.

„Ich habe auf meiner alten Standuhr gesehen, dass es auf sechs zugeht. Haben die Herren etwas dagegen, einen stärkenden Imbiss einzunehmen?" Blickaustausch und nickende Zustimmung waren die Antwort.

„Ernst, wenn du uns noch zwanzig Minuten gibst, nehmen wir sehr gern dein Angebot an!"

„Da freue ich mich. Bis gleich meine Herrn!" Noch ein freundliches Lächeln, und leise schloss sich die Tür.

Clement strich sich über die Stirn.

„Wo war ich stehen geblieben? Ach, ja. Wiederaufleben braunen Gedankenguts bei den ‚Neo-Nazis', die sich schon in den Siebzigerjahren in sogenannten Wehrsportgruppen zusammenfanden. Du wirst dich an einen herausragenden Namen aus der Szene erinnern, Bernhard. Das war die ‚Wehrsportgruppe Hoffmann', kurz ‚WSG' genannt. Hoffmann hatte seine Anhänger, zuletzt etwa 400 Mann, mit zugelöteten Kriegswaffen für ‚Schießspielchen' ausgebildet. Vom damaligen FDP-Innenminister Baum war 1980 ein Verbot der militanten Gruppe erlassen worden. Doch damit war es nicht getan. Hoffmanns Anhänger waren in schwere Sprengstoffanschläge – 1980 beim Münchener Oktoberfest – und die Ermordung eines jüdischen Ehepaares in Erlangen im selben Jahr verwickelt. Ihre illegale

Ausbildung an Kriegswaffen hatten sie in einem Palästinenserlager im Libanon erhalten. Hoffmann selbst saß einige Jahre wegen Körperverletzung und Verstößen gegen das Waffen- und Sprengstoffgesetz im Knast."

Clement wurde heiser und Kluge bemerkte, dass der Freund an seine Grenzen kam. Kein Wunder bei diesen ungeheuerlichen Themen!

„Nun zurück nach Lüneburg. Nach Dienstende trafen wir uns im Kollegenkreis von Staatsanwälten, Richtern und Rechtspflegern zu Meinungsaustauschen oder auch zum Kegeln, Tennis, zu Skatrunden oder auch nur zu einem ‚Feierabendbier'. Bis zum Jahresende 1980 war es eine lockere Runde. Dann stießen auf Wunsch des neuen Behördenleiters einige lebensältere, überwiegend weißhaarige Herrn zu der Runde. Sie wurden als ‚alte und erfahrene Richter – Kameraden mit großer Berufserfahrung' vorgestellt, die uns Jüngeren aus ihrer Zeit – der NS-Zeit – berichten sollten. Das klang interessant, etwas aus dem Mund echter Zeitzeugen zu hören, *‚die absolut integer sind'* – Originalton Behördenleiter. Es stellte sich aber bald heraus, dass zwei Veteranen Richter des ehemaligen ‚Erbgesundheitsgerichtes Lüneburg' waren, damals verantwortlich für die Beschlüsse zur ‚Zwangssterilisation'. Der dritte Jurist im Bunde hat sich zurückgehalten. Später habe ich erfahren, dass dieser Mann zu Kriegszeiten Richter bei einem Sondergericht gewesen ist.

Langer Rede kurzer Sinn: die Veteranen wollten uns vermitteln, dass sie bei ihren Entscheidungen ‚nur' das damalige Strafrecht angewandt hatten und mit ihren Richtersprüchen und Urteilen dem ganzen Volk gedient hätten.

Zweimal habe ich an derartigen ‚Schulungsabenden' teilgenommen und mich dadurch unbeliebt gemacht, dass ich die ‚Referenten' durch meine expliziten Kenntnisse in der Historie vorgeführt habe. Das war beim Behördenleiter nicht gut angekommen. An den ‚Ariel'-Abenden, wie ich sie spöttisch nannte, nahm ich nicht mehr teil, auch nicht, als ich bemerkte, dass Externe zu unserer Runde stießen. Alles Männer aus der oberen Lüneburger Gesellschaft:

Mediziner, Anwälte, Politiker vom rechten Rand. Ein richtiges Netzwerk verdrehter Besserwisser mit gefährlichen Ideen. Und ich glaube mich zu erinnern, dass einer dieser honorigen Menschen heute Leiter des Staatsarchives in Lüneburg ist. Das alle Vereinende dieser illustren Schar war die explizite Ablehnung von Ausländern und Flüchtlingen aus den Balkanstaaten und dem Vorderen Orient, weil diese die ethnische Reinheit des deutschen Volkes gefährdeten. Sie strebten ein ‚Vaterland' an, in dem es für Menschen, die in gleichgeschlechtlicher Liebe leben wollten, keinen Platz mehr geben sollte. Von ‚eherner Volksgemeinschaft' war die Rede."

Clement hatte sich in Hitze geredet und legte sein Jackett ab.

„Das klang wie auf einer Parteiversammlung der NSDAP! Jedenfalls machte mich das sehr hellhörig, der ich meinen Eid auf die freiheitliche demokratische Grundordnung geleistet hatte. So wie du auch. Ich begann, mir Notizen zu machen und in meiner Freizeit im Landesarchiv zu graben. Natürlich unter Pseudonym. Und dabei stieß ich auch auf die richtigen Namen der von dir verdächtigten Ärzte der Privatklinik. Deine Historikerin Weber hat wirklich gute Arbeit geleistet. Trotzdem ist es auch für mich ein Rätsel, dass diese ehemaligen und nie wegen eines Tötungsverbrechens verurteilten Mediziner aus der NS-Zeit noch leben und arbeiten, obwohl sie steinalt und gebrechlich sein müssten."

Bei der letzten Feststellung nickte Kluge heftig.

„Das ist wirklich ein medizinisches Rätsel. Doch solange es keine konkreten Beweise für neue Straftaten gibt, wird es schwer werden, einen Gerichtsbeschluss zur Altersbestimmung der Ärzte zu erwirken."

Clement legte seine Unterlagen beiseite.

„Eure Ermittlungen haben nun genau *diese* Leute aufgeschreckt. Sie haben es geschafft, auf unsere Behördenspitze Einfluss zu nehmen. Die Folge ist, mich von unseren gemeinsamen Ermittlungen ‚freizustellen'. Und ich befürchte, diese Leute werden bei mir nicht haltmachen. Sie wissen mittlerweile, dass die Kripo Lüneburg ihren gleichgesinnten Ärzten ans Bein pinkeln will."

Bernhard Kluge war auf einmal hellwach. Habe ich richtig gehört? Aber Stephan meint es bitter ernst. Daran besteht kein Zweifel.

Passend dazu fiel ihm der Spruch seines seefahrenden Cousins ein: *Hier geriet man in schweres Fahrwasser!* Er stand auf und reckte sich.

„Und genau deswegen werde ich in den nächsten Tagen die Klinik der ‚Mordärzte' auf den Kopf stellen und mir den Arzt vorknöpfen, der angeblich seit Jahren tot ist. Und dann sind auch noch die beiden Mordanschläge auf Weber offen."

Entschlossenheit und Härte klangen aus seiner Stimme.

Clement schüttelte besorgt den Kopf.

„Bernhard, ich befürchte, dass ihr den Geistern, die ihr auf den Plan ruft, nicht gewachsen seid. Ich meine nicht eure professionelle Arbeit, sondern ein Politikum, das ihr möglicherweise damit auslöst. Wenn ihr in der Klinik bei eurer Durchsuchung keine Beweise für die vermuteten Kindesmisshandlungen finden solltet, werden euch die Presse und die braunen Sympathisanten in der Luft zerreißen. Und das betrifft nicht nur dich persönlich, sondern kann auch für deine Vorgesetzten unangenehme Folgen haben! Ihr dürft nicht scheitern! Bereitet euch akribisch vor!"

Das erste Mal an diesem langen Nachmittag schlich sich bei Kluge ein unbekanntes Gefühl ein.

Das was sein Freund in klaren Worten beschrieb, klang ehrlich und authentisch. Es ging nicht nur um Wahrheitsfindung, sondern um das Aufdecken eines verborgenen staatsfeindlichen Netzwerkes, das in „ehrenwerte Kreise" hineinreichte und Strukturen unterstützte, die das demokratische, parlamentarische Regierungssystem beseitigen wollte.

Stephan Clement bemerkte, dass seine Schilderungen bei seinem Gegenüber angekommen waren. Genau das hatte er mit seinem seminarfüllenden Vortrag auch beabsichtigt.

Er mochte seinen Ermittlerfreund sehr und wollte ihn vor Unheil schützen. Soweit es möglich war, ihn auch unterstützen. Aber jetzt war er dienstlich ausgebremst worden.

Zwei angestrengte Männer, der eine mit kurzem blonden Haar, schmalem intelligenten Gesicht und Sehbrille, und der andere mit mittelbraunem, dünner werdenden Haar, nicht weniger intelligent und mit einer steilen Sorgenfalte zwischen den braunen Augenbrauen blickten sich betroffen an.
„Stephan, ich bleibe dabei. Wir werden den Durchsuchungsbeschluss umsetzen, und ich werde um Unterstützung eines Staatsanwaltes deiner Behörde bitten."
Bei den letzten Worten stand ihr Gastgeber in der Tür, dessen Klopfen sie überhört hatten.
„*Bitten* hört sich gut an, deshalb bitte ich zu Tisch, meine Herrn. Es ist angerichtet!" Die „Herrn" erhoben und streckten sich.
„Bernhard, bevor wir uns trennen, muss ich unbedingt noch wissen, was dich mit unserem freundlichen Wirt verbindet. Versprichst du mir das?" Kluge legte freundschaftlich seinen Arm um Clements Schultern. „Erst wird gemampft, dann wird geschludert!"
Eine gute Stunde später, als es im Wald schon dämmerig wurde, verabschiedeten sich die Männer dankbar von ihrem freundlichen Gastgeber. Es war Zeit für den Heimweg. Sie durften nicht die Fähre verpassen.
„Halt, Bernhard, gerade ist mir noch etwas Wichtiges eingefallen. Du hast von dem Leichenfund im Wald bei Behringen und von den neun Leichen auf dem Grundstück des Bestatters in Soltau erzählt."
„Ja, habe ich. Gibt es dazu etwas Neues?"
Clement stutzte.
„Ich glaube schon. Zwei Kollegen haben an den Exhumierungen und den anschließenden Leichenöffnungen teilgenommen. Und das gruselige Ergebnis war, dass auch bei diesen neun Leichen die Organe fehlten."

Kluge war wie elektrisiert. „So genau wusste ich das noch nicht!"

„Hmh! Solltest du aber! Wenn du mehr darüber erfahren willst, wende dich an Staatsanwalt Mischke. Der hat die Fälle übernommen."

Diese Information überraschte Kluge. Er dachte an Winderlich in Soltau. Da hat die heftig was an der Backe.

Auf ihrem Weg zum Parkplatz blieb Clement plötzlich stehen und lauschte. Und dann hörte Kluge es auch. Das Aufbrummen starker Motoren, Motorradmotoren. Ganz in der Nähe, aus Richtung des Parkplatzes. Nach einer Weile wurden die Geräusche leiser und waren dann nicht mehr zu hören.

„Hmh, merkwürdig!"

Als sie den Parkplatz erreichten, umkreisten sie misstrauisch ihre Autos. Doch sie konnten daran nichts Verdächtiges feststellen.

„Lieber Stephan, wir trennen uns wie besprochen. Ich muss über das nachzudenken, was du mir heute eröffnet hast. Danke für deine Zeit!"

Beide Männer umarmten sich.

„Pass auf dich auf, lieber Bernhard, und grüße Elaine. Wir kommen bald mal vorbei."

Fahrzeugtüren klappten, Motoren sprangen an. Ein kurzes Winken und die Männer verließen den konspirativen Ort. Voran Stephan Clement, der die Fähre nach Bleckede nehmen würde. Kluge wollte über Boizenburg und Lauenburg fahren, weil er noch etwas Zeit zum Nachdenken brauchte.

86. Das Kommissariat

Nachdem Ahlers den Auftrag erhalten hatte, Till Geiger zu vernehmen, ließ er sofort alles andere stehen und liegen und befasste sich mit dessen Zeugenaussage zum Einbruch bei Weber. Er gewann den Eindruck, dass Geiger sachlich und wahrheitsgemäß seine Beobachtungen geschildert hat. Ein guter Zeuge. Er wählte Geigers Nummer und bat ihn, zu einer Aussage in Sachen Katharina Weber zur Dienststelle zu kommen.

Geiger sagte sofort zu. Ein Blick auf die Uhr. Viertel vor zwölf. Noch Zeit für einen Happen in der Kantine. Er machte sich eine Notiz und ging zu Kubitzke.

„Ronda, kannst du deine Mittagspause etwas verschieben und mich für eine halbe Stunde vertreten."

„Und was ist der Grund?" fragte sie keck.

„Bernhard ist unterwegs, und ich erwarte Till Geiger, den Zeugen aus dem Krankenhaus. Reicht dir das?", „Mir reicht es schon lange! Aber es geht in Ordnung, kleiner Chef!" „Gut, dann haben wir uns wieder mal verstanden."

Ahlers machte sich auf den Weg zur Kantine im Gebäude der Bezirksregierung. Heute war Curry-Wurst Tag.

87. Messerschmidt

Zur gleichen Zeit, als Ahlers und das Ermittlungsteam von Malz in der Kantine neue Kraft tankten, erreichte Messerschmidt mit seinem Rad die Privatklinik im Wald bei Schwindebeck.

Nach einem „Nuttenfrühstück" – Tasse Kaffee, Zigarette – mit der müden „Sülztorschwalbe" Claudia war er mit dem ersten Bus nach Kaltenmoor gefahren. Dieses Mal waren keine Bullen in Sicht gewesen. Ohne bemerkt zu werden war er in den Keller geschlichen und hatte sein Fahrrad herausgeholt. Mit dem Wetter hatte er Glück gehabt. Nach der ungewohnten Fahrt mit der alten Karre und wenig Gepäck hatte er schließlich gegen Mittag sein Ziel erreicht.

Er war verblüfft über die Größe der Anlage. Auch die Fachwerkgebäude gefielen ihm. Ganz anders als das „Ghetto" in Kaltenmoor.

Hier werde ich einen neuen Job machen und untertauchen.

Er entdeckte sofort die Kamera über dem Eingang und die in den Torpfosten eingebaute Sprechanlage. Auf Knopfdruck schwenkte die Kamera in seine Richtung. Ein mechanisches Summen ertönte und eine Stimme, die fragte.

„Messerschmidt, hier. Zu Dr. Bäuerling!"

Gerade als er im Begriff war die eiserne Pforte aufzudrücken, näherte sich vom Gelände ein Auto. Die beiden Torflügel öffneten sich automatisch. Hinter dem Steuer saß ein Mann mit Sonnenbrille. Der Fahrer betätigte die Hupe. Er wartete und ließ das Fahrzeug, einen dunkelgrünen Golf mit LG-Kennzeichen, passieren. Dieses Mal war es kein Bulle. Das Auto verschwand im Wald.

Sein Magen knurrte.

Es wird Zeit, sich was zwischen die Kiemen zu schieben, dachte er und schwang sich aufs Rad. Vor dem Eingang des Verwaltungsgebäudes fand er einen Fahrradständer. Neugierig blickte er sich um.

Das ovale, meterhohe, in die Hauswand eingelassene Symbol kam ihm bekannt vor. Er hatte es schon mal irgendwo gesehen.

„Sind Sie Messerschmidt?" fragte eine harte Stimme. Unwillig drehte er sich um und sah sich einem etwa vierzig Jahre alten Mann gegenüber. Schlägervisage und Glatze, eng auf den Leib geschnittener, schwarzer Anzug. Wie von der Reeperbahn hierher verpflanzt.

„Was geht dich das an, du Spacken?"

Der Mann grinste arrogant. Er musste schon auf ihn gewartet haben.

„Sind Sie mit diesem Schrott tatsächlich hier angekommen?" Der Typ provozierte.

„Radfahren würde deinem Fettwanst auch gut tun, du Null!"

Die Miene des Mannes verzerrte sich hasslich.

„Darüber reden wir noch gelegentlich, Messerschmidt. Das Spiel fängt erst an", zischte er und kam drohend auf ihn zu. Doch der beobachtete gelassen jede Bewegung seines Gegenübers. Dieser machte zähneknirschend kehrt, als im Hauseingang ein älterer, schlanker Mann mit weißem Haar in einem Arztkittel erschien.

„Was ist los hier, und wer ist dieser Mann, Eisler?"

„Das ist anscheinend Messerschmidt. Jedenfalls hat er mir bisher die Auskunft darüber verweigert, Herr Professor."

Der Weißhaarige verzog missbilligend sein Gesicht. Prüfend blickte er Messerschmidt an und zog ein Foto aus der Kitteltasche.

„Ja, Sie sind Messerschmidt. Sie sollen uns unterstützen, ist mir gesagt worden." Er hüstelte leise. „Das ist Herr Eisler, mein Bodyguard. Und wie nicht zu übersehen ist, haben Sie sich schon miteinander bekannt gemacht. Also, folgen Sie mir in mein Büro."

Schon wieder der Scheiß-Befehlston, dachte er, nahm seine Sachen vom Gepäckträger und ging grinsend am immer noch wütenden Eisler vorbei.

„Security, das ich nicht lache! Dann pass mal gut auf mein Fahrrad auf, Fettwanst", flüsterte er. Zufrieden mit sich kehrte er dem Schwarzgekleideten den Rücken zu. Deshalb sah er nicht wie der beleidigte Mann seine gewaltigen Fäuste ballte.

88. Nachlese

Ein ganzes Stück fuhren die beiden Freunde noch hintereinander her. 6 Kilometer hinter Neuhaus bog Kluge nach rechts auf die L 195 Richtung Boizenburg ab und Clement in Richtung Elbe.

Vieles ging ihm durch den Kopf. Was macht das mit mir? Er fühlte unbestimmte Angst.

Das was Clement zum Schluss über die Zusammenhänge alter Nazi-Netzwerke und ihrer Verbindung bis in die heutige Zeit vorgetragen hatte, erschreckte ihn ein zweites Mal. Sollte das wirklich so sein? Waren das nur Ideen machthungriger Menschen, die aus einer kranken Vorstellung von „gesunder Volksgemeinschaft" stammten? Einer Einstellung, in der anders lebende Menschen keinen Platz mehr haben sollten?

Konzentriert blickte er auf die gerade Asphaltpiste, die zwischen bestellten Feldern und grünen Wiesen verlief. Eine friedliche Frühlingslandschaft an diesem 3. Mai.

Nur noch drei Tage, dann jährte sich zum 48. Mal das Kriegsende mit der Kapitulation des Nazi-Reiches und zigmillionen Kriegstoten und Millionen vergaster und ermordeter Juden. Danach 1949 die Zweiteilung Deutschlands in Bundesrepublik und DDR, in der sich, mit kurzem zeitlichen Abstand, der erste Arbeiter- und Bauernstaat unter Führung der Moskau hörigen SED etablierte. Genau hier, wo die Straße verlief, war Sperrgebiet gewesen, und die nicht weit entfernt fließende Elbe der Grenzfluss zwischen den zwei unterschiedlichen Deutschlands.

Seine Gedanken glitten zurück zu Clement. Sah der alles zu kritisch?

Nein, Stephan würde nie übertreiben. Ich vertraue ihm. Er ist ein kluger und klar denkender Mann, der jede Ungerechtigkeit hasste. Doch jetzt war er beruflich isoliert. Warum? War es das Ziel der restriktiven Maßnahme, unsere Ermittlungen von einem Personenkreis fernzuhalten, der sich an die Öffentlichkeit gezerrt sieht?

Wut machte sich in ihm breit. Ich werde dahinterkommen, was sich in dieser Klinik abspielt, dachte er.

Lautes Hupen schreckte ihn aus seinen Gedanken auf. Im Rückspiegel sah er das Aufblinken einer Lichthupe. Er zog nach rechts und ließ den Raser vorbei.

Zurück zu den Ermittlungen. Die Fakten reichten allemal für eine Durchsuchung der Klinik. Im Zusammenhang damit mussten weitere, schwere Verdachtsmomente abgeklärt werden. Er dachte an den Leichenfund bei Behringen und den Brand des Leichenwagens auf der B3 bei Wintermoor. Und jetzt noch das gruselige Sektionsergebnis bei den neun Kinderleichen.

Was geschah mit den Organen? Illegaler Organhandel fiel ihm ein. Aber dazu bedurfte es eines ganzen Netzwerkes unterschiedlicher Strukturen. Mögliche Zusammenhänge zwischen den drei Fällen waren nicht mehr zu übersehen. Führten Spuren in die Privatklinik? Alle drei Fälle, die sich um tote Kinder rankten, waren nicht weit entfernt von Lüneburg angesiedelt.

Morgen würde er sich mit Stefanie Winderlich austauschen. Vordringlich war die Besprechung mit Tödter, bei der es um die Einsatz- und Kräfteplanung für die Durchsuchung ging. Vor der Durchsuchung stand noch die Exhumierung auf dem Waldfriedhof an. Wir müssen unbedingt klären, wer dort im Sarg liegt. Parallel war das neue Tötungsdelikt in Kaltenmoor zu bearbeiten, an dem sich Malz festgebissen hatte.

Deutlich hatte er ihre erschrockene Reaktion vor Augen. Frauke ist gut, sie schafft das. Aber auch die anderen sind Spitze und tragen die Belastungen ohne zu murren.

Ein Blick auf die Armatur. Es ging auf neunzehn Uhr zu. Elaine würde mit dem Abendbrot warten. Wie gut hatte er es doch. Und dann glaubte er Clements beschwörende Stimme zu hören: *Ihr dürft nicht scheitern, bereitet euch akribisch vor!*

In der Ferne wurde die Silhouette von Boizenburg sichtbar. Wieder mit Erinnerung verbunden. Seine verdeckte Dienstreise 1980 über die B5 nach Berlin zum Landesamt für Verfassungsschutz. Die beinahe im Stasi-Untersuchungsgefängnis in Ost-Berlin-Hohenschönhausen mit seinem Tod geendet hätte.

Nun war es nicht mehr weit bis nach Hause. Nur noch die kurze, landschaftlich schöne Strecke nach Lauenburg, mit dem lohnenden Blick von der Elbebrücke auf die Unterstadt und den Hafen. Der Rest nach Lüneburg war Routine.

89. Zeugenvernehmung

Gut gelaunt war Ahlers um 12.32 Uhr von der Kantine an seinen Schreibtisch zurückgekehrt. Ein bisschen mit Verspätung, weil ihn zwei Kollegen von der Station in Bleckede in ein Smalltalk verwickelt hatten. Rondas aufgebrachte Stimme war nicht zu überhören.

„Hast du mir nichts zu sagen, kleines Chefchen?"

„Und was möchtest du hören?"

„Zum Beispiel, *vielen Dank, liebe Ronda, dass du mir den Rücken freigehalten hast.*" Jens Ahlers lachte fröhlich.

„Na gut. Danke. Also Ronda ich bin zurück, und du kannst dich jetzt drüben verwöhnen lassen!"

„Siehste! Geht doch", kam es frech zurück. „Und du kannst mir Herrn Geiger abnehmen, der schon eine geschlagene Viertelstunde auf dich wartet!"

Tatsächlich, nebenan saß sein Zeuge. Schlank, blonde Haare, blauäugig und freundlich lächelnd.

„Guten Tag, Herr Geiger, Ahlers ist mein Name, Kriminalhauptkommissar", ergänzte er. „Es tut mir sehr leid, dass Sie haben warten müssen. Bitte kommen Sie mit in mein Büro."

Er reichte dem gleichgroßen Geiger die Hand und machte eine einladende Bewegung.

„Hast du zufällig noch einen Kaffee für uns, l i e b e Ronda?"

„Bedienen kannst du dich aber selbst, oder?"

Geiger belustigte der Dialog. In seiner Männerrunde gab es so etwas nicht. Aber es sagte etwas über das Miteinander aus.

„Nehmen Sie Platz. Sie mögen doch einen Kaffee mittrinken, Herr Geiger?"

„Ja, gern."

Er verschwand nach nebenan, und Geiger blickte sich neugierig um. Büromöbel, die schon einige Jahrzehnte alt sein durften. Die dunkelgrünen Vorhänge an den Fenstern hätten jeden Designer zur Verzweiflung getrieben, und die hellbeige gestrichenen Wände müssten mal wieder gestrichen werden. Alles sehr schlicht. Auf dem Schreibtisch stand ein Tastentelefon, und der festinstallierte PC mit Monitor wirkte auch nicht wie das letzte Modell von der Cebit.

Nebenan gurgelte die Kaffeemaschine.

Er blickte auf die Uhr.

Schon 13.00 Uhr. Eigentlich hatte er nicht so viel Zeit vorgesehen. Aber er wollte das schreckliche Erlebnis aus dem Krankenhaus loswerden. Die Erinnerung daran machte ihn unruhig. Als Ahlers mit Kaffee zurückkam, bemerkte er die plötzliche Nervosität seines Zeugen.

„Bevor wir mit Ihrer Vernehmung beginnen, Herr Geiger, muss ich Sie belehren, dass Sie als Zeuge die Wahrheit sagen müssen. Oder mich darauf hinweisen, dass Sie sich eventuell selbst belasten. Dann müsste ich die Zeugenvernehmung beenden, denn als Beschuldigter haben Sie das Recht, die Aussage zu verweigern. Haben Sie das verstanden?"

„Ja."

Er schob ihm das Formular über den Tisch. „Unterschreiben Sie bitte die Belehrung, so sagt man im Juristendeutsch. Und dann geht es weiter mit Ihren persönlichen Daten."

Geiger las sorgfältig den Text und unterschrieb.

„Die Vernehmung schreibe ich direkt in den PC. Zum Schluss bekommen Sie zum Durchlesen zwei Ausdrucke. Ist das okay?"

„Ja, ist es."

„Gut. Dann schildern Sie bitte, was Sie beruflich machen, und wie Sie Frau Weber kennengelernt haben."

Geiger begann. Er berichtete über seine berufliche Tätigkeit und seine Beziehung zu Katharina Weber, die er als freundliche und hilfsbereite Nachbarin kennengelernt hatte. Später hatten sich ihre Gesprächsthemen erweitert, und er hatte von ihrem Beruf als Historikerin erfahren. Sie, die Lebensältere, hatte ihn häufiger zum Kaffeetrinken eingeladen, und er hatte den Eindruck gewonnen, dass Weber in ihm so etwas wie einen Sohn sah. So hatten sich beide bald auf ein freundschaftliches „Du" verständigt.

Geiger stockte bei der Schilderung, wie sehr Weber unter der grausamen NS-Vergangenheit gelitten hatte. Ihr Bruder war 1942 im Rahmen der „Kinder-Euthanasie" in der Heil- und Pflegeanstalt Lüneburg getötet worden. Darüber war er entsetzt gewesen und hatte mehr darüber erfahren wollen. Das, was Weber dann von den „Mordärzten" erzählte, hatte ihn aufmerksam werden lassen. Ihm war aufgefallen, dass in der Klinik seines Arbeitgebers nur ausländische Kinder aufgenommen wurden. Vorsichtig hatte er begonnen, sich zu informieren. Da seine Tätigkeit als Gärtner auch die Pflege der Außenanlagen in der Nähe des Klinikgebäudes umfasste, hatte er aus dessen offenen Fenstern häufiger Schreie und Stöhnen gehört.

Ahlers nahm die Finger von den Tasten.

„Wissen Sie, was dort mit den Kindern geschah? Haben Sie Kinder mal außerhalb des Gebäudes gesehen, vielleicht auch beim Spielen? Laut Frau Weber gibt es einen umzäunten Spielplatz mit Geräten."

„Nein, habe ich nie. Man kann auch nicht so ohne weiteres an den Platz herankommen. Überall sind Überwachungskameras installiert und Securities gehen Streife."

„Haben Sie beobachten können, wie Kinder in die Klinik gebracht wurden?"

„Nein, das habe ich auch nicht, nie."

„Haben Sie mal Fahrzeuge auf dem Gelände beobachtet, die zum Transport der Kinder gedient haben könnten?"

„Auch das nicht." Ahlers stutzte. „Und warum nicht, Herr Geiger?"

„Es gibt eine zweite Hofeinfahrt auf der Rückseite des Geländes. Die ist nur für Lieferanten vorgesehen und von meinem Arbeitsplatz nicht einzusehen."

Ahlers hatte das Gefühl, dass Geiger ihm etwas vorenthielt.

„Überlegen Sie bitte noch einmal ganz genau, ob es vielleicht doch etwas Ungewöhnliches gab?"

„Ich muss nachdenken, Herr Ahlers."

„Lassen Sie sich Zeit. Ich bin gleich wieder da."

Ahlers ging und kehrte kurze Zeit später wieder zurück. Er knabberte an einer Banane.

„Das hat mir der Hausarzt empfohlen, wenn mein Adrenalinspiegel absinkt."

Geiger lächelte. „Das kenn ich, Herr Ahlers. Aber mir ist noch etwas eingefallen."

„Ja, ich höre!"

„Vor ungefähr einem Monat war ich früher als sonst in der Klinik angekommen. Da kamen mir vom Gelände zwei RTW entgegen." „Sie meinen Rettungstransportfahrzeuge?"

„Ja! Mit Rote-Kreuz-Symbol." „Konnten Sie die Kennzeichen ablesen?"

Geiger zögerte.

„Nein! Es ging alles ziemlich schnell. Aber ich bin mir sicher, dass es keine regionalen Kennzeichen waren." „Meinen sie Zulassungen von Winsen/Luhe, Lüneburg oder Uelzen?"

„Richtig." „Konnten Sie in die Fahrerkabinen blicken?"

„Schon!" „Und?"

„Ich meine, dass in jedem Führerhaus zwei Männer saßen." „Na, das ist doch was."

Ahlers nahm die Hände von der Tastatur.

„Ich habe Katharina von den weinenden Kindern erzählt, und auch das mit den Sani-Autos. Sie war ganz aufgeregt und wollte unbedingt, dass ich ihr alles mitteile, was auf dem Gelände vor sich geht. Aber ich habe ihr gesagt, dass das zu riskant für mich sei."

„Und wie hat sie darauf reagiert?"

„Sie war auf einmal sehr bestimmt. Dann würde sie sich selbst darum kümmern. Sie müsse unbedingt wissen, was in der Klinik geschehe. Es dürfe nicht angehen, dass wieder Kinder so leiden müssten wie damals."

Ahlers bediente eifrig seine Tastatur.

„Was sie ja wohl auch getan hat. Ich werde Ihnen zum Abschluss ein Video vorspielen und auch ein paar Luftaufnahmen zeigen." Er biss in den Rest seiner Banane.

„Aber nun geht es um Ihre Beobachtungen im Städtischen Krankenhaus."

Geiger schluckte.

„Hätten Sie vielleicht ein Wasser für mich, Herr Ahlers?" „Na klar, einen Moment."

Geiger merkte, dass er schwitzte. Als dieser ihm ein Glas hinstellte, nahm er einen großen Schluck.

„Wie war das nun, Herr Geiger?"

Er schilderte, dass er vom Arbeitsplatz dorthin gefahren sei, weil er vom schweren Verkehrsunfall gelesen und den roten Audi 100 Katharina Weber zugeordnet habe.

„Unterwegs hatte ich einen Blumenstrauß besorgt und mich an der Rezeption nach ihrem Zimmer erkundigt.

Man sagte mir, dass sie auf der ‚Inneren', dritte Etage, Zimmer 25, liege. Auf dem Stationszimmer erfuhr ich, dass Katharina gerade ärztliche Visite habe. Ich setzte mich an einen Tisch vor dem Zimmer und wartete. Erst hörte ich leise Stimmen, die aber plötzlich lauter wurden. Etwas klirrte und ein heiserer Schrei ertönte. Das war Katharinas Stimme."

„Sind Sie sich ganz sicher, dass es Frau Weber war?"

„Wer sonst? Ganz sicher, Herr Ahlers." Geigers Wangen röteten sich.

„Ich sprang auf und hämmerte mit der Faust gegen die Tür. Die wurde im gleichen Moment aufgerissen. Ein Mann im weißen Kittel und mit dunklem Oberlippenbart stürzte heraus. Wir prallten zusammen. Dabei fiel ihm die Brille runter. Er rannte an mir vorbei den Gang entlang."

Geiger verhaspelte sich.

„Als ich ins Zimmer lief, knirschte es unter meinen Füßen. Ich sah Katharina schräg auf dem aufgewühlten Bett liegen, mit dem Kopf auf dem Nachttisch. Sie rührte sich nicht. Ich bekam Heidenangst, als ich sie sah, und rief sie laut bei ihrem Namen. Mehrmals. Aber keine Reaktion. Ich bin raus und laut schreiend zum Stationszimmer gerannt. Dann endlich kapierten die Schwestern, dass etwas mit Katharina passiert ist. Von dem Arzt, der mich beinahe umgerannt hatte, war nichts mehr zu sehen. Und danach war mir übel geworden."

Geiger atmete heftig. „Ich hatte solche Angst, dass Katharina tot ist."

„Lassen Sie uns eine Pause machen, Herr Geiger."

„Verdammt, das war schon heftig. Wenn ich dieses Schwein erwische, dann …"

„Ich kann mir denken, dass Sie das fertig macht. Aber wir werden uns um den falschen Arzt kümmern, Herr Geiger!"

„Doch ein Arzt? Als ich im Schwesternzimmer saß, habe ich gehört, dass sich der Mann Dr. Klingfort nannte, und dass es diesen Arzt nicht in der Klinik gab."

Ahlers staunte.

„Ausnahmsweise bestätige ich Ihnen, was Sie gehört haben. Tatsächlich gibt es im Krankenhaus keinen Arzt mit diesem Namen."

„Wer war es dann? Sie müssen den Täter unbedingt fassen!"

„Ruhig, ruhig. Deswegen sitzen wir hier! Und weil Sie uns vielleicht mit einer Beschreibung vom Täter weiterhelfen können. Versuchen Sie sich bitte zu erinnern, wie der Mann ausgesehen hat."

Geiger ließ sich Zeit, eine ganze Weile.

„Also, als der Mann an mir vorbeilief, hatte ich das Gefühl, den schon mal gesehen zu haben. Der Mann war ungefähr so groß wie ich, aber wesentlich älter. Ich schätze ihn auf über sechzig, relativ schlank. Hatte ein schmales Gesicht, schwarze Haare und einen dunklen Oberlippenbart. Er trug einen weißen Arztkittel."

„Moment, Herr Geiger, nicht so schnell. Sind Sie sich sicher?"

„Ganz sicher und ich wiederhole es. Der Mann kam mir bekannt vor. Nur der Schnurrbart stört mich bei meiner Erinnerung."

„Wären Sie bereit, mit einem Zeichner ein Porträt des Mannes zu erstellen?"

„Jederzeit, Herr Ahlers!"

„Moment!" Ahlers bediente erneut die Tastatur. „Das muss ich eben noch hinzufügen."

Dann lächelte er. „Aber vielleicht ist das gar nicht mehr erforderlich, wenn ich Ihnen jetzt einige Fotos, besser Videos zeige. Was meinen Sie?"

„Das ist mir nur Recht."

„Dann setzen Sie sich bitte neben mich. Sollte Ihnen eine oder mehrere Personen bekannt vorkommen, geben Sie Laut." „Okay."

Ahlers schob Webers CD in den Rechnerschlitz. Deren heimliche Fotos und Videos der Klinik wurden auf dem Monitor sichtbar. Geiger war überrascht.

„Das ist ja unser Klinikgelände. Auch das Verwaltungsgebäude und der Spielplatz. Selbst meine Gewächshäuser und das eingezäunte Labor sind zu erkennen."

Ahlers sagte aber kein Wort.

„Halt, Stopp!" Ahlers hielt das Bild an.

Drei Männer in weißen Kitteln waren zu sehen, die vom Klinikgebäude zum Labor gingen.

„Ich kenne sie alle drei. Der Weißhaarige in der Mitte ist Prof. Bäuerling, der Leiter. Daneben der kleine Dicke ist Dr. Baum, sein Vertreter. Und der Dritte, der schlanke Mann ist Dr. Schumacher."

Geiger war kaum noch zu beruhigen.

„Na, das ist doch schon etwas."

Ahlers war zufrieden. Die Namen hatte er von Kluge gehört. Er protokollierte Geigers Aussage. Dann wechselte er Webers Video-CD gegen das Video vom Hubschrauber.

„Haben Sie die technische Möglichkeit, die Bilder der drei Mediziner virtuell zu vergrößern, ich meine am Bildschirm? Zur Identifizierung?"

Ahlers zögerte.

„Na klar, dass ich nicht gleich daran gedacht habe. Wir haben ein neues Bildbearbeitungsprogramm aufgespielt bekommen. Mal sehen, ob das was wird!"

Er bediente verschiedene Tasten, aber Standbild und Größe veränderten sich nicht. Auch ein erneuter Versuch blieb ohne Erfolg. Geiger beobachtete ihn aufmerksam.

„Herr Ahlers, darf ich Ihnen einen Vorschlag machen."

Ahlers griente. „Hat der was mit meinen untauglichen Versuchen zu tun?" „Richtig! Ich glaube, dass es mir gelingen könnte, das Programm zu öffnen. Den Provider kenne ich von meinem Rechner. Ich besitze ein komfortableres Programm."

Ahlers kämpfte mit sich. „Also gut, einen Versuch ist es wert. Aber das bleibt unter uns."

Die Männer tauschten die Plätze, und Ahlers staunte, mit welcher Schnelligkeit Geigers Finger über die Tasten huschten. Auf dem Bildschirm wechselten unbekannte Zeichen und Grafiken. Minutenlang. Doch plötzlich blieb das Bild stehen, und auf dem Schirm waren die drei Ärzte zu sehen. Wie von Zauberhand veränderte sich ihre Größe, als Geiger *mit der Mouse scrollte*.

„Mann, Herr Geiger, wie haben Sie das hingekriegt? Ich staune nur!"

Geiger spielte erneut auf den Tasten, und nun füllten die Gesichter den gesamten Bildschirm aus. Jetzt war er es, der spontan aufsprang.

„Da ist er, der Mann aus dem Krankenhaus, der falsche Doktor! Nun ohne Bart und schwarze Haare."

„Sie meinen den schlanken Mann? Das ist Schumacher, den wir doch schon gesehen haben! Und das soll der Täter aus dem Krankenhaus sein?"

„Ja, ohne Zweifel. Deshalb kam der mir auch so bekannt vor. Er muss mir in der Privatklinik über den Weg gelaufen sein."

„Herr Geiger, wenn das stimmt, würden wir einen gewaltigen Schritt vorankommen."

„Ich bin mir ganz sicher!"

„Gut, dann lassen Sie uns wieder die Plätze tauschen. Aber vorher drucken Sie mir die vergrößerten Porträts für die Akten aus."

„Okay! Kurz noch speichern, damit Sie die Bilder jederzeit abrufen können. Haben Sie eventuell auch Fotopapier? „Fotopapier? So was Teures? Da muss ich erst nachsehen."

Wenig später kam er mit einem kleinen Stapel zurück, den er in den Drucker schob. Störungsfrei druckte das Gerät die Porträts der drei Mediziner aus.

Kriminalhauptkommissar Ahlers war sehr zufrieden.

„Herr Geiger, über alles, worüber wir heute sprechen oder was Sie hier sehen, dürfen Sie nichts an Dritte weitergeben. Haben Sie das verstanden?" Der nickte stumm.

„Fällt Ihnen noch irgendetwas ein, bevor wir abschließen?" Geiger fuhr sich über die Stirn

„Ja, vielleicht." Er konzentrierte sich.

„Vielleicht ist das völlig unwichtig, aber vor einigen Tagen hatte ich direkt vor dem Labor einen geschlossenen weißen Transit stehen sehen. Mit der Aufschrift – *Eilige Arzneimittel* – und einem runden Kühlaggregat auf dem Dach."

Ahlers wurde aufmerksam. „Konnten Sie das Kennzeichen ablesen?"

„Nein, nur den Anfangsbuchstaben. Ich glaube es war ein H oder vielleicht auch ein K."

„Na gut. Im Augenblick sehe ich zwar keinen Zusammenhang mit Schumacher alias Klingfort, aber ich nehme das mit in die Vernehmung auf."

Danach schloss er das Protokoll mit dem Schlusssatz ab: *Vorgelesen, genehmigt, unterschrieben,* und druckte die diktierten Seiten aus. Zweifach.

„Lesen Sie sich bitte alles sorgfältig durch, Herr Geiger. Wenn es für Sie so richtig ist, dann unterschreiben Sie bitte. Sie werden vielleicht Ihre Aussage vor einem Richter wiederholen müssen."

Geiger überflog den Inhalt und reichte ihm die unterschriebenen Seiten zurück.

„Das war doch recht viel, was da zusammengekommen ist, Herr Ahlers."

„Da haben Sie Recht, aber wir werden Sie noch einmal brauchen, Herr Geiger. Und zwar zu einer Wahlgegenüberstellung mit Schumacher."

Geiger zuckte zusammen.

„Keine Angst. Die findet hinter einer verspiegelten Glaswand statt. Nur das ist gerichtsfest. Aber Ihre heutige Aussage bringt uns sehr voran." Freundlich streckte er Geiger die Hand entgegen.

„Seien Sie vorsichtig an ihrem Arbeitsplatz. Gehen Sie Schumacher aus dem Weg und tun Sie nichts Unbesonnenes. Es könnte für Sie lebensgefährlich werden. Denken Sie an Frau Weber!"

Dann begleitete er Geiger bis zur Etagentür. Das tat er sonst nie. Er mochte den jüngeren, gradlinigen Mann.

Geschafft für heute, auch wenn er sich wie gerädert fühlte. Die neuen Beweise reichten für einen Haftbefehlsantrag gegen Schumacher alias Klingfort. Und er gehörte zu den Klinikärzten, die Katharina Weber erkannt hatte.

Till Geiger ging es ähnlich. Auch er fühlte sich nach der zweistündigen Vernehmung abgeschlafft. Der Kriminalbeamte war sympathisch. Dessen Warnung vor Schumacher blieb haften.

Dazu wird es nicht kommen, dachte er. In der Vergangenheit war ihm Schumacher nur einmal begegnet. Mehr beunruhigte ihn die Begegnung mit dem Radfahrer am Kliniktor. Er hatte er ihn sofort wiedererkannt. Der Mann, dem er eigentlich nie mehr über den Weg laufen wollte. Sein Kontrahent Messerschmidt, genannt „Messi". Da war er sich sicher. Nun galt es, doppelt vorsichtig zu sein, dachte er, als er seinen grünen Golf vom Polizeiparkplatz steuerte.

90. Stefanie Winderlich

Es war wieder einmal Feierabend geworden für die vier Kriminalbeamten, drei Männer und eine Frau, die unter Leitung der Kriminalhauptkommissarin Stefanie Winderlich ihren Dienst im Fachkommissariat 1 in Soltau versahen.

Längst hatte sie es aufgegeben, bei Leitung und Personalrat die beiden vakanten Planstellen in ihrem Kommissariat einzufordern. Das hatte mittlerweile dazu geführt, dass jeder Sachbearbeiter ein Überstundenkonto von mehr als 150 Stunden hinter sich herschleppte. Nicht durch Freizeit ausgleichbar. So die Ansage der Leitung, sprich des Kriminaloberrates Schmücker, eines grauhaarigen Mannes, den von seiner Pensionierung nur noch 11 Monate trennten.

Winderlich machte sich Sorgen um die Motivation ihrer Leute, die in den Fall der beiden Kinderleichen und den mit den neun Kindergräbern eingespannt waren. Das bedeutete weitere Überstunden und kaum Freizeit. Doch keiner aus ihrem Team hatte sich aus irgendwelchen Gründen von den Ermittlungen „verabschiedet."

Das Gegenteil war der Fall. Alle brannten darauf, gemeinsam mit der „Moko Boone" den bisher einmaligen Fall in der niedersächsischen Kriminalgeschichte aufzuklären.

Winderlich blätterte in den Handakten zum Aktenzeichen 11 Js/4210-93 der Staatsanwaltschaft Lüneburg, die mittlerweile aus zwei Bänden mit rund zweihundert Blatt beschriebenem Papier bestand. Daneben gab es die Spurenakten und den Fotoband, der in Zusammenarbeit mit dem LKA Niedersachsen erstellt worden war und sich dem Sonderband mit den gerichtsmedizinischen Untersuchungen anschloss. Ein weiterer Sonderband beinhaltete die Presse- und Medienberichte über den erschreckenden Leichenfund.

Achtzehn Uhr schon wieder.

Winderlich blickte sich im karg eingerichteten Dienstzimmer um. Mehrfach hatte sie versucht, es mit ein paar eigenen Ideen freundlicher zu gestalten. Bei Gardinen und Pflanzendekoration war es ihr mit Mühe gelungen. Doch ihrer Idee, sich privat einen modernen Schreibtisch samt bequemem Bürostuhl zuzulegen, hatte sich der Inspektionsleiter entgegengestellt. Gut, dass der in elf Monaten endlich von der Bildfläche verschwindet. Ihr war bekannt, dass Schmücker quasi nach Soltau „abgeschoben" worden war, nachdem man festgestellt hatte, dass er wegen seiner Vorliebe für alten Rotwein und junge Kolleginnen bei der Behörde untragbar geworden ist. Schon aus diesem Grund war es zwischen ihr und Schmücker zu keinem gedeihlichen Miteinander gekommen. In Gedanken versunken schlug sie Band *Römisch I – Verfahren wegen Verdachts der vorsätzlichen Tötung gegen Hermann Boone in 9 Fällen, wh. Soltau, Fuchsgraben 21* – auf.

Begonnen hatte alles mit dem VU auf der B3, Abzweigung nach Schneverdingen, an einem regnerischen Apriltag, bei dem der Leichenwagen der gleichnamigen Firma von der Fahrbahn abgekommen, frontal gegen eine dicke Buche geprallt und anschließend ausgebrannt war. Die zuständige Unfallaufnahme des Verkehrsdienstes der Schutzpolizei Soltau hatte ergeben, dass der Fahrer viel zu schnell gefahren war.

Im Fahrzeug hatten die Kollegen zwei Leichen geborgen, eine war die des Fahrers. Die zweite wurde im zertrümmerten Laderaum des Mercedes Kombi festgestellt, und zwar in den Resten eines Sarges. Dass das noch möglich war, war dem Zufall zu verdanken. Ein Gruppenfahrzeug der Freiwilligen Feuerwehr Wintermoor, das zu einer

Übung unterwegs gewesen war, hatte sofort mit Löschen begonnen. Nach den Leichenfunden war ihr Kommissariat mit der Identifizierung beauftragt worden.

Winderlich lehnte sich in dem unbequemen Sitzmöbel zurück.

Ihr Vertreter, Hauptkommissar Thomas Warmbier, hatte die Obduktion beider Leichen begleitet. Sie waren vom Gerichtsmedizinischen Dienst der Uni-Klinik Eppendorf unter der Leitung von Prof. Dr. Peschel und seines Assistenten Dr. Marx durchgeführt worden.

Warmbier war mit dem schier unglaublichen Ergebnis zurückgekehrt, dass es sich bei der im Sarg befindlichen Leiche um die eines Jungen handelte. Diesem waren postmortal mit „spezieller fachärztlicher Kenntnis", so die Formulierung des Gerichtsmediziners, Zirbeldrüse, Augenhornhaut und Gehirnhaut entnommen worden.

Zum Zeitpunkt des Unfalls und des sich anschließenden Fahrzeugbrandes waren die Organe in der Leiche des Jungen schon nicht mehr vorhanden gewesen. Es war davon auszugehen, dass auch diese Leiche auf dem Grundstück der Firma Boone verschwinden sollte, so wie die anderen neun, nun exhumierten.

Als Fahrer konnte der selbständige Bestatter Hermann Boone, 48 Jahre, identifiziert werden.

Bei den Ermittlungen nach der Herkunft der Leiche und dem Transportauftrag war man nicht weiter gekommen. Angeblich waren die Unterlagen nach einem Wasserschaden im Keller der Firma Boone beschädigt und entsorgt worden.

Winderlich schüttelte den Kopf. Sie hielt das für eine Schutzbehauptung. Die von ihr angeregte Überprüfung des angeblichen Wasserschadens durch das Bauaufsichtsamt der Stadt Soltau ließ immer noch auf sich warten.

Und in diese Zeit war der zweite Leichenfund im Wald bei Behringen gefallen. Wegen der ungünstigen Umstände durch die lange Liegezeit, Witterung und Tierfraß konnten nur wenig beweisrelevante Erkenntnisse gewonnen werden.

Nach Gutachten der Hamburger Gerichtsmediziner, und der Hinzuziehung eines Anthropologen, galt es als sicher, dass es sich um die Leiche eines Jungen im Alter zwischen 10 und 14 Jahren, vermutlich südosteuropäischer Herkunft, gehandelt haben muss. Doch aufgrund des fortgeschrittenen Verwesungszustandes war es nicht möglich gewesen, festzustellen, ob auch hier die Organe entnommen oder von Wildtieren gefressen worden waren.

Ebenso hatten die Ermittlungen keinen Hinweis auf den letzten Aufenthaltsort des Jungen ergeben. Auch die Presseveröffentlichungen waren erfolgslos geblieben.

Und dann war der Paukenschlag erfolgt, der Presse und Bildmedien scharenweise in die kleine Heidekreisstadt Soltau gelockt hatte. Leichenhunde hatten auf dem unbebauten Grundstück des Bestattungsunternehmens neun vergrabene Leichen entdeckt. Als Ermittlungsführer in diesem einmaligen Fall in der norddeutschen Kriminalgeschichte wurde ein Kriminaloberrat aus dem LKA in Hannover eingesetzt. Seine Sonderkommission setzte sich aus qualifizierten Mordermittlern des gesamten Regierungsbezirks Lüneburg zusammen. Doch bisher hatten die Fahndungsersuchen im Bundesgebiet keinerlei Erkenntnisse auf vermisste, ausländische Kinder erbracht.

Das BKA hatte Hinweise auf möglichen Menschenhandel gegeben und auf die Flüchtlingsströme vom kriegsgeschüttelten Balkan hingewiesen, unter denen sich auch Hunderte von elternlosen Kindern und Jugendlichen befanden. Auszuschließen war diese Möglichkeit nicht. Aber wie gelangten Kinder vom Balkan als Leichen nach Soltau? Das war die große Frage.

Winderlich hatte die Leitung der vorangegangenen beiden Tötungsdelikten behalten und stand in engem Austausch mit der „Soko Boone". Der Fahrer des Leichenwagens, Hermann Boone, Eigentümer der Firma, konnte nicht mehr befragt werden. Er war tot und seine Frau hatte jede Aussage verweigert und einen berühmten Anwalt eingeschaltet.

Ich brauche dringend mehr Personal, um der Spur – *Balkan-Kinder* – nachzugehen. Das könnte eine Erklärung für die Anonymität der Kinderleichen sein, dachte sie müde.

Sie schloss die Akten. Es ging auf 19.00 Uhr zu. Sie wollte rechtzeitig zu den ZDF-Nachrichten zu Hause sein. Das bedeutete allein sein in ihrer neuen Wohnung in der Hermann-Löns-Straße, nach der ein Jahr zurückliegenden Scheidung ihrer 15-jährigen, kinderlosen Ehe. Später hatte sie wieder ihren Mädchennamen angenommen.

Nachdenklich stapelte sie ihre Unterlagen und sah in den Spiegel ihrer Garderobe. Sie erblickte ein schmales, müdes Gesicht mit großen, braunen Augen, umrahmt von einer dunklen, lockigen Kurzfrisur.

Das bin ich! Mit neunundvierzig nicht mehr so frisch wie die neue Freundin meines geschiedenen Mannes, der auch Kriminalbeamter war und seine Karriere im MI in Hannover fortgesetzte hat.

Sie schaltete die Lichter aus und verließ als Letzte das alte Dienstgebäude an der Hauptstraße.

Es kommen auch wieder mal bessere Tage, dachte sie. Morgen werde ich Bernhard Kluge anrufen. Was der wohl zu „unseren Leichen" sagt?

91. Chaos

Nach der halbstündigen Rückfahrt erreichte Geiger die Privatklinik. Auf Knopfdruck schwangen die Torflügel nach innen, und er fuhr zu seinem Parkplatz vor den Gewächshäusern.

Dort wurde er offensichtlich schon erwartet. Aus seinem Büro stürmte der Laborleiter und Biologe Dr. Brandes mit wehendem Kittel und, in seinem Schlepptau, seinem Hiwi im Security-Outfit.

Er ahnte Unheil, doch er bemühte sich, gelassen zu erscheinen, und klappte gemächlich die Autotür zu.

„Wo waren Sie solange, Geiger? Ich konnte Sie nicht erreichen, und hier brennt die Hecke!" schrie Brandes aufgeregt. Seine Hände zitterten, als er auf die große Halle mit den Heilpflanzen deutete.

„Die gesamte Technik ist seit 15.00 Uhr ausgefallen. Heizung, Wärme und Belüftung! Sie wissen doch, was das bedeuten kann, Geiger!"

Er erschrak. Das war wirklich eine schlechte Nachricht.

„Zunächst erst einmal: *Guten Tag, Herr Dr. Brandes!*" Er schüttelte ihm die Hand. „So viel Zeit muss doch sein unter zivilisierten Menschen, nicht wahr?"

Dr. Brandes war verdutzt. „Sie haben Recht, Geiger, aber Sie wissen ja um die Verletzlichkeit unserer Zöglinge in Grün!"

„Natürlich! Und Sie wissen auch, dass eine wirkliche Gefahr für das Überleben der Pflanzen erst nach acht Stunden besteht." Er blickte auf seine Armbanduhr.

„Jetzt ist gerade mal weniger als ein Viertel der Zeit vergangen, und da ist noch eine Menge Luft."

Geigers Erklärung ließ den Laborleiter sich entspannen.

„So, und nun lassen Sie uns gemeinsam die Technik kontrollieren. Ich bin sicher, dass es uns gelingt, die Fehlschaltungen zu beheben. Folgen Sie mir bitte!"

Er betrat die Aufzuchthalle mit dem computergesteuerten Überwachungssystem für Temperatur, Lichtsteuerung und Bewässerung. Die Bildschirme für die einzelnen Aufgaben blinkten im *Error*-Rhythmus.

Das ist nicht gut, dachte er. Überhaupt nicht. Doch er ließ sich seine Unruhe nicht anmerken.

An einem vierten Bildschirm prüfte er die Messergebnisse der Stromzufuhr. Linien und Kurven wurden sichtbar, die sich in gleichmäßigem Bogen über die Schirmmitte zogen. Alles schien in Ordnung zu sein.

Er war irritiert. Warum dann die Störung und der Ausfall der Elektronik? Konnte es sein, dass die Notstromversorgung eine Störung aufwies? Ihm fiel der erhöhte Stromabfluss bei seiner letzten Überprüfung wieder ein.

„Bekommen Sie das wieder hin, oder sollte ich besser den Chef benachrichtigen?"

Geiger winkte ab. Er bediente den Rechner und machte die Aufzeichnungen über Energieverbrauch auf dem Monitor sichtbar. Sorgfältig verglich er diese mit den Tagen zuvor und spielte aus beiden Programmen die Messkurven auf den virtuell geteilten Bildschirm. Beide Kurven verliefen regelmäßig und zeigten keine Unterbrechungen.

„Können Sie etwas feststellen, Herr Geiger?" Brandes war die Nervosität anzumerken.

„Einen Moment, Dr. Brandes, bitte!"

Er rief einen neuen Bildschirm auf. Wieder waren die Messkurven sichtbar, doch dieses Mal veränderte sich deren gleichmäßiger Verlauf, der den Stromzufluss für das Überwachungssystem wiedergab. Aus der ansteigenden Kurve war plötzlich eine Spitze geworden, die bis an den oberen Rand des geteilten Bildschirms reichte. Er zuckte zusammen. Wie konnte das sein? Plötzlich eine Verbrauchsspitze im Megabereich wie noch nie zuvor! Er war ratlos.

„Benachrichtigen Sie sofort die Klinikleitung, Dr. Brandes. Hier müssen die Netzbetreiber ran, um die Fehlerquelle zu finden. Und so bald wie möglich, sonst haben wir einen GAU in unserer Pflanzenaufzucht!" Der in Panik geratene Mann rannte mit wehendem Kittel ins Labor. Normalerweise hätte ich über die Szene gelächelt, dachte Geiger.

„Da hast du 'ne schöne Scheiße gebaut, was Geiger? Habe ich ja immer gesagt, dass du ein Blender bist! Schon damals in der Kampfsportgruppe!"

Er erkannte sofort die Stimme. So also war das. Messerschmidt, der asoziale Schläger und Kampfsportler, hatte hier einen Job als Security bekommen. Betont langsam drehte er sich um.

„Herr Messerschmidt, alias Wegner. Welcher Wind hat dich denn hierher getrieben?"

Der grinste verschlagen. „Ich soll hier für Sicherheit sorgen! Und auf dich werde ich besonders achten."

Das klang drohend.

„Dann hör mal gut zu, ‚Messie'! Geh deiner Aufgabe nach deinem bestem Wissen nach, aber nicht in meinem Beritt! Da sorge ich allein für Sicherheit!"

298

Ganz bewusst laut hatte er gesprochen. Und wie zufällig schlenderten seine fünf Mitarbeiter herbei und bauten sich um ihn herum auf. Allesamt derbe Kerle in ihren grünen, kurzärmeligen Sweatshirts, die ihre beeindruckenden Oberarme kaum verbargen.

Messerschmidt funkelte wütend.

„Sie haben Recht, Herr Geiger! Aber man sieht sich immer zweimal!" Zähneknirschend verließ er die Runde.

„Da sei Gott vor, Herr Messerschmidt", setzte er noch einen drauf. Das grüne Quintett grölte Zustimmung. Doch ihren Chef „stach der Hafer". „Haben Sie denn schon Ihre Personalakte im Büro vorgelegt, Herr Kollege?"

Wie vom Donner gerührt blieb Messerschmidt stehen. Er schwieg und hob drohend seine Faust. Dann verschwand er im umzäunten Bereich des Labors.

Die fünf Männer in Grün klatschten Beifall. Dem Wichtigtuer hatte es der Chef richtig gegeben.

Aber diesem war in doppelter Hinsicht gar nicht so wohl.

Er machte sich große Sorgen um die technische Störung, die schnellstens beseitigt werden musste.

„Hört bitte mal zu, Kollegen. Ich muss euch darüber informieren, dass wir eine ernsthafte Störung in unserem Überwachungssystem haben. Alle drei Energiekomponenten sind aus unbekanntem Grund ausgefallen und das heißt, dass die Elektronikingenieure der Fa. Weiß & Hartmann und die Fachleute vom Energieversorger aus Winsen schnellstens den Fehler finden müssen. Ihr wisst, dass nur ein Zeitfenster von acht Stunden für das Überleben der Pflanzen offen steht. Dr. Brandes hat die Klinikleitung informiert."

Aus den Gesichtern der Männer war jede Fröhlichkeit verschwunden.

„Kollegen, aber noch besteht kein Grund zur Unruhe. Ich bin davon überzeugt, dass die Fachleute bald die Ursache finden werden. Geht bitte wieder an euren Arbeitsplatz."

92. Städtisches Krankenhaus – Innere Station

Auf der Intensivstation bereitete sich das Personal auf den Schichtwechsel um 20.00 Uhr vor. Wieder neigte sich ein anstrengender, aber auch erfolgreicher Tag dem Ende zu. Zwei Patienten mit guten Genesungsaussichten würden morgen auf die Innere Station verlegt werden.

Eine der Glücklichen war Katharina Weber, die tags zuvor aus dem künstlichen Koma erwacht war.

Dr. Haverland, Chefarzt der Inneren, war der Erste, den die Intensivpflegerin über die positive Entwicklung am Monitor benachrichtigt hatte. Sofort war er zu seiner „Sorgenpatientin" geeilt, um sie in ihrer Aufwachphase zu begleiten. Er hatte ihre immer kräftiger werdenden Pulsschläge gezählt, als Weber blinzelnd die Augen öffnete.

„Frau Weber, herzlichen Glückwunsch. Sie sind wieder bei uns und wir freuen uns alle sehr darüber!" Katharina Weber lauschte der Stimme. In ihre Augen trat lebendiger Glanz.

„Wo bin ich?" flüsterte sie mühsam.

„Sie sind in guten Händen und in Sicherheit! Lassen Sie sich viel Zeit mit dem Ankommen. Meine beiden Intensiv-Mädchen werden Sie dabei begleiten und gut für Sie sorgen. Nicht wahr, meine Damen?"

Zwei junge Krankenschwestern, eine blond und die andere mit dunklen Haaren und ebensolcher Hautfarbe lächelten freundlich. Weber entfuhr ein tiefer Seufzer.

„Ich habe Durst!"

Haverland gab ein Zeichen, und sofort setzte sich die Dunkelhaarige in Bewegung.

„Wieso liege ich hier wieder im Bett? Mir ging es doch gut, und ich sollte nach Hause entlassen werden", stammelte Weber mit schwerer Zunge.

„Wissen Sie was, Frau Weber, darüber sprechen wir morgen auf meiner Station, wenn Sie sich ausgeruht haben." Wieder lauschte diese der Stimme von Haverland.

„Sie sind der gute Arzt. Nicht der, der mir wehtun wollte. Aber ich weiß nicht mehr Ihren Namen."

Ihre Miene wurde ängstlich.

Frau Weber, ich bin Dr. Haverland, der Chefarzt der Inneren Station. Wir alle werden dafür sorgen, dass Ihnen hier in unserem Haus niemand mehr wehtun wird. Das verspreche ich Ihnen!"

Aus Webers Augen war die Angst gewichen. Ein kleines Lächeln zeigte sich. Die aus dem Senegal stammende Krankenschwester reichte ihr etwas zu trinken.

„Frau Weber, ich verabschiede mich. Wir sehen uns morgen nach der Visite auf meiner Station. Ich wünsche Ihnen eine gute Nachtruhe."

Weber umschlang fest seine Hand. „Danke, Herr Doktor Haverland!" Ihre Aussprache war überraschend klar und deutlich.

„Meine Damen, wir müssen noch besprechen, wie die Nachtruhe von Frau Weber gestaltet werden kann. Morgen früh erfolgt ihre Verlegung auf die Innere Station. Bereiten Sie dafür alles vor."

Mit wehendem Kittel verließ er das Stationszimmer.

Als er eine Stunde später in seinem Büro saß, nahm er sich ihre Krankengeschichte vor.

In seiner beinahe 25-jährigen Tätigkeit auf verschiedenen Stationen und 7 Jahren auf der „Intensiv" war ihm noch nie ein Fall begegnet, dass jemand, der aus dem künstlichen Koma erwacht war, sich so schnell und sogar an Details erinnern konnte, wie Katharina Weber.

Er wusste, dass eine schockartige Intoxikation, wie bei Weber, zu einer retrograden Amnesie führen kann. Dabei können die Temporallappen als Teil des Großhirns mit dem primären auditorischen Cortex, das Wernicke-Sprachzentrum sowie wichtige Gedächtnisstrukturen geschädigt werden.

Ich muss mich genau belesen. Auch ob es zu einem plötzlichen Flashback kommen kann, nachdem der auditorische Cortex Funktionen wie Hören, Schmecken und detailliertes Erinnern wieder möglich gemacht hat. Unser Neurologe muss sie sich unbedingt ansehen, dachte er besorgt.

Retrograde Amnesie ließ gewöhnlich die Erinnerungen an Vorangegangenes erlöschen. Weber konnte sich jedoch an einen Mann erinnern, der sie beinahe umgebracht hatte.

Er klappte die Dokumentation zu.

Die elektronische Schreibtischuhr, ein Geschenk seiner Kollegen zum 25-jährigen Dienstjubiläum, zeigte bereits 22.00 Uhr.

Wieder einmal ein 14-Stunden-Tag heute. Morgen früh rufe ich den Kommissar an. Der wird sich bestimmt freuen, dass seine Zeugin wieder auf dem Weg zurück ins Leben ist.

93. „Problemlösung"

Zwei Stunden später hatten die Elektronikingenieure der Fa. Weiß & Hartmann und der Elektronikingenieur vom Energieversorger aus Winsen zufrieden die Pflanzenzuchthalle verlassen.

Es war mit der Fehlersuche doch schwieriger gewesen. Die qualifizierten Ingenieure beider Unternehmen hatten sich bei ihren Überprüfungen und Checks von Geiger über die Schulter schauen lassen. Schließlich waren ihre Messungen der Stromzuführung und der Abnehmer erfolgreich. Sie konnten den Fehler in einem der Schaltkreise für die computergesteuerte Energieversorgung der Aufzuchtshalle ausfindig machen. Nachdem sie drei Module ausgetauscht hatten, schien der Schaden behoben. Danach waren wiederholt Probeläufe erfolgt, um sicher zu gehen, dass die Störung endgültig beseitigt ist. Und das noch weit innerhalb des Zeitfensters, so dass die wertvollen Pflanzen zu keinem Zeitpunkt gefährdet waren.

Dr. Brandes und Klinikleiter Dr. Bäuerling waren den Technikern nicht von den Fersen gewichen.

Geiger hatte den Arzt nun das zweite Mal persönlich zu Gesicht bekommen.

Äußerlich war der schon eine auffällige Persönlichkeit mit seinem hageren Gesicht und den eisgrauen Haaren. Trotzdem hatte er dessen heimliche Angst erkennen können. Und auch das eigentliche Lebensalter des Mannes, das sich unter der hohen psychischen Anspannung nicht mehr verbergen ließ.

Keiner wusste so genau wie er, dass Bäuerlings Leben und das der anderen Ärzte vom Erhalt der tibetischen Heilpflanze G*insengia Tibetis Temporalis* abhing.

Der „Mordarzt" aus der Nazizeit hat durchaus auch etwas Sympathisches an sich, dachte er. Doch dann lief ihm ein Schauder bei dem Gedanken über den Rücken, dass derselbe Mann im nahen Klinikgebäude Kinder quälte.

Es ging auf halb zehn zu. Zeit, um noch etwas zu essen. Nach den Spätnachrichten würde er sich auf seiner Couch lang zu machen. Doch zuvor musste er seinen elektronischen Wecker programmieren, weil er sich vorgenommen hatte, alle zwei Stunden die Funktionen der Systemsteuerung im Kontrollraum zu überprüfen. Zur eigenen Sicherheit.

94. Privatklinik

Nicht weit von Geiger entfernt hatten sich die drei Mediziner zusammen gefunden. Bäuerling, der das Treffen angeordnet hatte, saß mit blassem Gesicht am Kopfende des Tisches.

„Was gibt es denn so Wichtiges, Gustaf, dass wir uns hier noch so spät einfinden müssen", knurrte Baum ungnädig. Auch Schumacher blickte ungeduldig auf die Uhr. Er wollte unbedingt den Spätfilm auf Kabel sehen.

Bäuerling glaubte sich verhört zu haben.

„Sagt mal, soll das eine Rebellion werden? Wenn ich meine, dass wir etwas Wichtiges zu besprechen haben, dann habt ihr zu gehorchen!"

Böse blickte er die Männer an, als er bemerkte, dass die sich mühsam das Grinsen verkniffen. Aber er ging nicht darauf ein. „Wo wart ihr, als unsere Pflanzen in Gefahr waren? Ulrike konnte euch beide nicht erreichen!"

„Müssen wir uns schon bei dir abmelden, wenn wir die Technik im UG überprüfen?" Wieder war es Heinrich Baum, sein enger Vertrauter. Auch dieses Mal verzichtete Bäuerling auf eine scharfe Erwiderung. Er kniff die Augen zusammen.

„Das hättet ihr der Kummer sagen können. Na gut, Schwamm drüber!" Er schluckte trocken. „Gibt es hier nichts zu trinken?"

Schumacher holte eine große Flasche Mineralwasser aus dem Kühlschrank und füllte ironisch grinsend drei Gläser.

„Was wird das?"

„Prost, Gustaf! Heinrich und ich haben gedacht, dass für dich Mineralwasser zu dieser späten Stunde gesünder als Alkohol ist. Oder was meinst du?"

Bäuerling schnaubte wütend.

„Sagt mal, habt ihr noch alle Sinne beisammen? Keiner von euch ist mein Vormund. Was ich trinke, entscheide ich immer noch selbst." Das war deutlich.

„Wir machen uns Sorgen um dich, Gustaf! In den letzten vierzehn Tagen warst du zweimal so besoffen, dass du uns nicht mehr erkannt hast. Dein Herz wird das nicht mehr lange mitmachen. Hast du heute Abend mal in den Spiegel gesehen?"

Bäuerling wurde blass. „Ihr habt ja Recht. Im Augenblick ist alles ein bisschen viel für mich." Er stöhnte.

„Heute ist mir klar geworden, wie sehr wir alle drei auf die Wunderpflanzen angewiesen sind. Noch mehr auf die Technik, die unsere Zellduschen möglich macht. Stellt euch vor, wie das ausgegangen wäre, hätten die Techniker den Schaltkreisfehler nicht herausgefunden." Er schnaufte schwach.

„Ich war dabei und habe wieder und wieder auf die Uhr gesehen, wann endlich die verdammte Anlage wieder ans Netz kommt!"

Seine Stimme zitterte, und dann rutschte der große Mann in sich zusammen. Plötzlich wirkte er uralt. Ein Mann, aus dem alle Lebensenergie entwichen war.

„Hier trink, Gustaf, dann geht es dir gleich besser." Schumacher reichte ihm ein Glas.

„Danke, Kollegen!" Langsam nahm sein Gesicht wieder Farbe an.

„Möchtest du auch mal etwas Positives hören, Gustaf?" Bäuerling richtete sich auf.

„Wir erwarten eine neue Lieferung. Und das Beste daran ist, dass die ‚Lady' mitkommt."

Es brauchte eine Weile, bis Bäuerling die Botschaft erreichte. Dann hielt es ihn nicht mehr auf seinem Platz.

„Das ist gut, sehr gut sogar. Ich hatte schon mehrere ungeduldige Anrufe von der Pharma-Meute. Die wollten wissen, ob wir unsere Verträge einhalten. Dabei denken die immer nur an ihren eigenen Profit. Aber wir können das Material nicht herbei zaubern, oder? Außerdem ist es unserer vordringliche Aufgabe, die Reinheit der arischen Rasse zu erhalten!"

Bäuerlings Stimme war plötzlich kalt und zynisch.

„Bei der Gelegenheit möchte ich euch noch eine Personalie bekannt geben. Der ‚Freundeskreis' hat mir einen zuverlässigen Mann geschickt. Der erscheint mir zwar aus grobem Holz, aber für seine Aufgabe ist er wohl richtig."

„Davon wissen wir noch gar nichts, Gustaf!"

„Das müsst ihr auch nicht. So war es mir vom ‚Freundeskreis' aufgetragen worden. Es geht niemanden etwas an, woher der Mann kommt."

Schumacher und Baum tauschten verständnislose Blicke.

„Und wo hast du ihn untergebracht? In der Küche oder zur Fahrzeugpflege?" kam die spöttische Frage.

„Ihr Kleingeister! Was denkt ihr eigentlich von mir? Ich habe Messerschmidt zum Sicherheitsdienst eingeteilt. Er war Einzelkämpfer bei der Marine und ist unserer Sache zugetan."

Die „Kleingeister" staunten nicht schlecht.

„Und außerdem wird er sich um den Maulwurf in unseren Reihen kümmern, den dein schlauer Hildebrand", er wandte sich an Schumacher, „immer noch nicht enttarnt hat." Diesem stieg das Blut in den Kopf.

„Und was kann der sonst noch? Organisieren, mit dem PC umgehen oder gut Autofahren?" Bäuerling verzog sein Gesicht.

„Was maßt du dir eigentlich an, Ferdinand? Ich habe dem Vorschlag des ‚Freundeskreises' zugestimmt, weil der dort gute Karten hat. Er hat junge Kameraden in Angriffstechniken beschult, und er wird mein persönlicher Bodyguard!" Von dem Streit zwischen Messerschmidt und Eisler sagte er nichts.

„Jetzt wisst ihr Bescheid. Nächstes Mal dürft ihr Herrn Messerschmidt, so lautet sein Name, persönlich begrüßen! Und nun genießt euern Spätfilm, ihr Querulanten!" Sein Abendgruß triefte vor Ironie als die Tür hinter ihm zuschlug.

95. Stefanie Winderlich

Um 22.30 Uhr saßen Winderlich und Hauptkommissar Warmbier immer noch vor dem Aktenberg, den ihnen die Sonderkommission nach Abschluss der gemeinsamen Ermittlungen überlassen hatte. Morgen sollte unter der Leitung von Kriminaloberrat Detlef Korte vom LKA und Beteiligung der Staatsanwaltschaft Lüneburg, eine große Pressekonferenz vor Print- und Bildmedien stattfinden.

In den letzten 10 Tagen war viel erreicht worden, nachdem die exhumierten Kinderleichen von der Hamburger Rechtsmedizin durch vier dafür abgestellte Mediziner und zwei Biologen obduziert worden waren. Neben den Maßnahmen zur Feststellung der Todesursachen war es gelungen, das ungefähre Alter und die ungefähre Liegezeit zu bestimmen. Demnach handelte es sich bei den neun Kindern um Mädchen und Jungen im Alter von 9–14 Jahren. Bei allen Leichen waren die inneren Organe entnommen worden.

Beide Ermittler hatten an Leichenöffnungen teilgenommen und das, was sie zu sehen bekommen hatten, war an ihre Grenzen gegangen. Winderlich hatte nach drei Obduktionen ihre Teilnahme an ihre Sachbearbeiter delegiert. Noch Tage später hatte sie an Schlafstörungen gelitten.

Jede Obduktion war auf Anordnung der Staatsanwaltschaft mit Videotechnik dokumentiert worden, um die Entnahmen von Lungen, Leber und Herz als Beweismittel für ein Gerichtsverfahren festzuhalten.

Nach Auffassung der Rechtsmediziner konnten die Organe nur von Medizinern oder besonders medizinisch geschulten Personen entnommen worden sein. Dafür sprachen die fachgerechten Schnittführungen.

Die Liegezeit der Leichen wurde anhand der physischen Veränderung, unter Berücksichtigung der Bodenbeschaffenheit, zwischen fünf und acht Monaten datiert. Schwierig war es, Erkenntnisse über die Todesursache zu bekommen, da an den Knochen, Halswirbeln und Schädeln keine Merkmale äußerer Gewalteinwirkung festgestellt werden konnten.

Die Rechtsmediziner erhofften sich von feingeweblichen Untersuchungen von Resten in Mägen und Gallen Aufschluss über die Todesart. Übereinstimmend wurde argumentiert, dass eine tödliche Intoxikation auf dem Nahrungsweg erfolgt sein könnte.

Da der Schwerpunkt der Ermittlungen zu diesen Taten bei der „Soko Boone" lag, hatten sie und Warmbier sich mit der Bestattungsfirma des kürzlich verstorbenen Hermann Boone, dem Fahrer des Leichenwagens, befasst.

Bei der Sichtung der Geschäftsunterlagen des sich in 3. Generation befindlichen und aus Lüneburg stammenden Familienbetriebes, war sie darauf gestoßen, dass der Senior Ernst-Johann Boone bereits 1941 mit der damaligen Heil- und Pflegeanstalt Lüneburg zusammengearbeitet und Bestattungsaufträge ausgeführt hatte. Das hatte erst 1952 geendet, als Boone sein Unternehmen nach Soltau verlegte. Gründe dafür waren nicht bekannt.

Noch interessanter war die Sichtung der Kontounterlagen mit der zuständigen Staatsanwalt Lüneburg, die auf richterlichen Beschluss von der Volksbank und Genossenschaftsbank Soltau, rückwirkend bis zum Jahr 1960, zur Verfügung gestellt worden waren.

Mit Warmbier und seinem Kollegen aus dem Wirtschaftskommissariat hatte sie tagelang die Aktenberge durchgearbeitet. Dabei war herausgekommen, dass dem Familienunternehmen bei der Neugründung in Soltau über Jahre erhebliche finanzielle Beträge zugeflossen waren. Als Absender stellte sich ein „Freundeskreis Ahnenerbe" heraus. Doch nirgendwo, auch nicht im Internet, hatten sie mehr darüber erfahren können.

Zum Begriff „Ahnenerbe" hatten sie aus einer Recherchedatei die Informationen erhalten, dass „Ahnenerbe" eine nationalsozialistische Forschungsgemeinschaft gewesen ist, die dem damaligen Führer der SS, Heinrich Himmler, unterstanden hatte.

Das führte die beiden Ermittler in der Sache nicht weiter. Winderlich nahm sich vor, darüber mit Kluge zu sprechen. Vielleicht wusste der mehr.

96.   Die Spur

Der Weckruf summte mit immer kräftiger werdender Lautstärke. Geiger, dem das galt, lag in tiefem Schlaf. Doch der Summton zeigte schließlich Erfolg. Er griff zum Wecker und ließ das Signal verstummen. Genau Mitternacht, Geisterstunde, dachte er, aber die Pflicht ruft! Einmal hier übernachten reicht. Er machte Licht, schlüpfte in seine warme Outdoorjacke und verließ das Büro.

Die Luft war erfüllt von Blütenduft. Vom nahen Wald kam ein kühler Luftzug herüber. Die sternenklare, stille Nacht mit einer zunehmenden Mondsichel, ergänzte das nächtliche Idyll.

In der Technikhalle umfingen ihn die erwartete Wärme und die nun wieder geregelte Frischluftzufuhr. Alles schien in Ordnung. Im Technikraum leuchteten die Kontrolllämpchen der Überwachungssysteme als grüne Pünktchen. Weiter zum Datenrechner. Mit wenigen Handgriffen stellte er den Betriebszustand her und verglich die aufgerufenen Messwerte auf dem Monitor mit den Aufzeichnungen, die ihm die Ingenieure überlassen hatten.

Achten Sie darauf, dass sich die Werte nicht verändern. Wenn Sie das feststellen, rufen Sie sofort diese Nummer an. Der Bereitschaftsdienst ist rund um die Uhr zu erreichen, lautete die Anweisung.

Sorgfältig prüfte er jede einzelne Komponente. Eine Viertelstunde lang. Alles war buchstäblich im grünen Bereich. Er nahm den Rechner wieder vom Netz und verließ zufrieden den Technikraum.

Wenn ich mir schon die Nacht um die Ohren schlage, dann werfe ich auch noch einen Blick auf meine Pflanzen.

In der Aufzuchthalle umgab ihn der ganz spezielle Pflanzenduft. Er entströmte den weißen Blüten. Als leidenschaftlicher Gärtner freute er sich immer wieder über das gute Gedeihen.

Plötzlich waren da fremde Geräusche. Sie kamen von draußen. Er blieb stehen und lauschte. Ja, da war etwas.

Leise schloss er das Tor und blieb im Freien reglos stehen. Zunächst konnte er nichts erkennen, hörte dann aber das Brummen von Fahrzeugmotoren und sah Scheinwerfer aufblitzen. Die Geräusche kamen vom hinteren Teil des Klinikgeländes, dort wo sich die zweite Zufahrt befand.

Das war ungewöhnlich. Ahlers Warnung fiel ihm ein. Nur kurz erwog er, ins sichere Büro zurückzukehren. Aber die Neugier war stärker. Der Wegbeleuchtung ausweichend und den Schatten der Büsche nutzend, schlich er in Richtung der Motorengeräusche. Durch das Gebüsch sah er zwei Krankentransportwagen des Deutschen Roten Kreuzes durch die Einfahrt auf das Klinikgelände rollen. Die Fahrzeuge führten Standlicht und stoppten. Zwei Männer sprangen von den Beifahrersitzen.

Sein Herz fing an zu klopfen. Was geht da vor sich? Ich muss mir unbedingt die Kennzeichen merken. Die KTW fuhren langsam weiter und blieben endgültig vor dem Hauptgebäude stehen.

Vier Männer postierten sich im grellen Scheinwerferlicht um die Fahrzeuge. Sie hielten schwarze, kurze Knüppel in den Händen. Und dann erkannte er Bäuerling. Der dirigierte die Aktion. Das war nicht mehr der ängstliche Mann, der sich Sorgen um seine Wunderpflanzen machte. Das war ein eiskalter Geschäftsmann, der skrupellos vorging.

Vorsichtig, den Schatten der Büsche ausnutzend, kroch er näher an die KTW heran. Auf der Längsseite der Transporter stand in großen Buchstaben *„Association pour les enfants tomber dans l' oubli"*, was auf Deutsch wohl soviel hieß wie: „Verein für vergessene Kinder."

Die Männer öffneten die hinteren Fahrzeugtüren. Scharfe Kommandos in einer fremden Sprache ertönten. Und dann sprangen zu seiner Überraschung Kinder heraus. Eines nach dem anderen. Insgesamt zwölf. Gepäckstücke flogen hinterher. Über allem lag jammerndes Weinen. Die Kinder, Jungen und Mädchen, wurden von den Männern zum Haupteingang des Klinikgebäudes getrieben. Er sah, dass diese ihre Knüppel benutzten. Und das alles keine dreißig Meter von ihm entfernt.

„Ihr Schweine", schrie er, sprang auf und rannte zu der Menschengruppe. Da traf ihn ein wuchtiger Schlag. Ein wahnsinniger Schmerz durchfuhr ihn. Als er hilflos zu Boden glitt, hörte er eine bekannte Männerstimme.

„Chef, hier haben wir den Maulwurf!" Danach verstummte alles um ihn herum.

97.   – VU –

Am Morgen nach dem konspirativen Treff traf Kluge verspätet in seinem Kommissariat ein. Er fühlte sich unausgeschlafen. Das lag an dem unablässigen Gedankenstrom als Folge der Gespräche vom Vortage.

Auf seinem Schreibtisch lag ein roter Aktendeckel mit der Aufschrift – **Eilt** –. Darin: – *Antrag auf Haftbefehl gegen Ferdinand-Louis Schumacher* –, von Ahlers geschrieben. Gut, dachte er, wir kommen dieser Mörder-Klinik immer näher.

Der Kausalzusammenhang zwischen Schumacher/Klingfort und dem Anschlag auf Weber war gut herausgearbeitet. Super, Jens. Er zeichnete den Antrag ab und schob ihn ins Ausgangsfach. Als er den Besprechungsraum betrat, brach der Geräuschpegel schlagartig ab.

„Ich wünsche allen einen guten Morgen. Entschuldigt bitte meine Verspätung", sagte er freundlich.

Aber ein Feedback blieb aus.

„Was ist los, Kollegen? Ist euch jemand quer gekommen? Jens, sag mal was!" Doch auch Ahlers blieb stumm. Das war ungewöhnlich.

„Habt ihr wenigstens noch einen Kaffee für mich?" Ronda sprang auf. „Natürlich Chef, *du* kannst ja nichts dafür!" Kluge wurde hellwach. Was hat sie eben gesagt?

„Wofür kann ich nichts, und warum seid ihr so schweigsam? Höchste Zeit, dass ihr die Katze aus dem Sack lasst", knurrte er.

Kubitzke füllte seine Tasse und goss Milch dazu, was sie sonst nie tat. Schweigend schob Ahlers einen Schriftsatz über den Tisch mit der fetten Überschrift – ***Verkehrsunfallanzeige –***.

„Was soll das? Bearbeiten wir nun schon VU?"

„Oberstaatsanwalt Clement hatte gestern Abend einen schweren Verkehrsunfall. Er wurde mit dem Hubschrauber in die Uni-Klinik nach Eppendorf geflogen."

Kluge sah alle Blicke auf sich gerichtet, und er fühlte wie sich sein Puls sprungartig beschleunigte.

„Nein, nein, das kann nicht wahr sein, er war doch so …" Erregt sprang er auf. „Wie soll das denn gehen? Jens, sag was!" Erneut blieb eine Antwort aus.

Erschrocken sahen die Ermittler, wie ihr Chef die Hände vors Gesicht schlug. Er zog ein Taschentuch hervor und schnäuzte sich heftig. Seine Stimme krächzte.

„Wie um Himmels Willen ist das passiert, und vor allen Dingen, wo?"

„Clement ist mit seinem Auto auf der Ostseite der Elbe über die bereits angelegte Fähre gedonnert, hat die hintere Schranke durchbrochen und ist in die Elbe gekippt. Sein Auto ging sofort unter. Mehrere junge Männer sprangen ins Wasser. Sie konnten ihn aus dem gesunkenen Auto befreien und ihn wiederbeleben. Er hatte schwere Kopfverletzungen, und es brauchte ziemlich lange bis der Hubschrauber ihn aufnahm und nach Hamburg-Eppendorf flog."

Ahlers bemühte sich verzweifelt sachlich zu bleiben.

Bernhard Kluge schwieg. Auf seinem Gesicht spiegelte sich Entsetzen. Wie war das möglich? Nach dem fröhlichen Abschied. Wir hatten doch nur alkoholfreies Bier und Mineralwasser getrunken. Hilflos schüttelte er immer wieder den Kopf und blickte Ahlers verzweifelt an.

„Die Männer waren Rettungssanitäter aus dem Amt Neuhaus. Sie waren auf dem Weg zu einer Übung," ergänzte der.

„Gibt es Erklärungen wie es dazu kommen konnte?"

„Bisher nicht. Der Verkehrsunfalldienst hat die Sachbearbeitung übernommen. Clements Auto konnte mit Stahlseilen gesichert und soll heute noch geborgen werden. Alle fragen sich, was Clement auf der Ostseite der Elbe zu tun hatte. Von der Staatsanwaltschaft wird Druck gemacht. Allen voran Meier-Greefe. Vielleicht hat der ein schlechtes Gewissen, weil er deinem Freund die Ermittlungen entzogen hat. Gerüchte kursieren, dass es sich um einen Suizidversuch gehandelt haben könnte."

Kluge lief es eiskalt über den Rücken. Wütend fuhr er auf. „Blödsinn! So etwas würde Stephan nie tun!"

Die Ermittler schwiegen. Alle wussten, dass ihr Chef und der Oberstaatsanwalt gute Freunde waren.

Nach einer Weile unterbrach Malz vorsichtig die Stille.

„Wie soll es nun mit den Ermittlungen gegen die Klinik weitergehen?" Kluges Blick irrte von einem zum anderen. „Ich weiß es im Augenblick noch nicht!" Seine traurige Stimme ging seinen Ermittlern unter die Haut.

„Frauke, wir sollten unsere …"

Weiter kam er nicht. Das Telefon schrillte. Mehrmals, ohne dass sich jemand darum kümmerte. Endlich nahm Kluge den Hörer und stellte auf „Mithören".

„Kluge hier, Leiter 1. FK."

„Hier ist Stefanie Winderlich aus Soltau." Sie machte eine Pause. „Deine Stimme klingt anders als sonst, Bernhard. Ist etwas passiert? Was Schlimmes?"

„Ja, das ist es, Stefanie. Wirklich Schlimmes. Ich habe gerade erfahren, dass Oberstaatsanwalt Clement gestern Abend einen schweren VU erlitten hat und mit dem Hubschrauber nach Hamburg geflogen wurde."

„Was? Meinst du Stephan Clement, euern erfolgreichen Oberermittler?"

„Ja! Wie du von Ahlers weißt, haben wir die Privatklinik auf dem Schirm. Das ist auch sein Fall. Nun müssen wir uns schnellstens um Ersatz bemühen."

„Genau darum geht es. Ihr habt sicher von den neun Kinderleichen in der Presse gelesen. Das BKA hatte eine Soko eingerichtet, mit der wir gut zusammen gearbeitet haben. Auch wegen der beiden vorangegangenen Fälle mit den Kinderleichen."

„Und nun benötigst du Unterstützung von uns?"

„Noch nicht. Aber ich halte es für dringend erforderlich, dass wir die Ermittlungen koordinieren."

„Dem ist nichts hinzuzufügen. Nur momentan sitzen wir an zwei unaufgeklärten Tötungsdelikten. Der Tatverdächtige ist spurlos untergetaucht." Funkstille.

„Bernhard, du kennst mich gut. Und ich will dich auch nicht unter Druck setzen, aber ich habe das Gefühl, dass ihr nicht so richtig in die Pötte kommt!"

Das war direkt, sehr direkt. Den Ermittlern verschlug es den Atem. Was sollte das?

Kluge schnaufte ärgerlich.

„Stefanie, ich muss erst mal Clements Unfall auf Linie bekommen. Kannst du das verstehen? Aber wegen deiner Kinderleichen lass *mich* bitte den Zeitpunkt bestimmen!" Eine Weile blieb es erneut still in der Leitung.

„Okay Bernhard. Es tut mir leid mit Stephan Clement. Ich weiß um eure Freundschaft. Wenn du dich meldest, können wir alles in Ruhe besprechen". Kurze Pause. „Mach's gut!"

Es knackte, und das Gespräch war zu Ende. Kluge stöhnte wieder.

„Kollegen, entlasst mich für heute. Ich habe gleich einen Termin beim ZKD-Leiter. Da gibt es einiges zu besprechen. Und nun kommt dieses Unglück noch dazu." Er rückte seinen Stuhl.

„Danke für eure Solidarität und euer Mitgefühl. Ich bin sehr froh, ein Team wie euch zu haben."

Hinter ihm schloss sich die Tür.

98. Die Ermittler

Eine eingeschworene Gemeinschaft blieb zurück, die viele offene Fragen beschäftigte. Ahlers ergriff das Wort.

„Clements Unfall ist schlecht für unsere Ermittlungen gegen den Klinikleiter. Bernhard hat mir von Clements Befürchtungen erzählt, dass wir mit unserem Aufschlag ganz heftig ins Fettnäpfchen treten könnten und möglichst viele Beweise zusammentragen sollten." Er wurde plötzlich ernst.

„Clement habe damit gemeint, wenn wirklich die Klinik in Straftaten involviert sein sollte, ähnlich den Grausamkeiten aus der NS-Zeit, dann würde sich ein ‚Sturm' zusammenbrauen. Und er meinte nicht die sogenannten Konfliktverteidiger."

„Was meinte er dann damit?" wollte Gebert wissen.

„Nach Bernhards Auffassung meinte Clement Justizkreise, die einem rechten Netzwerk ideologisch nahe stehen sollen."

Unruhe verbreitete sich. Kommentare folgten. „Das gibt es doch nicht – gerade die Justiz – nee, das ist nicht zu glauben – doch nicht in der heutigen Zeit."

Ahlers winkte ab.

„Kollegen, wenn Clement das gesagt hat, müssen wir es ernst nehmen. Ihr kennt ihn."

„Und was hältst du von Clements Unfall? Könnte es einen Zusammenhang mit Clements Beurlaubung geben, oder weiß Bernhard mehr?"

Wieder stellte Gebert die kritischen Fragen, die die anderen aufhorchen ließen.

„Ihr erinnert euch. Gleich zu Anfang, als Jens Bernhard mit dem Unfall konfrontiert hatte, reagierte der ganz komisch. Er sagte: *„... er war doch so..."* Und dann kam nichts mehr hinterher! Könnte er da nicht von Clement gesprochen haben? Was meinst du Jens?"

Ahlers verzog seine Miene.

„Ja, Bernhards Zögern war mir auch aufgefallen, und Nein, ich weiß nicht mehr. Was ich sagen kann ist, dass sich Bernhard gestern Mittag bei mir abgemeldet hatte. So um zwölf. Er sei unterwegs und notfalls über Handy zu erreichen."

„Und er hat dir nicht gesagt, was er vorhat? Das ist doch ungewöhnlich!"

„Stimmt! Ich habe versucht, was aus ihm rauszukriegen, aber er blieb stumm wie ein toter Fisch."

Nachdenkliches Schweigen breitete sich aus.

„Also war es etwas, was wir nicht wissen sollten oder durften", folgerte Manfred Probst, der neue Kollege aus dem LKA Niedersachsen.

„Das könnte zutreffen. Vielleicht hat er sich mit Clement getroffen. Dann müsste die Fahrt im Fahrtenbuch eingetragen sein. Und das könnte man überprüfen!". Ahlers tat einen Schritt auf dünnes Eis. Jeder wusste, dass eine Überprüfung ohne Kluges Wissen einen Vertrauensbruch darstellen würde.

„Kollegen, bevor wir uns darüber weiter den Kopf zerbrechen, sage ich, das geht mir zu weit. Wir alle kennen unseren K-Leiter. Und wenn er meint, dass er etwas für sich behalten muss, dann haben wir das zu akzeptieren." Das war ein klares Wort von Malz.

„Besser sollte Jens mit Bernhard das Gespräch suchen, und ihn bitten, uns einzuweihen. Denn wenn sich unser Chef wirklich mit Clement getroffen hat, gerät er mächtig unter Druck. Und da muss er sehr aufpassen, dass ihm Meier-Greefe nicht ans Bein pinkelt."

Malz hatte den Nagel auf den Kopf getroffen. Das war auf allen Gesichtern abzulesen.

„Eine sehr gute Idee, Frauke!"

Ronda Kubitzkes Gesicht glühte. „Und außerdem ist unser Bernhard ein anständiger und fairer Chef. Der hat es nicht verdient, hintergangen zu werden."

Einen Moment lang schien es, als bliebe die Luft im Raum stehen. Dann klatschten die Ermittler. Ahlers setzte das Schlusswort.

„Okay, ich werde Fraukes Vorschlag umsetzen und heute noch mit Bernhard ein Vieraugengespräch führen."

99. Tödter

Mit mulmigem Gefühl machte sich Kluge auf den kurzen Weg zu Kriminaloberrat Tödter. Die verbale Auseinandersetzung auf dem Markt stand ihm noch deutlich vor Augen. Doch es verlief alles ganz anders.

Er traf auf einen entspannten ZKD-Leiter, der ihn freundlich begrüßte, ihm eine Tasse Kaffee anbot und gleich zur Sache kam.

„Lassen Sie uns unsere Angelegenheit bereinigen, Herr Kluge. Einverstanden?" fragte Tödter.

„Gern. Aber ich möchte noch loswerden, dass es mir leid tut!"

„Okay. Dann berichten Sie bitte über die laufenden Ermittlungsverfahren in Ihrem Fachkommissariat, Herr Kluge." Das kam überraschend.

In aller Ruhe und mit Blick auf seinen Spickzettel schilderte er die aktuellen Fälle. Angefangen mit dem toten „Puppenfreak" Nottbohm, der gleichzeitig Erpresser gewesen war, leitete er über zu Schumacher junior, der zunächst als Tatverdächtiger in Frage gekommen war und später Suizid begangen hatte. Im Zusammenhang mit der fehlgeschlagenen Geldübergabe an Nottbohm die erfolglose Fahndung nach dem tatverdächtigen Messerschmidt, der offensichtlich von Schumacher beauftragt worden war, Nottbohms Kurier, Gerstenmeier, auf dem Bahnhof zu beseitigen. Und jetzt im dringenden Tatverdacht stand, auch in das Tötungsdelikt zum Nachteil des Junkies Peter Neumann verwickelt zu sein.

Weiter informierte er Tödter über die aufgefundenen Dokumente aus der Nazizeit im Zusammenhang mit den Ermittlungen im Fall Nottbohm / Schumacher. Und die Hinweise der Historikerin Katharina Weber, die im Chefarzt der Privatklinik, Dr. Bäuerling, den Mann wiedererkannt haben wollte, der 1942 ihren Bruder in der Heil- und Pflegeanstalt Lüneburg im Rahmen der „Kinder-Euthanasie" ermordet hatte.

Tödter war erstaunt.

„Herr Kluge, wie können Sie und Ihre Leute das alles bewältigen?"

Diese Töne waren für ihn neu.

Er erläuterte, dass das längst nicht alles sei. Angeblich würden ausländische Kinder in der Privatklinik gequält werden. Vermutlich solche, die dem Balkankriegen entflohen und von Schleuserbanden illegal nach Deutschland verschubt worden seien. Und dass in diesem Zusammenhang auf die Hinweisgeberin Katharina Weber zwei Mordanschläge verübt worden seien. Weiter trug er den Fund von zwei Kinderleichen im Bereich Soltau vor, bei denen die inneren Organe fehlten, und abschließend den weiteren Fund von neun Kinderleichen, ebenfalls in Soltau, bei denen auch die inneren Organe fehlten.

Tödter wurde plötzlich sehr ernst.

„Das ist ja ungeheuerlich. Wie stellt sich unsere Staatsanwaltschaft dazu?"

Er schilderte die gute Zusammenarbeit mit Oberstaatsanwalt Clement, der seinen Anfangsverdacht gegen die Klinik teilte, aber von seinem Behördenleiter ohne erkennbaren Grund von den gemeinsamen Ermittlungen entbunden worden ist.

Tödter schüttelte ungläubig den Kopf, hörte aber sehr aufmerksam zu, als er von seinem Treffen mit Clement und dessen Informationen zu den Nazi-Netzwerken berichtete. Diese Einschätzung behagte Tödter überhaupt nicht, und er fragte ihn nach dem aktuellen Ermittlungsstand in Sachen Privatklinik.

Kluge teilte mit, dass eine Durchsuchung bevorstehe, und gegen den Klinikarzt Dr. Schumacher ein Haftbefehlsantrag gestellt worden sei. Eine Exhumierung auf dem Waldfriedhof sollte dem voran gehen, weil der Verdacht bestehe, dass Schumacher seinen amtlich beurkundeten Tod im Jahr 1969 vorgetäuscht habe.

„Wie soll das gehen, Herr Kluge? Gibt es etwa einen Doppelgänger?" Tödter war irritiert und machte sich Notizen. „Fahren Sie bitte fort!"

Er berichtete über Clements schweren Unfall an der Elbfähre, dessen Ursache bisher ungeklärt sei. Tödter war entsetzt. „Ich ordne an, dass Clements Auto von einem Sachverständigen begutachtet wird, und ich werde mit Meier-Greefe darüber persönlich sprechen."

Doch als er ihm mitteilte, dass Meier-Greefe derjenige gewesen sei, der Clement zwangsbeurlaubt hätte, verzog Tödter missbilligend sein Gesicht.

„Das gefällt mir gar nicht, Herr Kluge. Differenzen mit der Staatsanwaltschaft sind kontraproduktiv! Das müssten Sie doch wissen! Ich halte es deshalb für notwendig, dass Sie einen zusammenfassenden Bericht als Grundlage für ein ‚Sechsaugengespräch' mit dem KPI-Leiter schreiben! Lassen Sie uns Ihre Durchsuchungsaktion noch für ein paar Tage aufschieben!"

Nach kurzem Zögern stimmte er Tödter zu.

„Angesichts dieser komplexen Ermittlungssachen kommen wir um eine personelle Verstärkung Ihres Kommissariats gar nicht herum, Herr Kluge. Ich werde meine Bewertung noch heute dem KPI-Leiter vortragen!"

Damit war die Besprechung zu Ende.

Als er wieder auf dem Flur stand, fragte sich Kluge, ob er eben geträumt habe. Mit einem völlig unerwarteten Gesprächsergebnis und einem aufgeschlossenen, freundlichen Vorgesetzten.

100. Bei Kluges

Pünktlich zum Feierabend hatte er sich nach diesem ereignisreichen Tag von Ahlers verabschiedet. Er hatte diesem von der positiven Besprechung mit Tödter berichtet, und auch vom verdeckten Treffen mit Clement. Vereinbart war, dass Kluge am nächsten Tag die Ermittler informieren werde.

Als er das Auto auf seinem Grundstück einparkte, winkte Elaine aufgeregt. Das bedeutet nicht unbedingt etwas Gutes, dachte er.

„Marianne ist am Telefon. Sie ist ganz aufgeregt, weil die Schutzpolizei bei ihr war!"

Sein Puls schnellte in einem Sprung nach oben. Marianne, Clements getrennt lebende Frau! Oh Mist, das hatte ich ja völlig aus den Augen verloren. Er flitzte ins Arbeitszimmer und ahnte schon, was auf ihn zukam.

„Bernhard hier, bist du es Marianne?" Nur Schluchzen. Sekundenlang.

„Marianne, kannst du mich hören?" Dann endlich ihre holperige Stimme.

„Bernhard, die Polizisten haben mir gesagt, dass Stephan einen Verkehrsunfall hatte und in der Uni-Klinik in Eppendorf liegt. Warum hast du mich nicht benachrichtigt?"

Er hatte sich wieder gefasst.

„Das tut mir schrecklich leid, Marianne. Aber seit dem ihr euch getrennt habt, ist es schwierig geworden, dich zu erreichen. Verstehe mich bitte richtig!"

„Aber wieso ist Stephan auf der anderen Elbeseite verunglückt?"

Kluge merkte wie er zu schwitzen begann. *Bullshit*.

„Liebe Marianne, hör mir jetzt bitte ganz genau zu. Ich hatte mich mit Stephan zu einer vertraulichen Besprechung getroffen. Niemand durfte davon erfahren. Kannst du folgen?"

Für Momente blieb es in der Leitung still.

„Nein! Was für eine Besprechung? Dafür ist doch die Dienststelle da. Warum durfte das niemand erfahren? Das verstehe ich nicht!" Sie begann wieder zu weinen.

„Ruhig, Marianne, bitte beruhige dich. Ich werde versuchen, es dir zu erklären."

Er nahm einen neuen Anlauf.

„Der Grund für unser geheimes Treffen war, dass man Stephan unsere gemeinsamen Ermittlungen entzogen und ihn zwangsbeurlaubt hatte."

Nun war die Bombe geplatzt. Es blieb endlos lange still, so schien es ihm jedenfalls.

„Wieso das denn, und warum hat er mit mir nicht darüber gesprochen? Ich bin doch immer noch seine Frau. Auch wenn wir uns getrennt haben." Erneut schluchzte sie. „Und wie ist es überhaupt zu dem Verkehrsunfall gekommen? Warst du dabei, Bernhard?"

Fragen über Fragen. Er atmete auf. Jetzt wurde das Gespräch sachlicher.

„Nein, Marianne, ich war nicht dabei. Wir waren am Nachmittag in einem Gasthaus zusammen gewesen und hatten den Heimweg getrennt angetreten. Stephan wollte den Weg mit der Fähre über die Elbe nach Bleckede nehmen. Ich bin über Boizenburg gefahren, und ich habe erst heute Morgen von seinem Unfall erfahren."

„Weißt du wie es ihm geht?"

„Nein! es tut mir sehr leid, liebe Marianne, aber ich habe noch keine Gelegenheit gefunden, mich in Eppendorf zu erkundigen. Im Dienst ist zurzeit Land unter. Aber ich werde gleich morgen früh in Hamburg nachfragen."

Das war eine fade Erklärung, das wusste er. Insider hatten eine genaue Vorstellung, warum jemand nach Hamburg-Eppendorf geflogen wurde. Dann ihr traurige Stimme.

„Danke, Bernhard, aber das reicht mir nicht. Notfalls fahre ich heute noch direkt dahin."

„Das kann ich gut verstehen, Marianne! Möchtest du noch mit Elaine sprechen?" Zögern.

„Ja, bitte. Das ist gut."

„Nun sage ich erst mal: ‚tschüss!' Wir hören voneinander." Er legte den Hörer daneben.

„Elaine, Marianne für dich."

Nachdenklich und mit starkem Schuldgefühl blieb er sitzen. Wie hatte er das nur vergessen können?

Sein Magen sagte ihm, dass es Zeit zum Abendbrot war. Bevor er in die Küche ging, machte er sich im Bad frisch. Ein reichlich gedeckter Tisch lud ihn ein. Auf dem Stövchen stand duftender Jasmintee. Dunkles Brot, Butter, Käse, diverser Aufschnitt und eine gefüllte Salatschüssel standen bereit. Als er sich eine Brotscheibe bestrich, platzte Elaine herein. Ihre zusammengekniffenen Augen funkelten vor Wut.

„Wie kannst du so mit Marianne umgehen? Du weißt doch, wie schwer sie mit der Trennung zu kämpfen hat. Und nun noch der Unfall! Von dem sie durch fremde Kollegen erfahren musste. Und nicht durch dich, den gemeinsamen Freund", fauchte sie böse.

Seine Stimmung fiel zusammen. Betont ruhig legte er sein Besteck zur Seite.

„Kannst du mal etwas runterkommen von deiner Wut? Und mir vielleicht die Gelegenheit geben, meine Sicht der Dinge darzustellen? Und mit ‚runterkommen' meine ich, dass wir auf Augenhöhe sein sollten."

Das zeigte Wirkung. Seine Frau setzte sich ihm gegenüber, wie es immer bei den Mahlzeiten war. Ihr Mund verzog sich weinerlich. Erschrocken sah er, dass ihre Hände zitterten.

„Es tut mir so leid mit Marianne, und noch mehr mit Stephan, unserem Freund. Und ich verstehe deine Wut." Dabei blickte er sie fest an.

„Die arme Marianne, sie ist doch meine liebste Freundin!"

„Und auch meine. Und sie wird es auch bleiben. Ich habe erst heute Vormittag von dem Unfall erfahren, und ich konnte es nicht fassen. Gestern Abend hatten wir uns so fröhlich verabschiedet, und nun das ..."

Seine Stimme wurde immer leiser. Elaine bemerkte plötzlich, wie betroffen ihr Mann war.

„Verzeih mir, mein Schatz! Und dass du es nicht besser regeln konntest mit Marianne."

„Bei uns im Kommissariat brennt zurzeit die Hecke. Wir wissen nicht, wo wir zuerst anfangen sollen. Und nun auch noch das Unglück mit Stephan. Er ist mein wichtigster Ansprechpartner bei der Staatsanwaltschaft." Sein Blick wurde sehr ernst.

„Eigentlich dürfte ich es dir nicht sagen. Ich vermute mehr hinter dem Unfall. Stephan ist ein so aufmerksamer Fahrer. Vor ein paar Tagen wurde er von den Ermittlungen entbunden und beurlaubt. Das ist der Hammer schlechthin!"

Aus den letzten Worten hörte sie die enorme Belastung heraus, der sich ihr Mann stellen musste. Und sie bemerkte die steile Sorgenfalte. Das ist die reale und harte Seite seines Berufes. Nicht nur der lockere Umgang unter den Kollegen.

„Lieber, ich habe dich verstanden."

Sie ging um den Tisch herum und beide umarmten sich wortlos. Einer vertraute dem anderen, und das gab ihnen Kraft, Krisen zu meistern. So saßen sie eine Weile, bis er sich achtsam löste und zu seinem Besteck griff.

„Ich habe Hunger wie ein Wolf, der tagelang keine Beute gesehen hat."

„Fehlt nur noch dein Geheul!" Beide lachten. Einem gemeinsamen Abend stand nichts mehr im Wege.

101. Privatklinik – einen Tag später

Als Till Geiger wieder zu sich kam, schien die Sonne durch zwei Fenster des sterilen, weißen Raumes. Sein Kopf schmerzte heftig, und als er vorsichtig mit den Fingern tastete, fühlte er einen Verband. Mühsam richtete er sich auf und erkannte, dass er in einem Krankenbett lag. Bekleidet mit einem Patientenkittel. Über seinem Bett hing eine Alarmtaste. Er erschrak. Wie komme ich hierher?

Als er die Beine aus dem Bett schwingen wollte, wurde ihm schwindelig. Stöhnend sank er zurück. Er ließ ein paar Minuten verstreichen und drückte auf den Knopf.

Minuten vergingen. Dann traten zwei Männer in weißen Kitteln ein. Mühsam richtete er sich auf.

„Guten Morgen, Herr Geiger. Visite!"

Bäuerling war es, der schlanke, weißhaarige Klinikleiter, den er in der Schaltanlage kennengelernt hatte. Hinter ihm lächelnd sein Kollege, untersetzt, mittelgroß und dunkelhaarig.

„Wir kennen uns ja schon, Herr Geiger. Das ist Dr. Baum, mein Vertreter."

Sie traten an sein Bett, und Bäuerling reichte ihm eine schmale, kühle Hand. „Wie fühlen Sie sich?" Doch er wollte lieber seine Frage loswerden.

„Was ist passiert? Wie komme ich hierher, Herr Doktor?"

Beide Ärzte schmunzelten.

„Bisschen viele Fragen auf einmal, Herr Geiger. Aber beruhigen Sie sich. Sie sind in guten Händen und gar nicht weit entfernt von Ihrem Arbeitsplatz." Baum ergänzte: „An Ihrer Reaktion können wir feststellen, dass mit Ihrem Kopf alles in Ordnung ist. Aber wir wollen Sie nicht im Dunklen tappen lassen, Herr Geiger." Dabei grinste er freundlich.

Bäuerling setzte sich auf das Bett und ergriff sein Handgelenk.

„Sie sind gestern Abend im wahrsten Sinne des Wortes zu Fall gekommen, und Sie haben sich eine leichte Gehirnerschütterung zugezogen. Aber wie ich feststelle, zeigt ihr Puls beinahe normale Werte."

Irritiert blickte er die Ärzte an. „Was bin ich?" „Können Sie sich denn an nichts erinnern?" Ausdrücklich schüttelte er seinen Kopf. „Ich weiß nichts von einem Sturz. Wo soll das gewesen sein?"

„Wir, oder besser, unser neuer Security, hat Sie vor der Pflanzenhalle auf dem Boden liegend aufgefunden. Sie waren nicht ansprechbar. Umsichtig hat er sofort Alarm geschlagen und meinen Kollegen Dr. Baum informiert." Die Ärzte lächelten wohlwollend.

„Das kann doch nicht sein. Ich war in der Halle und hatte die Messinstrumente kontrolliert. Danach kann ich mich an nichts erinnern, an absolut nichts!"

„Und das ist gut so", rutschte es Baum heraus. „Ähm, ich meine, dass unser neuer Sicherheitsmann Sie gleich gefunden hat, Herr Geiger."

Doch der ging nicht darauf ein. „Und wann kann ich wieder an meine Arbeit gehen? Ich muss mich doch um die Pflanzen kümmern!"

„Da machen Sie sich mal keine Sorgen, Herr Geiger. Wir haben von den Ingenieuren gehört, dass Sie sehr besorgt um unsere Lieblinge sind und alles zu Ihrem Erhalt getan haben." Erneut reichte ihm Bäuerling die Hand und stand auf.

„Möchten Sie etwas zu lesen haben oder sollen wir Ihnen einen Fernseher ins Zimmer stellen lassen?"

„Ja, Fernseher ist okay, aber auch etwas zum Lesen. Und dann möchte ich meine richtigen Sachen zurück."

„Gut, gut. Frau Kummer kümmert sich um alles!" Bäuerling kicherte über die eigene Wortspielerei.

„Übermorgen früh wird Dr. Schumacher Sie kurz durchchecken, denn wir wollen einen gesunden Mitarbeiter behalten. Alles auf Rechnung der Klinik. Das sind wir Ihnen schuldig. Also erholen Sie sich gut, Herr Geiger."

Beide Ärzte winkten ihm freundlich zu, und dann war er wieder allein. Er bemerkte, dass er am ganzen Körper schwitzte. Diese beiden „Junggebliebenen", Mörder von Hunderten von Kindern, behandeln mich wie einen guten Freund. Und übermorgen will mich Schumacher untersuchen. *D e r* Schumacher, den ich auf den Polizeifotos erkannt habe. Falsche Hunde! Die lügen wie gedruckt. Ich werde schon noch rausbekommen, was gestern Abend gelaufen ist.

Auf dem Flur blickten sich die Mediziner zufrieden an. Geiger stellte keine Gefahr dar. Er konnte sich an nichts erinnern. Trotzdem hatte Messerschmidt, der neue Security, deutlich überreagiert, als er Geiger so heftig niederschlug. Geiger war für die Pflanzenpflege unabkömmlich und musste behandelt werden wie ein rohes Ei.

102. Waldfriedhof Lüneburg

Am 11. Mai, zu ungewöhnlicher Zeit um 23.00 Uhr, hatte sich Kluges reduziertes Team, bestehend aus Heidi Schreiber, Manni Probst und Ulrich Gieseler vom ED, am Grab von Ferdinand-Louis Schumacher auf dem Waldfriedhof versammelt.

Kluge hatte mit Absicht die nächtliche Stunde gewählt, weil sie sicher sein konnten, ungestört zu bleiben. Mit von der Partie war wieder Friedhelm Wolter vom Ordnungsamt der Stadt Lüneburg. Kluge übergab ihm eine Kopie des amtlichen Beschlusses für die Graböffnung.

Vom Friedhofsamt der Stadt Lüneburg waren zwei Friedhofsgärtner dafür abgestellt worden, die die Grabstelle bereits trassiert hatten.

Ein starker Scheinwerfer strahlte auf das verwahrloste, abgesunkene Grab und den halbmetergroßen, ovalen Feldstein, auf dem eine vergilbte Inschrift eingraviert war.

Kluge las laut die Daten vor: Ferdinand-Louis Schumacher, 17.6.1923 – 11.8.1969. Er blickte in sein Merkbuch. „Stimmt, dann sind wir hier richtig!" Sein Lächeln verflog aber schnell.

„Kollegen, wir werden heute eine Exhumierung durchführen. So etwas geschieht äußerst selten. Ich möchte euch darauf hinweisen, dass die Totenruhe zu beachten ist. Also bitte keinen unnötigen Lärm und keine Scherze! Ist das angekommen?" Alle nickten. Er blickte in den Nachthimmel.

„Mit dem Wetter haben wir Glück. Es ist trocken, und wir haben gutes Büchsenlicht!"

Tatsächlich hatte der Mond den Scheitelpunkt seiner Bahn erreicht, nur ein paar Wolken schwebten am Nachthimmel.

„Nun noch ein Wort an die Herrn vom Friedhofsamt. Sie wissen, um was es hier geht, deshalb muss ich Sie auf Ihre Schweigepflicht hinweisen. Gegenüber Dritten dürfen Sie nicht über die Aktion sprechen, und auch nicht über das, was wir am Schluss feststellen werden. Und nun können Sie loslegen."

Gieseler, der Scheinwerfer, Stativ und Fotogerät mitgebracht hatte, hatte Kluge zugehört.

„Ulli, bitte erste Dokumentation", lautete dessen Ansage. Ein Kamerablitz erhellte für einen Sekundenbruchteil die Szene und die angespannten Gesichter der Beteiligten.

Beide Totengräber griffen zu Spaten und Schaufeln und begannen, in gleichmäßigem Rhythmus die Grabstelle freizulegen. Eine halbe Stunde lang. Der Aushub wuchs stetig. Dann hörten alle ein dumpfes Geräusch. Die Spaten waren auf den Sarg gestoßen. Nach einer weiteren halben Stunde war es den Männern gelungen, unter dem Sarg zwei feste Seile hindurch zu ziehen. Vorsichtig entfernten sie die Reste der Friedhofserde vom Sarg. Nun lag der Deckel frei.

Den Männern stand der Schweiß auf der Stirn. Nicht nur wegen der körperlichen Arbeit. Zufrieden legten sie ihre Werkzeuge ab. „Pinkel- und Trinkpause, verlangt die Gewerkschaft." Das war die übliche, ironische Floskel. Eilig verschwanden sie im Gebüsch.

Die Ermittler traten neugierig an den Sarg mit dem geheimnisvollen Inhalt. Gieselers Blitzlicht zuckte erneut auf und schuf eine gespenstische Atmosphäre. Allen war die Anspannung anzumerken, mitten in der Nacht an der letzten Ruhestätte eines Menschen zu stehen. Leise Gespräche, dann kamen die Männer zurück.

„Wir brauchen Ihre Hilfe, Herr Kommissar! Zum Hochziehen der Kiste. Vier Mann, vier Enden!"

Kluge stutzte, dann stimmte er zu. Sie mussten die Aktion zum Ende bringen.

Nach einer Viertelstunde war es geschafft. Der Sarg stand auf zwei massiven Brettern. Kluge überzeugte sich von der Standfestigkeit und bedankte sich bei den Totengräbern.

„Das Ding war sauschwer, Herr Kommissar, und wir hatten Glück, das die Kiste nicht auseinander gebrochen ist. Nach so'ner langen Zeit ist ein Sarg eigentlich viel leichter!"

Kluge wurde aufmerksam. Eigenartige Feststellung. Der Verwesungsprozess reduziert nach beinahe 25 Jahren Liegezeit das Gewicht einer Leiche ganz erheblich. Gieseler richtete sein Stativ aus.

„Na dann! Lassen wir uns mal überraschen. Sesam öffne dich", gab Kluge das Kommando.

Die Männer griffen zu ihren Brecheisen. Nach viermaligem Knacken fielen die verrosteten Verschlüsse ab und der abgenommene Sargdeckel gab den Blick frei.

Gieseler richtete den Strahler aus. Neugierig beugten sich die Ermittler über den Sarg ... und zuckten zusammen. Statt menschlicher Gebeine lagen Steine darin. Zahlreiche kleine und größere graue Feldsteine. So grau wie der Grabstein von Ferdinand-Louis Schumacher.

Kluge war sprachlos.

„Unglaublich! Dass darf doch nicht wahr sein!" Er schob einige Steine zur Seite. Doch es blieb dabei. Von Knochen keine Spur. Gieseler bediente unentwegt Kamera und Blitzlicht. Aber es blieb Realität, makabre Realität. Statt einer Leiche – Steine. Nur Steine! Die Totengräber steckten ihre Köpfe zusammen und flüsterten leise.

„Weber hatte tatsächlich Recht mit Ihrer Beobachtung ..." Kluge zügelte sich, gerade noch rechtzeitig. „Ulli, dokumentiere bitte die Fundsituation mit Datum und Uhrzeit." Die Blitze der Kamera machten die Situation noch makabrer.

Wolter trat an Kluge heran. „Das ist ja richtig gruselig!"

„Stimmt! Sie sehen meine Überraschung, Herr Wolter, um nicht zu sagen: meinen Schreck. Ich habe im Augenblick keine Erklärung, und ich muss Sie darauf hinweisen, dass Sie über das schweigen, was Sie hier sehen. Es konnte in einer Ermittlungssache eine Rolle spielen." Wolter machte große Augen.

Kluge winkte alle Beteiligten zusammen.

„Leute, von dem was wir heute Nacht erleben, darf nichts in der Presse erscheinen, verstanden? Und das gilt auch noch einmal für die Herrn Totengräber vom Friedhofsamt. Absolutes Stillschweigen ist angesagt!"

Er erteilte den Gärtnern die Anweisung, den Sarg abzudecken und in die Friedhofskapelle zu transportieren. Morgen Vormittag sollte eine genaue Spurensuche erfolgen.

Die Männer nickten. Kluge drückte jedem einen Fünfer in die Hand. Die Strahler erloschen. Probst und Schreiber halfen Gieseler beim Transport seines Equipments.

Ende des Dramas.

Der tote Hauptdarsteller fehlte, dachte Kluge ironisch. Und dann kam blitzartig die Assoziation. *Nach Toten sucht man nicht mehr.* Das war es! Ferdinand-Louis Schumacher wollte oder musste sich unsichtbar machen, für alle Zeiten!

Der Mond war auf seiner Bahn weitergekommen. Ein kühler Wind ließ die fünf frösteln. Als sie den Parkplatz erreichten, bedankte Kluge sich.

„Wir stehen nun am Anfang eines neuen Falles und müssen uns mit dem sehr lebendigen Schumacher befassen, weil wir einen toten Schumacher nicht vorgefunden haben. Andererseits hätte uns eine 24 Jahre alte Leiche noch mehr gefordert als die paar Dutzend Feldsteine."

Wolter hatte aufmerksam zugehört. Der Kommissariatsleiter hatte von einem ,*sehr lebendigen*' Schumacher gesprochen. Alles rätselhaft.

„Wenn ihr, Herr Wolter eingeschlossen, noch Lust auf einen heißen Tee, eventuell mit Rum habt, würde ich mich freuen. Ich denke, den haben wir uns alle verdient, und das wäre ein guter Ausklang! Dienstbeginn morgen früh um nullneunhundert!"

Alle stimmten zu. Autotüren klappten, und die Fahrzeuge starteten.

Auf dem Waldfriedhof kehrte wieder Grabesruhe ein. „Ein Sarg ohne Leiche", sinnierte Heidi Schreiber, die das erste Mal an einer Exhumierung teilgenommen hatte. „Wie bei Stephen King!"

103. Städtisches Krankenhaus – Innere Station

Im Doppelzimmer mit der Nummer 1, gleich neben dem Stationszimmer, hatte man auf Weisung von Dr. Haverland, Katharina Weber untergebracht. Zusammen mit einer gleichaltrigen Patientin , die sich nach einer Gallenoperation bereits auf dem Wege der Besserung befand.

Die morgendliche Visite war vorüber, und Haverland war mit ihrem Zustand zufrieden.

„Noch einige Tage, wenn es so bleibt mit Ihnen, Frau Weber. Dann können wir Sie den Händen von Dr. Hansen, unserem Facharzt für Neurologie, anvertrauen. Er ist unser Trauma-Spezialist."

Sie hatte genickt und spürte, dass ihr Schwindelgefühl nachgelassen hatte. Auch war sie froh über eine Bettnachbarin. Auch deshalb, weil einfach jemand da war.

Der Schock über den unerwarteten, brutalen Angriff saß immer noch tief. Jedes Mal erhöhte sich ihr Puls, wenn jemand das Krankenzimmer betrat. Sie streckte sich aus.

Wer wollte mich töten, und warum? Zweimal hatte man versucht sie umzubringen, wie sie von Dr. Haverland erfahren hatte. Hängt das mit meinen Beobachtungen in der Privatklinik zusammen?

Langsam ordneten sich ihre Gedanken. Wie war das bloß gewesen?

Zuletzt hatte sie zu Hause die CD mit den Dokumentationen über die Klinikärzte in einen Umschlag für den Kripobeamten gesteckt. Danach war sie losgefahren und hatte voller Entsetzen bemerkt, dass ihr Bremspedal keine Wirkung zeigte. Der gewaltige Aufprall des anderen Autos und der ohrenzerfetzende Knall waren ihre letzten Eindrücke gewesen.

Spontan richtete sie sich auf. Sie spürte, wie ihr Herz erneut zu hämmern begann. Unruhig blickte sie zur Tür.

„Frau Weber, was ist mit Ihnen? Soll ich Hilfe holen?"

„Nein, nein, es geht schon wieder. Die Erinnerungen sind wieder da, Frau Herzog!"

Sie griff zum Wasserglas und stellte fest, dass sie schwitzte.

„Möchten Sie darüber sprechen, Frau Weber?"

„Geben Sie mir noch ein bisschen Zeit, Frau Herzog. Es ist so viel passiert! Aber danke!"

Sie drehte sich um und war im Nu eingeschlafen.

„Schlafen Sie nur, Frau Weber. Das ist die beste Medizin."

104. Das Kommissariat – zwei Tage später

An diesem Morgen überwogen die schlechten Nachrichten, und Kluge eilte zwischen seinem und Tödters Dienstzimmer hin und her.

Die Ermittler hatten sich zur üblichen Morgenrunde zusammengefunden, doch seit einer halben Stunde hörten sie nur Kluges Stimme über Flur und am Telefon, dazwischen die von Ahlers. Die Kaffeekanne war fast leer. Alle blickten ratlos auf Frauke Malz, der Kluge eine Handvoll Vorgänge und Mails in die Hand gedrückt hatte.

„Unser Chef hat mir gesagt, dass wir nicht auf ihn warten sollen. Er würde später kommen."

„Das ist ja 'ne tolle Nummer heute Morgen", schimpfte Mike Gebert. „Ich habe nachher einen Termin bei der Bepo. Die haben zufällig ein Foto von Messerschmidt gemacht, als sie vor zehn Tagen einen Zugriff am Bahnhof hatten."

„Ein Foto von ‚Messi'? Davon weiß ich ja gar nichts."

„Nee, kannst du auch nicht, Frauke, weil mich mein Freund Gero kurz nach sieben auf dem kleinen Dienstweg angedrahtet hat."

Malz schüttelte ärgerlich den Kopf.

„Das geht so nicht, Mike. Ich leite die Ermittlungen gegen Messi, und alles geht über meinen Tisch. Ist das klar, Herr Oberkommissar?" Gebert bekam einen roten Kopf.

„Fuck! Was soll das? Willst du einen raushängen lassen, Oberkommissarin Malz?"

Malz wurde blass. Gerade als sie reagieren wollte, ging die Tür auf. Stimmen wurden laut.

Kluge, Ahlers und, zu aller Überraschung, auch Winfred Scharnhorst drängten herein. Hinter ihnen eine schlanke, dunkelhaarige Frau in schwarzem Hosenanzug.

„Oih, ein neues Gesicht", flaxte Gebert.

Kluge hob die Hand. „Bitte Mike, es ist nicht die Zeit für Scherze!"

„Guten Morgen, Kollegen. Es tut mir leid, dass ich mich verspätet habe." Er drehte sich um zu der Frau hinter ihm.

„Das ist Staatsanwältin Karin Gebhardt. Sie wird uns bei der Durchsuchung in der Klinik unterstützen und vertritt Oberstaatsanwalt Clement."

Gebhardt trat nach vorn. Ihr hübsches Gesicht war ernst.

„Guten Morgen, meine Damen und Herrn des Ersten Fachkommissariat. Mein Behördenleiter hat mich mit der Vertretung meines verunglückten Kollegen beauftragt, da dieser nicht mehr zurückkehrt."

Was war das eben? Die Ermittler blickten sich erschrocken an. Auch Kluge schreckte auf und wurde plötzlich leichenblass.

Mit traurigen Augen blickte sie Kluge an.

„Ich hätte Sie gern früher über die tragische Nachricht informiert, Herr Kluge, aber wir mussten erst das kraftfahrtechnische Gutachten von Clements Auto auswerten."

Die Staatsanwältin hob ihre Stimme.

„Demnach müssen wir, Sie, davon ausgehen, dass auf den von Ihnen sehr geschätzten Oberstaatsanwalt Clement ein Anschlag verübt wurde. An beiden Vorderrädern waren die Radmuttern gelockert, die sich bei dem Brems- und Lenkungsvorgang an der Fähre lösten und somit zu dem schweren Unfall mit Todesfolge führten."

Die Staatsanwältin holte tief Luft.

„Ja, Sie hören alle richtig! Leider! Gestern Abend wurde unsere Behörde von der Universitätsklinik in Hamburg-Eppendorf über den Tod unseres Abteilungsleiters verständigt!"

Totenstille im Raum. Ratlose, entsetzte Blicke wechselten hin und her.

Gebhardts Stimme verlor an Festigkeit.

„Herr Clement war während meines Referendariates mein Doktorvater und Förderer! Es tut mir so leid um ihn!" Ihr Gesicht verzog sich weinerlich. Abrupt wandte sie sich ab und verließ mit eiligen Schritten den Besprechungsraum.

Von einer Minute zur anderen verwandelte sich der Raum in eine turbulente Geräuschkulisse. Alles redete durcheinander. Kluge und Ahlers wirkten paralysiert. Erst nach und nach richtete sich die Aufmerksamkeit auch auf Winfred Scharnhorst.

„Ich hatte mir meine Rückkehr anders vorgestellt, Kollegen. Einen guten Morgen kann ich wohl nicht wünschen. Der Tod von Oberstaatsanwalt Clement trifft mich genauso." Schweigend setzte er sich neben die beiden Führungsspitzen.

Kluge bemühte sich krampfhaft, ruhig zu bleiben.

„Liebe Kollegen, ich bin tief erschüttert! Die Nachricht ist unbegreiflich! Stephan Clement wird uns nie mehr bei den Ermittlungen begleiten. Aber er wollte, dass wir die Sache gegen die Klinikärzte zu Ende bringen, die mittlerweile eine völlig neue Dimension erreicht hat."

Hastig strich er sich über die Augen. Er brauchte einen Moment, bevor er den Faden wieder aufnahm.

„Dazu zählen beide Mordanschläge auf Katharina Weber und die ungeklärten Umstände um den angeblichen Tod des Dr. Schumacher, der als Dr. Klingfort identifiziert worden ist. Weiter zeichnet sich ab, dass die neun Leichen in Soltau vermutlich mit der Privatklinik in Verbindung zu bringen sind."

Die Ermittler blickten ungläubig.

„Ja, das ist hammerhart, aber es ist die zweite schlimme Wahrheit heute. Deshalb findet kurzfristig eine Einsatzbesprechung beim KPI-Leiter statt. Aber nur im engsten Kreis." Seine Stimme zitterte.

„Vorher fahre ich zu Stephans Frau." Alle sahen, wie er mühsam schluckte. Er hob die Hand.

„Lasst uns bitte eine Minute lang an Stephan Clement denken."

So geschah es. Aber jeder wusste, dass dieses Gedenken nur eine Geste war. Keiner von ihnen würden den heutigen Tag mit seiner unfassbaren Botschaft vergessen.

105. Wahrheiten

Zwei Tage lang hatte Geiger im Krankenbett mühsam versucht, sich zu erinnern, was ihn in diese Lage gebracht hatte. Doch es gelang ihm nicht, die Lücke in seinem Bewusstsein zu schließen. Als er das widerwillig registriert hatte, beschloss er das Beste daraus zu machen.

Sein Unfall hatte sich herumgesprochen. Gestern war ein kurzfristig benannter Vertreter erschienen, um mit ihm notwendige Arbeitsabläufe zu besprechen.

Danach war er ruhiger geworden. Er las viel, und er nahm sich abends Zeit für die Tagesschau. In den Nachrichten war kurz über die Bruderkriege auf dem Balkan berichtet worden. In der Sondersendung nahm er das erste Mal mit Bewusstsein die Gräuel des Krieges zwischen den Volksgruppen in Bosnien, Kroatien und Serbien wahr. Mit unsäglichen Zerstörungen alter Baudenkmäler und endlosen Flüchtlingsströmen der Zivilbevölkerung, die Rettung in ruhigeren Gebieten suchten.

Die Bilder zeigten Scharen von Kindern, die elternlos und vertrieben durch die weiten Ebenen von Slowenien irrten und sich fliehenden Soldaten anschlossen.

Der schreckliche Anblick der zerlumpten Kinder bewirkte eine spontane Assoziation. Kinder, schreiende Kinder, mitten in der Nacht. Hier, direkt vor seinen Augen. Die Erinnerungen an die Nacht wurden plötzlich lebendig. Ja, das war es.

Er hatte Kinder auf dem Klinikgelände gesehen. Sie waren aus Fahrzeugen des DRK mit Knüppelhieben in die Klinik getrieben worden. Von Männern in weißer Pflegerkleidung.

Schweiß brach ihm aus. Schumacher alias Klingfort, der versucht hatte, Katharina umzubringen, sollte ihn untersuchen. Wenn der ihn wieder erkennen würde?

Im Spiegel betrachtete er den neuen Kopfverband, der bei der Morgenvisite von einem Pfleger mit einem merkwürdigen Emblem auf der weißen Jacke gewechselt worden war. Auch bei der Abendmahlzeit war ihm aufgefallen, dass sich die Pfleger äußerlich ähnelten. Blond, blauäugig und übereinstimmend in der Körpergröße. Nie zuvor hatte er die Männer zu Gesicht bekommen.

Was hatte das zu bedeuten? Hatten die teuflischen Ärzte auch die idiotischen Nazi-Vorgaben übernommen und ihr Personal nach rassischen Merkmalen eingestellt? Er wusste um den Arier-Wahn der Nazis: nordisch, blond und blauäugig.

Und was geschah mit den Kindern, die er zu Gesicht bekommen und schreien gehört hatte? Wurden Sie wirklich so versorgt und betreut, wie es die Statuten im Foyer der Privatklinik versprachen? Woher kamen sie? Bis zu seinen Gesprächen mit Katharina hatte er sich darüber keine Gedanken gemacht, was in der Klinik vor sich ging.

Was wäre, wenn ich gar nicht gestürzt, sondern niedergeschlagen worden war? Aber von wem? Und schon folgte der nächste Adrenalinschub. Ihm fiel der heftige Streit mit Messerschmidt ein. Ja, so musste es gewesen sein. Nur Messerschmidt, sein persönlicher Feind kam dafür in Frage.

Vorsichtig bewegte er seinen Kopf. Er schmerzte noch immer. Aber das Schwindelgefühl war weg. Es gibt nur eins, dachte er. Ich muss hier verschwinden. Sofort.

Es lag nahe, dass Schumacher ihn wiedererkennen würde. Der Kripobeamte hat mich gewarnt. Morgen früh, noch vor dem Frühstück, werde ich verschwinden.

Wenn im Haus Nachtruhe eingekehrt war, würde er seine Sachen im Auto verstauen. Er musste jedoch vorsichtig sein, um nicht erneut Messerschmidt in die Hände zu geraten. Ja, so musste es gehen.

Verdammte Nazi-Bande, wegen euch muss ich meinen Job aufgeben. Aber das letzte Wort ist noch nicht gesprochen. Er wusste, was zu tun war.

106. Privatklinik

Bäuerling hatte für Punkt zehn eine Besprechung in seinem Büro für alle angeordnet, nachdem er sich bei der Morgenvisite einen Überblick über das neue „Material" verschafft hatte.

Die Räume im ersten und zweiten Stock des Hauptgebäudes waren mit zwölf unterschiedlich alten Jungen und Mädchen belegt. Er hatte jedes Kind oberflächlich untersucht. Die genauen Befunde sollten an den darauffolgenden Tagen durch Schumacher und Baum und den Assistenzärzten aus dem Untergeschoss erhoben werden. Insgesamt war er mit dem „Zustand des Materials" zufrieden.

Erfahrungsgemäß war es notwendig, den Kindern eine kurze Eingewöhnungsphase einzuräumen, und es war Aufgabe des Pflegepersonals, für das Wohlbefinden der Kinder zu sorgen.

Nach der letzten Lieferung hatte er mit der „Lady" ein „Vieraugengespräch" geführt. Das Ganze war von kühler Rationalität geprägt, aber er hatte sich nicht eine Minute von der kalten, verführerischen Frau in ihrer körperbetonten Lederkleidung beeindrucken lassen. Schriftliches war nicht über den Tisch gegangen. Die „Lady" bewies ihre Professionalität bei der Vorlage eines Fotobandes. Darin befanden sich Fotos von über fünfzig Kindern. Mit einer ausführlichen Personenbeschreibung und den Geburtsdaten.

Gemeinsam hatten sie die Dokumentation abgearbeitet, und Bäuerling hatte hinter jedem Foto eines Kindes, das ihm als „Material" geeignet erschien, ein Kreuz gemacht. Das würde der Grundstock für die nächste Lieferung sein.

Ohne auch nur ein paar persönliche Worte gewechselt zu haben, waren die „Geschäftspartner" auseinander gegangen. Es ging nur um Geld und die Absicherung des Deals.

Bäuerling blickte ungeduldig zur Uhr. Zehn Minuten über die Zeit, und noch war niemand erschienen. Er griff zum Hörer. „Ulrike, haben Sie alle erreicht?"

„Bis auf Dr. Schumacher haben alle bestätigt, Herr Professor. Die werden bestimmt gleich kommen!"

„Na gut." Er legte auf, als Baum, Hildebrand und Messerschmidt den Raum betraten.

Unterschiedlicher konnten sie nicht sein, dachte er. Der rundliche, kleine Dr. Baum mit dem devoten Blick, der schmierig grinsende Hildebrand und der von Selbstbewusstsein strotzende, hagere und durchtrainierte neue Bodyguard.

„Setzt euch, alle! „Heinrich, wo ist dein Kollege heute Morgen? Hast du ihn schon gesehen?"

Baum zuckte nervös zusammen.

„Nein, gesehen nicht direkt!" „Was heißt denn das?"

Baum stotterte. „Er hatte mich angerufen und gesagt, er müsse noch zu Geiger. Zur Visite. Er komme etwas später."

Bäuerling zog ungeduldig seine Augenbrauen hoch.

„Ach ja. Stimmt. Dann lasst uns beginnen." Er blätterte in seinen Unterlagen.

„Ich hatte ein gutes Gespräch mit der ‚Lady'. Wir haben uns auf die nächste ‚Materiallieferung' verständigt. Es gibt keine Schwierigkeiten, weil genügend ‚Material' über die Grenzen gebracht wird. Die Krisen auf dem Balkan begünstigen unsere Pläne." Zufrieden nickte er Hildebrand zu. „Ihr habt gute Vorarbeit geleistet!"

Plötzlich stand Schumacher im Türrahmen. Puterrot im Gesicht.

„Komm schon rein, Ferdinand. Du kippst ja gleich um!"

„Er ist weg, Geiger ist weg", stammelte der.

„Wie Geiger ist weg? Du wolltest ihn doch heute untersuchen."

„Ja, natürlich! Als ich gleich nach der Visite zu ihm ging, war sein Bett leer. Auch sein Schrank. Ich bin rüber zur Gärtnerei. Dort war er auch nicht. Und keiner hat ihn heute Morgen gesehen. Sein Auto ist auch weg."

„Was soll das, es hat ihm doch keiner was getan. Oder stecken Sie schon wieder dahinter, Messerschmidt?"

Der sprang wütend auf. „Ich habe es geahnt. Der verfluchte Verräter. Er ist stiften gegangen, wahrscheinlich zu den Bullen!"

Bäuerling und Baum wechselten unruhige Blicke. Sollte Geiger doch etwas vom nächtlichen Transport mitbekommen haben? Das war doch nicht möglich.

„Setzen Sie sich, Messerschmidt! Kennen Sie Geiger?"

Der grinste heimtückisch. „Wir waren uns mal bei einer Wehrsportübung begegnet. Dann verschwand er ohne Grund, und kürzlich war er mir in Lüneburg über den Weg gelaufen."

„Haben Sie einen Beweis für Ihren Verdacht?"

„Wieso", fragte Messerschmidt frech. „Genügt das nicht, dass ich ihn beim Spionieren entdeckt habe?" Seine Feststellung machte die Ärzte nachdenklich.

„Gustaf, könnt ihr mir mal sagen, um was es geht? Was meint Messerschmidt mit ,*Spionieren*'?" fragte Schumacher.

„Lass gut sein, Ferdinand. Du warst in der Nacht, als der Transport mit den Kindern ankam, nicht dabei," blockte er ab. „Ich hatte bisher einen guten Eindruck von Geiger. Er macht einen guten Job in der Gärtnerei. Und wer soll dem schon glauben mit seiner Gehirnerschütterung?"

Aber Baum und Hildebrand blieben skeptisch.

„Ich traue Geiger nicht über den Weg", schob Messerschmidt nach.

„Gut", entschied Bäuerling. „Dann machen Sie sich auf den Weg und finden Sie Geiger. Aber lassen Sie ihn dieses Mal unverletzt, sonst können Sie wieder dahin verschwinden, wo Sie hergekommen sind. Übrigens", fügte er hinzu, „habe ich läuten hören, dass sich die Bullen für Sie interessieren!"

„Ach! Die Bullen haben immer was an einem auszusetzen. Gut, ich hatte ein paar Schulden am Spielautomaten. Aber das ist alles", log er eiskalt.

„Na gut, wenn Sie das sagen. Also finden Sie Geiger. Wir brauchen ihn hier dringend. Und lassen Sie die Fäuste in der Tasche. Haben Sie verstanden?"

„Jawoll Chef, ich meine Doktor!"

„Dann verschwinden Sie endlich!" Messerschmidt zögerte. „Ist noch etwas?"

„Ich brauch was Fahrbares unterm Arsch, oder soll ich Geiger mit meinem Rad hinterherfahren?" Bäuerling knurrte ärgerlich.

„Dann gehen Sie in Teufels Namen zu Frau Kummer und lassen sich den Schlüssel für unseren Werkstattwagen geben. Aber verschwinden Sie mir endlich aus den Augen. Und kommen Sie nicht ohne Geiger zurück."

Die anderen grinsten. Der alte Süffel konnte richtig unangenehm werden.

Als Messerschmidt die Tür hinter sich zu gezogen hatte, zog Bäuerling die Flasche mit dem scharfen Inhalt hervor.

„Vier Gläser, Hildebrand. Grund zum Feiern!" Die Männer sahen sich verwundert an. Führers Geburtstag am 20. April lag doch lange zurück.

„Die ‚Lady' hat mir was gesteckt. Sie hatte vom ‚Freundeskreis' einen Auftrag bekommen. Dem hatte ich unsere Probleme mit dem Staatsanwalt und den Bullen mitgeteilt."

Verschwörerisch sah er in die Runde und füllte sein Glas randvoll mit dem spanischen Weinbrand.

„Prost Kameraden! Der übereifrige Staatsanwalt ist tot. Er hatte einen ‚Autounfall'! Ist das nicht gut?" Bäuerling klatschte sich vor Freude auf die Knie. Die Zuhörer erstarrten.

„Kameraden, dank unserer Helfer vom ‚Freundeskreis' ist wieder alles im grünen Bereich! Prost!"

Baum und Schumacher hoben schweigend die Gläser.

Der einzige, der sein Glas nicht hob, war Hildebrand. Aber das wurde großzügig übersehen, weil er von den Akademikern sowieso nicht für vollgenommen wurde.

Wer wohl die Drecksarbeit durchgezogen hat? Einen Staatsanwalt beseitigen! Die müssen doch nicht ganz dicht in der Birne sein. Oder von ganz oben gedeckt! Doch er verkniff sich jeden Kommentar.

107. Bäuerlings jüngste Vergangenheit

Auf dem weiten Klinikgelände waren bereits die Bogenlampen in Betrieb. Auch in Bäuerlings Arbeitszimmer warf die Stehlampe, mit dem Schirm aus Häftlingshaut, helles Licht auf den schweren Ledersessel.

Nach der Erfolgsnachricht hatte er sich mit der halbvollen Flasche seiner spanischen Lieblingsmarke und einem Schwenker im Sessel bequem gemacht.

Dann war da noch der späte Anruf, den Ulrike nach Rückfrage zu ihm durchgestellt hatte. Er hatte zunächst an einen Scherz gedacht. Als der anonyme Anrufer aufgelegt hatte, brauchte er eine Weile, um die wichtige Botschaft zu verstehen. Sie war ein Grund mehr zum Feiern.

Seine rosarot gefärbte Stimmung, nach etlichen geleerten Gläsern, hatte sich durch die heroischen Chöre aus Wagners „Lohengrin", nochmals erhöht. Das ist wahre deutsche Musik, dachte er zufrieden.

Seine Gedanken schwenkten weit zurück in die Zeit nach dem dramatischen Fall des Großdeutschen Reiches. Verräter aus eigenen Reihen hatten nicht an den vom Führer versprochenen Endsieg geglaubt.

Die Nachkriegsjahre waren beruflich und privat schwere Jahre gewesen, weil er und seine beiden Berufskollegen 1949 durch das Landgericht Hannover von der ärztlichen Tätigkeit entbunden worden waren. Nur noch finanziell unterstützt vom NS-Freundeskreis „Ahnenerbe".

Die Justiz im neuen Deutschland hatte auf Druck der „Siegermächte" gegen ihn und seine Ärzte Ermittlungsverfahren wegen des hundertfachen Mordes an Kindern eingeleitet. Es war behauptet worden, dass in der „Kinderfachabteilung" der „Heil- und Pflegeanstalt" Lüneburg von 1941–1945 Kinder durch „Luminal-Gaben" vorsätzlich getötet worden wären. Was für ein Unsinn! Dabei war man doch nur dem Gesetz zur Reinhaltung der Rasse nachgekommen. Und der „Gnadentod" für die Kinder hatte vielen Kriegswitwen Arbeit und dem Reich hohe Pflegekosten erspart.

Das nachfolgende Gerichtsverfahren, begleitet von Rechtsanwälten, die seiner Idee nahestanden, und geführt von gleichgesinnten Juristenkollegen im Landgericht, hatte mit einer dreijährigen Bewährungszeit wegen versuchter fahrlässiger Tötung in nur 56 Fällen geendet. Aber er war fristlos aus dem Staatsdienst entlassen worden. Im Urteil war enthalten, dass ihm – Bodo Beker – die ärztliche Approbation entzogen wurde und er niemals mehr medizinisch tätig werden durfte.

Nach dem dadurch erzwungenen Ortswechsel Anfang der Sechzigerjahre nach München hatte er sich mühsam durch das Leben geschlagen. Aber auch dort war er von den alten Kameraden des ehemaligen „Ahnenerbes", nun „Freundeskreis", solidarisch unterstützt worden.

Ohne große Zukunft und immer wieder an sein Gerichtsurteil erinnert, hatte er damals beschlossen, dem von den Siegermächten in der Bundesrepublik installierten parlamentarischen System den Rücken zu kehren und 1968 nach Spanien umzusiedeln.

Dorthin hatten sich viele Parteigenossen abgesetzt, weil sie der ungerechten Rechtsprechung der Sieger entgehen wollten. Mit im Gepäck war das „Wunder aus Tibet", so hatte er es genannt, lateinisch *Ginsengia Tibetis Temporalis,* eine in Europa unbekannte Samen- und Pflanzenart aus der tibetischen Hochebene.

Im Schutz der Diktatur des Generals Francisco Franco, genannt *El Caudillo, der Führer,* hatten sich er und viele Kameraden aus der Zeit des Großdeutschen Reiches vor strafrechtlicher Verfolgung sicher gefühlt. Niemand wurde an die Bundesrepublik ausgeliefert.

In der Nähe von Alicante hatte er sich niedergelassen, finanziell unterstützt von der *Muncipial,* und war dort bald als „Alemana Doctore" bekannt geworden. Durch neue Verbindungen hatte er eine steinreiche Spanierin aus einer alten, adligen Familie kennen- und lieben gelernt, und diese später geheiratet. Isabella-Maria de Castillo hatte nie von seiner Tätigkeit als Arzt in Lüneburg erfahren.

Beide hatten ein großzügiges, finanziell sorgenfreies Leben geführt, obwohl der Kinderwunsch der Señora unerfüllt geblieben war. Der weitreichende Einfluss der Familie seiner Gemahlin hatte ihn Jahre später an die Spitze des Regionalklinikums in Alicante gehievt.

Unter seiner Leitung war eine Fachabteilung für Kinder mit einem breiten Behandlungsspektrum eingerichtet worden, die auch seinen heimlichen Forschungszwecken diente. „Material" dafür hatte es auch dort genug gegeben: spanische, elternlose Kinder aus den Ghettos der spanischen Großstädte, um die sich niemand kümmerte. In seinem Privatleben war es ihm gelungen, enge Verbindungen zu wichtigen Funktionären des Franco-Regimes aufzubauen und seine eigene Stellung abzusichern.

Spanien war ein wirtschaftlich aufstrebendes Land mit zunehmendem Tourismus, und so hatte er bis 1977, dem Tod des Generals, viele gute Jahre erleben dürfen.

Da seine Verbindungen zum NS-Netzwerk nach Deutschland erhalten geblieben waren, hatte er später erfahren, dass sich mittlerweile auch Teile des medizinischen Nachwuchses heimlich an den Programmpunkten der Rosenbergschen Rassenideologie orientierten. Auch hatte er Hinweise auf die Aufenthaltsorte seiner ehemaligen Lüneburger Kollegen erhalten.

So war er 1978, nach dem frühen Tod seiner Gemahlin, als Zweiundsiebzigjähriger, umgeben mit dem Geheimnis ewiger Jugend, in die Bundesrepublik Deutschland zurückgekehrt. Unter dem falschem Namen Gustaf Bäuerling, den er bald nach dem Gerichtsurteil und Aberkennung der Approbation mit Hilfe der „Freunde des Ahnenerbes" erlangt hatte. Als Alleinerbe war er finanziell unabhängig und ein millionenschwerer Mann geworden, mit einem gefälschten Pass im Gepäck. Ja, das war damals ein unbeschreibliches Gefühl gewesen.

Konzentriert lauschte er der Arie aus dem „Schwanengesang". Bombastisch. *Wie gern wäre ich bei einem Konzert auf dem „Hügel" dabei gewesen,* dachte er wehmütig. Zu den Gästen zählten inzwischen wieder in höchste Spitzen der Politik aufgestiegene alte Bekannte, die mit dem kleinen, ehemaligem NS-Arzt nichts mehr zu tun haben wollten. Er seufzte resigniert und füllte sein Glas nach.

Wie war das noch damals gewesen? Ja, richtig.

Nachdem er Baum und Schumacher ausfindig gemacht hatte, begann er seine Pläne umzusetzen, die an seine Tätigkeit in der Vergangenheit anknüpfen sollten. Es war ihm gelungen, die ehemalige Anlage eines herrschaftlichen und abgewirtschafteten Gutes mit vielen Ländereien am Rande der Lüneburger Heide zu erwerben. In Jahren kostspieliger Renovierung und Neubebauung hatte er seine Privatklinik erschaffen. Nach außen als „Stiftungsklinik für elternlose Kinder" getarnt. Zusätzlich hatte er auf den weiten Flächen einen 18-Loch-Golfplatz eingerichtet, der der Entspannung und der Pflege von „Geschäftsbeziehungen" dienen sollte. Freunde aus alter Zeit bei Verwaltungsbehörden, Bauämtern und Justiz hatten ihm gegen „kleine Entgegenkommen" den Weg geebnet und seine Vergangenheit erfolgreich totgeschwiegen.

Die Bevölkerung der frühen Achtzigerjahre war nicht mehr an der NS-Vergangenheit interessiert gewesen, weil die politische Gegenwart nach dem Fall der Berliner Mauer und des „Eisernen Vorhangs" 1989, die öffentliche Meinung vereinnahmt hatte.

Nachdenklich fuhr er sich durch sein volles, weißes Haar und trat vor den eleganten Spiegel.

Ein männliches, beinahe faltenloses Gesicht blickte ihn an. Außenstehende würden nicht auf den Gedanken kommen, dass ich bereits auf die Neunzig zugehe, dachte er narzisstisch.

Wagners Schlussakkorde führte ihn mit einem rauschenden Crescendo zurück in die Gegenwart. Mit einem Knopfdruck beendete er das großartige Musikerlebnis. Ein Blick auf die antike Standuhr mit ihren vergoldeten Zeigern und Ziffern. Es ging auf Mitternacht zu. Ein neuer Tag kündigte sich an.

Als er aufstand und die leere Flasche zurückließ, schwankte er unerwartet. Ein starker Schmerz breitete sich in seiner Brust aus. Unwillkürlich griff er an sein Herz. Hinsetzen, nicht stürzen, war sein letzter Gedanke, bevor er sich in den Sessel zurückfallen ließ.

Zwei Stunden später kam er wieder zu sich. Ihm war übel und sein Herz schlug unregelmäßig. Er wusste, dass es um seine Gesundheit zurzeit nicht gut stand, weil er zu viel trank.

Der Ausfall der Klimatechnik hatte ihm einen Schock versetzt. Was wäre gewesen, wenn die wertvollen Pflanzen unwiederbringlich Schaden genommen hätten? Sicher, in den Kühlbehältern lagerten unzählige aufbereitete Extrakte der „Wunderpflanze", die für Jahre reichten. Aber wie sollte es weitergehen ohne Geiger?

In nüchterner Klarheit wurde ihm seine Endlichkeit bewusst. Aber ebenso schnell streifte er das beklemmende Gefühl beiseite.

Mit der erfolgreichen, regelmäßigen Medikation der „Wunderpflanze" hatten er, Baum und Schumacher so etwas wie ein *Ewigleben* in ihre Tagesabläufe aufgenommen. *Alt werden*: das war nur etwas, was andere betraf. Er blickte erneut in den Spiegel. Selbst in zwanzig Jahren würden sich sein Aussehen und seine Konstitution, dank der wöchentlichen „Zellduschen", nicht wesentlich verändern.

Er dachte an seine „Forschungsprojekte", die viel, sehr viel Geld auf die versteckten Konten spülten. Und die nun – nach Ausschaltung des gefährlichen Mannes bei der Staatsanwaltschaft – seinem Forscherdrang im geheimen Untergeschoss Raum gaben, wie nie zuvor.

Alles läuft bestens, dachte er. Erst der tote Staatsanwalt und nun noch der anonyme Anrufer mit seiner Warnung. Doch was war mit Geiger? War der wirklich ein Verräter, wie Messerschmidt es behauptete? Ich werde mich beim „Freundeskreis" intensiver erkundigen.

Draußen, unter dem großen Glasdach, wohlbehütet und gepflegt, hatte die Wunderpflanze aus Tibet längst Wurzeln geschlagen. Sie, die Geheimnisvolle, die Jahrzehnte in der fremden Erde überstanden hatte, hart, wie ihr Ursprungsland, und zäh, wie die Menschen dort, gab immer noch von ihrer Kraft ab. Diese Kraft war es, die ihm und seinen beiden ärztlichen Freunden das Leben beinahe unendlich zu machen schien.

108. Trauer

Als Bernhard Kluge am frühen Abend die Haustür hinter sich schloss, war er heilfroh. Zuviel war an diesem Tag geschehen. Überwiegend Negatives. Müde hängte er sein Jackett an die Garderobe und ging in die geräumige Diele.

„Du bist spät daran, Bernhard."

Elaines muntere Stimme erreichte ihn durch die offene Küchentür, hinter der es gut duftete.

Sie kam aus der Küche geeilt und umarmte ihn.

„Wie war dein Tag? Lass dich anschauen, mein Lieber."

Doch Kluge schwieg. Sein Gesicht spiegelte tiefe Erschöpfung, und sie bemerkte die dunklen Augenringe.

„Das war wohl kein guter Tag?"

„Nein, weiß Gott, das war er wirklich nicht!" Er setzte sich, schlug spontan die Hände vor sein Gesicht und stöhnte. Sie erschrak und fühlte, dass es dieses Mal um mehr ging, als um dienstliche Belange.

„Was ist passiert, Bernhard?"

„Mein bester Freund, unser gemeinsamer Freund Stephan ist tot!" Seine Stimme versagte.

Elaine Kluge glaubte für einen Moment, dass die Zeit stehen blieb. Die Luft flimmerte vor ihren Augen, und ihr Herz raste. Ihre Beine knickten ein, und nur mit letzter Kraft rettete sie sich auf einen Stuhl. Kluge umarmte sie stumm. Als sie wieder sprechen konnte, war ihre Stimme nur ein Flüstern.

„Ich kann es nicht glauben, Bernhard?"

„An Stephans Auto waren die Radmuttern gelöst worden. Er konnte nicht mehr lenken und fuhr am Ostufer über die Fähre in die Elbe. Dort wo wir an unserem Hochzeitstag übergesetzt hatten. Es war ein Mordanschlag!" Hilflos sah er sie an.

„Es ist grauenhaft, Elaine. Und ich konnte ihm nicht mehr helfen. Hätte ich doch bloß denselben Weg genommen, dann wäre mir vielleicht etwas aufgefallen." Wieder verbarg er sein Gesicht.

„Oh Gott, wer hat dir das angetan, Stephan?"

Und dann brachen die Dämme, die seinen Schmerz und die Trauer im Dienst so lange aufgehalten hatten. Elaine sagte kein Wort. Tröstend strich sie über sein Haar. So lange bis das Schluchzen nachließ, und er sie voller Trauer anblickte.

„Ich möchte nicht, dass du dir solche Vorwürfe machst, mein geliebter Schatz. Du hättest es nicht verhindern können!" Sie sah ihn lange an. In seinen Augen erkannte sie den eigenen Schmerz um ihren Freund.

„In den nächsten Tagen wird die Trauerfeier stattfinden. Stephan wollte eine Urnenbestattung. Wir hatten mal darüber gesprochen. Aber wer hatte ahnen können, dass dieser Moment so plötzlich heranrückt." Er wischte sich seine Tränen weg. „Wir müssen Marianne unsere Hilfe anbieten."

„Ja, das werden wir, ganz gewiss. Als Zeichen unserer Freundschaft!"

Beide schwiegen. Minuten vergingen.

Dann gab sich Elaine einen Ruck und ging. Aus der Küche hörte er das Klappern von Geschirr.

„Magst du trotzdem etwas essen, mein Lieber?" Elaine erschien mit dem vorbereiteten Gericht.

Er blickte sie aufmerksam an.

„Ja! Ich versuche es wenigstens!" Ein leises Lächeln erschien auf seinem Gesicht. „Und wenn du dazu vielleicht ein dunkles Pils hast?" Als sie dann gemeinsam speisten, wurden sie sehr nachdenklich.

„Das Leben kann sehr kurz sein. Und wir sind dankbar für jeden Tag", sinnierte er. Dabei hatte er wieder die grässliche Angst vor Augen, als der Krebs Elaine unheilvoll bedrohte.

109. Endstation

Am frühen Mittwochmorgen hatte Geiger seinen Plan umgesetzt. Schnell war sein Büro geräumt, einschließlich seines Laptops. Auch der Weg zu seinem Auto war geglückt. Als sich das schwere Tor der

Klinik hinter ihm geschlossen hatte, fiel ihm ein Stein vom Herzen.

Andererseits gab er seinen gut bezahlten Job auf. Ein Zurück würde es nicht mehr geben.

Er musste sich einfallen lassen, wo er unterkommen würde. Zu Hause war es genauso gefährlich wie am Arbeitsplatz. Messerschmidt würde alles dran setzen, um seine Rechnung zu begleichen.

Nach üblicher Fahrtzeit steuerte er die Innenstadt an. Er parkte an der Bardowicker Mauer und ging zum Markt. Dort war Verkaufstag. An einem Imbisswagen bekam er einen Becher heißen Kaffee, Croissants und eine geräucherte Mettwurst. Damit schlenderte er in den nahen Liebesgrund und machte es sich unter den blühenden Linden auf einer Bank bequem. In aller Ruhe verzehrte er sein Frühstück.

An wen kann ich mich wenden? In Lüneburg hatte er außer Katharina Weber keine engeren Bekanntschaften. Wie es ihr wohl gehen mag? Die dramatische Szene im Krankenhaus nahm wieder Gestalt an. Und seine Vernehmung. Natürlich. Ich gehe zur Kripo, zu Kommissar Ahlers.

Der hat bestimmt eine Idee. Damit beendete er sein Frühstück.

Erst jetzt nahm er den vielstimmigen Gesang der Frühlingsvögel wahr. Seine Uhr zeigte die neunte Stunde.

Keine zweihundert Schritte vom „Liebesgrund" entfernt, stand auf dem Parkplatz der Bezirksregierung ein unauffälliger, dunkelgrüner Werkstattwagen mit WL-Kennzeichen. Der Fahrer, es war Messerschmidt, trug eine Sonnenbrille. Aufmerksam beobachtete er den Haupteingang des Polizeigebäudes. Er wusste um das Risiko entdeckt zu werden. Aber für ihn war es gleichzeitig Nervenkitzel, selbst „Jäger" zu sein.

Wie er den „Schlaffi" Geiger einschätzte, würde der direkt zu den Bullen gehen. Das einzige, was bisher störte war, dass er dessen Kiste noch nicht entdeckt hatte. Er wartete schon eine geschlagene halbe Stunde, und er hatte nicht mit den frühsommerlichen Temperaturen gerechnet, die sein Führerhaus heftig aufheizten. Nervös kurbelte er die Scheibe herunter. Verflucht, wenn Geiger den Hintereingang benutzt hat, kann ich mir hier den Arsch platt sitzen, dachte er. Er kannte die rückwärtige Zufahrt. Hastig griff er zu seinen Zigaretten und blickte immer wieder in die Runde. Aber von dem Verräter war nichts zu sehen.

Ein Blick auf die Uhr zeigte, dass er bereits länger als eine Stunde wartete. Scheiße, Geiger hat mich vorgeführt. Aber es gab noch eine Möglichkeit. Von Kummer hatte er sich dessen Anschrift geben lassen. Dort könnte er ihm auflauern.

Im gleichen Augenblick sah er Geiger aus dem Haupteingang kommen und jemandem zuwinken. Jetzt war alles klar. Der „Maulwurf" hatte gesungen.

„Endlich hab ich dich an den Eiern, du Mistkerl." Er sah, dass Geiger gemächlich zur Reichenbach-Kreuzung ging. Hastig kurbelte er das Seitenfenster hoch, stieß die Fahrertür auf und wollte sich vom Sitz schwingen. Doch dann erstarrte er. Er blickte in zwei Pistolenmündungen. Fluchend sackte er zurück und begann zu zittern.

„Steigen Sie langsam aus, Messerschmidt, und legen Sie Ihre Hände aufs Dach!"

Als er einen Moment zu lange zögerte, wurde er mit hartem Griff vom Sitz gezerrt. Ein zweiter Uniformierter ergriff seinen rechten Arm, und ehe er sich versah, waren beide Hände auf dem Rücken gefesselt. Messerschmidt stöhnte vor Schmerz.

Zwei weitere Beamte tauchten auf. Doch von dem tatverdächtigen Mörder ging keine Gefahr aus. Ein Polizist tastete ihn ab. Alles sauber. Die Festnahme war geglückt.

„Herr Messerschmidt, Sie sind wegen Verdacht des zweifachen Mordes vorläufig festgenommen. Die Kripo wartet schon!"

Vom erhöhten Gehweg an der Fußgängerampel hatte Till Geiger voller Spannung die Schlussszene mit angesehen. Er war es, der Ahlers einen Tipp gegeben hatte, als er den grünen Werkstattwagen beim Betreten des Dienstgebäudes erkannt hatte. Erleichtert machte er sich auf den Weg zum Krankenhaus und ahnte nicht, dass er gerade mitgeholfen hatte, einen tatverdächtigen Mörder zu ergreifen. Das hatte ihm Ahlers nicht sagen dürfen.

110. „EZ nullsiebenhundert"

Als Kluge unausgeschlafen um nullsechshundert im Kommissariat erschien, erwartete ihn eine unangenehme Überraschung. Auf seinem Schreibtisch lag das bekannte, rote Formblatt. Er setzte sich und wischte sich erschöpft den Schweiß von der Stirn. Erneut kam ihm der Alptraum vor Augen, in dem ihm das siegessicher grinsende Gesicht des Klinikarztes erschienen war.

Die Tür öffnete sich, und Ahlers erschien.

„Was ist das nun wieder", brummte Kluge unfreundlich.

„Vorläufige Festnahme von Messerschmidt. Gestern Vormittag um zehn Uhr dreißig!"

„Wie, was? Unser Messerschmidt aus Kaltenmoor? Und gestern Vormittag? Und ich erfahre erst jetzt davon?" knurrte er. Aber Ahlers ging nicht darauf ein.

„Ja, unser Messerschmidt aus Kaltenmoor! Nach seiner vorläufigen Festnahme hat der in der Gewahrsamszelle versucht, sich mit seinen Schnürsenkeln zu strangulieren."

„Das darf doch nicht wahr sein. Jetzt auch noch diese Scheiße. Als ob wir nicht genug am Hacken hätten." Er schnaufte unwillig. „Und was ist veranlasst worden?"

„Die Kollegen haben sofort den Notarzt verständigt, und Messerschmidt mit Tatütata ab ins Städtische. Der Dienstabteilungsleiter von der Wache hat einen Kollegen zur Bewachung abgestellt. Er will wissen, wie es heute weitergehen soll."

„Das bedeutet, dass wir einsteigen müssen und abklären, ob gegen Messerschmidt der Haftbefehl vollstreckt wird. Und ob er in eine JVA mit Krankenstation verlegt werden kann. Mann, oh Mann!" Er rieb sich heftig an der Nase.

„Wie ist es überhaupt zu der Festnahme gekommen?"

„Gestern Vormittag war Geiger noch mal in Sachen Weber hier. Er erzählte, dass er in Gefahr sei, und bat um Hilfe, weil Messerschmidt hinter ihm her sei."

„Und warum habe ich gestern nichts davon erfahren?"
„Du warst unterwegs zu Clements Ex-Frau."

„Und nachdem ich mittags wieder zurück war?" „Da bist du gleich zur Besprechung und kamst erst nach Feierabend zurück."

Kluges Miene verfinsterte sich.

„Doll ist das alles nicht, Jens! Und jetzt haben wir die 48-stündige Festnahmefrist an der Backe und ein personelles Problem dazu. Du weißt, ohne richterliche Vernehmung wird der Haftbefehl nicht vollstreckt!"

„Sicher, und es tut mir verdammt leid, Bernhard." „Wer hatte sich gestern Vormittag um Messerschmidt gekümmert?" „Frauke und Mike."

„Das ist okay! Dann bleiben die an der Sache dran. Die Durchsuchung ziehen wir durch, auch weil der Haftbefehl gegen Schumacher alias Dr. Klingfort vollstreckt werden muss." Er blickte auf die Uhr. „Es wird Zeit für die Besprechung. Oben stehen die Einsatzkräfte Gewehr bei Fuß."

Als beide Führungskräfte den großen Vortragssaal im 4. Stock erreichten, schallten ihnen viele Stimmen entgegen. Kluge trat an das hohe Stehpult. Scharnhorst, der schon gewartet hatte, übergab ihm das Kräftetableau der Einsatzkräfte, zu denen eine Gruppe des Spezialeinsatzkommandos – SEK – gehörte.

Kluge überflog die Daten, begrüßte die Ermittler aus den anderen Kommissariaten und den ZKD-Leiter, Kriminaloberrat Tödter.

„Kollegen und Kolleginnen, wir haben einen schwierigen Einsatz in der Privatklinik des Dr. Gustaf Bäuerling in Schwindebeck vor uns. Gegen Bäuerling besteht der dringende Verdacht der Kindesmisshandlung, beziehungsweise schwerer Missbrauch von Schutzbefohlenen. Mit unserer Durchsuchung wird dem beschuldigten Arzt und zwei weiteren Medizinern die Möglichkeit gegeben, zu unterschiedlichen Tatvorwürfen Stellung zu nehmen.

Schwierig auch deshalb, weil wir neben der Suche nach Beweismitteln auch einen Haftbefehl zu vollstrecken haben. Ihr findet alles in euren Einsatzmappen."

Forschend blickte er in die große Runde.

„Darüber hinaus muss die Identität dort untergebrachter Kinder festgestellt und dokumentiert werden. Wegen der örtlichen Zuständigkeit des KK Winsen/Luhe werden wir vom Jugendamt des Landkreises Harburg unterstützt. Wir haben erst gestern erfahren, dass vor einigen Tagen bei einer Nacht-und-Nebel-Aktion Kinder, Mädchen und Jungen, der Klinik zugeführt wurden!"

Kluge legte die Mappe beiseite.

„Durch die unvorhergesehene Festnahme des Tatverdächtigen Bernd Messerschmidt, gegen den ebenfalls Haftbefehl wegen Verdachts zweier Tötungsdelikte besteht, sind wir zu personellen Umbesetzungen gezwungen. Nach seiner Festnahme hatte der versucht, sich in der Gewahrsamszelle zu erhängen. Zurzeit liegt er unter Bewachung im Städtischen Krankenhaus." Kluges Stimme wurde heiser.

„Hat irgendjemand ein Wasser zur Hand? Ich habe schon einen rauen Hals", grinste er.

Lockere Sprüche waren die Antwort. Das löste die Spannung. Kommissarin Schreiber reichte ihm ein Mineralwasser.

„Gut, danke. Weiter geht's."

Als Ahlers sich neben ihm aufbaute, ordnete er an, dass er sich mit um Messerschmidt kümmern solle. Unterstützt von Frauke Malz und Mike Gebert.

„Wo seid ihr?" Zwei Hände hoben sich. „Ihr könnt abtreten."

Bewegung kam in die Reihen. Die drei Ermittler verließen den Saal.

Kluge fuhr fort.

„Winfred Scharnhorst, Hauptkommissar Betke vom SEK und ich leiten die Durchsuchung in der Klinik. Wir werden vom Festnahmetrupp und den Kollegen des 3. FK unterstützt. Unser ED wird die Dokumentation durchführen, und Herr Stein vom Landkreis Harburg wird als unabhängiger Zeuge die Durchsuchung begleiten. Für alle rechtlichen Fragen ist Staatsanwältin Gebhardt unsere adäquate Ansprechperson. Die medizinische Begutachtung der Kinder wird von Dr. Peschel von der Rechtsmedizin Hamburg übernommen. Er wartet bereits vor Ort."

Kluge griff erneut zum Mineralwasser.

„Gibt es noch Fragen? Nein, dann zum Ablauf." Er blickte auf seinen Einsatzplan.

„Wir starten in zehn Minuten und fahren getrennt zum Durchsuchungsobjekt. Ohne Einsatzfahrt. Einsatzzeit: nullsiebenhundert! Weiteres erfolgt dort auf meinen Befehl." Er blickte sich zu Tödter um. Dieser nahm die Gelegenheit war.

„Ich wünsche allen Einsatzkräften viel Erfolg!"

Stühle scharrten. Die Ermittler nahmen ihre Ausrüstung auf und verließen den Saal. Als Letzte Kluge und Scharnhorst. Tödter reichte ihnen die Hand.

„Kollegen, ich wünsche euch den Erfolg, den eure Arbeit verdient hat. Und seht zu, dass ihr Schumacher alias Klingfort aus dem Verkehr zieht."

„Danke, Chef!"

Beide spürten trotz aller Routine das Kribbeln im Bauch. Denn heute ging es um mehr als nur um eine Durchsuchung. Das waren sie Stephan Clement schuldig.

„Auf geht's!"

111. Städtisches Krankenhaus – Innere Station

Wieder war die Visite im Krankenzimmer mit der Nummer 1 beendet worden. Und dieses Mal hatte sich Haverland von seinem „Sorgenkind", Katharina Weber, verabschiedet.

Sie strahlte und fühlte sich kräftig genug, das Bett zu verlassen.

Melanie Herzog, ihre Bettnachbarin, freute sich mit ihr. In der gemeinsamen Zeit war zwischen ihnen eine ruhige Vertrautheit entstanden. Es hatte sich herausgestellt, dass die rundliche und jüngere Melanie Herzog beruflich als

Rechtsanwältin tätig war. Spontan hatten sie sich auf ein „*Du*" verständigt. Die rechtskundige Frau hatte schnell bemerkt, dass ihr Gegenüber abwehrend reagierte, wenn sie sich vorsichtig nach dem Grund ihrer Behandlung erkundigte.

Nun hatte Haverland seiner Patientin gestattet, für kurze Zeit in den Grünanlagen des Krankenhauses spazieren zu gehen. Das hatte Weber aufgemuntert.

„Ich möchte jetzt schon mal zur Cafeteria, Melanie. Meinst du, das ist in Ordnung?" „Geh nur, aber sei schön vorsichtig", schmunzelte die.

Weber trat vor den Spiegel. Kritisch betrachtete sie ihr Spiegelbild.

„Melanie, ich bin so aufgeregt. Das erste Mal seit dreieinhalb Wochen wieder unter Menschen. Meinst du, ich schaffe das?" „Aber natürlich. Wer sollte dich daran hindern." Selbstbewusst verließ sie das Krankenzimmer.

„Bis gleich!"

Es geht mit ihr aufwärts, dachte Herzog als es laut klopfte. Ein jüngerer, schlanker Mann stand im Türrahmen und blickte sich unsicher um.

„Entschuldigen Sie, man hatte mir gesagt, dass ich hier Katharina Weber antreffen würde. Da habe ich wohl das falsche Zimmer erwischt." Schon griff er nach der Klinke.

„Halt, halt! Nicht so eilig, junger Mann. Sie sind hier schon richtig."

„Das ist gut. Ich dachte schon wieder an Schlimmeres nach dem ganzen Drama!" Der Mann trat näher. „Mein Name ist Geiger, Till Geiger. Ich bin Katharinas Freund." Herzog war verblüfft. Davon hatte ihr die Bettnachbarin gar nichts erzählt.

„Na, wenn das so ist, sollten Sie einen Moment Platz nehmen. Katharina ist heute das erste Mal aufgestanden."

Geiger strahlte. „Wie schön nach allem, was sie durchmachen musste." Er setzte sich auf den Besucherstuhl. „Und wer sind Sie?" „Ich bin Melanie Herzog, und ich teile mit Katharina das Zimmer."

„Das ist sehr gut. Bei meinem letzten Besuch war sie leider allein. Ich hatte nicht verhindern können, was ihr dieser kriminelle Arzt angetan hat." Geiger wirkte auf einmal unsicher. „Hat Katharina Ihnen nichts berichtet?" „Nein, sie erinnert sich an nichts."

Geiger schwieg und blickte sich unruhig um. „Wo bleibt sie denn solange?"

„Keine Sorge, sie wollte nur zur Cafeteria."

Er ging ans Fenster. Unten auf dem Hof bemerkte er einen kleinen Menschenauflauf. Männer in Arztkitteln waren zu sehen.

„Bitte nicht schon wieder etwas mit Katharina!" flüsterte er, und dann lauter: „Es sieht so aus, als ob da unten eine Frau liegt. Bin gleich wieder da." Und schon klappte die Tür.

Herzog humpelte zum Fenster. Sie sah, dass sich unten mehrere Leute um eine am Boden liegende Frau scharten.

Die Tür öffnete sich leise.

„Herr Geiger, haben Sie gesehen was passiert ist?"

„Wen meinst du mit ‚Herr Geiger', Melanie?"

Herzog fuhr herum. „Katharina, Gott sei Dank! Wir dachten, es ist dir etwas passiert!" Mühsam quälte sie sich zurück zu ihrem Bett. Weber schüttelte den Kopf. „Du sagst ‚*wir*' und erwähnst den Namen Geiger. Ist das dein Therapeut?"

„Nein, ich meine *deinen* Freund Till Geiger, der sich nach dir erkundigt hat."

Weber runzelte die Stirn. „Und dieser Mann war hier, hier in meinem Zimmer? Ich kenne keinen Till Geiger!" Ihre Stimme klang plötzlich ängstlich.

„Aber er kennt dich gut und wird gleich wieder zurück sein."

Weber ließ sich stöhnend auf ihr Bett fallen. „Ruf Dr. Haverland, Melanie. Bitte!"

Herzog drückte die Notruftaste. Kurz danach das Trappeln von Schuhen. Die Tür flog auf und der Stationsarzt stand im Raum. Hinter ihm die Stationsschwester. „Was ist passiert, Frau Weber?" Doch diese murmelte nur Unverständliches. Er fühlte den Puls.

„Frau Herzog, was geht hier vor?" „Frau Weber hat sich furchtbar aufgeregt über einen Besucher. Der hatte sich mir als Till Geiger vorgestellt."

Im gleichen Moment stürmte ein jubelnder Mann herein. Verunsichert blickte er auf den Arzt und die Krankenschwester. Dann sah er Katharina Weber auf dem Bett liegen.

„Ist sie schon wieder ...?" Er machte Anstalten sich auf sie stürzen. „Stopp! Nicht so stürmisch, junger Mann!" Haverland versperrte den Weg.

„Sie sind doch Herr Geiger, der Frau Weber neulich besuchen wollte, nicht wahr?"

„Ja! Das bin ich. Und Sie sind der freundliche Stationsarzt"! Geiger schnaufte tief.

„Alles ist gut, Herr Geiger. Setzen Sie sich bitte."

Er beugte sich zu Katharina Weber, zog ihr Augenlid nach oben und nickte zufrieden. Nach einigen Minuten richtete diese sich langsam auf und blickte Geiger an. Sekundenlang. Dann zeigte sich ein kleines Lächeln.

„Wie schön, dich wiederzusehen, Till!"

„Es ist vorbei, Katharina. Die Kripo weiß alles. Sie werden den Mann verhaften, der dir das angetan hat." Weber blickte den Arzt ängstlich an. Doch der nickte freundlich.

„Das ist richtig. Herr Geiger kam hinzu, als Ihnen der ominöse Arzt eine Spritze verpasst hatte. Weil er uns sofort benachrichtigt hat, konnten wir Ihnen rechtzeitig helfen."

Plötzlich begann Weber zu weinen. Geiger setzte sich neben sie und legte tröstend seinen Arm um ihre Schultern.

„Dann ist unsere Aufgabe hier erledigt, Schwester Beate." Dr. Haverland lächelte.

„Ich denke, dass sich Frau Weber bei Ihnen beiden in guten Händen befindet. Geben Sie ihr Zeit. Sie hatte viel Schlimmes erlebt."

112. GAU

Wovor Oberstaatsanwalt Clement zu Lebzeiten Kluge gewarnt hatte, war eingetroffen. Die Durchsuchung war ein kräftiger Schlag ins Wasser geworden.

Seine Ermittler hatten an Ort und Stelle feststellen müssen, dass die zwölf ausländischen Jungen und Mädchen im Alter von 11 bis 14 Jahren nach den Regeln der ärztlichen Kunst betreut und behandelt wurden. Ihre Unterbringung in gut ausgestatteten Einzelzimmern war als positiv befunden worden. Auch der körperliche Zustand der vom Rechtsmediziner untersuchten Kinder hatte keinerlei Hinweise auf Misshandlung oder gar sexuellen Missbrauch ergeben.

Doch das Schlimmste für Kluge war das zynische Grinsen des Hauptverdächtigen Bäuerling, der ihn und sein Durchsuchungsteam wie ein Zirkusdirektor mit den Worten begrüßt hatte: *Hereinspaziert, hereinspaziert, wir haben Sie bereits erwartet!*

Umgeben von seinen Kollegen, den Ärzten Baum und Schumacher sowie dem Rechtsanwalt Dr. Adolf Giermann aus Erfurt hatte Bäuerling selbstbewusst und mit drohendem Unterton geäußert, dass die Ermittlungsbehörden noch Stellung nehmen müssten, weil sie leichtsinnig einem völlig unbegründeten Verdacht gefolgt wären. Von Rufschädigung für die Stiftungsklinik war die Rede, ganz abgesehen von ganz erheblichen Schadenersatzansprüchen.

Staatsanwältin Karin Gebhardt war anderer Meinung. Erstaunt hatte sie ihre Augenbrauen hoch gezogen. Man müsse doch zunächst den Ausgang der Durchsuchung abwarten. Sie halte nichts von unqualifizierten Drohungen. Das hatte in erster Linie Bäuerlings Rechtsbeistand gegolten.

Danach hatte sie diesem den Haftbefehl gegen Dr. Schumacher alias Klingfort vor die Nase gehalten. Das war nun ganz und gar nicht im Sinne des siegessicheren Arztes und seines Juristen gewesen.

Wütend hatte er gebrüllt: *„Was bist du doch für ein Idiot und Versager, Ferdinand. Nun sieh zu, wie du deinen Arsch rettest!"* Weitere, unkontrollierte Äußerungen hatte der Anwalt gerade noch verhüten können.

Der Festnahmetrupp hatte seinen Auftrag ausgeführt, dem sich sträubenden Schumacher die Hände auf dem Rücken gefesselt und ihn aus dem Büro geführt.

Trotzdem hatten sich Kluge und seine Ermittler als Verlierer gefühlt. Es gab kein Herumdeuteln. In den Räumen der Klinik waren keine Sachbeweise zur Erhärtung des Tatverdachtes gefunden worden. Kluge hatte bei Gebhardt mehrmals versucht, die Durchsuchung auch auf das Labor und das umzäunte Gelände zu erweitern. Ihm waren von den Luftaufnahmen die sechs aus dem Rasen ragenden, röhrenartigen Gegenstände in Erinnerung.

Aber die Staatsanwältin hatte das kategorisch abgelehnt. Ärgerlich hatte sie ihn auf den richterlichen Beschluss hingewiesen, der nur die Durchsuchung des Klinikgebäudes zuließ. Auf ihre Anordnung hin waren einige Kartons mit schriftlichen Unterlagen, darunter auch die Personaldokumente der vom Balkan stammenden Kinder, sichergestellt worden. Die erste Draufsicht hatte vorerst keine Zweifel an der Echtheit aufkommen lassen. Wenn es sich um Fälschungen handeln sollte, waren diese auf jeden Fall professionell hergestellt worden. Sicherheitshalber würde man die Spezialisten des LKA Niedersachen mit der genauen Überprüfung beauftragen.

Zu den sichergestellten Unterlagen gehörte auch ein Stapel von Transportscheinen, auf denen Scharnhorst den Briefkopf – *Verein für vergessene Kinder* – abgelesen hatte. Die handschriftlichen Unterschriften lauteten auf Thea Zöllner.

In Absprache mit Gebhardt wurde um dreizehnhundert die Durchsuchung beendet.

Unter ihrer Aufsicht waren die Ermittler damit beschäftigt, die Durchsuchungsprotokolle akribisch auszufüllen und mit Hildebrand, Bäuerlings Vertreter, abzustimmen.

Das nahm zusätzliche Zeit in Anspruch, aber Gebhardt wollte sich nicht das Verfahren durch Formfehler erschweren lassen.

Einig waren sich alle, dass die Ermittlungen gegen Dr. Gustaf Bäuerling und Dr. Heinrich Baum mit der Durchsuchung nicht abgeschlossen waren. Das hatte die Staatsanwältin in ihrem Schlusswort an den Rechtbeistand sehr deutlich gemacht. Bäuerling hatte wütend entgegnet, *dass das ja wohl nicht in ihrer Entscheidung liege.*

Kluge, der den Schlussakt miterlebte, konnte sich ein böses Grinsen nicht verkneifen. Das ist genau das, was Stephan mit juristischem Netzwerk gemeint hatte. Ob Gebhardt wohl auch davon weiß?

Als die Ermittler endlich an ihren Fahrzeugen standen – Kluge hatte sich bei seinen Hilfskräften bedankt und diese entlassen – hatte Gebhardt eine Besprechungsrunde unter Teilnahme des ZKD-Leiters und ihres Behördenleiters, Meier-Greefe, vorgeschlagen. Bei Kluge und Scharnhorst hatte sie sich lächelnd bedankt:

„Der Sack wird immer noch am Ende zugebunden, und ich vertraue Ihrer kriminalistischen Akribie, dass sie noch genügend Beweise finden werden, Herr Hauptkommissar! Das hätte mein Kollege Stephan Clement auch gewollt. Schlafen Sie und Herr Scharnhorst erst mal eine Nacht darüber. Es kommen wieder bessere Zeiten!"

113. Pyrrhussieg

Nach dem die Polizei abgezogen war, hatten sich Bäuerling, Baum, Dr. Giermann und Hildebrand zusammengefunden. Der blätterte nervös in den Durchschlägen der Sicherstellungsprotokolle, die von ihm gegengezeichnet waren.

„Kognak", murmelte Bäuerling. Baum sprang grinsend auf, stellte Gläser und eine volle Flasche auf den Tisch.

„Wo stehen wir jetzt, Doktor?"

Der Anwalt blickte in seine Aufzeichnungen, die er während der Durchsuchung angelegt hatte.

„Die Staatsanwaltschaft hat keine neuen Beweise in der Hand, die den Anfangsverdacht verstärken würden, der für die Durchsuchung allerdings ausreichend gewesen ist. Der Vorwurf der Kindesmisshandlung ist vom Tisch. Ihr könnt zur Tagesordnung übergehen, Gustaf."

Bäuerling hob sein Glas.

„Dann lasst uns auf die Niederlage der Bullen anstoßen." Bäuerlings Gesicht rötete sich vor Freude.

„Na denn, auf ein Neues, und danke für deine Hilfe, Adolf!"

Doch Baum hob die Hand.

„Nicht so eilig, Chef. Ich möchte noch was loswerden, bevor wir alle vor Beweihräucherung zerfließen."

Bäuerling und Giermann blickten überrascht, während Hildebrand heimlich in sich hinein grinste.

„Was meinst du, Heinrich?"

„Hast du nicht mehr die Worte der kleinen Staatsanwältin im Ohr, Gustaf? Die hat deine Drohung mit Beschwerde und Zivilklage elegant abgeschmettert. Die weiß doch mehr über uns."

Bäuerling verzog abschätzig sein Gesicht.

„Die kleine Null weiß gar nichts, und sie ahnt nicht, mit wem sie sich einlassen will. Nicht wahr, Adolf?" Als der schwieg, ergriff Baum das Wort.

„So einfach ist das heute nicht mehr. Und nicht immer kannst du das über deine Verbindungen lösen, wie bei dem Oberstaatsanwalt. Versuch doch mal praktisch zu denken, Gustaf."

„Was soll das Heinrich?"

Bäuerling wurde ärgerlich. „Unser Anwalt hat doch eben erläutert, dass wir aus der Gefahrenzone raus sind, und den bissigen Ermittler, wie heißt er doch gleich, abgehängt haben."

Baum ließ sich nicht aus dem Konzept bringen.

„Kluge heißt diese Ratte. Und was du denkst, mag vielleicht für die Bullen gelten. Aber hast du dich mal gefragt, wie es weitergehen soll mit Schumacher, mit Messerschmidt und mit Geiger, deinem Pflanzentechniker?"

Giermann hatte sehr aufmerksam zugehört. „Gustaf, gibt es etwas, das ich wissen müsste, bevor ich die Rückfahrt antrete? Ich höre Namen, und ich erinnere mich, dass ich dir Messerschmidt als Hiwi angeboten habe, weil der bei uns noch etwas gut hatte. Was ist mit dem?"

„Verdammt, was soll das alles?" Bäuerling kippte wütend den Rest Kognak hinunter. „Ich bin doch hier nicht im Bullenverhör!"

Giermann registrierte den Gefühlsausbruch gelassen.

„Setz dich wieder, Gustaf, und versuche sachlich zu bleiben. Und dann erzähl mir die Wahrheit, aber die ganze Wahrheit. Ich bin schließlich dein Anwalt."

Bäuerling knirschte mit den Zähnen.

„Gut, ich habe Messerschmidt als Bodyguard eingestellt. So sagt man heute wohl für Leibwächter. Auf deine Bitte, Adolf. Er schien mir auch geeignet, hat sich aber gleich mit meinem zweiten Sicherheitsmann und, wie ich später hörte, auch mit Geiger angelegt. Warum die Bullen Schumacher mitgenommen haben, musst du doch rauskriegen, Adolf. Und Geiger ist der Mann mit dem technischen Knowhow, der sich intensiv um meine Pflanzen kümmert. Warum und wieso der nachts den Transport der ‚Ware' beobachtet hat, ist mir ein Rätsel. Messerschmidt hat ihn überrascht und niedergeschlagen." Er schnaufte wütend.

„Hildebrand, holen Sie mir mal ein Wasser!"

Ein Stuhl scharrte und Hildebrand verschwand. Schweigen breitete sich aus, bis dieser wieder mit einer Flasche Wasser zurück war.

„Geiger hatte eine leichte Gehirnerschütterung und lag zwei Tage auf Station. Als Ferdinand ihn untersuchen wollte, war er spurlos verschwunden, mit Sack und Pack. Und niemand weiß wohin."

Bäuerlings trank hastig ein paar Schlucke.

„Messerschmidt hat wohl mehr auf seinen Instinkt gehört, als er Geiger als Verräter bezeichnete. Daraufhin habe ich ihm den Auftrag erteilt, Geiger aufzutreiben, ihn aber nicht wieder zusammenzuschlagen. Das war vor zwei Tagen. Seitdem habe ich von beiden nichts mehr gehört."

„Das meinte ich damit, dass wir uns nicht so sicher fühlen dürfen, Gustaf!"

„Und was ist nun mit Schumacher?"

Bäuerling schluckte. Giermanns Frage kam sehr direkt. „Du hast ja mitbekommen, dass die Staatsanwältin einen Haftbefehl aus dem Hut gezaubert hat", knurrte der Arzt.

„Ja, das habe ich sehr wohl. Und auch deinen Wutausbruch. Aber nicht die Haftgründe und den Tatvorwurf." Die Stimme des Juristen wurde schärfer. Bäuerling und Baum tauschten Blicke. Zu lange für den hellsichtigen Anwalt.

„Was verheimlicht ihr beiden mir?"

Als Bäuerling stotterte, antwortete Baum. „Es ist besser du weißt alles, Adolf." Er spülte den Rest seines Kognaks hinunter.

„Hintergrund ist, dass die ganze Scheiße in der wir stecken von einer Frau ausgelöst wurde, die als Historikerin unsere Vergangenheit recherchiert hat. Und offensichtlich auch herausgefunden hat, dass hier in der Klinik etwas mit Kindern abläuft. Wir mussten sie zum Schweigen bringen, weil wir sonst aufgeflogen wären. Alles, unsere Projekte, Einnahmen, unsere Existenz stand auf dem Spiel", erklärte er hektisch.

Die Gesichtszüge des Anwalts erstarrten. Seine Lippen bildeten einen schmalen Strich.

„Und weiter!" „Wir haben zweimal versucht, die Frau aus dem Verkehr zu ziehen."

Baum räusperte sich. „Beim ersten Mal war sie nach ihrem ‚Verkehrsunfall' wieder aus dem Koma erwacht. Beim zweiten Mal hat Schumacher ihr im Krankenhaus eine Spritze verpasst."

Bäuerling griff erneut zum Kognak, doch Giermann bremste ihn.

„Lass das Saufen, Gustaf, verdammt noch mal! Erzähl weiter, Heinrich."

„Wir waren der Annahme, dass wir aus dem Schneider wären, nachdem der Oberstaatsanwalt aus den Ermittlungen raus war. Aber dann muss irgendetwas schief gelaufen sein bei Schumacher. Ich konnte es auch nicht fassen, als die Bullen den Haftbefehl präsentierten! Verdammte Scheiße."

Der Anwalt bekam einen kalten Blick.

„Das Wort Scheiße ist zwar ziemlich gewöhnlich, aber es trifft nicht den Kern. Es reicht nicht aus, für das, was ihr euch an Mist erlaubt habt. Das, was ihr mir jetzt viel zu spät präsentiert, ist der absolute GAU an Dummheit." Sein Blick wurde stechend und seine Stimme schneidend.

„Habt ihr etwa auch mit dem Tod des Staatsanwaltes zu tun? Soweit ich informiert bin, sollte der doch nur einen Schuss vor den Bug bekommen!" Beide Ärzte schwiegen, endlos lange.

„Euer Schweigen ist auch eine Antwort. Wie naiv seid ihr eigentlich, ihr alten Idioten?" Er wandte sich an Hildebrand.

„Lassen Sie uns bitte allein. Ich habe mit den beiden Herrn zu reden."

Hildebrand, der Mann für alles, verstand. Vielmehr, als man ihm eigentlich zubilligte. Stillschweigend verließ er den Raum. Im Rausgehen dachte er über den toten Oberstaatsanwalt und den verhafteten Arzt nach.

114. Die Staatsanwältin

Kluge hatte die zweite Nacht schlecht geschlafen. Als er verspätet sein Kommissariat erreichte, bat er Ahlers die Frühbesprechung zu übernehmen. Er müsse sich mit Tödter auf den Termin bei der Staatsanwaltschaft vorbereiten.

Der erwartete ihn und begrüßte ihn mit einem freundlichen Handschlag. Er ist anders geworden, dachte Kluge. Gemeinsames Thema war die erfolglose Durchsuchung.

„Lassen Sie uns abstimmen, Herr Kluge, wie wir uns bei der StA darstellen, doch vorher noch das braune Aufputschmittel." Er griff zum Telefon.

„Heike, bringen Sie uns bitte Kaffee, Milch und Zucker für zwei." Er schmunzelte. „Frau Abelas Plantagenmischung braucht immer etwas Süßes als Ausgleich."

Fünf Minuten später stand alles auf seinem Besuchertisch. Dann wurde es sachlich.

Kluge berichtete, dass der zur JVA Lüneburg überführte Arzt, Dr. Schumacher, sich einer Wahlgegenüberstellung auf der Dienststelle unterziehen müsse. Nur habe man bisher den wichtigsten Zeugen, Till Geiger, nicht ausfindig machen können. Weiter müsse man sich um den zweiten Tatverdächtigen, Bernd Messerschmidt, kümmern und diesen nach Entlassung aus dem Krankenhaus, wegen Verdachts zweier vorsätzlicher Tötungen vernehmen.

„Herr Kluge, das sind zwei dicke Baustellen, die Sie mit ihrer Mannschaft kaum stemmen können. Was halten Sie davon, wenn Sie die Ermittlungen gegen Messerschmidt abgeben? Ich meine, wir müssen jetzt Prioritäten in Sachen Privatklinik setzen! Die hiesige Presse hat davon Wind bekommen und will ein Interview mit mir machen."

Kluge fiel ein Stein vom Herzen. Aber er ließ sich einen Moment Zeit.

„Ein guter Vorschlag, Herr Tödter, auch wenn er mir nicht so recht behagt. Denn Tötungsdelikte gehören ins 1. Fachkommissariat. Nur können wir nicht beide Fälle gleichzeitig abarbeiten."

„Das ist verständlich, Herr Kluge. Wir, der KPI-Leiter und ich, sehen das auch so."

„Ach ja?"

„Ja, das muss Sie nicht beunruhigen. Natürlich war der gestrige Fehlschlag das Hauptthema. Der kann uns als Leitung nicht gleichgültig sein. Deshalb kommt folgender Vorschlag von Herrn Hartmann. Sie bleiben mit ihren Leuten an den Ermittlungen gegen die Ärzte dran."

Er blickte auf seine Uhr.

„Kennen Sie Frau Gebhardt ein bisschen besser als ich?"

„Ja, ich glaube schon. Sie war bei der Durchsuchung dabei, und hat den arroganten Medizinern die Karten gelegt."

„Das hört sich doch gut an. Was halten Sie davon, wenn wir ein bisschen früher bei ihr eintreffen?"

„Gute Idee. Dann melde ich uns an."

„Machen Sie, machen Sie. Ich packe schon mal meine Unterlagen zusammen."

Kluge wählte Gebhardts Anschluss, lauschte und sprach ein paar Sätze. „Frau Gebhardt stimmt zu."

Eine Viertelstunde später wurden sie von Staatsanwältin Gebhardt freundlich begrüßt.

Auch heute sieht sie wieder chic aus in ihrem Hosenanzug. Aber irgendwie wirkt sie angezählt, stellte Kluge für sich fest.

Gebhardt hatte Kaffee und eine Glasschale mit Keksen bereitgestellt. Alles schien entspannt. Trotzdem spürten beide Ermittler, dass etwas Unbestimmtes in der Luft lag.

„Bitte greifen Sie doch zu, meine Herrn." Fahrig blätterte die Anwältin in einem roten Aktendeckel.

„Frau Gebhardt, ist etwas nicht in Ordnung?" Sie blickte Kluge prüfend an. „Ja! Ich hatte Ihnen empfohlen erst mal eine Nacht über den Fehlschlag zu schlafen, bevor wir darüber im Detail sprechen. Mich hat das offizielle Feedback bereits gestern erreicht. Hier aus dem Haus. Und ich musste mir vorhalten lassen, dass nicht *ich* Besprechungstermine mit Ihnen machen darf, sondern nur *er*, mein oberster Chef." Sie verzog ihr Gesicht.

Das Telefon summte. Gebhardt griff zum Hörer, sagte zwei Mal „ja" und legte auf.

„Das war *er*, der Leitende Oberstaatsanwalt, Herr Meier-Greefe. *Er* teilt mit, dass er sich verspätet." Sie bemühte sich gelassen zu bleiben.

„Meier-Greefe, kurz MG genannt, wollte Ihnen einen Schriftsatz zukommen lassen, der wahrscheinlich zu einer ‚Kriegserklärung' geworden wäre." Plötzlich klang sie gestresst.

„Sehen Sie jetzt klarer, Herren Kluge und Tödter?"

Hastig stürzte sie ihren Kaffee hinunter. Eine mutige Staatsanwältin, dachte Tödter.

„Aber zurück zu unserem Fall. Ich habe bereits ein paar Gedanken zu Ihren Ermittlungen zu Papier gebracht und für jeden eine Kopie ausgedruckt. Schauen Sie schon mal drauf. Eine Kopie hatte ich Meier-Greefe ins Fach gelegt."

Kluge überflog den kurzen Inhalt und nickte zufrieden.

Auch Tödter, der tags zuvor Presseanfragen hatte beantworten müssen, nickte erleichtert. Die Staatsanwältin stand klar hinter den Ermittlungen. Das war ein guter Ausgangspunkt.

Nach einem dröhnenden Klopfen ging die Zimmertür auf.

Ein großer, kräftiger Mann mit kantigem Gesicht, pomadiertem schwarzen Haar und dunklen Augenbrauen „eroberte" Gebhardts Dienstzimmer. Es war der Leitende Oberstaatsanwalt Meier-Greefe. Dominant, in seiner Größe von eins fünfundachtzig, blieb er vor deren Schreibtisch stehen.

„Bleiben Sie sitzen, die Herrn von der Kripo. Es dauert nicht lange, was ich Staatsanwältin Gebhardt und Ihnen mitzuteilen habe!"

Er knallte einen dünnen Aktendeckel auf den Schreibtisch.

„Hier haben Sie Ihre absurden Gedankenkonstruktionen zurück. Sie sollten vielleicht besser noch mal nachlesen, was unter **Kausalität** zu verstehen ist. Da gibt es bei *Schwarz-Dreher* viele sinnreiche Kommentare", bellte er zynisch. Abrupt drehte er sich zu den Ermittlern um.

„Und Sie haben Ihren Weg hierher umsonst gemacht. Ich stelle die Ermittlungen gegen Herrn Professor Doktor Gustaf Bäuerling wegen Verdachts der Kindesmisshandlung ein. Wegen Geringfügigkeit. Alle sichergestellten Beweismittel sind diesem unverzüglich auszuhändigen!"

Die drei Zuhörer glaubten sich in einem falschen Film.

„Was hat Sie von der Kripo eigentlich geritten, gegen so einen verdienstvollen Mann, der sich dankenswerter Weise um Flüchtlingskinder vom Balkan kümmert, zu ermitteln? Wegen angeblicher Kindesmisshandlung, oder einfach weiter zu ermitteln, nachdem ich den unfähigen Clement davon entbunden hatte?" Seine Lautstärke steigerte sich um eine Stufe.

„Sie beiden Kleingeister wollen diesen großartigen Mann zu Fall bringen? Nur weil eine, offensichtlich am Hirn geschädigte Historikerin meint, sich rächen zu müssen? Für angebliche Taten, die längst verjährt sind!"

Mit kaltem Blick fixierte er die Kriminalisten.

„Sie werden zu einer schwerwiegenden Dienstaufsichtsbeschwerde Stellung nehmen müssen, die mir vorliegt. Abgesehen von Schadenersatzansprüchen wegen Rufschädigung, die bereits von einem seriösen Anwaltskollegen signalisiert worden sind."

Gebhardt blickte hilflos auf die beiden und wurde hinter ihrem Schreibtisch immer kleiner. Kluge sah, dass sie an irgendetwas herumfummelte.

„Kluge, ist das einer von Ihnen beiden?" fuhr Meier-Greefe mit seiner Abrechnung fort.

Bernhard Kluge hatte das Gefühl, dass er in einer unwirklichen Szenerie fungierte. Als Tödter wütend aufspringen wollte, hielt er ihn zurück. Dann stand er auf.

„Ich bin Kriminalhauptkommissar Kluge. Für Sie immer noch *Herr* Kluge und Ermittlungsführer in diesem Fall, den ich auch zu Ende führen werde. Ob Sie das wollen oder nicht. Und ich werde Ihnen die Beweise dafür liefern, dass Bäuerling und seine Ärzte-Clique aus der Nazizeit in ihrem Rassenwahn heute wieder unschuldige Kinder quälen. Erst vor 14 Tagen wurden in Soltau bei einem Bestatter neun Kinderleichen ohne Organe ausgegraben. Die Kinder dürften aller Wahrscheinlichkeit nach aus der Klinik dieses ehrenwerten Mediziners und ‚verdienstvollen Mannes' stammen. Eine Sonderkommission des BKA hat bereits sachdienliche Beweise zusammengetragen, die schon die Medien erreicht haben. Was meinen Sie wohl, was ‚Spiegel', ‚Stern' und ‚Bild' berichten, wenn die erfahren, dass die Staatsanwaltschaft Lüneburg die Ermittlungen gegen den Herrn Professor wegen Geringfügigkeit einstellt!"

Beide Kontrahenten standen sich auf Armlänge gegenüber. Kluges Augen blitzten vor Entschlossenheit, als er zu dem größeren Dienstvorgesetzten aufblickte. Aber seine hinter dem Rücken verborgenen Hände zitterten.

Meier-Greefe verschlug es sekundenlang die Sprache. Ungläubig blickte er auf den Kripoermittler herab. Dann verzog sich sein Gesicht zu einer wütenden Grimasse. Doch bevor er losbrüllen konnte, schob Kluge nach.

„Sie sprachen vorhin von ‚Nachhilfe', Herr Leitender Oberstaatsanwalt. Ich habe bereits in meinem ersten FHS-Semester im Fach Strafrecht gelernt, dass Mord nicht verjährt. Ausnahmen, so unser Dozent, hatte es nur in der Nachkriegsgeschichte gegeben, als ehemalige Nazi-Juristen, die gleichzeitig hundertfache Mörder waren, freigesprochen worden sind! Und Bäuerlings Dienstaufsichtsbeschwerde können Sie meinetwegen als Klopapier verwenden!"

Der hohe Jurist lief dunkelrot an.

„Sie", brüllte er, „Sie kleiner Ignorant und Besserwisser wollen mich belehren? Über höchste Rechtsprechung?" Er schnaufte vor Wut. „Das ist ungeheuerlich und wird Folgen für Sie haben, Kluge. Darauf können Sie sich verlassen!"

Wütend ging er zur Tür und riss diese auf.

„Verlassen Sie sofort das Dienstgebäude. Ich mache von meinem Hausrecht Gebrauch!" Sein Gesicht verzerrte sich. „Auf Nimmerwiedersehen, Sie Vollidioten."

Tödter und Kluge, die beiden „Vollidioten", zuckten heftig zusammen. Beim Verlassen des Zimmers drehte sich Kluge zur Staatsanwältin um und sah ihren nach oben gerichteten Daumen.

Meier-Greefe drohte im Rausgehen: „Wir sprechen uns noch, Frau Staatsanwältin!"

Deshalb bekam er nicht mit, wie Gebhardt in ihrer Schublade auf einen Schalter drückte. Als der grüne Lichtpunkt des kleinen Gerätes erlosch, flüsterte sie zufrieden. „MG – du Schweinehund! Am Ende wird der Sack zugebunden."

Wenig später fanden sich Kluge und Tödter wie betäubt in der schmalen Burmesterstraße wieder.

„Das war abscheulich. Herr Kluge. Lassen Sie uns einen Kaffee trinken gehen. Ich kann mich jetzt nicht an meinen Schreibtisch setzen."

Stumm gingen sie nebeneinander her. Kluges spürte seinen trommelnden Herzschlag bis in die Schläfen. Erst langsam wurde ihm bewusst, dass er eben einen Behördenleiter, der dienstrangmäßig ganz hoch oben in den Wolken der Hierarchie stand, belehrt und ihn hatte schwach aussehen lassen. Der Mann würde ihm das nie verzeihen. Mein Freund Stephan hatte Recht. Es ist wirklich eine Katastrophe, dachte er resigniert.

Von der Seite sah er Tödters starres, verbissenes Gesicht.

Vor einem Café am Markt fanden sie einen freien Tisch. Die Temperaturen ließen es zu, draußen zu sitzen. Jeder bestellte sich einen großen Milchkaffee. Bis ihnen ein freundlicher junger Mann zwei randvolle Tassen servierte, herrschte Stillschweigen. Tödter nahm einen großen Schluck und blickte Kluge lange an, so dass diesem noch unwohler wurde. Doch dann grinste der Vorgesetzte spitzbübisch.

„Was soll ich bloß meinem Chef berichten? Von einem Behördenleiter, der völlig die Kontrolle verloren hat, und von einem Mitarbeiter, der diesen mit unangenehmen Wahrheiten konfrontierte?"

Oh, oh, was kommt nun noch? dachte Kluge.

„Das was ich heute im Büro von Frau Gebhardt erlebt habe, sprengt alle Dimensionen sozialen Verhaltens. Ich bin mir noch nicht im Klaren, was hinter diesem unkontrollierten, fast cholerischen Verhalten steckt. Von einem Mann auf höchster Führungsebene, mit hohem juristischem Fachwissen darf man, nein muss man etwas anderes erwarten." Tödter schüttelte den Kopf.

„Ich sollte Sie eigentlich zusammenscheißen und einen Vermerk für Ihre Personalakte anfertigen, Herr Kriminalhauptkommissar." Ernst blickte er seinen Ermittler an, doch dann griente er.

„Erinnern Sie sich noch, wie Sie einmal in meiner Gegenwart den Beauftragten der Industrie- und Handelskammer in die Schranken gewiesen haben?"

„Natürlich", murmelte Kluge leise. „Im Nachhinein hatte ich mich nicht sehr wohl dabei gefühlt."

„Und heute?"

„Auch nicht viel besser!" Er kniff seine Augen zusammen. „Aber ich konnte diesen Gedankenmüll nicht im Raum stehen lassen. Heute habe ich es für meinen ermordeten Freund Stephan Clement getan, den diese Behördenleiter-Null suspendiert hatte, als er feststellen musste, dass Stephan ihm und seinem juristischen Netzwerk aus der Vergangenheit zu nahe kam!"

Eine lange Erklärung. Wie aus einem Guss, und ebenso hart.

„Was meinen Sie mit *juristischem Netzwerk aus der Vergangenheit*, Herr Kluge?"

Kluges Blick war eiskalt.

„Mein Freund Stephan hat mir die Augen über braune Netzwerke aus der Vergangenheit geöffnet, die auch heute wieder bestehen." Einen Moment herrschte Schweigen.

Tödter blickte ihn scharf an. „Über dieses Thema sprechen wir ein anderes Mal." Er winkte der Bedienung. „Haben Sie vielleicht auch etwas anderes als Kaffee, vielleicht Prosecco? Wenn ja, dann bitte zwei Gläser."

Kluge glaubte nicht richtig gehört zu haben. Doch Tödter lachte. „Warum nicht? Ist dienstlich!"

Als die Gläser mit dem perlenden Inhalt vor ihnen standen, hob er sein Glas.

„Herr Kluge, ich habe heute erlebt, wie Sie Werte verteidigen, selbst wenn Sie Nachteile in Kauf nehmen müssen. Das imponiert mir, und Sie haben meine volle Wertschätzung. Und darauf möchte ich mit Ihnen anstoßen."

Bei Kluge wechselten vorsichtige Freude und Zurückhaltung.

„Danke, Herr Tödter!"

Sekundenlang kreuzten sich ihre Blicke, bis sie beide lächelten und ihre Gläser hoben.

„Auf Sie und Ihre Standhaftigkeit, Herr Kluge!" „Und auf meinen Freund Stephan!"

Sie tauschten einen festen Händedruck, und als ob dieser besondere Moment festgehalten werden sollte, verkündete der Schlag der Turmuhr vom nahen Rathaus die elfte Stunde.

So kann Freundschaft einen Anfang nehmen, dachte Kluge. Und auf einmal fühlte er sich ganz leicht.

115. Lüneburger Zeitung

Im kleinen Konferenzraum saßen um 10.00 Uhr der etwas kahlköpfige Chefredakteur Meinhardt, sein jüngerer Stellvertreter Becker und Polizeireporter Klaus Eggersdorf. Vor ihnen, auf einem großen Tisch, lagen die Druckfahnen für den nächsten Tag.

„Wir müssen über die Headline für die morgige Ausgabe entscheiden."

Chefredakteur Meinhardt wies auf den Textentwurf, der lautete: *Kripo ermittelt gegen Privatklinik-Leiter wegen Misshandlung von Kindern und Schutzbefohlenen.*

„Was meinen Sie beide dazu?"

„Gibt es darüber verifizierbare Erkenntnisse von der Kripo, Eggersdorf?" kam die Gegenfrage seines Stellvertreters. „Ich meine, die sollten wir besser abwarten, ehe wir uns die Finger wegen Berufs- und Geschäftsschädigung verbrennen."

Becker nickte. „Haben Sie denn schon *was am Haken*, Klaus?"

Eggersdorf, Kriminalreporter der „Lüneburger Zeitung", betrachtete die Kürzel auf seinem Stenoblock. Er war der einzige in der Zeit des zunehmenden IT-Hypes, der noch das Handwerk der Recherche mit Block und Bleistift ausübte.

„Ich habe durchsickern hören, dass Chefermittler Kluge aus dem 1. Kommissariat mit dem Behördenleiter von der StA über Kreuz liegt. Er soll sich angeblich nicht an die Einstellung des Ermittlungsverfahrens gehalten haben."

Meinhardt zog die Stirn kraus.

„Das ist mir zu wenig und zu diffus, und es bringt nur beide Behörden – Bezirksregierung und Staatsanwalt-

schaft – gegen uns auf. Gibt es nichts Konkreteres, ich meine zu den Tatvorwürfen gegen die Klinik?"
Eggersdorf zuckte mit den Schultern.
„Wir sind erst am Anfang unserer Recherche, und ich habe morgen einen Termin mit dem Leiter des Zentralen Kriminaldienstes." Beide Chefs nickten.
„Gut, das sollten wir abwarten und den Entwurf zunächst zurückstellen."

116. Interne Ermittlungen

Der Leitende Kriminaldirektor Lutz Wagner hatte kurzfristig eine Besprechung auf höchster Ebene einberufen lassen. Eingeladen waren der Leiter der Staatsanwaltschaft Lüneburg, Ltd. Oberstaatsanwalt Meier-Greefe, Kriminaldirektor Siegfried Hartmann, Leiter der Kriminalpolizeiinspektion (KPI) Lüneburg, dessen Vertreter und ZKD-Leiter Jost Tödter sowie der Vorsitzende des Bezirkspersonalrates Jürgen Reinert.

Es ging um die Offenlegung und Klärung des Verhaltens des Leiters des 1. Fachkommissariats, Kriminalhauptkommissar Bernhard Kluge, bei der zurückliegenden Dienstbesprechung in den Räumen der Staatsanwaltschaft Lüneburg. Grundlage war die schriftliche Beschwerde des dortigen Behördenleiters mit der Forderung, den Hauptkommissar von seinen Ermittlungen zu entbinden und diesen umzusetzen.

Wagner erteilte nach der Begrüßung dem Beschwerdeführer, Ltd. Oberstaatsanwalt Meier-Greefe, das Wort. Mühsam beherrscht schilderte dieser das indiskutable und provozierende Verhalten, als er Kluge und dessen Vorgesetztem – er deutete auf Tödter – erklärt habe, dass er die Ermittlungen gegen den Leiter der Privatklinik, Prof. Dr. Bäuerling, wegen Geringfügigkeit, eingestellt hätte.

Er sprach von unflätiger Subordination und persönlicher Diskreditierung durch Kluges arrogante Rechtsbelehrung. Darüber hinaus habe sich Kluge über die Dienstaufsichtsbeschwerde des Rechtsanwaltes lustig gemacht und dessen Schriftsatz verbal in den Dreck gezogen. Originalton Kluge: ‚*die Dienstaufsichtsbeschwerde können Sie meinetwegen als Klopapier verwenden.*' Diese schwere Beleidigung habe ihn veranlasst, von seinem Hausrecht Gebrauch zu machen und beide Beamte höflich zu bitten, seine Dienststelle zu verlassen.

Wagner, der sehr aufmerksam zugehört und sich Notizen gemacht hatte, bedankte sich. Danach forderte er Kriminaloberrat Tödter zu einer Stellungnahme auf. Der las aus seiner Notiz stichpunktartig die Beleidigungen und Beschimpfungen durch Meier-Greefe ab, die Kluge und ihn betrafen. Er bestätigte aber auch Kluges Verhalten gegenüber dem Behördenleiter der Staatsanwaltschaft und Kluges Widerspruch gegen die Verfahrenseinstellung. Abschließend schilderte er detailliert den „Rausschmiss" der Kripoermittler mit der Bezeichnung *„Vollidioten"*.

Wagner nahm die Aussage kommentarlos zur Kenntnis. Er wandte sich erneut an Meier-Greefe und erklärte, dass vor einer Entscheidung über beamtenrechtliche Maßnahmen dem Beklagten, KHK Kluge, nach den Bestimmungen des Nds. Beamtengesetzes Anhörung gewährt werden müsse. Meier-Greefe protestierte. Als Wagner vorschlug nach einer kurzen Pause mit der Anhörung von Kluge fortzufahren, kehrte Meier-Greefe dem Gremium kommentarlos den Rücken und ließ einen nachdenklichen Dezernatsleiter und kopfschüttelnde Führungsbeamten zurück.

Ein deutlicher Affront, der nach Meinung aller Teilnehmer so nicht stehen bleiben durfte. Dazu waren beide Behörden, einschließlich der unterstellten Kriminalpolizeiinspektion, zu sehr aufeinander angewiesen.

117. Das Kommissariat – zwei Tage danach

Kluge hatte alle Mitarbeiter um sich geschart. Auf seinem Schreibtisch lagen verschiedene Zeitungen, darunter auch die „Bild."

„Seid willkommen, Kollegen. Wichtiges ist geschehen! Nach meinem Auftritt beim Leitenden Kriminaldirektor des Bezirks hat dieser verfügt, dass ich ab sofort einen Teil meines Jahresurlaubs antreten soll." Abwartende Stille.

„Der Entscheidung der Staatsanwaltschaft, die Ermittlungen gegen Bäuerling und Co. einzustellen, ist zunächst nichts entgegenzusetzen. Hintergrund ist unsere erfolglose Durchsuchung der Privatklinik, wie ihr ja lesen könnt." Er wedelte mit den Zeitungen.

„Der hohe Boss hat entschieden, dass gegen mich keine disziplinaren Ermittlungen eingeleitet werden, obwohl ich", Kluge grinste, „den ‚*üblichen Umgangston gegenüber einem Behördenleiter vernachlässigt habe.*' Mit anderen Worten, ich habe Meier-Greefe den Marsch gegeigt! Und das war im Nachhinein gesehen gar nicht fein von mir!"

Lauter Beifall und Klopfen setzte ein. Kluge winkte ab.

„Aber mit Hartmann und Tödter ist abgesprochen, dass wir Ermittlungen gegen Dr. Schumacher führen. Natürlich auch gegen Messerschmidt, weil ich denke, dass beide in das Geschehen in der Klinik verflochten sind. Ich konnte Tödter davon überzeugen. Und deshalb werden wir personell verstärkt."

Wieder beifälliges Klopfen.

„Die Arbeitsteilung verändert sich. Frauke, Mike, und Heidi, unter der Führung von Jens, kümmern sich um Messerschmidt. Winfred und Manni nehmen sich Schumacher vor. Dazu kommen morgen zwei Kollegen aus Winsen und Buchholz, die ihr aus verschiedenen Mokos kennt und die gute Arbeit machen. Habt ihr das mit?"

Zum dritten Mal klopften seine Leute Beifall.

„Vorrangig ist", an Scharnhorst und Probst gewandt, „dass ihr schleunigst Till Geiger anschleppt. Er ist unser wichtigster Zeuge gegen Schumacher, aber wahrscheinlich auch für die Vorgänge in der Klinik. Ich habe läuten hören, dass er dort als Ingenieur und Gärtner Spezialist für die Aufzucht seltener Pflanzen sein soll. Vielleicht ist darin eine Erklärung für die ‚junggebliebenen Mordärzte' aus der NS-Zeit zu finden. Habt ihr noch Fragen?"

„Was hat es mit Bäuerlings Gequatsche auf sich, als der sagte, die haben mit unserem Besuch gerechnet, oder so ähnlich?" Fragesteller war wieder mal Mike Gebert. Kluge nickte.

„Du hast Recht, Mike. Jemand muss unseren Aufschlag durchgestochen haben, obwohl wir mit großer Vorsicht in die Vorbereitung gegangen waren."

Das Raunen der Ermittler war nicht zu überhören.

„Kollegen, vorweg möchte ich eins klarstellen. Niemand aus unserer Runde und von denen, die uns unterstützt haben, ist aus meiner Sicht der Maulwurf. Wir haben bei Tödter in kleiner Runde darüber gesprochen. Und dabei tauchte ein Name auf, den ich unter Androhung eines Diszis nicht preisgeben werde. Das war auch der Grund, warum ich diesen Punkt hier, in unserem Kommissariat noch nicht thematisiert habe." Doch die Unruhe schlief nicht ein.

Ahlers stand auf.

„Bernhard, wir haben es in den letzten Tagen und Wochen knüppeldick um die Ohren bekommen. Und wir stehen hinter dir und werden dich nicht noch mehr unter Druck setzen. Aber ein ‚Durchstecher', ob aus Kripo oder Schupo, gehört nicht in diesen Job!"

Lauter Beifall folgte seinen Worten.

„Recht so Jens", und *„gut gemacht, Bernhard. Weiter so"*, kam das Echo. Kluge war berührt. Er reichte Ahlers die Hand.

„Ich trete jetzt offiziell meinen ‚Sonderurlaub' an. Jeder von euch weiß, dass das nur ein Signal nach außen ist, um die andere Behörde zu beruhigen. Und natürlich bin ich jederzeit für euch erreichbar." Er holte tief Luft.

„Der größte Wermutstropfen für mich ist die Trauerfeier für Stephan Clement. Heute Nachmittag."

Seine Stimme wurde leiser. Wortlos standen die Ermittler auf. Kluge reichte jedem die Hand.

„Viel Glück. Wir bleiben ein Team!" Seinen Abschiedsworten folgte langer Beifall

Hastig raffte er die Presseartikel zusammen und ließ nachdenkliche Frauen und Männer zurück. Für eine lange Zeit, was er jedoch nicht ahnen konnte.

118. Privatklinik

Rechtsanwalt Dr. Adolf Giermanns plötzliches Erscheinen löste bei den Klinikärzten, die mit zufriedener Miene die fett gedruckten Schlagzeilen in der Presse lasen, eine unangenehme Überraschung aus.

„Ich bitte um Aufmerksamkeit, meine Herrn! Die Schmierblätter haben noch Zeit. Freut euch nicht zu früh!" Er schlug seine Akten auf.

„Was ihr bisher noch nicht wusstet, Gustaf und Heinrich, ist, dass mich Bernd Messerschmidt, euer Leibwächter, gestern Abend angerufen hat. Aus der Haftzelle des Amtsgerichtes!"

Bäuerling und Baum fuhren erschrocken hoch.

„Wie kann das sein, Adolf? Hat er einen über den Durst getrunken?"

„Das fragst du mich, Gustaf? Hast du nicht gewusst, dass dein Leibwächter unter zweifachem Mordverdacht steht?"

„Was? Nein, ganz bestimmt nicht!" Bäuerling kam ins Stottern. „Sonst hätte ich ihn doch nicht eingestellt ..." Von einem Moment zum anderen kippte die gute Stimmung.

„Und was bedeutet das für uns, für unsere Klinik", fragte Baum besorgt.

„Das kommt darauf an, inwieweit Messerschmidt in eure ‚Geschäfte' eingeweiht war!"

„Gar nicht, bis auf den Transport mit der ‚Ware' neulich Nacht."

„Macht ihr euch da auch nichts vor, Gustaf?" Der Anwalt wiegte skeptisch seinen Kopf. Baum war wieder am Zug.

„Nein, da hat Gustaf schon Recht. Messerschmidt war erst ganz kurze Zeit bei uns."

„Ja, das stimmt! Also, was soll uns da schon passieren?" Bäuerling hatte wieder Aufwind bekommen. Doch Giermanns Miene versteinerte sich.

„Ihr beiden Ignoranten! Messerschmidt ist ein ausgebuffter Ganove und wird seine Haut retten wollen. Und da wird er euch an den Nagel hängen. Ob es stimmt, was er singt oder nicht."

Giermann blätterte in den Papieren.

„Aber das ist längst nicht alles. Wir haben zwar einen Etappensieg errungen, weil der Leitende Oberstaatsanwalt die Ermittlungen eingestellt hat. Doch nun sitzt Schumacher, euer lieber Kollege, tief in der Scheiße! Und das kann für alle gefährlich werden, wenn der auspackt!"

Seine nüchterne Erklärung zeigte Wirkung.

„Ich soll ihn auch verteidigen und habe ihm geraten, keine Aussage zu machen. Er ist mittlerweile in U-Haft, so wie Messerschmidt."

Bäuerling griff sich an die linke Brustseite und stöhnte. „Was sollen wir machen, Adolf? Kannst du da nicht …?" Giermann blickte sie kalt an. „Im Augenblick könnt ihr nur stillhalten und auf keinen Fall als ‚Sieger' in der Öffentlichkeit auftreten. Das gilt auch für die Presse, die bald vor euerm Tor stehen wird."

Bäuerling und Baum schwiegen betroffen.

„Ich werde eure beide ‚Komplizen' in den nächsten Tagen in der JVA aufsuchen. Und Ihr dürft mir schon mal ein ordentliches Hotel in Lüneburg besorgen und einen Vorschuss überweisen. Das ist im Augenblick alles."

Giermann klappte mit ironischer Miene seine Akte zu.

„Und nun lasse ich euch mit euren Schmierblättern allein, wenn euch nicht die Lust daran vergangen ist!"

119. Gegenüberstellung

In den drei Tagen nach seinem Besuch im Städtischen Krankenhaus bei Katharina Weber hatte Geiger viel erledigt.

Als er Katharina von den beiden Mordanschlägen berichtet hatte, war ein minutenlanger Tränenausbruch gefolgt. Er wusste, dass ihr Trauma noch viel Zeit zur Aufarbeitung benötigen würde. Dr. Haverland hatte ihm mitgeteilt, dass er eine Klinik in Waren an der Müritz für die beste Alternative halte.

Ein Gedanke war ihm durch den Kopf geschossen. Er könnte Katharina in die Klinik begleiten, einem herrlichen Fleckchen Erde. Sie hatten vereinbart, dass er sich bis zu ihrer Entlassung um ihr Haus kümmern und das defekte Türschloss auszutauschen sollte.

Am darauffolgenden Tag war er zur Kripo zur Gegenüberstellung von Schumacher alias Klingfort gefahren. Ahlers erklärte ihm das Procedere.

Durch die große Glasscheibe des Raumes, in dem er sich aufhielt und die auf der Rückseite verspiegelt war, konnte er in den Raum mit den aufgestellten Personen, alles Männer blicken, ohne selbst gesehen zu werden. Es handelte sich um Schumacher und fünf Vergleichspersonen, die ungefähr gleich groß waren. Ahlers hatte für alle Arztkittel, Bärte und Brillen beschafft. Alle hielten Nummerntafeln in den Händen.

Das war für ihn aufregend gewesen, weil er so etwas nur in Tatortkrimis gesehen hatte. Aber in den zwei Durchgängen, bei dem Nummerntafeln und Standorte jeweils ausgetauscht worden waren, hatte er mühelos Schumacher alias Klingfort identifiziert.

Ahlers hatte sich bei ihm bedankt. Doch als er ihn nach Hauptkommissar Kluge fragte, war dieser plötzlich zurückhaltend geworden. Dieser sei momentan nicht zu erreichen, war die knappe Antwort gewesen.

Auf dem Heimweg hatte er sich an einem Kiosk eine Fachzeitschrift über Gartenpflege gekauft. Dabei war ihm die fette Überschrift in der „Bild" förmlich ins Auge gesprungen: *Einstellung der Ermittlungen gegen Privatklinik-Arzt – Kripo hat sich verrannt! –*

Zu Hause hatte er auf Seite drei folgendes gelesen: *Die Kriminalpolizei Lüneburg habe aufgrund eines Hinweises auf eine Misshandlung von ausländischen Kindern die idyllisch gelegenen Privatklinik bei Schwindebeck in der Heide durchsucht. Doch bei der Durchsuchung sei festgestellt worden, dass die untergebrachten obdachlosen Kinder von Kriegsschauplätzen auf dem Balkan bestens medizinisch betreut und versorgt werden würden. Aus vertraulicher Quelle sei bekannt geworden, dass der Ermittlungsführer der Kripo vom Dienst suspendiert worden sei. Die Klinik erwäge Klage wegen Rufschädigung und stelle Schadenersatzforderungen!"*

Das war also der Grund, warum der sonst so freundliche Ahlers so abweisend reagiert hatte.

Er selbst hatte doch weinende und schreiende Kinderstimmen gehört. Wieso konnte die Aktion fehlgeschlagen? Die Ermittler hätten etwas finden müssen!

Dann war ihm blitzartig eingefallen, dass er vergessen hatte, Ahlers über seine nächtliche Beobachtung zu informieren. Wütend über sich war er mit seinem Werkzeugkoffer zu Katharinas Haus gefahren. Dort hatte er das Türschloss ausgetauscht. Am darauffolgenden Vormittag war er erneut zu Ahlers gefahren und hatte ihm über den nächtlichen Vorfall auf dem Klinikgelände berichtet. Die Ermittler hatten aufmerksam zugehört. Einer hatte sich aufs Knie geklatscht und gemeint, dass das die beste Nachricht des Tages sei.

Am dritten Tag hatte er in der Lüneburger Zeitung gelesen, dass die Kripo dabei sei, zwei Morde in Lüneburg zu klären. An einem Fahrgast auf dem Lüneburger Bahnhof und einem Drogenabhängigen, der tot in einer Wohnung in Kaltenmoor aufgefunden worden war. Der Tatverdächtige aus Kaltenmoor, Bernd M., befinde sich seit zwei Tagen in Untersuchungshaft im Gefängnis. Er war zusammengezuckt. Messerschmidt, ein zweifacher Mörder! Nur um Haaresbreite war er diesem entkommen.

120. Erkenntnisse

Nach Rückkehr von der Trauerfeier in der Friedhofskapelle in Barendorf ging Kluge in seinen üppig blühenden Garten. Der Wonnemonat Mai mit viel Sonnenschein hatte dafür gesorgt.

Er machte es sich in seinem Korbsessel bequem und blickte nachdenklich in das tiefe Blau des Nachmittagshimmels.

Die verlogenen Beileidsworte von Meier-Greefe klangen ihm noch in den Ohren.

Er seufzte und sah in Gedanken Stephan vor sich, wie sie sich fröhlich am Gasthof im Rosiner Wald verabschiedet hatten. Was wäre wenn, dachte er, und fühlte tiefe Trauer, aber gleichzeitig auch heftige Wut auf die Menschen, die dem brutalen Neo-Nazi-Netzwerk angehörten und Widerstände eiskalt aus dem Weg räumten. Hilflos erkannte er seine Ohnmacht.

Wer bin ich schon, der versucht einen „Mordarzt" aus der NS-Zeit zu überführen? Allein auf weiter Flur und mit stumpfer Klinge unterwegs! Wie soll ich beweisen, dass Webers Beobachtungen richtig sind? Welche Rolle spielt der Schumacher, der quicklebendig ist, aber auf Grund amtlicher Beurkundung in einem Sarg liegen müsste? Da musste doch der Bestatter mitgespielt haben. Aber welcher? Ein Blick in die Sterbeurkunde könnte weiterhelfen. Und ein längst überfälliges Gespräch mit Stefanie Winderlich. Sie hat bestimmt von unserer Panne erfahren, dachte er resigniert.

Seine Gedanken wanderten zur erfolglosen Durchsuchung und Bäuerlings zynischer Begrüßung: *„Sie werden bereits erwartet!"* Bei der Nachbesprechung im kleinen Kreis war der Name *Knüll* gefallen. Plötzlich wurde ihm sonnenklar, dass nur der ihren Einsatz verraten haben konnte. Wahrscheinlich aus Rache …

Er hörte ein Auto kommen, Türen klappen und schnelle Schritte. Gut, dass Elaine wieder da ist, nein viel besser, immer noch da ist.

„Da sein" bekam nach Stephans plötzlichem Tod und seiner Angst um sie eine neue, andere Bedeutung. Die Endlichkeit des Lebens, seines Lebens, rückte auf einmal näher heran.

Draußen schlug die Briefkastenklappe zu. Nanu?

Elaine erschien, und hielt einen braunen Umschlag in der Hand. „An Bernhard Kluge", las sie, „und ohne Absender!" Lächelnd schnupperte sie. „Er riecht ein bisschen nach Parfüm, mein Lieber. Muss ich unruhig werden? Oder ist da eine Bombe drin?"

Kluge schmunzelte. „Aber liebe Frau, die Geschichte mit Karin Lindholm ist doch längst Geschichte. Und nun gib bitte her!"

Trotz der Wortspielerei überfiel ihn ein unangenehmes Gefühl. Ein brauner, amtlicher Umschlag, wie er ähnliche schon zig Male in der Hand gehalten hatte. Kein Absender, kein amtlicher Stempel. Die Handschrift wirkte weiblich. Er fühlte etwas Festes, Kantiges. Dann fiel der Groschen. Kluge lächelte zufrieden.

„Es geschehen noch Zeichen und Wunder!" Laut pfeifend und ungewöhnlich schnell verschwand er im Haus. Im Arbeitszimmer schob er die schwarze Kassette in den Recorder. Sekunden später war die unangenehme, laute Stimme des Mannes zu hören, Meier-Greefe. Und dazwischen seine eigene Stimme. Ein Knacken, Stille. Das Band war stehen geblieben.

„Danke Frau Staatsanwältin. Das war nicht ungefährlich für Sie!"

Zufrieden zog er die Kassette aus dem Gerät. „Eins zu eins, Herr Meier-Greefe! Die Rebellen schlagen zurück!"

121. Die Entscheidung

In der kleinen Grünanlage des Krankenhauses hatten Katharina und Till einen ruhigen Platz gefunden. Er erzählte ihr von der fehlgeschlagenen Durchsuchung in der Klinik, von Messerschmidt, der dort Security sei und der ihn bei seiner nächtlichen Beobachtung niedergeschlagen habe, als ein Dutzend Kinder ausgeladen und geprügelt wurden. Sie wurde immer stiller und blickte ihn traurig an.

„Die Kinder, die armen Kinder. Wie damals. Dieser Verbrecher! Nun kommt er wieder ungestraft davon!" Tränen traten in ihre Augen. Er erschrak und umarmte sie fest, so lange, bis sie ihre Hände vom Gesicht nahm.

„Du musst noch einmal in die Klinik, Till. Sonst werden wieder Kinder umgebracht! Ich habe so eine Ahnung." Sie packte ihn heftig am Arm. Ein zweites Mal erschrak er. Dieses Mal jedoch über die Kraft, die plötzlich von ihr ausging.

„Ich hatte doch für den Kommissar eine CD kopiert. Hat der die nicht bekommen? Da waren alle ‚Mordärzte' drauf!"

„Doch! Die haben sie mir bei der Kripo vorgespielt. Ich konnte Schumacher als falschen Arzt identifizieren." Aber in ihren Augen sah er nur Angst und Hoffnungslosigkeit.

„Ich vertraue Kluge. Die werden schon dahinterkommen, was mit den Kindern in der Klinik geschieht." „Glaubst du wirklich, Till?" „Ganz bestimmt! Die sind von unseren Hinweisen überzeugt."

„Ich habe Angst, diesem Dr. Klingfort noch mal zu begegnen", sagte sie plötzlich. Er zuckte zusammen. Katharina würde sich einer Gegenüberstellung, später einer Vernehmung und einer Aussage vor Gericht stellen müssen.

„Lass uns erstmal einen Schlussstrich ziehen, Katharina. Zuerst muss du wieder richtig gesund werden." Tröstend legte er seinen Arm um sie. „Ich habe noch etwas Schönes für dich." Als sie neugierig wurde, flüsterte er, dass er sie in die Klinik an der Müritz begleiten werde.

„Oh Till, wie schön." Sie strahlte. „Lass uns noch ein bisschen umher gehen und darüber reden." So geschah es.

Danach versorgte er sich am Krankenhauskiosk mit zusätzlichen Zeitungen. Auch diese berichteten ausführlich über die fehlgeschlagenen Ermittlungen. Erneute Wut machte sich in ihm breit.

„Wenn die Zeitungsschreiber alles über diesen Verbrecher und seine Helfer wüssten!" Keine Sekunde zweifelte er an Katharinas Feststellungen. *Er* musste neue Beweise finden, das war er ihr schuldig.

Draußen in der Klinik muss etwas vor sich gehen, was mir bisher verborgen geblieben ist. Der geschlossene, weiße Lieferwagen mit dem Kühlaggregat und der Beschriftung *„Eilige Arzneimittel"*. Was hatte das zu bedeuten? War etwas geliefert oder abgeholt worden?

Die plötzliche Störung in der Überwachungselektronik fiel ihm ein und die erfolglose Suche nach der Ursache für den hohen Stromverbrauch. Ich muss unbedingt auf das Klinikgelände, aber dazu brauche ich Hilfe. Wenn gar nichts geht, wende ich mich an die Zeitung.

122. Privatklinik – drei Tage später

Es ging auf Feierabend zu. Wieder einmal hatten sich Baum und Bäuerling zusammengesetzt. Dritter in der Runde war Hildebrand, der „Mann für alles". Auf dem Schreibtisch stand ein Tablett mit Mineralwasser und Gläsern.

Hildebrand konnte sich nur mühsam ein Grinsen verkneifen, als er die sorgenvollen Mienen der beiden Mediziner bemerkte. Das ganze Drama mit Schumacher und Messerschmidt schien langsam in einer Sackgasse zu enden. Wie hatten die akademischen Schlaumeier nur so blöd sein können, einen Staatsanwalt aus dem Weg räumen zu lassen? Oder glaubten sie sich so sicher? Ich muss zusehen, dass ich meinen Arsch rechtzeitig ins Trockene kriege. Einmal Knast reicht.

Bäuerling fuhr sich müde durch sein Haar und trank hastig ein paar Schlucke. Wieder einmal hatte er schlecht geschlafen und sich die halbe Nacht herumgewälzt.

„Hast du was Neues von Giermann gehört, Heinrich?"

„Nein, nichts Konkretes. Bei seinem letzten Anruf hatte er geknurrt, weil Messerschmidt in die JVA Uelzen verlegt worden ist. Irgendwie müssen die Bullen herausgefunden haben, dass eine Verbindung von Messerschmidt zu uns besteht. Da Giermann der tagliche Weg nach Uelzen zu weit ist, hat er sein Mandat zurückgegeben. Er will sich nur noch mit Ferdinand befassen."

„Das ist gut!" Bäuerling blickte nachdenklich. „Messerschmidt, ein zweifacher Mörder! Wer hätte das vermutet. Du, Baum oder Sie, Hildebrand?"

Ohne eine Antwort abzuwarten fuhr er zynisch fort. „Der soll zusehen, wie er zurechtkommt. Wichtiger ist, dass der Advokat Ferdinand an der Leine hält. Wir sollten mit ihm beratschlagen, ob Ferdinand nicht ein schnelles Geständnis wegen der Krankenhausgeschichte ablegen sollte. Auf keinen Fall darf er unsere Geschäfte gefährden!"

Hildebrand ergriff die Gelegenheit beim Schopf und winkte.

„Die ‚Lady' hat sich gemeldet, Doktors. Sie macht Druck. Die nächste Lieferung steht vor der Tür, und ihre Zellen sind voll. Was soll ich der sagen?"

„Auch das noch!" Bäuerling stöhnte. „Aber wir können noch nicht mit der ‚Materialgewinnung' beginnen. Der Zustand der letzten Lieferung war nicht so gut. Das ‚Material' muss noch ein paar Tage aufgebessert werden." Alle wussten, dass dahinter eine aufwendige Versorgung stand.

Baum wusste Rat.

„Vielleicht könnten wir es so machen, Gustaf. Das ‚Material' wird übermorgen ins Untergeschoss verlegt. Dann haben wir Platz für die nächste Lieferung."

„Eine ordentliche Idee, Heinrich. Ihr beide kümmert euch darum. Sorgen mache ich mir langsam wegen der Pflege der Pflanzen. Wir haben zwar noch genügend Vorräte, aber Geiger fehlt mir als Fachmann!" „Und den werden wir wohl nicht wiedersehen, weil er als Zeuge gegen Ferdinand ausgesagt hat", fügte Baum hinzu.

„Was sagst du da, Heinrich?"

Bäuerlings Glas klirrte, als er es zu hastig absetzte. „Davon weiß ich ja gar nichts!" „Giermann hat es mir gesagt, nachdem er sich in die Akten eingelesen hatte. Und nun ist mir klar, warum Geiger so schnell verschwunden ist."

„Könnte der uns gefährlich werden?" „Ich glaube kaum. Außer der Beobachtung in der Nacht, als die Transporte ankamen, hat der nichts mitbekommen."

„Gut, dann kann ich mich endlich wieder mehr meiner Forschung widmen und unsere Pathologen benachrichtigen. Sie sollen sich für die anstehenden Experimente bereithalten." Sein Blick wurde kalt. „Und du wirst dieses Mal bei unserer ‚Arbeit' dabei sein, Heinrich!"

Dr. Heinrich Baum verspürte ein unangenehmes Kribbeln im Bauch.

„*Derma-Pharm.* möchte etwas über die Widerstandsfähigkeit der menschlichen Oberhaut bei im Wasser liegenden, lebenden Objekten erfahren. Das dürfte sehr spannend werden, zumal wir auf die erweiterte Technik der seinerzeit in Natzweiler-Struthof erfolgreichen Wasserexperimente zurückgreifen können. Das Projekt ist für 6 Monate ausgelegt. Es soll eine neue Creme entwickelt werden, die feuchtigkeitsspeichernd für die Haut ist."

Bäuerlings Laune hatte sich deutlich verbessert.

„Und dafür gibt es ein sehr gutes, steuerfreies Honorar. Natürlich Vorauszahlung. Ich muss nur noch mit Dr. Lemke erörtern, ob wir einen Antrag auf Fördergelder stellten sollten. Mit einem der Allgemeinheit dienenden Forschungsziel. Lemke wird das schon passend formulieren."

Er rieb sich zufrieden die Hände.

„Also wenn ihr, du und Hildebrand, die Verlegung des ‚Materials' ins Untergeschoss abgeschlossen habt, soll sich Hildebrand mit der ‚Lady' kurzschließen und neue Bedingungen aushandeln."

Der hörte mit wachsendem Interesse zu.

„Trauen sie sich das auch ohne Schumacher zu, Hildebrand?" „Allemal, Herr Professor", erfolgte die ironische Antwort, die der Vorgesetzte in seinem euphorischen Zustand nicht wahrnahm.

Es klopfte.

Auf Bäuerlings *„Herein!"* erschien ein Mann, etwa im Alter von 40 Jahren, über eins achtzig groß, der nur mit Mühe in den dunklen Anzug mit dem ovalen Symbol passte. Breitschultrig und mit rasierter Glatze wie ein Body-Builder.

„Darf ich vorstellen? *Conni Eisler*. Ersatz für Messerschmidt und ohne Vorstrafen."

Baum und Hildebrand blickten sich erstaunt an. Der kahlköpfige Riese grinste schmallippig.

„Was nicht ist, kann ja noch werden, Chef!"

„Herr Eisler hatte zuletzt als Security in Hamburg gearbeitet, und nun soll er für Sicherheit auf unserem Gelände sorgen. Nicht wahr Conni?" „So ist es, Herr Doktor", tönte die heisere Stimme des ehemaligen St. Pauli Türstehers.

„Dann einen guten Start!"

Wieder schmückte ein Grinsen das breite Gesicht mit den wulstigen Augenbrauen.

„Danke und bis die Tage, die Herrn." Mit einer geschmeidigen Drehung verschwand der neue Security. Ein paar Momente blieb es still im Raum.

„Meinst du, das ist der Richtige, Gustaf?"

„Der Mann soll nur dafür sorgen, dass keine Unberechtigten auf unserem Gelände rumspionieren. Gerade jetzt. Nicht mehr und nicht weniger, Heinrich. Und damit Punktum!"

Baums Blick sagte alles. Wieder einmal eine einsame Entscheidung des Chefs.

„Das wäre für heute alles." Bäuerling hob sein Glas. „Wir sollten auf eine Zukunft ohne Ferdinand anstoßen. Ich habe das Gefühl, dass wir ihn längere Zeit nicht sehen werden."

„Wenn du es sagst Gustaf!"

„Genau der richtige Augenblick zum Prost sagen. Der eine kommt, der andere geht", lautete Hildebrands weiterer ironischer Kommentar, der wieder einmal nicht verstanden wurde.

123. Schumachers Resümee

Ein Tag hinter den Mauern der Justizvollzugsanstalt Lüneburg (JVA), der genau so eintönig verlaufen war, wie alle vorangegangenen Tage.

Er endete auch für den Untersuchungsgefangenen Ferdinand-Louis Schumacher, 70 Jahre alt, mit Wegschluss in die Zelle. Wie üblich nach der Abendmahlzeit, die im Speiseraum des Erdgeschosses eingenommen wurde. Seine Zelle mit der Nummer 211 befand sich im zweiten Stockwerk des roten Backsteingebäudes. Die vier breiten Steintreppen dahin nutzte er zur körperlichen Betätigung. Er hatte das große Glück, allein in einer Zelle zu sein. Dafür hatte sein Anwalt, Dr. Giermann, gesorgt.

Als die schwere Tür hinter ihm ins Schloss gefallen war, setzte er sich an den festgeschraubten Tisch. Das Deckenlicht, verborgen unter einer festen Plastikkappe, war bereits abgeschaltet worden. Nur das Licht der Tischlampe erhellte den 8 m² kleinen Raum. Mittlerweile hatte er sich an die Tagesabläufe gewöhnt. An den Lärm der vielen Mitgefangenen, das Getrampel auf den steinernen Treppen, die barschen Kommandos der Aufseher in ihren grünen Uniformen und die unterschiedlichen Sprachen der Häftlinge. Höhepunkte des Tages waren drei leidlich schmeckende Mahlzeiten.

Im ersten Stockwerk befand sich ein Leseraum mit einer kleinen Bibliothek, in dem sich aber immer nur vier Häftlinge gleichzeitig für je 30 Minuten aufhalten durften. Dr. Giermann hatte ihm empfohlen, sich mit strafrechtlicher Literatur zu befassen. Doch er hatte medizinische Werke und Fachbücher vorgezogen. Was es nicht im Angebot gab, waren Kriminal- und Sexualromane. Dafür war ein Fernsehraum vorhanden, der bis 22.00 Uhr nur in Anwesenheit eines Vollzugsbeamten genutzt werden durfte.

Das „Weggesperrtsein" belastete ihn mehr, als er sich eingestehen wollte. Es erinnerte ihn an seine Gefangenschaft 1942 im sowjetischen „Gulag". Eine harte Zeit damals, voller Hunger und Entbehrungen. Die eiskalten Tage und Nächte in der sibirischen Taiga, die Krankheiten, die die Lebenszeit der Gefangenen reduzierten.

Am schlimmsten waren die Schikanen der Gulag-Bewacher, die sofort mit ihren Holzknüppeln zuschlugen, wenn die Kriegsgefangenen nicht schnell genug in den Marschkolonnen Aufstellung nahmen. Aber es waren nicht nur deutsche Kriegsgefangene, die harte Zwangsarbeit leisten mussten. Viele Russen, Frauen und Männer, die dem Stalinistischen System politisch im Weg standen oder gewöhnliche Schwerverbrecher waren, teilten sich die nie ausreichende Nahrung mit den Germanskis. Und immer seine Angst als SS-Arzt entdeckt zu werden, gleichzeitig aber die Belastung, nicht helfen zu dürfen. Doch seine Bemühungen waren nicht unbeobachtet geblieben.

Als die ebenfalls strafversetzte Lagerärztin an einer lebensgefährlichen Lungenentzündung erkrankt war, wurde er zu ihrem Retter. Mit Hilfe von illegal beschafftem

Penicillin durch den Kommandanten gelang es ihm, die Medizinerin zu heilen.

Die erfolgreiche Behandlung hatte ihm die Fahrkarte in die Heimat gesichert. Danach war ihm bewusst geworden, dass die sowjetischen „Untermenschen" genauso unter den unmenschlichen Bedingungen des Gulags litten, wie er und seine Kriegskameraden. Bei Schmerzen und Leiden gab es keine Unterschiede. Wir sind alle gleich, hatte er gedacht. Aniko, die Ärztin aus Ulan Bator, hatte ihn beim Abschied heftig umarmt, und ihn *„deutsches Freund"* genannt.

Schumacher seufzte. Über 40 Jahre war das her. Und jetzt war er siebzig Jahre alt und wieder eingesperrt. Doch dieses Mal war die Situation eine ganz andere. Er hatte zweimal versucht, die Historikerin umzubringen und steckte jetzt bis zum Hals im Schlammassel.

Bei der letzten Vernehmung durch den Kripobeamten Kluge war ihm der Ernst seiner Lage bewusst geworden. Irgendwie hatte ein Schnüffler seine jüngste Vergangenheit „ausgegraben" und wissen wollen, was es mit dem Steine-Sarg auf sich hatte. Dabei hatte der ihm unterstellt, dass er den Verkehrsunfall 1969 mit inszeniert habe. Das stimmte.

Nach den vielen Stationen seines Lebens, die sich nach seiner Heimkehr aus der Kriegsgefangenschaft aneinander reihten, hatte er 1969 seine illegale Tätigkeit als Arzt, genannt „Dr. Ferdi", im Hamburger Rotlichtmilieu aufgenommen und dort gut Geld gemacht. Er hatte Schusswunden bei Zuhältern verbotswidrig behandelt und im Prostituierten Milieu Dutzende von gesetzwidrigen Aborten vorgenommen. Eines Tages war er zwischen die Fronten der Kiez-Gangs geraten. Noch rechtzeitig hatte er eine Warnung erhalten, dass man ihn mit den Füßen im Betoneimer in der Elbe versenken wolle.

Nun war es um sein nacktes Leben gegangen. Er musste sich etwas einfallen lassen, was seine Verfolger davon abbringen würde, weiter nach ihm zu suchen. Aber wohin? Raus aus Hamburg war klar, aber in das nahe Lüneburg ging auch nicht. Und dann war ihm die Kleinstadt Soltau, weit weg vom Schuss, eingefallen. In Erinnerung an das dortige Bestattungsunternehmen Boone, das ihm aus seiner Zeit als angehender Medizinstudent vom Arbeitsdienst in der Landesheil- und Pflegeanstalt Lüneburg bekannt war. „Boone, ohne H aber mit zwei O", wie der Bestatter 1941 gewitzelt hatte, als er die Reste der Kinderleichen zur Pathologie der Uni-Klinik in Eppendorf kutschierte.

Boone nahm ihn als Bestattungsgehilfe auf, und dann hatte er mit diesem gegen Bares einen genialen Plan entwickelt. An dessen Ende sollte der vorgetäuschte Unfalltod von Ferdinand-Louis Schumacher stehen und dieser endgültig von der Bildfläche verschwinden.

Die Presse hatte damals über den makabren Unfall auf der B3, Kilometer 24,8 bei Wintermoor, berichtet, bei dem der Fahrer nachts mit einem Lieferwagen der Fa. Boone gegen einen Straßenbaum gefahren und völlig verbrannt war. Die Polizei hatte die Leiche ihm, dem ehemaligen Arzt Ferdinand-Louis Schumacher, zugeordnet und seinen Vater benachrichtigt. Die Trauerfeier hatte eine Woche später in der Friedhofskapelle des Waldfriedhofes in Lüneburg stattgefunden.

Boone hatte dafür gesorgt, dass an der aus seinem „Lagerbestand" stammenden und danach verbrannten Leiche seine goldene Schweizer Armbanduhr aufgefunden wurde, die er von seinem Vater bei der Hochzeit geschenkt bekommen hatte. Das hatte zur Identifizierung genügt. Bei der Beerdigung hatte sich außer den Totengräbern niemand eingefunden. Boone hatte beim Standesamt in Lüneburg die notwendigen Eintragungen für die Sterbeurkunde vornehmen lassen. Somit war er, Ferdinand-Louis Schumacher, aus dem Leben verschwunden. Für immer unsichtbar geworden für Behörden und Ämter. Und die Gang vom Kiez.

Das hatte auch für die nächsten Jahre gegolten, in denen er ein bescheidenes Leben in der Kleinstadt in der Lüneburger Heide verbracht hatte. Irgendwann hatte er gelesen, dass Dr. Bodo Beker, sein ehemaliger Chef, wegen dutzendfacher Kindstötungen in der ehemaligen Heil- und Pflegeanstalt freigesprochen worden sei. Das hatte ihn beruhigt, zumal im ausführlichen Report des „Stern" sein Name als dritter „Mordarzt" nicht aufgetaucht war.

So nahm er zu Beker, der sich nun Professor Dr. Gustaf Bäuerling nannte, Kontakt auf. Auch der ehemalige Leiter der damaligen Kinderabteilung, Dr. Heinrich Baum, gehörte zum medizinischen Stab der neuen Klinik.

Er war in die neue „Forschungstätigkeit" seiner Arztkollegen eingeweiht worden und hatte sich entschlossen mitzumachen, weil er keine berufliche Alternative sah. Später hatte er von der Heilkraft der „Wunderpflanze" aus Tibet ebenso profitiert, wie seine um Jahre älteren Kollegen.

Jahrelang waren die gemeinsamen „Forschungsarbeiten" an und mit dem lebenden „Material" gut gelaufen. Sehr viel Geld war von alten Pharmanetzwerken aus der NS-Vergangenheit auf ihre Konten geflossen. Er hatte sich alles im Leben erlauben können, was ihm bisher versagt geblieben war.

Das hatte sich schlagartig geändert, als die penetrante Historikerin aufgetaucht war. Die Frau hatte Beker alias Bäuerling und Baum nach Jahrzehnten als die ehemaligen NS-Ärzte aus Lüneburg wiedererkannt. Er und Hildebrand hatten die Frau aufhalten sollen, die von einem „Maulwurf" Informationen bekommen hatte. Aber er hatte versagt. Der Anwalt hatte ihm zu seinem großen Schrecken mitgeteilt, dass die Frau seinen Giftanschlag mit der Spritze überlebt hatte. Wohl mit psychischen Schäden, aber irgendwann würde sie vor dem Schwurgericht gegen ihn aussagen.

„Du kannst von Glück sagen, Kamerad Schumacher, wenn die Anklage vielleicht auf versuchten Totschlag lautet. Voraussetzung ist jedoch, dass du dich strikt an meine Anweisungen hältst", waren Giermanns Worte, bevor die Zellentür hinter ihm ins Schloss fiel.

Dr. Ferdinand-Louis Schumacher fühlte sich mit seinen 70 Jahren so einsam und alt wie nie zuvor. Eine lange Haftstrafe würde er nicht überleben. Er drückte auf den kleinen Schalter. Das Licht erlosch, entmutigt sank er auf sein unbequemes Lager.

124. „Hausarrest"

Drei Tage nach der Trauerfeier für seinen verstorbenen Freund Stephan hatte Kluge seine To-do- Liste erstellt, auf der sich auch ein Termin mit Stefanie Winderlich befand.

Da ihm die Ermittlungen gegen Bäuerling entzogen worden waren, musste er vorsichtig taktieren, um nicht den Unwillen seiner Vorgesetzten auf sich zu ziehen.

Nach außen war er der einsichtige „Sünder", der sich den Zorn des Leitenden Oberstaatsanwaltes zugezogen hatte. Aber an der festen Absicht, Bäuerling vor Gericht zu bringen, hatte sich nichts geändert.

Deshalb hatte er sich nachmittags ins Auto geschwungen und war nach Soltau gefahren, um sich mit Winderlich zu treffen. Zuvor hatten sie einen neutralen Treffpunkt vereinbart. Er erhoffte sich Informationen über die dubiose Bestattung im Zusammenhang mit Schumacher. Diese konnte nur unter Mitwirkung des Bestatters erfolgt sein, als Schumacher angeblich 1969 bei einem Verkehrsunfall auf der B3 tödlich verunglückt war.

Sie trafen sich in einem kleinen Lokal.

Stefanie Winderlich lächelte freudig und umarmte Kluge. Sie sieht immer noch sehr gut aus, dachte er. Als sie bei einer Kanne Kaffee saßen und er über seinen Fehlschlag und den Tod seines Freundes Stephan berichtete, strich sie ihm mitfühlend über den Arm.

Routiniert waren sie zum gemeinsamen Thema zurückgekehrt. Winderlich berichtete, dass sie bei der Durchsicht der Geschäftsunterlagen des in 3. Generation befindlichen und aus Lüneburg stammenden Familienbetriebes Boone darauf gestoßen war, dass der Firmensenior, Ernst-Johann Boone, bereits 1941 mit der damaligen Heil- und Pflegeanstalt Lüneburg zusammengearbeitet hatte. Boone hatte dafür Sorge getragen, dass die Leichen der ermordeten Kinder aus der Kinderfachabteilung auf dem großen Gelände der Heil- und Pflegeanstalt verscharrt werden konnten. Er hatte damals auch Transporte mit Leichenteilen zu Forschungszwecken an die Universitätsklinik in Hamburg durchgeführt. Das hatte erst 1952 geendet, als Boone sein Unternehmen nach Soltau verlegte. Der Grund war unbekannt. Möglicherweise hatte er befürchtet, dass man ihn wegen seiner Zusammenarbeit mit den „Mordärzten" vor Gericht stellen würde.

Nicht unwichtig waren die Erkenntnisse, dass dem Unternehmen bei der Neugründung über Jahre erhebliche finanzielle Beträge zugeflossen waren. Absender war ein „Freundeskreis Ahnenerbe".

Für Kluge war das nur zum Teil überraschend. Zeigten sich doch hier die funktionierenden Rädchen einer durchorganisierten Tötungsmaschinerie, die mit der bürokratischen Erfassung „unwerten Lebens" begann und mit gefälschten Todesursachen auf dem Totenschein und den Sterbeurkunden endete. Dazu gehörten auch bereitwillige „Mitmacher", wie Urkundsbeamte und Bestatter, die finanziell davon profitierten.

Beide Ermittler erörterten die Hypothese, dass die Firma Boone bei Schumachers vorgetäuschtem Tod auch für die obskure Beerdigung gesorgt haben müsse. Er bat Winderlich die Sterbebücher der Firma zu überprüfen. Möglicherweise war das Sterbedatum dokumentiert. Es war nicht damit zu rechnen, dass Schumacher dazu etwas sagen würde. Sie kamen zu dem Ergebnis, dass ein Gespräch mit dessem Vater Erfolg versprechender sein könnte. Kluge wusste um den alten Brauch, dass Angehörige sich am offenen Sarg von Verstorbenen verabschiedeten. Zusätzlich bat er Winderlich um Recherchen bei der Rechtsmedizin in Hamburg. Nicht ausgeschlossen war, dass 1969 eine Leichenöffnung erfolgt war. Im polizeilichen Unfallprotokoll war der Tote als Ferdinand-Louis Schumacher aufgeführt worden.

Kluge war der Weg zur Aktenablage bei der Staatsanwaltschaft Lüneburg versperrt. Wehmütig dachte er an seinen Freund. Doch Stephan war tot, und wie es sich darstellte, heimtückisch ermordet worden. Und auch das geht auf Bäuerlings Rechnung, dachte er voller Wut.

Nach knapp zwei Stunden war das *Brainstorming* zu Ende.

Stefanie Winderlich sah ihm bei der Verabschiedung tief in die Augen. Er kannte diesen Blick. Als er ihre Einladung zum Tee freundlich aber bestimmt ablehnte, zog ein bedauerndes Lächeln über ihr hübsches Gesicht. Sie waren auf der FHS ein verliebtes Paar gewesen. Doch danach hatten sich ihre Wege getrennt.

Spontan schloss er sie in seine Arme, atmete den Duft ihres Haares. Einige Momente genoss er ihre Nähe. Doch dann schob er sie behutsam von sich. Stefanie Winderlich war eine starke, aber auch sensible Frau, die er nicht verletzen durfte. Zwischen ihnen musste es professionell bleiben. So schwer, wie ihm der Abschied jetzt auch fiel. Aber sie hatte verstanden.

Als Kluge zu Haus ankam, war Elaine mit dem Rauhaar auf dem Abendgang. Das passte gut, denn so hatte er Zeit, seine Gedanken zu ordnen. Auf seinem Schreibtisch fand er eine Notiz. *Till Geiger hat angerufen. Du möchtest ihn unbedingt zurückrufen.* Angehängt war eine Mobilnummer.

Die Sache gerät in Bewegung. Endlich werde ich meinen wichtigsten Zeugen kennenlernen, dachte er. Sorgfältig tippte er die lange Mobilnummer in sein Privathandy und lauschte geduldig. Dann die sonore Stimme eines Mannes.

„Geiger, Till Geiger. Mit wem spreche ich?" Er nannte Namen und Dienstgrad.

„Oh, das ist gut. Ich hatte schon länger vor, Sie aufzusuchen, Herr Kluge."

„Das war auch meine Absicht, da ich von Ihnen etwas über Frau Weber hören wollte. Aber bisher hatte es nie geklappt." Einen Moment blieb es still.

„Katharina geht es zunehmend besser. Sie wird bald aus dem Krankenhaus entlassen."

„Das hört sich gut an! Hatten Sie schon Gelegenheit mit ihr über den Giftanschlag zu sprechen?"

„Natürlich! Und ich bin mir auch sicher, dass das, was sie über die Klinikärzte sagte, der Wahrheit entspricht."

„Aber Sie werden ja in der Presse gelesen haben, dass die Mediziner alles abstreiten, und wir bei der Durchsuchung nichts Belastendes gefunden haben!"

„Ja, das weiß ich. Aber das entspricht nicht den Tatsachen. Ich war bis vor Kurzem in der Privatklinik beschäftigt und habe selbst das Schreien und Weinen der Kinder gehört! Und außerdem hatte ich nachts Fahrzeuge beobachtet, aus denen Kindern ausgeladen wurden. Und ein anderes Mal ein Auto mit der Aufschrift *„Eilige Arzneimittel"*, das vor dem Labor geparkt hatte. Beides finde ich sehr merkwürdig!"

Kluge blieb geduldig.

„Was soll daran merkwürdig sein? In einer Klinik?" provozierte er.

„Finden Sie das nicht ungewöhnlich, wenn nachts Kinder ausgeladen und geprügelt werden?"

Er erschrak, wartete aber ab, bis Geiger fortfuhr.

„Ich glaube, dass in der Klinik und im Labor noch andere Sachen geschehen, als die Pflege der Kinder und die Verarbeitung der Pflanzen."

„Und was sollte das sein?"

„Keine Ahnung. Aber mir sind einige Dinge aufgefallen, die nicht zusammen passen. Ich habe die Ärzte in Verdacht, dass die was mit den Kindern anstellen. Die müssen mitgekriegt haben, dass Katharina für sie gefährlich wurde. Und schließlich habe ich den falschen Arzt identifiziert. Eindeutig!"

Geiger war sehr erregt.

„Ich fahre wieder zur Privatklinik, wenn alles zur Ruhe gekommen ist. Und ich werde rauskriegen, was dort vor sich geht. Am besten Sie kommen gleich mit, Herr Hauptkommissar!"

„Herr Geiger! Wie stellen Sie sich das vor? Sie haben doch gelesen, dass die Ermittlungen gegen Bäuerling eingestellt worden sind und ich davon entbunden bin." Er war ärgerlich. „Es gibt keine rechtliche Grundlage, das Klinikgelände erneut zu betreten. Ich würde meinen Beruf riskieren!"

Geigers Stimme überschlug sich.

„Herr Hauptkommissar, ich bin es Katharina und den Kindern in Bäuerlings Klinik schuldig, dass jemand den verbrecherischen Nazi-Ärzten auf die Schliche kommt. Und wenn Sie es nicht können, werde ich die Sache selbst in die Hand nehmen!"

Der plötzliche Gefühlsausbruch überraschte Kluge.

„Herr Geiger, ich muss Sie warnen. Ich verstehe Ihre Wut und Enttäuschung. Aber Sie bringen sich in Gefahr und handeln illegal, wenn Sie auf das Privatgelände vordringen. Und wenn Sie dort tatsächlich etwas Belastendes finden sollten, unterliegt es einem Verwertungsverbot."

Er verschärfte seinen Ton.

„Nehmen Sie Abstand von Ihrer Idee! Überlassen Sie die Ermittlungen der Polizei. Im Vertrauen sage ich Ihnen, dass wir diese noch nicht abgeschlossen haben."

Für Sekunden blieb es still in der Leitung. Dann Geigers leise Stimme.

„Sie haben mich sehr enttäuscht, Herr Kluge. Ich hatte stark auf Ihre Hilfe gehofft!" Es klickte, und die Verbindung war unterbrochen.

Er sah auf seine Uhr.

War das eben real oder habe ich mich verhört? Beinahe zwanzig Minuten hatte das Gespräch gedauert. Im Grunde genommen hatte Geiger Recht. Dort auf dem Klinikgelände liegt des Rätsels Lösung. Er fühlte in sich hinein. Ohnmacht, aber auch Wut nahm er wahr, stillhalten zu müssen. Seit beinahe zwei Monaten weiß ich von den Nazi-Morden und dem Verdacht gegen die Nazi-Ärzte. Aber ich komme einfach nicht weiter. Und jetzt auch noch der unaufgeklärte Tod von Clement. Ein Mord, der im Zusammenhang damit stehen dürfte. Wer hatte an Clements Auto die Radmuttern gelöst? Wer hatte den Auftrag dazu gegeben? Ihm fielen die Motorgeräusche von Bikes ein, die sie auf dem Parkplatz im Wald gehört hatten. Bestand vielleicht Verbindung mit den beiden Rockern, die ihnen von der Fähre gefolgt waren? Zwei Rocker vom *Hell Fire-Guys Motorradclub* auf Enduros mit SN-Kennzeichen? Aber wo liefen die Fäden zusammen?

Und es galt Webers Feststellung zu untermauern, dass die Ärzte in der Privatklinik dieselben sind, wie die aus der NS-Zeit. Geigers eindringlicher Hinweis ging ihm nicht aus dem Kopf. Ich muss mir noch mal die Luftbilder und den Lageplan ansehen.

Lautes und freudiges Gebell unterbrach seine Gedanken. Sein rauhaariger Vierbeiner und Jagdgefährte stürzte ins Arbeitszimmer und leckte aufgeregt seine Hand. Ein prall gefüllter Tag, auch ohne Dienststelle, dachte er zufrieden.

125. „Arbeitstag" im UG

Wie vorgesehen fand der von Bäuerling geplante „Arbeitstag", schlicht „Organgewinnung" genannt, endlich statt.

Die drei Sektionstische aus Edelstahl lagen im Licht starker Deckenstrahler, die nicht dem kleinsten Schatten eine Chance gaben. Die Zugangstür war staubdicht verschlossen. Für die heruntergekühlte Temperatur des Raumes sorgten zwei Klimaanlagen, die mit zusätzlichen Filtersystemen ausgestattet waren.

An jedem der Arbeitsplätze befassten sich zwei Chirurgen, ausgeliehen von der fernen Uni-Klinik aus Sachsen, mit dem „frischen Material". Auch dafür hatte der „Freundeskreis" rechtzeitig gesorgt. Bäuerling und Baum hatten sich dazu gesellt. Zwei männliche und ein weiblicher Körper waren für die Organentnahmen vorbereitet. Die Kühlfahrzeuge standen auf Abruf bereit.

Die Chirurgen hatten die Körperhöhlen eröffnet. In Strömen floss das Blut in die Abflüsse und separaten Absaugvorrichtungen mit ihren schnorchelnden Lauten. Sektionsgehilfen reinigten die Organe von Blut und Körpersäften, so dass die Chirurgen Millimeter genaue Schnitte zur Entnahme durchführen konnten. Über allem schwebte intensiver Leichengeruch. Doch niemand störte sich daran.

Bäuerling und Baum, die jeweils mit einem der Gastchirurgen die Sektionen vornahmen, tauschten unter ihren OP-Masken zufriedene Blicke. Alles lief nach Plan, trotzdem stellten beide fest, dass sie mit der professionellen Schnelligkeit und Präzision der jüngeren Chirurgen nicht mehr mithalten konnten.

Bäuerling kontrollierte akribisch, ob die Sektionsgehilfen nach seinen Anweisungen die entnommenen Organe – Herz, Lungen, Lebern – für den Transport vorbereiteten. Alles musste mit höchster Präzision und Hygiene erfolgen, denn nur für bestens erhaltene Organe zahlten die Auftraggeber teures Geld. Absolute Keimfreiheit war Voraussetzung für die Weiterverwendung.

Nach zwei Stunden konzentrierter Arbeit streiften sich die ausgeliehenen Mediziner in der Zugangsschleuse zum Waschraum Masken, Handschuhe, Kittel und Schuhschützer ab. Im deckenhoch gefliesten Nebenraum reinigten sie sich intensiv.

Sie schwatzten entspannt, weil sie ihre Tätigkeit als Zusatzjob betrachteten, der das Gehalt aufbesserte. Um die Herkunft der „Organspender" kümmerten sich ebenso wenig, wie um die leeren Körper. Das war Aufgabe der Sektionsgehilfen.

Für den kurzen Transportweg zur modernen Verbrennungsanlage wurden die Körperreste in große Holzkisten geschoben und unter Aufsicht des Technikwarts in die wabernden Gluten von 2.000°C der beiden Brennkammern gerollt. Alles war perfekt durchorganisiert, wie in alten Zeiten, dachte Bäuerling stolz. Das automatisch gesteuerte Glutinferno ließ keinen Rückschluss mehr auf die Identität des „Material" zu.

Zufrieden bedankte er sich bei seinen ärztlichen Helfern. Gemeinsam mit Baum hakte er *Part 1* auf der Liste „Zu verarbeitendes Material" ab. Für das heutige Arbeitspensums standen zwei weitere Körper zur Verfügung, um die Anforderungen der „Organhändler" zu erfüllen. Nach der Mittagspause war *Part 2* dran.

Seit langer Zeit war Prof. Dr. med. Gustaf Bäuerling, alias Bodo Beker, mit sich und dem Resultat seiner Arbeit sehr zufrieden. Endlich floss wieder Geld in die Kassen.

126. Die Redaktion

Im Zimmer des Polizeireporters Klaus Eggersdorf saß Till Geiger. Nach dem erfolglosen Gespräch mit Kluge hatte er sich für den Gang zur Presse entschieden. Ausführlich hatte er über seine Tätigkeit in der Privatklinik berichtet. Eggersdorf hörte schweigend zu und machte sich in seinem Stenoblock Notizen.

„Das was Sie mir erzählen, klingt recht abenteuerlich, Herr Geiger. Würden Sie das auch vor einem Richter wiederholen?"

Geiger bekam einen roten Kopf und schob seine leere Kaffeetasse nervös hin und her.

„Auch das, nach Ihrer Meinung, die dort behandelnden Ärzte dieselben sein sollen, die vor gut fünfzig Jahren in der Heil- und Pflegeanstalt Kinder getötet haben?"

„Ja, das würde ich tun!"

„Aber wie soll das möglich sein? Die Ärzte in der Klinik müssten doch weit über achtzig Jahre oder noch älter sein. Auf den Pressefotos sahen die wesentlich jünger aus. Eigentlich könnten die doch kaum mehr die Hand heben."

Geiger lachte, doch dann wurde er wieder ernst.

„Das sagte ich Ihnen doch. Ich bin, war in der Klinik für die Aufzucht und Pflege einer bestimmten Pflanzenart in großem Umfang zuständig. Diese Pflanze hat den lateinischen Namen *Ginsengia Tibetis Temporalis.*"

„Wie soll die heißen?" Eggersdorf lachte, wiederholte dann aber den Namen und schrieb erneut. „Nie davon gehört!"

Aber Geiger ließ sich nicht aus dem Konzept bringen.

„Und aus diesen Wurzeln, die ursprünglich aus Tibet stammen sollen, wird im Kliniklabor ein Extrakt hergestellt, der auf die Zellstruktur von Menschen einwirkt und diese jung erhält."

Eggersdorf schüttelte ungläubig den Kopf

„Nee, das nehme ich Ihnen nicht ab, nee, Herr Geiger." Er lehnte sich zurück. „Das wäre ja das *Nonplusultra* der zellulären Medizin!"

„Aber es ist so! Ich selbst habe beobachtet, wie die drei Ärzte im Labor regelmäßig ihre Infusion bekommen. Ich wiederhole, *regelmäßig*, einmal die Woche!"

„Dann lassen Sie uns gleich hinfahren, damit ich mich an Ort und Stelle davon überzeugen kann!"

Eggersdorf klappte seine Notizen zu.

„Halt! Das geht natürlich nicht. Alles ist *top secret* und nicht für die Öffentlichkeit bestimmt. Und außerdem unterliege ich einer vertraglichen Schweigepflicht und darf nichts darüber nach außen tragen."

„Aber Sie haben mir doch vorhin gesagt, dass Sie dort nicht mehr arbeiten", setzte Eggersdorf nach. „Trotzdem darf ich keine Einzelheiten weitergeben. In solchem Fall droht mir eine saftige Schadenersatzklage."

„Aber das haben Sie doch gerade getan!" Eggersdorf grinste überlegen.

„Das ist mir nun auch schon egal", entgegnete Geiger böse. „Mir geht es nicht um die Scheiß-Pflanzen. Mir geht es darum, dass Bäuerling, dieser Verbrecher, und seine Komplizen, endlich vor Gericht kommen. Und außerdem ist mir bekannt, dass Sie eine Quelle nicht offen legen dürfen."

„Ruhig, Herr Geiger, ruhig! Ich behalte ja Ihre Informationen für mich."

Eggersdorf blickte ihm direkt in die Augen. „Darf ich Ihnen zum Abschluss unseres Gespräches einen freundschaftlichen Rat mit auf den Weg geben?"

„Ja, bitte", kam es zögerlich.

„Sie sollten Ihre Privatangelegenheit mit Frau Weber nicht mit den Ermittlungen gegen Bäuerling und Co. vermischen. Überlassen Sie das der Kripo! Begleiten Sie lieber ihre Freundin in die Reha-Klinik."

Geiger wurde nachdenklich. „Woher wissen Sie denn das?"

Eggersdorf schmunzelte. „Quellenschutz".

Geiger fuhr fort. „Sie haben Recht, Herr Eggersdorf. Aber", er machte eine Pause, „wenn ich doch noch mal zur Klinik fahren und mich heimlich im Labor umtun würde, könnte Ihnen das doch helfen, oder?"

Doch Eggersdorf verzog keine Miene.

„Das sollten Sie lieber bleiben lassen! Das ist nicht Ihre Aufgabe!" Seine Stimme klang streng, wie die eines Lehrers.

„Wissen Sie, Herr Geiger, wir in der Redaktion kennen Kluge lange als gradlinigen Ermittler, der nicht unbegründet einen so schweren Verdacht, wie den einer Kindesmisshandlung erheben würde. Schon lange nicht gegen Ärzte."

Eggersdorf ließ seinen Gesprächspartner nicht aus den Augen. „Auch wenn der Chefermittler zurzeit ‚zwangsbeurlaubt' und bei der Staatsanwaltschaft nicht wohlgelitten ist, wird seine Zeit kommen. Vertrauen Sie ihm, dass er das Geheimnis um die angeblichen ‚Nazi-Ärzte' und was in der Klinik wirklich vorgeht, aufklären wird."

Er griff nach seinem Stenoblock.

„Und nun, Herr Geiger, muss ich Sie leider verabschieden. Machen Sie sich keine Gedanken um Ihre Informationen. Die sind bei mir gut aufgehoben. Auf Wiedersehen!"

127. Ermittlungen

Kriminalhauptkommissar Jens Ahlers hatte Kluges Platz in dessen Dienstzimmer eingenommen. Dort liefen die meisten Telefonate auf. Außerdem bot der Raum mehr Platz für Besucher. In sein Dienstzimmer war Winfred Scharnhorst eingezogen. Nach Kluges Rückkehr sollte die endgültige Raumverteilung erfolgen.

Vor Ahlers lagen die Ermittlungsakten von Messerschmidt und Schumacher. Er hatte bei Staatsanwältin Gebhardt die räumliche Trennung beider Untersuchungshäftlinge in der JVA Lüneburg beantragt, weil vermieden werden sollte, dass sich beide in ihren Aussagen abstimmen.

Messerschmidt war nach kurzer Behandlung im Krankenhaus zurück in die JVA Lüneburg verlegt worden. Zunächst hatte derselbe Rechtsanwalt, der auch Schumacher vertrat, über Staatsanwältin Gebhardt der Dienststelle eine Vertretungsvollmacht zukommen lassen. Doch Gebhardt hatte sofort reagiert und die Doppelvertretung beider Mandanten aufheben lassen.

Als Malz und Gebert Messerschmidt in der JVA Uelzen aufsuchten, war dieser stinkig, weil er sich einen neuen Anwalt suchen musste. Malz hatte ihn beruhigt und ihm erklärt, dass ihm ein Pflichtverteidiger zur Seite gestellt werden würde.

Zu seiner Aussage war es aber nicht gekommen. Lediglich die persönlichen Daten waren aufgenommen worden. Messerschmidt hatte wütend gedroht, dass er das dem Anwalt heimzahlen werde und auf einen „Rechtsverdreher vom Sozialamt" verzichte.

Das hörte sich vielversprechend an. Was immer dahinter steckte, Messerschmidt schien bereit für einen Deal zu sein.

In der Beweislage gegen ihn wegen des Mordes an Gerstenmeier, sah es nicht besonders gut aus. Die wichtigsten Zeugen, Nottbohm und Schumacher, waren nicht mehr am Leben. Blieben als Indizien die 10.000 DM aus der Erpressungshandlung, die bei Messerschmidt sichergestellt worden waren. Und die nachgewiesene Handy-Verbindung zu Schumacher nach Auswertung der handgeschriebenen Nummer auf dem Bierdeckel.

Auch die Tötungshandlung am Junkie Peter Neumann war nach wie vor nicht klar bewiesen. Es gab nur Zeugen vom Hörensagen, die zwar einen Streit in der Wohnung gehört, aber nicht die Tathandlung beobachtet hatten. Die aufgefundene Schusswaffe ließ gleichermaßen einen Rückschluss auf Angriff oder Verteidigung von Täter und Opfer zu.

Anders verhielt es sich mit den Ermittlungen gegen den Klinik-Arzt, Dr. Schumacher.

Nach der erfolgreichen Gegenüberstellung, bei der Schumacher eindeutig als „Dr. Klingfort" identifiziert worden war, hatte der behauptet, dass der Zeuge gekauft worden sei und er mit der Tat nichts zu tun habe. Auf die Fragen der Ermittler, welche Zusammenhänge zwischen seinem angeblichen Tod 1969 und der Grabstelle mit einem Sarg voller Steine bestünden, hatte Schumacher die Aussage verweigert.

Ahlers resümierte.

Wir treten auf der Stelle, Kluge wüsste Rat. Doch der war „zwangsbeurlaubt" und hatte sich eilig verabschiedet, als er tags zuvor die Luftaufnahmen von der Privatklinik und einen Lageplan ausgeliehen hatte.

Staatsanwältin Gebhardt hatte für die Herausgabe der Asservate eine Verlängerungsfrist vereinbart, jedoch hatten auf Anweisung des Amtsgerichtes alle bei der Durchsuchung sichergestellten Asservate ausgehändigt werden müssen. Den Ermittlern lag lediglich die schriftliche Aufstellung darüber vor. Sorgfältig blätterte er diese Seite um Seite um. Bei dem Namen Thea Zöllner stutzte er. Der Name erschien mehrfach als Unterschrift auf den Transportscheinen. Scharnhorst hatte dazu einen gesonderten Vermerk geschrieben. Er griff zum Telefon. „Winfred, komm bitte mal rüber!"

Wenig später steckten beide Ermittler die Köpfe zusammen.

Eine neue Spur tat sich auf: *Verein für vergessene Kinder*. War das der Schlüssel für die Herkunft der südosteuropäischen Kinder?

Doch vorweg musste mit Gebhardt abgeklärt werden, ob in dieser Richtung ermittelt werden durfte, weil die Information Bestandteil der sichergestellten Asservate war. Andernfalls bestand die Gefahr des Verwertungsverbotes. Beide Männer wussten um das Risiko.

„Ich gehe damit gleich zur Staatsanwaltschaft. Drück mir die Daumen, dass ich sie überzeugen kann! Einmal müssen wir doch wieder Glück haben."

128. Staatsarchiv Lüneburg

Der akademische Stiftungsrat der Privatklinik hatte auf Bitte von Bäuerling seine monatliche Besprechung in die Räume des Staatsarchivs verlegt. Am

Abend versammelten sich im gut ausgestatteten Besprechungsraum des zweistöckigen Gebäudes an der Lindenstraße sechs Männer. Moderne Deckenlampen sorgten für das notwendige Licht nach einem regnerischen und trüben Maitag.

Gastgeber war der Leiter des Archivs, Dr. Eckhard, der nach freundlicher Begrüßung seinen Gästen ihre Plätze zuwies.

Es waren Prof. Dr. Bäuerling, der Vorsitzende des Stiftungsrates, daneben der Leitende Oberstaatsanwalt Meier-Greefe, der ehemalige und lebensalte Leiter des Erbgesundheitsgerichtes Lüneburg und Gerichtspräsident a. D. Dr. Schliphake, der Hausjurist der Privatklinik Dr. Lemke und zuletzt der stellvertretende Bürgermeister Günter Mühlfriedel, in Vertretung des Oberbürgermeisters. Lemke war für die Protokollführung vorgesehen, so hatte Bäuerling es angeordnet.

Die Männer kannten sich seit Langem und wussten um den Grund des Zusammentreffens.

Nur Günter Mühlfriedel, einziger Nichtakademiker, war als Neuling nicht im Detail informiert.

Bäuerling, ebenso weißhaarig, aber ohne die tiefen Gesichtsfalten wie sein Amtskollege aus der NS-Zeit, Schliphake, lächelte diesem verschwörerisch zu.

Dann eröffnete er die Sitzung.

„Wie Sie alle wissen, meine Herren, ist unsere Stiftungsklinik in den letzten Tagen unberechtigt durch die Regenbogenpresse gezogen worden. Der Vorwurf, dass wir als Mediziner in unserem Haus Kinder misshandeln würden, konnte durch die Ermittler nicht aufrechterhalten werden, weil nichts Wahres daran ist, meine Herren."

Zufrieden registrierte er die Aufmerksamkeit der Teilnehmer.

„Trotzdem ist das negative Bild, das durch das ‚im Dreck Wühlen' einer ruhmsüchtigen Historikerin, eines übereifrigen Oberstaatsanwaltes und eines ehrgeizigen Schnüfflers bei der Kripo ausgelöst wurde, in der Öffentlichkeit hängen geblieben. Und es hat auch Aufregung bei unseren Fördermitgliedern und Sponsoren ausgelöst."

401

Nervös strich er sich durchs Haar.

„Aber nun ist mit Hilfe unseres Stiftungsmitgliedes bei der Staatsanwalt wieder Ruhe eingetreten. Wir dürfen hoffen, dass unsere Sponsoren erkennen, dass wir als Mediziner nur unser Bestes für die vertriebenen und heimatlosen Kinder vom Balkan tun. Ich habe vor, beim Land Niedersachen einen Antrag auf Bewilligung von Fördergeldern zu stellen, damit den Kindern über die medizinische Behandlung hinaus weiter geholfen werden kann. Dr. Lemke hat bereits einen Entwurf ausgearbeitet, den ich Ihnen jetzt zukommen lasse, und den Sie bitte prüfen mögen."

Lemke stand auf, und übergab jedem Teilnehmer ein zweiseitiges Schriftstück.

Wieder das Grinsen zwischen Bäuerling und Schliphake, die um den wahren Hintergrund des Antrags wussten. Bäuerling fuhr fort.

„Möchte noch jemand der Herren etwas zu dem von mir geschilderten ‚Problem' äußern?"

Dr. Eckhard, der Gastgeber, hob seine Hand.

„Ja. Ich bekomme als Arbeitgeber regelmäßig die Krankmeldungen meiner Beschäftigten Katharina Weber auf den Tisch. Und nun, nach fast 5 Wochen Krankenhausaufenthalt auch noch die ärztliche Verordnung über einen dreiwöchigen Reha-Aufenthalt. Arbeitstechnisch bedeutet das für mich ein Desaster. Kann jemand etwas dazu sagen?"

„Meinen Sie etwa die Frau, die unsere Klinik in Misskredit gebracht hat, Herr Eckhard?" fragte Bäuerling scheinheilig

„Sicher, Herr Kollege Bäuerling. Es geht um Frau Weber, meine Historikerin, der ich bei unserem letzten Gespräch verboten hatte, ihre Recherchen über die Stiftungsklinik fortzusetzen. Sie war dabei den unsinnigen Verdacht von Kindesmisshandlungen zu erheben, den ich für völlig absurd hielt und der der Stiftung hätte schaden können. Das hatte ich Ihnen damals mitgeteilt."

Prof. Dr. Bäuerling zuckte zusammen. Die Teilnehmer sahen, dass er plötzlich blass im Gesicht wurde.

„Wenig später hat sich dieser Polizist, Kluge heißt der unsympathische Mensch, nach ihr wiederholt erkundigt, und mich mit Fragen nach ihrer Anschrift unter Druck gesetzt. Danach habe ich von beiden nichts mehr gehört. Gibt es etwas, was ich wissen sollte?"

Eckhards Stimme war eine Spur schärfer geworden. Alle Augen richteten sich auf Bäuerling als Vorsitzenden. Doch der schüttelte abwehrend den Kopf.

„Tut mir leid. Dazu kann ich nichts sagen. Von Ihrer Mitarbeiterin habe ich nie etwas gehört oder gesehen", log dieser und blickte Eckhard starr ins Gesicht.

Der Leitende Oberstaatsanwalt Meier-Greefe zog missbilligend die Augenbrauen hoch. Auch Mühlfriedel war aufmerksam geworden; aber er schwieg.

„Lassen Sie mich dazu auch ein Wort sagen." Meier-Greefe erhob sich. Seine Stimme klang ernst.

„Sie haben alle aus der Presse erfahren, dass ich die Ermittlungen gegen die Stiftungsklinik eingestellt habe. Zu Recht, meine ich, weil die von meinem leider verstorbenen Mitarbeiter, Oberstaatsanwalt Clement, beantragte Durchsuchung den Verdacht der Kindesmisshandlung nicht begründen konnte. Den übereifrigen Beamen Kluge konnte ich durch eine Personalmaßnahme seiner Behörde in seinem Ermittlungsdrang bremsen. Aber es sind noch Ermittlungen im Zusammenhang mit dem plötzlichen Unfalltod meines Mitarbeiters und dem Giftanschlag auf Frau Weber, die Historikerin aus dem Archiv, anhängig." Er blickte Bäuerling durchdringend an.

„Weitere Einzelheiten werde ich hier nicht erörtern."

Erregt sprang Eckhard auf.

„Was meinen Sie mit Giftanschlag, Herr Meier-Greefe?"

„Ich wiederhole mich. Einzelheiten werden hier nicht erörtert, Herr Dr. Eckhard."

Meier-Greefe wandte sich dem weißhaarigen Gerichtspräsidenten a.D. Schliphake zu, ohne dem gestikulierenden Archivleiter Gehör zu schenken.

„Sie, Herr Kollege Schliphake und Dr. Bäuerling wissen, dass ich aufgrund unserer gemeinsamen Einstellung zur Volksgesundheit und zum Schutz der vom Kollegen Bäuerling betriebenen, wissenschaftlichen Forschungsarbeiten an die Grenzen des legal Machbaren gegangen bin. Meine

Entscheidung war einmalig!" Er wandte sich an den Protokollführer. „Das was ich eben verlauten ließ, ist nichts fürs Protokoll, Herr Lemke!"

Meier-Greefes Erklärung war eine deutliche Warnung, mit der drei der Teilnehmer nichts anfangen konnten. Bäuerling aber hatte sehr genau verstanden.

„Dem ist nichts hinzufügen, Herr Meier-Greefe. Hat noch jemand eine Frage?"

Mühlfriedel blieb stumm. Lemke starrte auf sein Protokoll. Eckhard blätterte wütend in seinen Aufzeichnungen.

„Nun lassen Sie uns zu den wichtigen Aufgaben der Stiftungsarbeit kommen, meine Herrn. Da gibt es einiges zu erörtern, und", Bäuerling wandte sich lächelnd an Mühlfriedel, „wir wollen doch auch unserer Kommunalpolitik und der Öffentlichkeit Gelegenheit geben, zu erfahren, dass es sich lohnt, wieder Vertrauen in die Arbeit unserer Stiftung zu haben." Dann wurde er wieder förmlich.

„Das was nun kommt, ist wieder fürs Protokoll, Herr Lemke!"

Dieses zwiespältige Verhalten des Vorsitzenden machte den ahnungslosen Kommunalpolitiker misstrauisch. Es war eine undankbare Rolle, in die ihn der Oberbürgermeister gedrängt hatte. Er hasste den akademischen Dünkel und die Arroganz der anderen Teilnehmer. *Hier wird gelogen, dass sich die Balken biegen,* dachte er resigniert.

129. *Ginsengia Tibetis Temporalis*

Es war doch später geworden im Staatsarchiv. Nach dem schwierigen Einstieg waren die nächsten Besprechungspunkte abgearbeitet worden. Als Lemke sein Protokoll beendete, war das das Zeichen für Dr. Eckhard, der sich wieder beruhigt hatte. Er kredenzte den Teilnehmern die obligatorische Spätvesper samt einem guten Rotwein. Damit nahmen die Gespräche einen lockeren Verlauf.

Der Gastgeber bemerkte, dass Bäuerling, Schliphake und der Staatsanwalt öfter die Köpfe zusammensteckten und tuschelten. Als sie sich beobachtet glaubten, löste sich die Gruppe auf. Danach wurde Mühlfriedel, der Kommunalpolitiker, von den beiden lebensalten Medizinern in Beschlag genommen.

Die Gläser klirrten, und dem kleinen Büffet wurde gut zugesprochen.

Um zweiundzwanzig Uhr gab Bäuerling das Zeichen zum Aufbruch. Eckhard stellte fest, dass dieser leicht schwankte. Lemke griff seinem Klinikchef hilfsbereit unter die Arme. Auf dem Parkplatz schob er ihn auf die breite Rückbank des schwarzen Mercedes und startete. Mittlerweile war es dunkel geworden.

Zügig durchquerte Lemke das nächtliche Lüneburg und erreichte nach einer halben Stunde das Klinikgelände. Als er sich der Einfahrt näherte, erschrak er. Beide Torflügel waren sperrangelweit geöffnet, und auf dem Pfosten rotierte die Warnlampe.

Er trat vorsichtshalber auf die Bremse. Die Außenbeleuchtung war in Betrieb. Im Hintergrund waren das helle Rot großer Löschfahrzeuge, das Flackern von Blaulichtern und das Licht starker Scheinwerfer zu sehen.

„Was issen los, Lemke? Und was sollen die vielen Lichter auf meinem Hof?" stammelte Bäuerling.

„Herr Professor, ich glaube es brennt bei uns!" „Da muss ich hin!"

Im Fond rumorte es. Ehe Lemke reagieren konnte, quälte sich Bäuerling aus dem Auto. Schwankend lief er auf die flackernden Lichter zu. Lemke hörte ihn verzweifelt schreien.

Als Bäuerling die Halle erreichte, sah er mit Entsetzen, dass die Pflanzenzuchthalle in Flammen stand. Die Löschtrupps der Feuerwehr hatten ihre Spritzen ausgerichtet. Kaskaden von Löschwasser überschwemmten das Gebäude.

Wenig später erreichte Bäuerling die inzwischen lichterloh brennende Halle.

„Meine Pflanzen! Wer hat das getan?" schrie er immer wieder. Dann wurde er von den starken Armen eines Feuerwehrmannes festgehalten. Eine bekannte Stimme drang in sein benebeltes Bewusstsein.

„Gustaf, gut dass du endlich kommst!"

„Was geht hier vor sich, Heinrich?" lallte Bäuerling. Er ruderte mit den Armen. „Unsere Pflanzen verbrennen, Heinrich! Mach was dagegen!"

Ein Feuerwehrmann trat heran. Er wischte sich den Ruß aus dem Gesicht.

„Sind Sie der Klinikleiter, Dr. Bäuerling?" Der nickte verständnislos.

„Wir haben das Feuer soweit im Griff und konnten ein Überspringen auf die andere Halle verhindern. Aber ihre Pflanzen waren nicht mehr zu retten!"

Bäuerling zitterte am ganzen Körper. Wie ein Automat wiederholte er: *„waren nicht mehr zu retten."* Immer wieder. Erst dann begriff er die ganze Tragweite. „Heinrich, unsere Pflanzen, unsere Zukunft!" Er schwankte, griff sich an sein Herz und rutschte wie ein haltloses Bündel zu Boden. Das alles geschah in Sekundenschnelle. Baum hatte keine Chance, zu reagieren.

„Verdammt, wir brauchen Hilfe!"

In den Brandmeister kam Bewegung. „Schnell eine Trage!" Baum griff zum Handy.

„Sofort zur Halle. Der Chef ist zusammen gebrochen."

Zwei Feuerwehrmänner eilten mit einer Trage herbei. Wenig später hetzten der junge Assistenzarzt und ein Pfleger vom Nachtdienst heran. Doch Bäuerling reagierte nicht, als Baum nach der Halsschlagader tastete. Die Augenlider waren geschlossen und dunkel verfärbt, sein Gesicht leichenblass. Höchste Gefahr!

„So schnell, wie es geht, in den OP. Verdacht auf Herzinfarkt!" Nun kam es auf jede Minute an. Baum geriet in Panik. Nur das nicht. Ohne Bäuerling würde alles zusammenbrechen. Schumacher im Gefängnis. Im Untergeschoss das „Material". Allein würde er den Klinikbetrieb nicht aufrechterhalten können. Plötzlich fühlte er sich steinalt. Verzweifelt blickte er den Männern mit der Trage nach, auf der sein Chef um sein Leben rang.

„Wird schon wieder werden!" Der Brandmeister und Einsatzleiter drückte ihm etwas in die Hand. Etwas Metallenes. Im flackernden Licht erkannte er ein verrußtes Werkzeug. „Hier, nehmen Sie. Das ist ein Seitenschneider gewesen. Den haben meine Leute gleich hinter dem Halleneingang gefunden." „Und was bedeutet das?"

„Damit hat wohl in der Halle jemand gewerkelt!" „Sie meinen …?"

„Die Leitung zum Störungsmelder ist durchtrennt worden. Da muss jemand gut Bescheid gewusst haben."

Baum durchfuhr es heiß. Brandstiftung und Sabotage an der Technik. Blitzartig ging ihm ein Name durch den Kopf.

„Heben Sie das Teil gut auf. Es könnte ein Beweismittel sein."

Der hohe Feuerwehrmann klopfte ihm mitfühlend auf die Schulter. „Sie sollten auch unter Dach gehen, alter Mann! Hier ist für Sie nichts mehr zu tun." Er blickte sich nach seinen Leuten um. „Wir lassen heute Nacht eine Brandwache hier."

Hilflos blickte Baum auf die eingestürzten, verschmolzenen Wände und das zerstörte Dach der Aufzuchthalle. Über allem schwebten üble Gerüche des verbrannten Baustoffe und der beißende Geruch der Pflanzen. Da gab es nichts mehr zu retten. Die gesamte Pflanzenaufzucht, und damit ihre Zukunft, waren vernichtet. Von jetzt auf gleich. Ihm wurde schwindelig.

Die Kripo würde wieder kommen und viele unbequeme Fragen stellen. Das lange, gut gehütete Geheimnis der lebenserhaltenden Pflanze aus Tibet würde an die Öffentlichkeit gelangen. Und die Schmierenpresse würde sich wie die Geier auf die Klinik stürzen.

Das durfte nicht geschehen. Es musste eine Möglichkeit geben, der Außenwelt den Zutritt zum Klinikareal zu verweigern. Gleich morgen früh werde ich mit Dr. Lemke darüber sprechen. Aber vorher muss ich noch in die Halle.

130. Zwiegespräch

Nach dem gemeinsamen, ungewohnt späten „Zwangsurlaubs-Frühstück" mit seiner Frau, wollte sich Bernhard Kluge in sein Arbeitszimmer zurückziehen. Nichts von dem Großbrand ahnend, der sich gute dreißig Kilometer Luftlinie von ihm entfernt in der Nacht zuvor ereignet hatte.

Doch seine aufmerksame Frau, die seit Kurzem eine neue, unbekannte Hektik an ihm beobachtete, machte einen Strich durch seine Planung.

„Bernhard Kluge, meinst du, das ist der richtige Weg für uns, wenn du dich auch zu Hause mehr um den Dienst kümmerst, als um unsere Gemeinsamkeiten?"

Er war verblüfft. „Was meinst du damit, meine geliebte Elaine?"

„Ich meine, dass die Weisung deines Chefs doch deutlich genug ist. Du sollst dich in den drei Wochen Auszeit nicht mit deinem Dienst beschäftigen. Und was machst du? Du telefonierst mit allen möglichen Leuten, fährst durch die Gegend und tauchst in deinem Arbeitszimmer ab, wann es dir gerade richtig erscheint! Auch das Ausführen deines Lieblingshundes überlässt du immer öfter mir!"

Er lächelte gezwungen.

„Elaine, du weißt um die Hintergründe. Du weißt auch um den Tod unseres Freundes. Und gerade deshalb kann ich einfach nicht die Hände in den Schoß legen und zusehen, wie die sich dafür Verantwortlichen vor Freude auf die Schultern klopfen!"

Seine Stimme war ernst geworden. Doch eine Antwort blieb aus. In den Augen seiner Frau schimmerten Tränen. Sie rückte an ihn heran, und er spürte ihr Bedürfnis nach Nähe. Ja, ihr gemeinsames Leben hatte sich durch die dienstliche Maßnahme verändert. Dabei war sie es, die ihm immer wieder den Rücken freihielt und ihn nach seiner Niederlage ermutigt hatte, nicht aufzugeben.

Er umarmte sie zärtlich.

„Du hast ja Recht, mein Schatz. Durch den Stress der letzten Wochen ist unser Miteinander auf der Strecke geblieben. Ganz abgesehen von den unerledigten Aufgaben in Haus und Garten."

Er blickte durch das Fenster nach draußen. „Aber heute kann ich mir Rasenmähen nicht vornehmen. Du siehst ja, wie es schauert! Besser ist es, drinnen zu bleiben."

„Oh ja!" sagte sie und blickte ihn errötend an. „Ich hätte da eine Idee …" Kluge stutzte, aber nur für einen Moment. „Eine wunderbare Idee!" Zärtlich nahm er sie in seine Arme und küsste sie. Doch dann schob er sie behutsam zurück.

„Lass uns bitte unsere Nähe auf den Abend verschieben. Was meinst du dazu?"

Ihre Augen strahlten, und sie schmiegte sich an ihn. „Und da bis heute Abend noch viel Zeit ist, werde ich schon mal aktiv und …" „Na, was kommt nun?" „… gehe auf unserem Dachboden!" „Wie bitte? Willst du die Regenwolken weiterschieben?" spöttelte sie.

Kluge grinste verschwörerisch.

„Schon lange wollte ich mich um die alten Holzkoffer meines Vaters aus der Nachkriegszeit kümmern. Ich nehme mir eine Kanne Kaffee mit hoch. Zum Mittagessen erwarte *ich* deine Einladung!"

Elaine Kluge blieb nichts anderes übrig, als sich zu wundern. Aber zufrieden mit sich räumte sie das Frühstücksgeschirr zusammen. Manchmal musste ein klares Wort gesprochen werden.

131. Die Redaktion

„Haben Sie schon etwas Neueres vom Brand in der Klinik in Schwindebeck, Eggersdorf?" Chefredakteur Meinhardt betrat dessen Arbeitsraum, in den Händen den Bericht des Pressesprechers der Polizei aus Winsen/Luhe.

„Das hier ist ziemlich dürftig!"

Eggersdorf nickte.

„Und mehr werden wir erstmal wohl nicht bekommen." Er zuckte mit den Schultern.

„Die Presse hat keinen Zugang zum Klinikgelände. Nur die Löschmannschaft wurde vom Sicherheitspersonal durchgelassen. Ein großes, selbst gemachtes Schild verkündet unübersehbar: *Unerlaubtes Betreten des Grundstückes stellt Hausfriedensbruch dar und wird juristisch verfolgt.* Da kann man nichts machen!"

„Klären Sie bei der Polizei-Einsatzleitung auf der Hude ab, ob das Zugangsverbot auch für die Ermittler gilt, Eggersdorf." Dieser nickte nachdenklich.

„Was haben wohl die Klinik und der von Kluge verdächtigte Chefarzt zu verbergen? Das, was da jetzt abgeht, ist ungewöhnlich und löst viele Fragen aus."

Meinhardt blickte seinen Mitarbeiter aufmerksam an.

„Da bin ich Ihrer Meinung, und genau das ist unser Job, Fragen zu stellen. Versuchen Sie Ihr Glück!" Er ging zur Tür. „Was ist eigentlich bei dem Gespräch mit diesem Geiger herausgekommen?" Die Frage erwischte Eggersdorf kalt.

„Nicht viel. Er hatte die Idee, heimlich auf das Klinikgelände zu gehen, und wollte mich dabei haben." „Und?"

„Das habe ich selbstverständlich abgelehnt." „Weiter kam nichts zur Sprache?" Eggersdorf schüttelte den Kopf. „Was meinen Sie damit?"

„Na gut! Passen Sie nur auf, Eggersdorf, dass Sie, besser wir nicht in etwas reingezogen werden, was unserem Ansehen schadet." Dann schloss sich hinter dem Chefredakteur die Tür.

Eggersdorf lächelte. Auch hier gilt „Quellenschutz", lieber Chef, dachte er zufrieden.

132. „Hausarbeit"

Am Nachmittag hatte sich Kluge dann doch in sein Arbeitszimmer zurückgezogen, nachdem er die Durchsicht der Holzkoffer vorerst abgeschlossen hatte.

Die Vielzahl der alten Fotos hatte ihn irritiert, abgesehen von den zahlreichen Briefbündeln mit den Briefmarken der Feldpost. Er hatte beschlossen, sich später damit zu befassen, auch weil seine Gedanken ständig um die Privatklinik kreisten.

Die durchnummerierten Luftbilder vom Hubschraubereinsatz und der Lageplan der Privatklinik lagen ausgebreitet vor ihm. Die Aufnahmen waren gestochen scharf, und auf DIN A4 vergrößert. Er setzte sich und griff zu seiner großen Lupe. Langsam schob er sie über die Fotos, eins nach dem anderen, und versuchte diese dem Lageplan zuzuordnen.

In Gedanken versetzte er sich zurück in den Hubschrauberflug. Damals war ihm etwas Merkwürdiges aufgefallen. Was war das nur gewesen? Er zermarterte sich den Kopf, und plötzlich war die Erinnerung wieder da.

Das waren die röhrenartigen Gegenstände, die aus dem Rasen ragten. Er hatte diesen keine große Bedeutung beigemessen. Aber nun war jedes Detail wichtig. Wieder schob er die starke Lupe über die Fotos. Und dann hatte er Glück.

Auf dem vierten Foto wurde ein langes, flaches Gebäude sichtbar. Auch die Einzäunung darum. Und auf der weiten Rasenfläche davor erkannte er die Röhren.

Er nahm den Lageplan zur Hilfe und konnte jetzt das flache Gebäude zuordnen. Es war das Labor, von dem auch Geiger gesprochen hatte, und vor dem ein Fahrzeug mit der Aufschrift – *Eilige Arzneimittel* – geparkt hatte.

Insgesamt sechs Röhren waren zu erkennen. Dann sprang ihn die Erkenntnis förmlich an. Natürlich, das waren Entlüftungsröhren! Und das bedeutete, dass darunter etwas war, was entlüftet werden musste. Vielleicht ein Raum, Keller oder ähnliches. Aber im Umkehrschluss konnten die Röhren auch der Zuführung von Frischluft dienen. Doch wofür? Was verbarg sich unter dem weiten Rasen? Gab es Zusammenhänge mit dem Labor? Geigers Worte klangen ihm im Ohr.

Spontan griff er zum Telefonverzeichnis.

Und wenig später stieß er auf den Namen des Mannes von der Kreisverwaltung in Winsen/Luhe, der an der Durchsuchung teilgenommen hatte. Er wählte die Nummer und sprach seine Nachricht, vorrangig nach Bauanträgen und Unterlagen der Energieversorger für die Privatklinik in Schwindebeck zu suchen, auf den AB. Es war bereits kurz vor elf Uhr. Er musste unbedingt mit Geiger über die Röhren sprechen. Geiger hatte Recht. Die Lösung verbarg sich auf dem Gelände der Klinik, und wahrscheinlich unter den Röhren.

Der Festnetzanschluss summte. Der Anrufer bedauerte, dass im Zusammenhang mit den Bebauungsplänen für die Klinik keine Unterlagen aufzufinden seien. Das sei sehr ungewöhnlich. Eventuell könne man darüber etwas beim Katasteramt erfahren. Kluge bedankte sich.

„Verflixter Kram", murrte er. Wieder kein Stück weiter. Geigers Nummer angewählt. Sein Ruf ging raus, blieb unbeantwortet. Er wusste, was nun zu tun war.

Es klopfte, eine Hand schob sich durch den Türspalt und wedelte mit einer Zeitung.

„Komm herein, mein Schatz!"

„Dein Kollege Jens Ahlers und dein Vorgesetzter, Herr Tödter, lassen dich grüßen. Tödter hat dir den ‚Winsener Anzeiger' geschickt. Und dann soll ich dir noch ausrichten, dass sich Ahlers und Scharnhorst um eine Thea Zöllner kümmern werden. Die Staatsanwältin hätte grünes Licht gegeben."

„Das hört sich gut an." Kluge strahlte. „Eigentlich gefällt es mir immer besser zu Hause. Was hältst du davon, wenn ich vorzeitig in den Ruhestand gehen würde?"

„Bei dir piept's wohl, *mon Bernard*! Dann komme ich zu nichts mehr. Nee, nee. In einer Woche ist die schöne Zeit vorbei, Herr Kluge." Sie drückte ihm einen Kuss auf die Stirn und überließ ihn seiner Zeitung.

Auf der Lokalseite des Blattes sprang ihn die fette Schlagzeile an:

Brand einer Halle auf dem Gelände der Privatklinik bei Schwindebeck. Seltene Pflanzen vernichtet. Vermutlich liegt technische Brandursache vor. Schaden etwa 100.000 DM.

Er zuckte zusammen. Verdammt, was hatte das zu bedeuten? Vermutlich technische Ursache! Kaum zu glauben. Waren das die Pflanzen, mit denen Geiger zu tun hat? Er musste ihn unbedingt erreichen. Doch meldete sich nur dessen Mailbox. Warum antwortet Geiger nicht? Das war ungewöhnlich. Der wird doch wohl nicht so verrückt geworden sein, selbst … Nein, das konnte nicht sein oder? Er blickte nachdenklich auf die Fotos vor sich.

Was hatte Elaine noch gesagt? Ach ja, sie hatte von einer Thea Sowieso gesprochen. Er erinnerte sich. Auf einigen sichergestellten Unterlagen war Thea Zöllner zu lesen gewesen. Ich sollte mit der Gebhardt darüber sprechen. Seine Gedanken kreisten. Unbewusst kritzelte er „Stefanie" auf seinen Block. Die tüchtige Stefanie. Und wie aus einem Nebel tauchte die gemeinsame Besprechung mit ihr auf. Es ging um den Ferdinand-Louis Schumacher und die vorgetäuschte Beerdigung. Er wollte Schumacher senior zu der Bestattung befragen. Richtig!

Doch dann wurde ihm bewusst, dass er mit einem Vater über den Tod seines Sohnes sprechen wollte. Der aber in Wirklichkeit nicht tot war, sondern wegen versuchten Mordes in der JVA, Am Markt 7c, einsaß.

Wie wird der mit der Wahrheit klarkommen? Schumacher senior ist ein sehr alter Mann und braucht als Familienangehöriger nicht auszusagen. Er rieb sich heftig die Nase.

„Stephan, mein Freund, du wüsstest jetzt Rat!"

133. Syllogistik

Ahlers und Scharnhorst beschäftigten sich am Nachmittag mit den Unterlagen, die sie vom Landeskriminalamt Schwerin in Sachen Thea Zöllner angefordert hatten. Schwarz-Weiß-Fotos und farbige Luftaufnahmen zeigten eine große landwirtschaftliche Anlage mit stattlichem Wohnhaus und drei ebensolchen Nebengebäuden. Weite Pferdeweiden schlossen sich dem Gut „Wiesengrund" an.

Auf dem Anwesen war eine *Association pour les enfants tomber dans l'oubli*, auf Deutsch: *Verein für vergessene Kinder, e.V.*, beheimatet und in das Grundbuch eingetragen. Geschäftsführerin war Thea Zöllner, geb. 10.7.1963 in Nürnberg.

Laut Eintrag im Vereinsregister war als Leitlinie *Hilfe und Pflege heimatloser, ausländischer Kinder*, eingetragen. Bedenken der zuständigen Finanzbehörde lagen nicht vor. Die finanziellen Abläufe lagen in den Händen einer Anwaltskanzlei in Erfurt, der auch eine Steuerberatungsgesellschaft angeschlossen war.

Der gemeinnützige Verein bestand seit fünf Jahren und betrieb Fundraising. Zum Vermögen des Vereins gehörten drei Pkw und zwei Krankentransportfahrzeuge. Sechs ehrenamtliche Mitarbeiter waren für Transporte und Gebäudesicherheit zuständig.

In einem Vermerk des Schweriner Fachkommissariats für Kapitaldelikte war zu lesen, dass Zöllner Verbindungen zu dem Rocker Motorradclub *Hell Fire-Guys* hatte, der wiederum einer Neo-Nazi-Kameradschaft nahestand. Zöllner war bisher strafrechtlich nicht in Erscheinung getreten. Allerdings verfügte sie über ein lückenhaftes Gedächtnis, als sie als Zeugin zu einem Raubüberfall auf eine Tankstelle vernommen werden sollte. Der Verdacht hatte sich gegen einen der Rocker gerichtet, der in dem militärähnlich strukturierten Motoradclub die Funktion eines *Enforcer* innehatte. Zöllner hatte bestritten, in der Nähe des Tatortes gewesen zu sein, obwohl von einem tankenden Pkw-Fahrer das Kennzeichen ihres Enduro Bikes abgelesen worden war. Das Verfahren musste eingestellt werden. Andererseits war sie als eloquente Geschäftsfrau beschrieben worden, die mit ihrem professionellen Erscheinungsbild keinen Zusammenhang mit Kriminellen vermuten ließ. Doch die fleißigen Kollegen in Schwerin hatten herausgefunden, dass der tatverdächtige Rocker zu den Mitarbeitern Thea Zöllners gehörte. Genauso wie zwei weitere Männer, über die Erkenntnisse und Verurteilungen wegen gefährlicher Körperverletzung vorlagen.

In den Unterlagen war auch ihr Spitzname genannt: *„Lady"*.

„Eine ‚saubere' Geschäftsfrau mit sozialem Touch. Und deren Unterschrift taucht auf den Begleitbelegen des Kindertransportes in die Privatklinik von Bäuerling auf. Das stinkt doch zum Himmel. Was meinst du, Winfred?"

„Das sehe ich genauso. Aber", Scharnhorst blätterte in den Schriftstücken, „nirgendwo taucht ein Hinweis oder die Frage auf, wie weit die Arbeit des Vereins legal ist … oder auch illegal?"

Ahlers nickte.

„Ja, das ist sehr eigenartig!" Er griff zu einem weiteren Schriftstück, das mit „Projekthilfen" betitelt war. „Ein Arsch voll Namen, Firmennamen und andere." Sein Finger glitt über die Zeilen und blieb dann hängen. „Hier, der Name der Kanzlei aus Erfurt als Sponsor. Inhaber Dr. Adolf Giermann. Und hier der Name eines *Vereins für Erhalt und Pflege heimatlicher Bräuche*, ebenfalls aus Erfurt."

„Giermann? Mann, ist das nicht der Anwalt, der Schumacher vertritt."

Das konnte doch kein Zufall sein. Was passiert mit den ausländischen Kindern, die von dem Verein betreut werden? Wohin führte deren Weg in Deutschland? Die Fragen standen im Raum. Bisher war nur bekannt, dass die Privatklinik in Schwindebeck Anlaufstation war.

„Ich denke, dass wir es mit illegalem Menschenhandel zu tun haben!"

Ahlers sprach es aus, bevor Scharnhorst es tat. Dieser griff zu Papier und Schreiber. Mit ein paar Strichen entstand ein Personagramm, an dessen Spitze die „*Lady*" stand. Ganz unten fand sich die *Privatklinik* wieder. Rechts und links hatte er weitere Namen aufgeführt.

Ahlers warf einen Blick darauf.

„Ja, stimmt. Aller Wahrscheinlichkeit nach haben wir es mit Organisierter Kriminalität zu tun, unter der Tarnkappe eines harmlosen Vereins. Die ‚*Lady*' steht an der Spitze einer Organisation, die aus der Rockergruppe *Hell Fire-Guys* und vermutlich aus Skinheads in der unteren Ebene besteht. Die dürften für die ‚Drecksarbeit' zuständig sein. Die übliche Arbeitsteilung in der OK-Hierarchie."

„Denkst du an etwas Bestimmtes?"

„Sicher, ich denke an den Anschlag auf Oberstaatsanwalt Clement."

Scharnhorst betrachtete kritisch das Organigramm.

„Da könnte was dran sein!"

Er griff zum Stift. „Ich werde den Anwalt mit an die Spitze setzen. Als ausgebuffter Jurist hat der mit Sicherheit Kontakt zu Quellen, die ihm Gefahr für die Organisation signalisieren!"

„Richtig! Sehe ich ebenso!"

„Wir sollten Bernhard auf Stand bringen. Das würde ihm Auftrieb geben."

„Grundsätzlich einverstanden. Aber alles, was wir in dieser neuen Spur haben, sind mehr oder weniger Hypothesen, obwohl sie schlüssig sind. Bernhard hat sich vor drei Tagen die Luftbilder und den Grundriss der Klinik geholt. Er hatte es sehr eilig und für mich keine Zeit. Es sah aus, als ob er etwas plane."

Scharnhorst kannte seinen Chef. Wenn der so abblockte, führte er was im Schilde.

„Unser Weg, der ‚Lady' Menschenhandel ans Bein zu hängen, führt nur über Staatsanwältin Gebhardt. Und wenn die erfährt, dass Giermann eventuell seine Finger drin hat, wird sie wahrscheinlich Schwierigkeiten mit ihrem Chef kriegen. Aber das kann uns nicht davon abhalten, ein neues Ermittlungsverfahren anzuleiern. Und das könnte weitaus umfangreicher werden, als wir ahnen."

„Wahrscheinlich länderübergreifend." Ahlers stand auf und reckte sich.

„Gleich Feierabend. Lass uns nachher ein Bier trinken und *Brainstorming* machen. Es ist eine Menge Neues, alles *top secret*, bis Gebhardt unseren Bericht hat. Auch Bernhard lassen wir zunächst außen vor. Hand drauf!"

„Okay Jens, du bist sein Vertreter und hast das Sagen."

134. Privatklinik

Drei Tage nach dem Brand der Pflanzenaufzuchthalle hatte sich Bäuerlings Zustand erheblich verbessert. Entgegen ersten Befürchtungen lag kein

Herzinfarkt vor. Es war ein Schwächeanfall als Folge der letzten aufregenden Tage gewesen.

Bäuerlings Gesicht nahm allmählich wieder normale Farbe an.

„Was ist mit mir geschehen, Heinrich?" krächzte er. „Du bist vor drei Tagen vor der brennenden Halle zusammen gebrochen, Gustaf, als du von deiner Besprechung zurückgekehrt warst."

„Vor drei Tagen sagst du? Ich kann mich nicht erinnern, Heinrich." Er verzog ängstlich sein Gesicht.

„Wir hatten dich gleich in den OP bringen lassen und alle notwendigen Maßnahmen eingeleitet. Aber unser tüchtiger Kollege hat schnell diagnostiziert, dass keine Lebensgefahr für dich besteht. Und nun kannst du bald wieder aufstehen, Gustaf, alter Kamerad."

Er griff Bäuerlings schmale Hand und drückte sie freundlich. „Kannst du dich noch an Achtunddreißig erinnern, oben im Hochland von Tibet?" Bäuerlings Blick wurde nachdenklich, dann richtete er sich kraftvoll auf.

„Jawoll, Obergruppenführer. Besonders an den Tag, als mir die Mönche das großartige Geschenk machten und die Wunderwurzeln und Samen aus dem Hochland überreichten, *Ginsengia Tibetis Temporalis,* wie ich sie später nannte!" Doch dann wurde seine Stimme weinerlich. „Sind denn alle Pflanzen vernichtet, Heinrich?"

„Ja! Leider, Gustaf. Die Pflanzen sind unwiederbringlich zerstört. Aber unser Laborleiter Dr. Lehmann hat mir versichert, dass noch genügend Zuchtmaterial vorhanden ist. Er hat auch ausreichend Vorräte für unsere Zellkuren. Du brauchst nur noch auf die Beine zu kommen!"

„Dem Führer sei Dank!" Mit tiefem Seufzer sank Bäuerling in die Kissen.

„Ich habe dir schon eine Zelldusche zukommen lassen. Die wird bald wirken. Und du wirst sehen, in zwei Tagen stehst du wieder in deinem Forschungsraum."

„Meinst du?" Bäuerling richtete sich plötzlich auf. „Aber was ist mit dem ‚Material' im UG?"

„Was soll sein? Ich habe veranlasst, dass die Versorgung des ‚Materials' weiter geregelt ist. Die Spezialisten für die

Organentnahmen kommen erst, wenn du wieder auf den Beinen bist, Gustaf."

„Aber *Derma-Pharm.?* Die hatten doch schon Druck gemacht, Heinrich!"

Baum kratzte sich nervös am Kopf.

„Beruhige dich, Gustaf! Ich habe mit Dr. Johannsen, deinem altem Bekannten telefoniert. Ich konnte ihn zufrieden stellen. Vom Brand bei uns hat er nichts erfahren."

„Gut, Heinrich. Danke. Da bin ich sehr froh!" Bäuerlings Gesicht entspannte sich, als sich Baum zum Gehen wandte.

„Einen Moment noch, Heinrich. Weißt du etwas über die Brandursache?"

„Meines Wissens soll es sich um eine technische Ursache handeln. Das hatte mir der Brandmeister mitgeteilt", log er.

„Also keine Brandstiftung?"

„Wieso Brandstiftung? Nein, Gustaf", log er ein weiteres Mal. Dabei grinste er überzeugend. „Du solltest dir darüber keine Gedanken machen und in Ruhe wieder gesund werden. Du wirst gebraucht, Chef. Gute Besserung!"

Er hatte es plötzlich sehr eilig aus dem Krankenzimmer zu kommen. Auf dem Flur bemerkte er, dass seine Hände feucht geworden waren. Aber nicht wegen der Lügen, die er seinem Chef aufgetischt hatte. Dessen Fragen hatten bei ihm die Erinnerung an den gruseligen Fund im hinteren Teil der abgebrannten Halle ausgelöst.

„Schick mir unseren neuen Sicherheitsmann vorbei", rief ihm Bäuerling hinterher.

135. Der Patriarch

Dieses Mal war Elaine Kluge damit einverstanden gewesen, dass Bernhard sich nach dem Mittagessen in sein Arbeitszimmer verkrümelte. Denn sie hatte sich mit einer langjährigen Jugendfreundin verabredet, die wie sie aus dem Elsass stammte und zurzeit in

Hamburg weilte. Mit einem fröhlichen: *„Bis später, Schatz"*, verabschiedete sie sich.

Kluge griff zu den Aufzeichnungen über die vorangegangene Befragung des Seniorchefs von *Schuma-Print*.

Er hatte den zweiundneunzigjährigen, weißhaarigen und körperlich gebeugten Ernst-August Schumacher aufgesucht. Der lebte allein in dem villenähnlichen Gebäude aus der Gründerzeit. An der Reichenbachstraße gelegen, nicht weit entfernt von seiner Dienststelle. Eine ältere Haushälterin sorgte für sein Wohlergehen. Das war notwendig, denn Schumacher senior hatte die Selbsttötung seines Enkels Friedrich-Wilhelm noch nicht überwunden.

Er hatte Schumacher darüber informiert, dass sein Sohn Ferdinand-Louis lebe und wegen eines Mordversuches beschuldigt werde. Danach hatte er ihn belehrt, dass er als Vater keine Aussage zu machen brauche. Der hatte das zunächst nicht glauben wollen, aber zähneknirschend erwidert, dass er nie richtig an den Tod seines Sohnes geglaubt hätte. 1969 war er von der Polizei von dessen Tod bei einem Verkehrsunfall in Kenntnis gesetzt worden. Ferdinand-Louis wäre auf der Bundesstraße 3 in einem Leichenwagen der Firma Boone, bei der er beschäftigt gewesen wäre, verbrannt. Die Leiche hätte er nicht ansehen wollen. Das einzige Identifizierungsmerkmal wäre die wertvolle, goldene Schweizer Armbanduhr mit ihrer besonderen Gravur gewesen, die er seinem Sohn zur Hochzeit geschenkt habe. Tage später sei die Beerdigung auf dem Waldfriedhof erfolgt. Alle amtlichen Formalitäten und die Beisetzung selbst wären durch einen Bestatter aus Soltau ausgeführt worden.

Danach hatte der alte Mann mit zitternder Stimme von seinem Sohn und dessen gescheitertem Leben erzählt. Er sei in der NS-Zeit Mediziner geworden und als kranker Mann aus der sowjetischen Kriegsgefangenschaft heimgekehrt. Er habe nie wieder im bürgerlichen Leben Fuß gefasst und sei eines Tages spurlos verschwunden.

Zum Abschluss hatte ihn Schumacher gefragt, ob sein Sohn wirklich wegen eines Mordversuches beschuldigt werde. Als er das bestätigte hatte, war dieser wütend aufgesprungen und hatte seinen Sohn als *„Mordarzt"* von Lüneburg beschimpft. Die Aufregung hatte den Zweiundneunzigjährigen auf seinem Stuhl erschöpft zusammensinken lassen, so dass ihm nichts anderes übrig geblieben war, als die Haushälterin herbei zu holen.

Beim Abschied hatte sich der alte Mann mit Tränen in den Augen bei ihm bedankt. Dessen letzte Worte schallten ihm auch jetzt noch nach: *„Wissen Sie, Herr Kluge, ich habe schon so viel durch gemacht in meinem langen Leben. Ich werde auch diese Hiobsbotschaft verkraften."*

Was für eine Tragik in dieser Familie, hatte er gedacht.

136. Städtisches Krankenhaus – Innere Station

Im Zimmer 1 herrschte nachmittags große Unruhe. Katharina Weber saß am kleinen Besuchertisch und weinte. Ihrer Nachbarin gelang es nicht, sie zu beruhigen.

„Wo ist Till? Warum kommt der nicht?" Weber zitterte am ganzen Körper.

Herzog drückte vorsichtshalber den roten Signalknopf. „Alles wird gut, Katharina. Dein Freund hat bestimmt sehr viel zu tun."

Wenig später ging die Tür auf, und Dr. Haverland kam herein. „Frau Weber, was ist geschehen?" Keine Reaktion. Haverland nahm behutsam ihre Hände von ihrem Gesicht, und zog sich einen Stuhl heran.

„Wollen Sie mir nicht sagen, um was es geht?"

„Till ist nicht zu erreichen. Zuletzt waren wir vor fünf Tagen unten in der Grünanlage zusammen. Da hatte er mir vom Strafverfahren gegen den falschen Arzt erzählt. Und von den Ermittlungen der Polizei. Seitdem meldet er sich nicht mehr."

Haverland hörte aufmerksam zu.

„Das ist tatsächlich ungewöhnlich. Ich weiß von Ihren gemeinsamen Plänen und Ihre Entlassung steht unmittelbar bevor. Da gäbe es bestimmt noch einiges zu besprechen."

Weber zuckte hilflos mit den Schultern.

„Wenn ich etwas vorschlagen dürfte, Herr Doktor?" Melanie Herzog schaltete sich ein.

„Katharina, ich meine Frau Weber, ist von Tag zu Tag unruhiger geworden, weil sich Herr Geiger nicht meldete. Könnten Sie denn nicht irgendetwas veranlassen?"

Haverland überlegte.

„Sie haben Recht. Ich werde Hauptkommissar Kluge anrufen und ihn bitten, nach Herrn Geigers Aufenthalt zu forschen." Lächelnd blickte er die Frauen an. „Was meinen Sie dazu, Katharina?" Weber wischte sich die Tränen ab.

„Sehen Sie, nun können Sie auch schon wieder ein bisschen lächeln. Ich bin mir sicher, dass Herr Kluge alles tun wird, um ihren Freund ausfindig zu machen." Er stand auf.

„Tschüss, die Damen. Es ist noch genug zu tun auf dieser Station!"

137. Kluges „List"

Nach dem Gespräch mit Schumacher senior war Kluge immer noch nicht daraus schlau geworden, wieso an Stelle der angeblichen Brandleiche Feldsteine im Sarg lagen. So wie der Senior es geschildert hatte, war sein Sohn beim Bestattungsunternehmen Boone in Soltau beschäftigt gewesen.

Er erinnerte sich an das Gespräch mit Winderlich. Gab es Berührungspunkte zwischen dem jetzt 70-jährigen Schumacher und dem damaligen Bestatter? Wenn man zurück rechnete, wäre das vom Alter beider Männer möglich gewesen. Aber wie hing das mit dem vorgetäuschten Tod und dem Steine-Grab auf dem Waldfriedhof zusammen?

Winderlich hatte gesagt, dass der Nachfolger des Unternehmens vor Kurzem verstorben ist, ebenfalls nach einem Verkehrsunfall. Damit gab es keine Möglichkeit mehr, herauszufinden, was es mit dem vorgetäuschten Tod auf sich hatte. Es gab nur einen Weg. Er musste zu Ferdinand-

Louis Schumacher ins Gefängnis und musste versuchen, ihn aus der Reserve zu locken.

An der Pforte der JVA in Lüneburg, Am Markt 7c, ließ man ihn ohne lästiges Fragen ein und führte ihn in das spärlich möblierte Besuchszimmer. Wenig später erschien Schumacher und erklärte, dass er ohne seinen Anwalt kein Wort sagen würde.

Doch Kluge ließ sich davon nicht beeindrucken. Freundlich erläuterte er, dass er keine Vernehmung beabsichtige. Er bat ihn, nur für eine Weile zuzuhören. Dann schlug er zielstrebig die Strafprozessordnung auf und las Schumacher die gesetzlichen Bestimmungen des Artikels 4 – *Regelung für Kronzeugen* – vor. Langsam, laut und deutlich.

Schumacher entspannte sich und hörte aufmerksam zu. Schließlich setzte er sich neben Kluge. Der drehte das Gesetzbuch so, dass sein Nebenmann den markierten Gesetzestext lesen konnte. Nach einer Weile stand er auf und überließ Schumacher sich selbst.

Als knapp 10 Minuten vergangen waren, kehrte er schweigend zurück und nahm das Gesetzbuch an sich.

Schumacher stand auf, blickte ihn lange an und reichte ihm spontan die Hand.

„Danke, Herr Kommissar!"

Auf sein Klopfen wurde die schwere Tür geöffnet, und er verließ den Raum. Ein nachdenklicher Ermittler blieb zurück.

Kluge wusste, dass er eine rechtliche Grauzone betreten hatte. Er hatte sich strikt an die Vorgaben der StPO gehalten, nicht auf den Beschuldigten mit verbalen Versprechungen einzuwirken. Aber ihm war es gelungen, Schumacher neugierig zu machen. Nicht mehr und nicht weniger. Den Gesetzestext hatte er sich aus der kleinen Anstaltsbücherei entliehen, wohl wissend, dass der intelligente Beschuldigte den Strohhalm „Kronzeuge" ergreifen würde. Auch wenn er immer noch nicht ermittelt hatte, wie und warum die Steine in den Sarg gekommen waren: Der Anfang war gemacht.

138. Privatklinik

Bäuerling und Baum hatten die Prüfberichte der Assistenzärzte zum Gesundheitsstatus des „Materials" vor sich liegen.

„Sag mal, Heinrich, was ist eigentlich mit unserm Security, dem Eisler?"

„Was soll mit dem sein?"

„Ich habe ihn seit Tagen nicht mehr gesehen!"

„Ach, du meinst Conny vom Kiez. Der hat hingeschmissen. Ich habe mich schon nach einem neuen umgesehen", log Baum unverblümt.

„Eigentlich ist das meine Aufgabe", knurrte Bäuerling. In ihren Disput hinein platzte unerwartet Dr. Giermann, ihr Anwalt.

„Es wird gefährlich für Euch, Gustaf und Heinrich!"

Bäuerling fuhr herum. „Was meinst du damit, Adolf? Müssen wir mit einem Meteoriteneinschlag rechnen?" Dabei grinste er zynisch.

„So ähnlich könnte es schon für euch werden, wenn wir uns nicht was einfallen lassen!" Bäuerlings Grinsen löste sich schlagartig auf. Auch Baum wartete gespannt. Der Anwalt schleuderte einen Schriftsatz auf den Schreibtisch.

„Hier lies, Gustaf! Am besten laut! Für alle!" Bäuerling wurde bleich im Gesicht, als er vorlas:

Erklärung

Ich, Dr. Ferdinand-Louis Schumacher, entbinde den Rechtsanwalt Dr. Adolf Giermann von der Wahrnehmung seiner Aufgabe als mein Verteidiger in dem gegen mich gerichteten Strafverfahren wegen versuchten Totschlags. Ich beabsichtige, ein Geständnis abzulegen, um mich von meiner Schuld zu entlasten, und meine Auftraggeber zu benennen.

JVA Lüneburg, am 16.5.1993

Ferdinand-Louis Schumacher, Dr. med.

Beide Männer blickten den Anwalt hilflos an.

„Der ist doch verrückt, Adolf. Das kann doch nicht wahr sein!"

Bäuerling sprang wütend auf.

„Warum hast du das Schmierstück entgegengenommen, Adolf? Du bist doch sein Verteidiger und musst ihm doch klar gemacht haben, dass er uns damit reinreißt." Bäuerlings Stimme überschlug sich vor Wut. Er sprang auf.

„Heinrich, sag du auch was!"

„Dieser verdammte Verräter! Ausschalten muss man ihn, bevor er zu quatschen anfängt!" Baums Stimme war kaum zu hören. Bäuerling knetete seine Hände. „Adolf, was sollen wir machen?"

Giermann behielt die Ruhe.

„Setz dich hin! Du machst mich nervös mit deinem Hin- und-Her-Gehampel, Gustaf. Und hört jetzt beide genau zu." Er setzte sich an den Schreibtisch.

„Ich habe herausbekommen, dass dieser Bulle, der vom Dienst suspendiert ist, gestern bei Schumacher war und ihn offensichtlich bequatscht hat. Der hat ihm die Idee in den Kopf gesetzt, ihn als Kronzeugen in das Ermittlungsverfahren gegen dich und Heinrich einzuführen. Schumacher sieht dabei Licht am Horizont wegen seines Mordversuchs an der Weber."

Sein scharfer Blick wechselte von einem zum anderen. Nebenher blätterte er im zweitausend Seiten starken, grau eingebundenen Band *„Kommentierte Strafprozessordnung von Kleinknecht/Meyer-Goßner"*. Dann zitierte er:

„Nach der sogenannten Kronzeugenregelung ist es auch bei Verbrechenstatbeständen möglich, aus einem Verdächtigen einen Kronzeugen zu machen, obwohl der Gesetzgeber in erster Linie terroristische Straftaten im Blick hat."

„Wir sind doch keine Terroristen, Gustaf! Und was hat dieser verdammte Bulle im Knast zu suchen? Der ist doch gefeuert worden!" Bäuerling griff sich an die plötzlich schmerzende Brust. „Du musst sofort was unternehmen.

Musst Meier-Greefe anrufen. Dieser Scheißbulle darf doch gar nicht mehr gegen uns ermitteln!"

Giermann grinste herablassend.

„Gustaf, alter Freund. Dieser Kluge, den du ‚Bulle' nennst, ist clever. Sagt ja schon sein Name. Er ermittelt formell nicht gegen die Klinik, also gegen euch. Er hat euern Kollegen Schumacher im Visier. Und das darf der, oder besser, das muss er. Oder seine Leute. Sonst stehen sie wegen Strafvereitelung im Amt vor dem Kadi." Im ernsten Ton fuhr er fort: „Wenn Schumacher auspacken sollte werden die Ermittlungen gegen euch wieder aufgenommen. Und daran wird ein Meier-Greefe zunächst nichts ändern können."

Bäuerling wurde erneut blass. Auch Baum konnte seine flatternden Hände kaum unter Kontrolle halten. Beide sahen auf einmal uralt aus mit ihren von Falten und Furchen durchzogenen Gesichtern.

„Wir forschen doch für die Wissenschaft und tun der Volksgemeinschaft nur Gutes mit unseren Ergebnissen!"

Dr. Giermann blickte sie kalt an.

„Nun lasst mal die Kirche im Dorf. ‚Volksgemeinschaft', ich habe euch immer gewarnt, übertreibt nicht mit eurer ‚Forschung'. Die ist nicht mehr von oben gewollt, wie vor 50 Jahren, Gustaf."

Prof. Dr. med. Bäuerling, alias Bodo Beker, Chefarzt der Privatklinik, schluckte schwer. So deutlich hatte ihm das bisher noch keiner zu sagen gewagt.

„Wie lautet dein Rat, Adolf", fragte Baum leise.

Giermann schlug die Strafprozessordnung zu.

„Also ich sehe das so. Die Idee mit der Kronzeugenregelung ist zwar keine fixe Idee, aber bis zu einer Anwendung im Strafverfahren ist es ein weiter Weg. Die Staatsanwaltschaft muss von Schumachers Glaubwürdigkeit überzeugt sein, und erst dann wird sie einen Antrag bei Gericht stellen. Und davon müsste ich Kenntnis bekommen. Und so, wie ich die Justiz kenne, tut sie sich bei solchen Entscheidungen ziemlich schwer. Da haben wir mit Meier-Greefe ein Ass im Ärmel."

Giermann lehnte sich zufrieden im Sessel zurück.

„Das bedeutet aber noch lange nicht, dass ihr aus dem Schneider seid! Wenn Schumacher sich für diesen Weg entschieden hat, wird er ihn auch weiter gehen. So schätze ich ihn ein. Auch wenn er nie so ein harter Typ war, wie ihr damals in der Heil- und Pflegeanstalt."

Als Bäuerling zum Schreibtisch ging, dort die Flasche mit dem spanischen Kognak herauszog, fühlte er, wie seine Knie nachgaben.

„Wollt ihr auch?" Seine Stimme war nur noch ein Flüstern, als er sich den Schwenker randvoll goss.

„Auf unseren heldenhaften Untergang! So wie es der Führer vorgelebt hatte. Ein Volk, ein Reich, ein Führer!" Mit langen Zügen trank er das Glas leer und schmetterte es auf den Fußboden. Die Männer erstarrten.

„Bist du irregeworden, Gustaf?"

Baum sprang wütend auf. Er packte Bäuerling am Kragen und schüttelte ihn. Giermann ging dazwischen und riss die raufenden Männer auseinander.

„Bis zum Untergang ist noch ein bisschen Zeit, ihr Schwachköpfe", rief er wütend. Kopfschüttelnd kehrte er an seinen Platz zurück. „Setzt, euch wieder, verdammt noch mal!" Beide gehorchten. Bäuerling stierte ihn eine Weile wütend an, richtete sich auf und legte dann los.

„Du kleiner Rechtsverdreher, was maßt du dir eigentlich an? Ich bin Professor Dr. Gustaf Bäuerling, der größte Wissenschaftler des Deutschen Reichs!" Er begann zu lallen, stolperte zu seinem Sessel und ließ sich hinein fallen. Einen Moment später schnarchte er laut.

„Säuft der häufiger in der letzten Zeit, Heinrich?"

„Seit dem Brand der Halle ist es wieder mehr geworden."

Giermann nickte besorgt. „Unser Kamerad Gustaf baut ab, zusehends!" Er blickte angeekelt auf den im Suff grunzenden Klinikchef.

„Was ich jetzt zu besprechen habe, bleibt unter uns. Schumachers Absicht ist in der Tat gefährlich, und die Folgen sind noch nicht absehbar. Es gibt aber Möglichkeiten, das abzuschwächen, oder noch besser, zu verhindern. Und da der richterliche Beschluss für eine Kronzeugenregelung langwierig ist, muss Schumacher bis dahin in seiner Zelle bleiben. Und dazu fällt mir etwas ein …"

Und dann entwickelte der gewiefte Jurist aus Erfurt, der gleichzeitig zum Vorstand des „Vereins für Erhalt und Pflege heimatlicher Bräuche" gehörte, seinen Plan zum Fortbestand der Privatklinik. Und zum Nutzen seiner braunen Kameraden.

„Ich werde euch für ein paar Tage allein lassen. Und du solltest dich darum kümmern, dass Gustaf mit dem Saufen aufhört."

Baum nickte bekümmert. Schon länger beobachtete er sorgenvoll, dass Bäuerling immer häufiger zur Flasche griff. Als Giermann ging, ließ er einen stark verunsicherten Baum zurück.

Dessen Gedanken führten zum gruseligen Fund am Brandort.

Bei den menschlichen Überresten, die er im Brandschutt unter Stahlträgern und Glasteilen der Bedachung entdeckt hatte, lagen verkohlte Dokumente mit Fragmenten von Passbildern auf Führerschein und Ausweis. Ausgestellt auf Geigers Namen. Er hätte nicht sagen können, worüber er mehr erschrocken gewesen war. Der Leichnam wies jedoch in Folge der enormen Temperaturen und der herabgestürzten Dachkonstruktion keinerlei Ähnlichkeit mit Geiger auf.

Er dachte an die Worte des Brandmeisters und hatte sich dafür entschieden, niemandem davon zu erzählen. Auch nicht vom Fund des Seitenschneiders. Eigenartig war, dass Conny Eisler, der Security, seit dem Brand von der Bildfläche verschwunden war. Ohne ein Lebenszeichen zu hinterlassen. Wahrscheinlich war dem alles zu heiß geworden, dachte er.

Das Gutachten eines *befreundeten* Sachverständigen über den Brand lautete, dass das Feuer in der Schaltelektronik ausgebrochen sei und es sich somit um eine technische Brandursache gehandelt habe. Dieses Ergebnis hatte „zum Glück" die polizeilichen Ermittlungen überflüssig gemacht.

Zwei Tage später hatten ein Radlager und ein Bagger dafür gesorgt, dass die baulichen Reste der großen Halle in Gänze auf die große Mülldeponie in der Nähe von Lüneburg transportiert wurden. Darunter auch die Reste von dem, was einmal ein lebendiger Mensch gewesen ist.

139. Die Entscheidung

Als Kluge zum Mittagessen pünktlich durch die Haustür trat, seinen Lieblingshund begrüßte und in der Gästetoilette verschwunden war, hörte er das Summen seines Festnetzanschlusses.

„Gehst du bitte mal ran, Elaine." Er hörte, wie sie ein paarmal laut *„ja"* sagte und *„das werde ich meinem Mann gleich ausrichten."* Danach war aus der Küche das Klappern von Besteck und Geschirr zu hören.

„Zu Tisch, mein Göttergatte!"

Erwartungsvoll setzte er sich an den gedeckten Tisch.

„Bevor ich mich ins lukullische Vergnügen stürze, Elaine, wer hatte den Mut, mich zur Mittagszeit zu stören", fragte er schmunzelnd. Sie lachte, doch dann wurde sie ernst.

„Dr. Haverland war der Anrufer. Er wollte wissen, ob es was Neues zu Geigers Aufenthalt gibt, und bittet um deinen Rückruf. Das wäre auch wichtig für Webers Genesung."

„Oh je! Geiger! Tagelang habe ich versucht, ihn zu erreichen. Ich ahne nichts Gutes und hoffe nicht das Schlimmste. Gewarnt hatte ich ihn." Der Monolog war wie ein Selbstgespräch. Für Webers Genesung war es wichtig, aber noch wichtiger war es für ihn, Geiger aufzufinden. Deshalb war er spontan zu Geigers Grundstück gefahren. Alarmierend war, dass dessen Briefkasten überquoll, und der Golf nicht in der Auffahrt stand.

Als er ausstieg, begann es leicht zu regnen. Er ging um das Haus und rüttelte am Türknauf. Tür und Fenster waren verschlossen und unbeschädigt. Keine Spur von Geiger. Vorsichtshalber befragte er die nächsten Nachbarn. Einer war der Meinung, dass er Geiger vor Tagen spät abends hatte wegfahren hören. Das laute Quietschen des Keilriemens hatte ihn aufmerksam gemacht. Auf dem Rückweg fuhr er an Webers Haus vorbei. Aber auch dort stand dessen Auto nicht.

Nachdem er sich zu Hause die Hände gewaschen hatte, stellte er verwundert fest, dass sich das abtropfende Wasser rötlich verfärbte. Doch er konnte keine Verletzung entdecken, zweifelte aber keinen Augenblick daran, dass es sich um Blut handeln müsse. Aber woher stammte es? Dann fiel ihm ein, dass er am Türknauf gerüttelt hatte. Ja, das musste es sein. Jemand musste den Knauf mit blutigen Händen angefasst haben. Naheliegend war, dass es Geiger gewesen sein könnte. Also ein Lebenszeichen, wenn auch kein besonders gutes.

Geigers Verschwinden wird immer undurchsichtiger. Wo hält der sich auf, und wo ist sein Auto? Mit den beiden Schumachers bin ich auch nicht weiter gekommen, dachte er missmutig. Und ob und wann Schumacher auf den Tipp mit der „Kronzeugenregelung" einsteigt, steht in den Sternen. Ich muss handeln. Sofort.

Als er versuchte Ahlers zu erreichen, wurde er mit Scharnhorst verbunden. Es wurde ein längeres Gespräch, in dem er seinen Kollegen von der Notwendigkeit seiner Handlung überzeugen musste. Vordringlich war die Fahndung nach Geiger. Anschließend hatten sie sich abgestimmt, was Scharnhorst an einsatztaktischen Maßnahmen veranlassen sollte.

140. Anwaltskanzlei in Erfurt

Zwei Tage nach der Besprechung in der Privatklinik fand nach Feierabend in Giermanns Büro ein Sechsaugengespräch statt. Einziger Gesprächspunkt war Dr. Ferdinand-Louis Schumacher, der in der JVA Lüneburg einsaß und der für alle zur Gefahr zu werden drohte.

Giermann gegenüber saß der ehemalige SS-Hauptsturmführer Dr. med. Kurt Bonn, 74 Jahre, jetzt Vorsitzender des

„Verein für Erhalt und Pflege heimatlicher Bräuche". Das war die Tarnbezeichnung für den „Freundeskreis Ahnenerbe". Dritte in der Runde war die Vorsitzende der „Gute Hilfe", Adelgunde Klacke, 68 Jahre.

Alle kannten sich seit Jahren aus der „Vereinsarbeit" sowie der Betreuungstätigkeit von „Gute Hilfe".

Dieser gemeinnützige Verein hatte sich 1946 gegründet und zur Aufgabe gemacht, – zunächst in der *„Arbeitsgemeinschaft zur Rettung Landsberger Häftlinge"* – und später als „Gute Hilfe für Kriegsgefangene und Internierte", zu Unrecht verhaftete SS-Kameraden in der Haft finanziell, aber auch juristisch zu unterstützen. Einbezogen waren auch deren Familien. Vielen ehemaligen treuen Kameraden, die sich durch die „Alliierte-Willkür-Rechtsprechung" zu Unrecht schwerer Verbrechen beschuldigt sahen, hatte man zur Flucht ins europäische Ausland, aber auch nach Südamerika verhelfen können. Darunter war damals auch ihr Kamerad Bodo Beker, nun Gustaf Bäuerling.

Auch nach beinahe vierzig Jahren bestand der Verein weiterhin und hatte sich in einer Kleinstadt fest etabliert. Durch Spendenaktionen von ideell nahestehenden Einrichtungen, war die Vereinskasse gut gefüllt. Weiterhin sah es der Verein als Aufgabe an, Kameraden, die wegen „politischer Urteile" unschuldig einsaßen, moralisch, aber auch finanziell zu unterstützen.

Adolf Giermann war derjenige, der immer wieder „Besuchsaktionen" bei „Politischen" initiiert hatte, die wegen ihrer Treue zum „Führer und dem Dritten Reich" unrechtmäßig verurteilt worden waren.

Vor diesem lag die Strafakte *Ferdinand-Louis Schumacher.*

„Kameraden, dieses Mal liegt der Fall anders. Schumacher benötigt nicht *die übliche Hilfe.* Er gehört zu dem Ärzte-Kreis um Gustaf Bäuerling aus der Lüneburger Heide."

Bonn und Klacke lauschten aufmerksam.

„Schumacher sitzt in der JVA Lüneburg wegen Verdachts des versuchten Mordes ein, als er einer Historikerin mit gefährlichem Wissen über die ‚Forschungen' in der Klinik, eine Giftspritze verpasste. Das war nicht sehr klug, denn die Frau überlebte, wenn auch mit Erinnerungslücken, wie ich erfuhr. Aber davor hatte sie bereits ihr Wissen über unsere Ärzte-Kameraden an die Behörden weitergegeben." Giermann klappte die Akte zu.

„Habt ihr soweit folgen können?" Gemeinsames Nicken.

„Gut, dann weiter!" Giermann grinste zynisch.

„Nun gibt es da bei der Polizei in Lüneburg einen Kluge, ja, so heißt der Mann wirklich. Dem ist es gelungen, Schumacher die Rolle als Kronzeuge schmackhaft zu machen, um ihn gegen Bäuerling und Baum auszusagen zu lassen. Ihr wisst um die ‚Forschungsprojekte', die Gustaf und Heinrich mit ‚Material' aus dem südosteuropäischen Ausland umsetzen, und dass sie dafür viel Geld von der Pharma-Gruppe erhalten. Wenn Schumacher gegen beide aussagt, geht alles den Bach runter. Auch unsere Finanzprojekte für die Kameradschaften. Ihr könnt sicher sein, dass sich die Schmierblätter, aber auch die Bildmedien damit liebend gern schmücken würden. Und dann fliegt auch unsere Tarnung auf."

Dieser langen Erklärung folgten besorgte Gesichter.

„Was meinst du mit *‚nicht die übliche Hilfe'*, Adolf?" wollte Bonn wissen. „Ja, was meinst du konkret damit?" klinkte sich Klacke ein.

Giermann grinste erneut. Doch jede Freundlichkeit wich aus seinem Gesicht.

„Merkt ihr wirklich nichts? Schumacher muss zum Schweigen gebracht werden, das ist die einzige Möglichkeit, bevor er Kronzeuge bei der Staatsanwaltschaft in Lüneburg wird!"

Klacke erblasste. Ihre Haut spannte sich straff über die Jochbögen und ihr Mund wurde schmal.

„Natürlich habe ich dich verstanden, Adolf. Aber ist das nicht eher was für SS-Hauptsturmführer Bonn? Der war doch spezialisiert auf solche Fälle!"

„Ich bin auch deiner Meinung, Adolf, dass wir handeln müssen. Und zwar schnell, bevor der Verräter sein Maul aufmacht!"

„Gut, gut! Kameraden, ich habe von euch nichts anderes erwartet und werde eine Besuchserlaubnis für die JVA Lüneburg beantragen. Unser Ansprechpartner bei der Staatsanwaltschaft wird das ermöglichen. Eure Aufgabe ist es, unseren ‚Freund' zu ‚überzeugen'!"

Er wandte sich an Klacke.

„Du weißt doch immer Rat, wie ich gehört habe, Adelgunde! So manchen, der sich zum ‚Quatschen' entschlossen hatte, hast du noch rechtzeitig genug davon abbringen können!"

Bei diesem Lob errötete Adelgunde Klacke, Vorsitzende von „Gute Hilfe".

„Meinst du die Sache mit den Minikapseln, die mit Verzögerung wirken wie bei den Ratten? Oder unsere präparierten ‚Rundbriefe', die ebenso wirkungsvoll sein können?"

Giermanns Blick wurde stechend.

„Ich meine gar nichts, Gundel. Und so genau will es gar nicht wissen. Nur zieht den Karren aus dem Dreck! Gemeinsam! Für jeden liegen zehn Riesen bereit. Steuerfrei. Als Erfolgsprämie!"

Dr. Adolf Giermann kräuselte arrogant seine Lippen.

„Ich lege sehr großen Wert auf baldigen Vollzug! Habt ihr verstanden, Kameraden?"

Doch die „Kameraden" schwiegen.

„Auch gut! Dann lasst uns den Abend zufrieden ausklingen lassen und auf den Erfolg unserer gemeinsamen Sache anstoßen."

141. Die Staatsanwaltschaft

Zeitgleich hatte Leitender Oberstaatsanwalt Meier-Greefe seine Mitarbeiterin, Staatsanwältin Karin Gebhardt, und die beiden Ermittler der Kriminalpolizeiinspektion Lüneburg, KHK Ahlers und KHK Scharnhorst, zu einer dringenden Besprechung geladen. Grund dafür war deren Ermittlungsbericht. Dieser enthielt dezidierte Erkenntnisse und schien in der Beweisführung schlüssig.

Die Ermittler um Kluge hatten es mit einer Bande Menschenhändler zu tun, an deren Spitze eine Thea Zöllner stand und die in Mecklenburg-Vorpommern lebte.

„Bitte berichten Sie, meine Herrn!"

Ahlers und Scharnhorst spannten den Bogen noch weiter. Es bestehe der dringende Tatverdacht, dass ausländische Kinder mit als Krankentransporter getarnten Fahrzeugen von der deutschen Grenze in die Klinik von Bäuerling transportiert worden sind. Dafür gebe es einen wichtigen Zeugen. Die Ermittler äußerten weiter den Verdacht, dass die Kinder in der Klinik misshandelt würden und der Fund von neun Kinderleichen ausländischer Nationalität in Soltau in direkter Verbindung mit der Privatklinik von Bäuerling stehen könnte.

Meier-Greefes Gesicht lief rot an. Ärgerlich bombardierte er die Ermittler mit Fragen, aber beide Männer blieben ihm keine Antwort schuldig.

„Frau Gebhardt, Herr Ahlers und Herr Scharnhorst, das was hier auf dem Tisch liegt, und was sie vortragen, ist ungeheuerlich. Aber Ihre Schlussfolgerungen sind logisch und nachvollziehbar. Jetzt geht es darum, taktisch klug vorzugehen. Bitte mal die Gesetzestexte, Frau Gebhardt!"

Die reichte ihm die kommentierten Beck'schen Texte.

Meier-Greefe wälzte die paragraphierten Abschnitte und zog die Strafprozessordnung hinzu. Minutenlang schrieb er Notizen. Spannung baute sich auf. Endlich legte der oberste Ermittler seinen Kugelschreiber zur Seite.

„Frau Gebhardt, meine Herren. Ich gebe Ihnen grünes Licht für die Ermittlungen gegen Thea Zöllner. Und auch gegen den Personenkreis um sie herum, wegen dringenden Verdachts des verbrecherischen Menschenhandels, Menschenraubes und Entführung. Setzen Sie sich mit den zuständigen Landeskriminalämtern – *LKÄ* – in Hannover und Schwerin in Verbindung. Frau Gebhardt wird im Vorwege die Bezirksstaatsanwaltschaft in Schwerin informieren."

Sein Blick wurde kalt.

„So wie ich das beurteile, sind koordinierte Aktionen notwendig, um den schweren Verdacht zu beweisen.

Ich meine: Telefonüberwachungen, Observationen und Durchsuchungen. Aber das Procedere ist Ihnen ja geläufig, meine Herrn und Frau Gebhardt!"

Ahlers und Scharnhorst rieben sich verdutzt die Augen. Meier-Greefe klappte die Gesetzestexte zu.

„Erst danach, mit einem sicheren Nachweis, dass es sich bei den jetzt in der Klinik aufhältigen Kindern um entführte Flüchtlingskinder aus dem südosteuropäischen Ausland handelt, werde ich die Ermittlungen gegen die verantwortlichen Ärzte der Klinik wieder aufnehmen!"

„Gibt es dazu noch Fragen?" Die Kriminalisten schüttelten die Köpfe. Alles war gesagt. Mehr ging nicht.

„Meine Entscheidung ist streng vertraulich. Sie werden eng mit Frau Gebhardt zusammenarbeiten. Niemand außer Ihnen darf vorzeitig davon erfahren!"

Der Ltd. Oberstaatsanwalt erhob sich.

„Viel Erfolg!" Er reichte Ahlers und Scharnhorst die Hand.

Damit waren die Besprechung beendet und die Vortragenden entlassen. Draußen blickten sich die Ermittler an. Was ist denn in Meier-Greefe gefahren? Das müsste Kluge erlebt haben.

142. Webers Heimkehr

Zur gleichen Zeit hatte Katharina Weber im Zimmer 1 ihre wenigen Utensilien zusammengepackt. Am Tag zuvor war ihre Bettnachbarin und neue Freundin, Melanie Herzog, entlassen worden. Der Abschied war von beiden Seiten mit Tränen verlaufen. Sie hatten sich versprochen, sich wieder zu treffen. Trauer und Einsamkeit umgab sie plötzlich.

Geplant war, dass sie die Reha-Kur am See in Mecklenburg-Vorpommern antreten wollte. Mit Tills Begleitung. Doch der war von einem Tag zum anderen verschwunden, ohne eine Nachricht zu hinterlassen. Auch der Stationsarzt hatte ihr nicht weiterhelfen können. Resigniert sah sie sich im leeren Zimmer um. Was sollte nun werden?

Es klopfte, und eine junge Schwester trat ein.

„Frau Weber? Da ist ein Anruf für Sie!"

Erschrocken sprang sie auf. Dann rannte sie zum Stationszimmer. Dort wurde ihr der Hörer in der Hand gedrückt.

„Der Anrufer wollte seinen Namen nicht nennen! Wollen Sie trotzdem annehmen?"

Sie nickte, und dann hörte sie die bekannte Stimme. Leise und brüchig.

„Wo bist du, Till?" Die Antwort ließ sie vor Freude aufschluchzen. „Das war Till, mein Freund. Gott sei Dank!" Sie übergab den Hörer, murmelte ein knappes *„danke"* und jagte in ihr Zimmer wie ein Wirbelwind. Dort ergriff sie in Eile ihre Sachen, schlüpfte in die Jacke und knallte vor Aufregung die Tür hinter sich zu. Die Stationsschwestern riefen noch hinter ihr her. Doch nichts konnte sie aufhalten. An der Rezeption ließ sie sich ein Taxi bestellen. Ihr Herz jubelte – nach Hause, zu Till!

143. Anwaltskanzlei in Erfurt

Nach Abschluss seines zweiten Frühstücks saß Giermann an seinem Schreibtisch. Zufrieden diktierte er seinen Antrag auf Besuchserlaubnis an das Amtsgericht Lüneburg. Diese sollte Klacke und Bonn Zugang zu seinem wankelmütigen Klienten verschaffen, der bereit war, seine Kameraden ans Messer zu liefern.

Sein Telefon summte. Der Empfang.

„Ich habe hier einen Anrufer in der Leitung, der nicht seinen Namen sagen, aber Sie unbedingt sprechen will."

Giermann runzelte seine Stirn. „Stellen Sie bitte durch, Sieglinde!"

Er hörte eine Männerstimme, die heiser flüsterte.

„Hören Sie zu! Die Polizei hat vor, Ihren ganzen Klüngel hochzunehmen. Ich konnte es nicht verhindern."

„Was soll das, wer sind Sie?" Giermanns Hand tastete nach dem *Voice-Recorder*. Wieder dieses Räuspern.

„Einer der es gut mit Ihnen meint, aber das letzte Mal!" Es knackte, und dann war in der Leitung nur noch ein Rauschen zu hören.

Giermann saß stumm da, abwesend den Hörer haltend. Dann kam Leben in ihn. Er drückte die Taste, die ihn mit dem Sekretariat verband.

„Sieglinde, wo kam der Anruf her?" „Keine Ahnung, Herr Doktor?" „Haben Sie nichts auf Ihrem Display? Oder haben Sie schon mal die Stimme gehört?" „Beides Nein. Aber der Anrufer war nicht aus unserer Region." „Woran machen Sie das fest?" Ich glaube, dass er sich norddeutsch anhörte. Mein Cousin lebt in der Nähe von Hamburg. Der hört sich ähnlich an."

„Danke, das war's!" Giermann legte auf. Wer könnte das gewesen sein? Bluff oder echter Tipp. Verdammt, das passt mir überhaupt nicht in den Kram.

Er stand auf und ging unruhig durch den Raum. War der Anruf eine Falle, um ihn zu provozieren und um sein Netzwerk aufzudecken? Wurde er bereits überwacht?

Giermann spürte, dass er schwitzte. *Nein*, gab er sich selbst die Antwort. Seine Vereinskameraden, „Maulwürfe" in wichtigen Positionen, hätten das längst signalisiert.

Er drückte die Taste für den Empfang.

„Sieglinde, verbinden Sie mich mit dem Amt. Sie wissen schon!"

144. Gefährliche Mission

Zwei Tage nach seinem Telefonat mit Scharnhorst suchte Kluge Major Rüdiger Lau, seinen guten Bekannten beim Pionierbataillon 130 in der Theodor-Körner-Kaserne auf. Lau hatte auf schriftliche Anforderung Kluge des Öfteren mit einem Zug Pioniere bei der Suche nach Vermissten unterstützt. Es war schon nach 17.00 Uhr.

Der Offizier erwartete ihn bereits am übermannshohen Kasernenportal und dirigierte ihn zum nahegelegenen Parkplatz. Dort stand sein Pkw. Er öffnete den Kofferraum und präsentierte Kluge das Georadar, ein Gerät, das entfernte Ähnlichkeit mit einem Industriestaubsauger auf Rädern aufwies. Es ermöglichte eine zerstörungsfreie Charakterisierung des Untergrundes mit hochfrequenten elektromagnetischen Wellen.

Als Bataillonsführer hatte Lau einen gewissen Spielraum. Nach kurzer Einweisung in die Funktionen erfolgte das Umladen. Alles eine Sache von Minuten.

Kluge unterzeichnete den Empfang. Genau das, was er für seine konspirative Mission benötigte.

Dann verabschiedeten sich beide Männer mit kräftigem Händedruck.

„Gutes Gelingen für Ihre Baumaßnahme, Herr Kriminalhauptkommissar", grinste Lau verschmitzt und verschwand hinter dem hohen NATO-Drahtverhau.

Zu Hause, im Arbeitszimmer studierte er den Grundriss der Klinik und prägte sich die Luftbilder ein. Bei seiner Aktion würde es bereits dunkel sein. Dann befasste er sich intensiv mit dem 10 kg schweren Gerät, das auf einem schmalen Stahlblech mit zwei Rädern montiert war, und mit dem tragbaren Bedienelement und dem Minibildschirm für die Darstellung der elektromagnetischen Wellen. Seine Energie erhielt das Element von einem kräftigen 6-Volt-Akku. Eigentlich waren zwei Personen zur Inbetriebnahme erforderlich, aber er musste allein damit zurechtkommen.

Der Zeitpunkt dafür war gut gewählt.

Elaine war nach Hamburg zur Tochter gefahren und wollte dort für eine Nacht bleiben.

Er beschloss, sich noch eine Weile auszuruhen. Aber dann nickt er doch ein. Als er hochschreckte, ging es bereits auf einundzwanzig Uhr zu. Nun hieß es sich sputen.

Er stärkte sich mit einem Schinkenbrötchen und schlüpfte in seine tarnfarbene Ausrüstung. Dazu gehörten sein regendichtes Cape, leichte Pirschstiefel, eine starke Stirnlampe und dünne Lederhandschuhe. Im Rucksack fanden Lageplan, Erste-Hilfe-Pack, ein Fernglas und eine Digitalkamera Platz sowie ein halbes Dutzend Asservatenbeutel.

Das Georadar und die Alu-Leiter, beides zusammenklappbar, brachte er im geräumigen Kofferraum unter.

Last, not least, schob er sich seine zwölfschüssige 9 mm Pistole von Heckler & Koch in den Gürtelholster. Noch ein Handy-Test. Alles im grünen Bereich.

Einundzwanzighundertdreißig! Er lag gut in der Zeit.

Ab jetzt lief die mit Scharnhorst vereinbarte 2 Stunden Frist. An deren Ende alles oder nichts stehen würde.

Ohne Verzögerung erreichte er den abgelegenen Waldparkplatz an der Privatklinik. Auf dem Gelände war bereits die Außenbeleuchtung in Betrieb genommen worden.

Zügig lud er die Gerätschaften aus und lauschte eine Weile in die hereinbrechende Dämmerung. Doch bevor er startete, musste er noch seine Blase entleeren.

Ganz in der Nähe befand sich ein großes Gebüsch, zu dem eine verwaschene Reifenspur führte. Das machte ihn misstrauisch. In Intervallen ließ er die Stirnlampe aufblitzen und blieb wie angewurzelt stehen. Der Lichtstrahl war reflektiert worden. Von was oder wem? Ungewöhnlich. Noch mal Licht. Das Heck eines Pkw mit LG-Kennzeichen wurde sichtbar. Sein Herz begann zu hämmern. Eine schlimme Ahnung überkam ihn, als er sich, jede Deckung ausnutzend, an das Fahrzeug heranpirschte. Es war Geigers grüner Golf.

Das Auto musste schon länger dort gestanden haben und war mit Laub und kleinen Zweigen bedeckt. Er zog seine Waffe und schlich an die Fahrerseite. Doch der Platz hinter dem Lenkrad war leer. Vorsichtig öffnete er die unverschlossene Tür; dumpfer Geruch schlug ihm entgegen. Ein Geruch, der ihm von Dutzenden Tatorten bekannt war. Seine Nase leitete ihn zum Lenkrad und zum Fahrersitz. Auf beiden entdeckte er angetrocknete, rötliche Anhaftungen. Blut. Eindeutiger ging es nicht. Langsam formte sich ein Bild. Geiger muss so stark verletzt gewesen sein, dass er mit seinem Auto nicht mehr fahren konnte. Aber irgendwie muss er sein Haus erreicht haben. Dafür sprachen die dortigen Blutspuren am Türgriff. Geiger muss tatsächlich auf dem Klinikgelände gewesen sein. Was tun? Zurückfahren und nach Geiger suchen?

„Nein, auf keinen Fall", sprach er vor sich hin, als er sein Auto erreichte. Die Uhr zeigte, dass es schon zweiundzwanzighundertfünfzehn war. Mittlerweile war es richtig dunkel geworden.

Er griff zu seinem Handy. Scharnhorst meldete sich sofort. Er informierte ihn über Geigers Golf und die Blutspuren. Scharnhorst bot an, zum Fundort zu kommen.

„Dann wäre meine Mission gescheitert. Ich bin überzeugt, dass Geiger auf dem Klinikgelände war."

„Dann sei sehr vorsichtig, Bernhard. Was du abziehst, ist verdammt riskant. Soll ich nicht doch noch rauskommen?" „Nein, auf keinen Fall. Ich nehme das auf meine Kappe, und ich muss wissen, was hier wirklich abgeht!"

Scharnhorst schwieg.

„Du hast jetzt eine Stunde fünfzehn bis zur nächsten Meldung".

„Richtig! Melde ich mich nicht, kommst du mit der Kavallerie!"

„Okay! Pass auf dich auf, Chef!"

Er schob das Handy in seinen Stiefel, streifte entschlossen den Rucksack über und nahm Georadar und Leiter auf. Weiträumig umschlug er den Eingangsbereich mit der Überwachungskamera und folgte dem Verlauf der mannshohen Mauer in ostwärtiger Richtung. Ohne Schwierigkeiten erreichte er den Standort, den er auf dem Plan angekreuzt hatte. Ein gemauerter Pfeiler. Das Überqueren der Mauer verlief ohne Schwierigkeit. Verborgen hinter einem Busch stellte er die Funktionsbereitschaft des Geräts her, und orientierte sich nochmals am Lageplan. Auf zum Hauptgebäude.

Die hellen Bogenlampen halfen ihm dabei. In deren Schatten bewegte er sich lautlos vorwärts und erreichte nach wenigen Minuten das große Treibhaus. Aber wo war das zweite Gebäude? War es so weit runtergebrannt, dass nichts mehr davon übriggeblieben war? Ganz in der Nähe musste auch das Labor sein, und davor die Rasenfläche mit den dubiosen Röhren.

Er setzte den Rucksack ab und lauschte. Nichts Verdächtiges zu hören. Also weiter bis zur Rasenfläche. Im kurzen

Aufblinken der Stirnlampe erkannte er sechs rötliche Plastikröhren. Alle verschlossen mit Schutzkappen, standen sie im Abstand von rund 20 Metern zueinander und ragten einen Meter hoch aus dem Rasen. Eine Röhre erschien ihm dicker, als die anderen.

Ja, das war der rätselhafte Bereich, den er aus der Luft und auf den Fotos gesehen hatte.

Einen Moment zögerte er, dann zurück zum Gebüsch. Das Georadar ergreifend und vorsichtig hinter sich herziehend erreichte er wieder den abgelegten Rucksack. Er lauschte in die Nacht. Aber es blieb ruhig. Zu ruhig? Egal.

Gebückt zog er das fahrbare Gerät zwischen die ersten beiden Röhren, hing sich Schaltelement mit Tastatur und Monitor über die Schultern und setzte es in Betrieb. Das Georadar begann zu summen. Die grüne Kontrollleuchte leuchtete. Auf dem handtellergroßen, grün fluoreszierenden Monitor, zeigte sich eine gerade Linie. Das war das Startzeichen. Langsam, Meter für Meter, zog er das Ortungsgerät über den Rasen und blickte gespannt auf den Minibildschirm. Bereits nach wenigen Minuten veränderte sich die waagerechte Linie zu einem spitzwinkeligen Dreieck. Das Summen verstärkte sich. Da war etwas! Unter ihm! Er veränderte den Standort. Die auf- und abschwingende Linie der elektromagnetischen Felder wurden auf dem Monitor sichtbar. Ein ständiger Wechsel von gerader Linie zu spitzwinkeligen Dreiecken. Das Summen des Geräts steigerte sich zu einem Brummen. Sichernd blickte er sich um. Dann schaltete er ab.

Major Lau hatte ihm die Funktionen genau erklärt. Die Dreiecke auf dem Monitor und der tiefe Summton bedeuteten nichts anderes, als dass sich unterhalb des Sonargerätes ein Hohlraum befinden müsse.

Sein Herz begann heftig zu klopfen. Kein Zweifel. Er war dem unterirdischen Geheimnis der Klinik ein Stück näher gekommen. Was mach ich? Abbrechen, nach Hause fahren und morgen mit Technik und Suchhunden zurückkehren? Geht nicht. Offiziell darf ich gar nicht hier sein!

Die Leuchtziffern der Uhr zeigten ihm elfhundertfünfzehn. Noch Zeit.

Plötzlich ein metallisches Geräusch. Es hörte sich an, als ob in der Nähe eine Tür zugeklappt wäre. Sofort warf er sich in das Gras. Scharnhorsts Worte fielen ihm ein. Doch als es ruhig blieb, robbte er zur ersten Röhre und lauschte an deren Öffnung. Dann weiter zu der zweiten, der dritten und schließlich zu der sechsten, der Röhre mit einem größten Durchmesser. Nochmals Lauschen. Leise Geräusche. Eigenartig. Er schob die Nase dicht an die Alu-Kappe und schnupperte. Sekundenlang. Doch dann warf er sich mit einem Ruck zurück. Auf seinen Schleimhäuten spürte er einen beißenden Geschmack. Übelkeit überfiel ihn, und er fing an zu würgen. Benommen auf dem Rücken liegend, saugte er wie ein Erstickender die klare Nachtluft ein. Minutenlang. Mann, was war das denn? Wie ätzende Chemikalien beim Chemieunterricht. Was ging dort unten vor sich? Wut, aber auch Angst erfüllten ihn.

Immer noch benommen kroch er zum Georadar. Aus den ersten beiden Röhren hatte er Geräusche wie von Ventilatoren oder Klimaanlagen gehört. Aber aus der vierten und fünften Öffnung waren Stimmen nach oben gedrungen. Laute, leise. Kinderstimmen? Unter der Erde? Entsetzlich! Gruselige Gedanken überfielen ihn. Wozu diente die sechste, dickere Röhre? Wurden damit schädliche Gase abgeleitet?

Nun gab es kein Zurück mehr. Ihm fiel ein, dass Geiger von einem Fahrzeug erzählt hatte, das direkt vor dem Labor geparkt hätte. Das war die Lösung. Natürlich. Vom Labor aus musste es einen Abgang nach unten geben. Blitzartig erinnerte er sich an die Durchsuchung, bei der die Staatsanwältin das Labor ausgeschlossen hatte. Verdammt, damals war man der Lösung so nahe gewesen.

Er ging in die Hocke und richtete sein Glas auf das flache Laborgebäude. Die Fenster waren vergittert. Bis auf einen starken Strahler über dem Eingang war alles dunkel. Das ist günstig, dachte er. Er lud seine Waffe durch. Für alle Fälle. Ein Blick auf die Uhr. Noch acht Minuten bis zum Kontrollanruf. Also noch Zeit genug.

Und dann sprintete er los, war sekundenschnell beim Labor und riss die Tür weit auf. Ohne Widerstand. Urplötzlich blendete ihn grelles Licht. Instinktiv griff er zu seiner Waffe. Doch ein harter Schlag aus dem Nichts kommend, traf ihn schwer am Kopf. Bewusstlos fiel er nieder und hörte nicht mehr Bäuerlings siegessicheres Lachen.

„Willkommen Herr Kluge, wir haben Sie bereits erwartet!"

Die beiden „Mordärzte", Bäuerling und Baum, triumphierten. Ihr größter Feind und Gegenspieler war ihnen in die Hände gefallen. Schon vor einer Stunde hatte sie der neue Security alarmiert. Auf dem Monitor der getarnten Überwachungskamera hatten sie sehen können, dass ein Eindringling über die Mauer stieg. Man hatte nur noch zu warten gebraucht, bis dieser in die vorbereitete Falle tappte.

145. Spezialeinsatzkommando

Was Kluge bei seinem letzten Gespräch mit Scharnhorst nicht sehen konnte war, dass dieser an seinem Schreibtisch saß und den kopierten Lageplan der Privatklinik vor sich hatte. Um ihn herum scharten sich die Ermittler des 1. Fachkommissariats und eine Gruppe Diensthundeführer.

Mit Ahlers war abgesprochen, dass er den Einsatz auf dem Areal der Privatklinik leiten sollte.

Scharnhorst blickte auf die Uhr. Noch acht Minuten bis zum vereinbarten Anruf. Alle warteten gespannt. Zusätzlich hatte er sich mit dem Leiter des SEK abgestimmt und vereinbart, dass sich die schwer bewaffnete Einsatzgruppe auf Abruf bereithielt. Ausgerüstet mit Gerät zum gewaltsamen Öffnen von Türen und Überwinden der Klinikmauer.

Scharnhorst blickte in entschlossene Gesichter. Er hatte an alle Lagepläne verteilt. Sie wussten, dass es notfalls auf jede Minute ankam. Die Frequenzen, der an jeden Trupp ausgeteilten Handfunkgeräte – *HfG 1* – waren mit denen der Hundestaffel koordiniert. Wieder ein Blick auf die Uhr. Die Anrufzeit war verstrichen. Scharnhorst hatte sich mit dem SEK auf ein Zeitfenster von 10 Minuten festgelegt. Doch er entschied neu und stellte die Verbindung zum SEK her.

„Einsatzbeginn ‚*Operation Waldklinik*'!"

„Bestätigt!"

Jeder im Raum wusste, dass es ernst wurde. Kluges Meldung war ausgeblieben. Und das bedeutete höchste Gefahr. Scharnhorst wählte die Einsatzleitzentrale Auf der Hude an. Dort verfügten die Kollegen über Überwachungstechnik.

„Kollege David, es geht los. Versucht Kluges Handy zu orten. Meldung an mich. Dringend! Einsatz läuft!" Sein Gesicht war rot vor Anspannung.

„Kollegen, Fahrzeuge besetzen und Zielobjekt ansteuern. Am EO Stellung beziehen. Anfahrt ohne Sonderrechte! Kluges Leben hängt jetzt von uns ab. Und nun los!"

146. Privatklinik – Unterirdisches Geschoss

Kriminalhauptkommissar Bernhard Kluge schlug mühsam die Augen auf. Direkt über seinem Kopf befand sich das runde Glas eines Halogenstrahlers. Sein Blick war verschwommen, und heftiger Schmerz begleitete jede Drehung seines Kopfes. Mühsam versuchte er sich aufzurichten. Doch es gelang nicht. Ebenso war es ihm nicht möglich, seine Beine zu bewegen. Breite Ledergurte spannten sich um Brust und Oberschenkel.

Von der weißgetünchten Raumdecke blendeten ihn sechs starke Leuchtkörper. Mühsam erkannte er gefliese Wände und metallene Gerätschaften wie in Operationssälen. Wo bin ich?

Eine siedend heiße Flamme bohrte sich in sein Gehirn, und sein Herz begann zu rasen. Etwas stimmte nicht mit seinen Augen. Er konnte sie nicht auf einen Gegenstand fokussieren.

Die Doppelsichtigkeit verschlimmerte seine Angst. Verzweifelt zerrte er an den Gurten. Doch das feste Material gab nicht einen Zentimeter nach. Sein Gehirn versuchte im Schneckentempo die Lage zu analysieren.

Ich bin gefesselt auf einer Liege, und ich kann mich nur mit Schmerzen bewegen. Mein Kopf platzt gleich vor Schmerz, meine Augen versagen. Lautes Stöhnen, dumpf und würgend. War ich das eben? Und dann fühlte er sich heftig am Arm gerissen.

„Aufwachen, Hauptkommissar Kluge! Wir haben Sie schon gehört. Haben Sie gut geschlafen?"

Das schmale Gesicht eines Mannes mit weißem Haar und faltigem Aussehen beugte sich höhnisch grinsend über ihn.

„Können Sie mich hören? Dann nicken Sie!"

Hilflos kam er der Aufforderung nach. Er hatte diese Stimme schon einmal gehört, doch wo?

„Gut so. Dann will ich Ihnen eröffnen, wo Sie sich jetzt befinden!"

Eine unüberhörbare Bedrohung ging von der barschen Männerstimme aus.

„Kluge, Sie liegen auf einer Operationsliege im Untergeschoss meiner Klinik. Sie sind wehr- und hilflos, noch halb betäubt nach Sedierung mit einem starken Betäubungsmittel. Können Sie folgen?"

Ein Adrenalinstoß schoss durch seinen Körper. Wieder versuchte er, sich zu befreien.

„Ihr Strampeln ist sinnlos. Meine fleißigen Kollegen sind wahre Fesselkünstler." Die feingliedrigen Hände des Mannes prüften die Gurte.

„In zehn Minuten werden Sie zu sich kommen und dann alles mit eigenen Augen sehen, was Sie sich so gewünscht haben. Sie haben ihr Ziel erreicht, aber Sie werden leider keine Gelegenheit mehr haben, jemandem darüber zu berichten. Ihre Zeit ist abgelaufen, Sie ewiger Klugscheißer!"

Die Stimme hatte ihren leiernden Klang verloren. Sie klang grausam und heimtückisch.

„Doch ich möchte nicht unhöflich sein. Sie sollen vor ihrem Lebensende erfahren, wer dafür sorgen wird, dass Sie meine Klinik nicht mehr auf eigenen Füßen verlassen werden."

Kluges Herzfrequenz erhöhte sich schlagartig. Die bösartige Stimme fuhr fort.

„Ich bin Professor Dr. med. Gustaf Bäuerling, ehemals Bodo Beker, der berühmte Operateur und Forscher am lebenden Menschen im Konzentrationslager Natzweiler-Struthof. Und nun Leiter der Privatklinik in Schwindebeck. Vor Ihrem unrühmlichen Abgang sollen Sie noch erleben, was ich unter ‚Forschung' verstehe!"

Kluge bäumte sich auf und schrie mit aller Kraft.

„Ich verstehe Sie nicht, aber das muss ich auch nicht! Ach ja, da Sie hier sowieso nicht mehr rauskommen, möchte ich Ihnen noch etwas Wichtiges mitteilen."

Das Gesicht über ihm verzog sich zu einer grinsenden Fratze.

„Ihre Durchsuchung ist von ihrem Kollegen in Uniform verraten worden. Ich meine den Polizisten Erwin Knüll, der unserer Sache sehr nahe steht."

„Wussten wir schon lange, Sie … wahnsinniger Nazi-Mordarzt", lallte er. Sein Mund verzog sich vor Schmerzen.

Bäuerling wurde blass.

„Sie wagen es, mich zu beschimpfen, sie kleiner Wicht! Ich habe von 1941 bis 1945 nur meine Pflicht und Schuldigkeit für die Reinhaltung der arischen Rasse getan und unwertes, kostenträchtiges Leben erlöst. Was wissen Sie schon davon?" schrie Bäuerling in rasender Wut. „Und hier, unter meinem Dach, habe ich das erfolgreich fortgesetzt. Meine wichtigste Aufgabe ist es, den unwerten ‚Abschaum vom Balkan' zu reduzieren! Dafür sollte mir die Gesellschaft dankbar sein."

Er schnaufte vor Wut.

„Alles lief gut, bis diese Hexe vom Archiv ihre Nase reinsteckte!"

Aus Bäuerlings verzerrtem Mund tropfte Speichel auf Kluges Brust.

„Heinrich, bring den Bullen in unseren ‚Experimentierraum'. Wir wollen doch mal sehen, was unser Schlaumeier so aushalten kann! Klug wollte er sein; dass ich nicht lache!"

Ein anderes, fleischiges Gesicht mit niederträchtigem Blick beugte sich über den Gefangenen.

„Gustaf, du hast Recht! Auf zur letzten Runde, Bulle! Mein Kollege braucht schon lange einen neuen Lampenschirm. Dieses Mal aus deiner Haut. Zur Erinnerung! Und danach löst du dich bei plus 2.000° in Rauch auf!"

Ein hässlich meckerndes Lachen beendete die grauenhafte Drohung. Und schon setzte sich die fahrbare Liege in Bewegung. Mühelos schob ihn der dicke Mann am Kopfende auf den hellerleuchteten Gang. Und dann hörte Kluge Geräusche, die ihm bekannt vorkamen. Ein winselndes Heulen und Jammern von Kinderstimmen. Seine Erinnerung kehrte langsam zurück.

„Das ist doch ein schöner Grabgesang, nicht wahr?"

Kluge schrie erneut. Vor Wut, Angst und Hilflosigkeit. Und plötzlich kehrte sein Bewusstsein zurück. Verzweifelt versuchte er sich aufzubäumen. Meckerndes Lachen begleitete seine Bemühungen.

Der dicke Arzt, Dr. Heinrich Baum, begleitet von zwei jungen Weißgekittelten, schob ihn an Türen mit dicken Vorhängeschlössern vorbei in einen grell ausgeleuchteten Raum. Mit einem heftigen Knall fiel die zweiflügelige Tür ins Schloss.

Kluge erkannte wieder medizinisches Gerät, Schränke und Metalltische. Wie in der Lüneburger Pathologie.

„Kollegen, bereiten Sie das ‚Material' vor. Ich habe noch draußen zu tun. Der Professor wird gleich erscheinen", quäkte die Stimme des dicken Mannes.

Zwei grinsende Männergesichter, verborgen hinter ihrem Mundschutz, beugten sich über ihn. Einer legte den Zeigefinger auf Kluges Halsschlagader und zählte die Pulsschläge.

„Ein bisschen zu aufgeregt, unser ‚Material', was meinen Sie, Herr Kollege?"

Kluge konnte den zweiten Mann nicht sehen. Als der in sein Blickfeld trat, erkannte er eine Spritze mit einer langen Injektionsnadel.

Sein Herz machte einen Sprung. Er wollte schreien, als sich die Nadel durch die Bekleidung in seine Bauchhöhle bohrte. Doch es reichte nur zu einem mühsamen Krächzen.

„Herr Professor, ist das so richtig", fragte die quäkende Stimme.

Für Kluge ging die Antwort in einem Rauschen unter, das von innen kam. Er fühlte, wie sich seine Zellen aufzulösen schienen. Hitze stieg in ihm auf. War das der Tod? Sekunden, bevor er endgültig sein Bewusstsein verlor, meinte er einen leisen Knall zu hören. Dann war nur noch Leere um ihn.

Doch es war ein gewaltiger Knall, den er mit dem letzten Rest seines Bewusstseins aufgenommen hatte, und ein sehr realer.

Ein Sprengsatz riss die doppelflügelige Tür zum „Experimentierraum" aus den Angeln und zerfetzte sie in ihre Einzelteile. Mit lautem Gebrüll stürmten schwarz maskierte Männer in Kampfanzügen und schwarzen Schutzhelmen in den Raum. Ausgerüstet mit vollautomatischen Schnellfeuergewehren.

Der Explosionsdruck schleuderte die Ärzte, die neben Kluges Liege standen, an die gegenüberliegende Wand. Doch der weißhaarige Bäuerling zog plötzlich eine schwarze Pistole aus seiner Kitteltasche. Kluges 9 mm Dienstwaffe. Voll Hass richtete er sie auf dessen Kopf.

„Sofort die Waffen nieder, sonst lege ich ihn um!"

Die Phalanx der Maskierten kam zum Stehen.

„Wird's bald, Bullenschweine! Ich muss wohl erst nachhelfen!"

Sein Schuss peitschte. Ein maskierter Beamter griff sich mit einem Schmerzensschrei an die Brust und sackte zusammen. Erneut richtete Bäuerling den Pistolenlauf auf Kluge. Widerstrebend legten die Männer ihre Schnellfeuergewehre auf den Fußboden.

„Und nun raus!" kam das eiskalte Kommando des einstigen SS-Hauptsturmführers.

Bäuerling spannte routiniert den Hahn der halbautomatischen Waffe. Siegessicher grinsend trat er zwei Schritte nach vorn, nun die Pistole auf seine Feinde gerichtet. Plötzlich zerstörten ein leiser Knall und ein bösartiges Zischen die eingetretene Stille. Eine harte Stimme befahl.

„Volle Deckung!"

Auf Bäuerlings Stirn, oberhalb der Nasenwurzel, bildete sich sekundenschnell ein kleines, rundes Loch. Wie vom Blitz getroffen blieb er stehen, wankte und versuchte den abknickenden Arm mit der Pistole gerade zu halten.

Dann fegte ein kurzer Feuerstoß des G 34 über die liegenden Männer hinweg und riss Bäuerling von den Beinen. Als lebloses, blutendes Bündel wurde er über den weißen, gefliesten Boden geschleudert. Kluges Dienstwaffe schlug scheppernd auf.

Aus dem Hintergrund eilte der SEK-Truppleiter Mönich im Laufschritt herbei. Vor dem liegenden Bäuerling blieb er stehen. Dessen zerfetzter Körper zuckte noch einige Male. Die sich ausbreitende, rote Blutlache, die im makabren Kontrast zu den weißen Bodenfliesen stand, ließ ihn erkennen, dass von dem Verbrecher keine Gefahr ausging.

„Lage bereinigt um nulleinhundertzweiundzwanzig", schallte sein Kommando. Seine Männer sprangen auf. Das nächste Kommando galt den schockierten Medizinern. Sie hatten Bäuerlings schauriges Ende mitangesehen und ihre Blase nicht mehr kontrollieren können.

„Festnehmen, die Typen!"

Keine fünf Minuten später wurden die Ärzte gefesselt aus dem Raum gezerrt.

„Sofort RTW und Notarzt her. Kluge ist in Lebensgefahr!" dröhnte er in sein Headset.

Zwei seiner Leute wandten sich Bernhard Kluge zu und durchschnitten die Fesselung. Zwei andere kümmerten sich um ihren stöhnenden Kollegen.

Der SEK-Mann richtete sich langsam auf und öffnete seinen Einsatzanzug. Die darunter getragene Teflonweste hatte die tödliche Kugel absorbiert.

Minuten später stürmte Scharnhorst mit gezogener Pistole herein. Entsetzt sah er Bernhard Kluge bewegungslos auf der Liege.

„Verdammt, wir dürfen nicht zu spät gekommen sein!" Er suchte die Schlagader, fühlte Kluges Puls und geriet in Panik. „Bernhard stirbt, holt den dicken Mediziner her!"

Auf dem Gang waren Kommandos zu hören. Dann wurde Baum von zwei SEK Leuten im Laufschritt hereingezerrt.

„Sie sind doch der zweite Mordarzt, oder?" schrie ihn Scharnhorst an. Der nickte und zog ein weinerliches Gesicht, als er seinen Chef in der großen Blutlache liegen sah.

„Zittern können Sie später. Jetzt geben Sie unserem Kollegen sofort eine Spritze, damit sein Herz wieder in Gang kommt!"

Der rundgesichtige, dicke Baum war wie gelähmt. Er rührte sich nicht von der Stelle und merkte, dass es ihm feucht an den Beinen runterlief. Scharnhorst verlor die Nerven. Er riss seine Dienstpistole aus dem Holster und hielt sie Baum an die Schläfe.

„Fangen Sie sofort an, oder Sie liegen neben dem Alten!" schrie er. Die Drohung wirkte.

Wie von Furien gehetzt rannte Baum zum Medizinschrank, riss eine Ampulle heraus, brach die Spitze ab und zog den Inhalt auf eine Spritze. Zurück zu Kluge. Dessen Bekleidung aufreißen und die Nadel zielsicher in Herznähe versenken, war eine Sache von Sekunden.

Danach sackte der Arzt schnaufend zusammen. Scharnhorst schob ihm einen Hocker unter. Da saß er nun, der „Mordarzt". Blass und zusammengesunken. Nur noch ein kleiner, dicker, alter Mann. In seinen zitternden Händen das lebensrettende Werkzeug.

„Nicht schlapp machen! Bleiben Sie dran an meinem Kollegen und beten Sie zu Gott, dass das Medikament wirkt", schrie Scharnhorst.

Baum sprang wie von Furien gehetzt auf und rannte zu dem reglosen Kluge. Abwechselnd blickte er auf seine Uhr und auf dessen Gesicht. Sekunden vergingen. Da sahen die bis zum Anschlag gespannten Ermittler, wie sich Kluges blasse Gesichtshaut rosa färbte. Baum legte zwei Finger an die Halsschlagader.

„Herr Kluge ist über den Berg", flüsterte er heiser.

„Dein Glück, Alter!"

Das war der bekannt schnoddrige Ton von Kriminaloberkommissars Mike Gebert, der soeben mit Frauke Malz den „Experimentierraum" betreten hatte. Und dann riss er dem zweiten „Mordarzt", der gerade seinem ärgsten Feind das Leben gerettet hatte, die Hände auf den Rücken und legte ihm die stählerne Fesseln um die Handgelenke.

„Ihr verfluchten Grufti-Nazis werdet keine Kinder mehr quälen und töten! Ab in den Knast, wo ihr schon vor vierzig Jahren hingehört hättet!"

Gemeinsam mit der schockierten Frauke Malz schubste Gebert den verängstigten Arzt aus dem Raum. Beide hatten sich gegen die Anordnung entschieden, dem Einsatztrupp hinterherzurasen. Und wären doch zu spät gekommen.

Scharnhorst stand mit bleichem Gesicht neben seinem K-Leiter.

„Verdammt, wo bleiben die Sanis", krächzte er.

Mönich und seine Männer blickten sich schweigend an. Ihnen und Scharnhorst war klar, dass dessen spontanes Handeln eine schwere Nötigung darstellte. Die ganz offensichtliche Lebensgefahr für Kluge war dafür Auslöser. Es gab genug Zeugen.

Vom Gang waren eilige Schritte zu hören.

Der Notarzt und sein zweiköpfiges Rettungsteam stürmten durch die aufgesprengte Tür und blieben erschrocken stehen. Sie hatten schon einiges Unangenehme erlebt. Aber dieses blutige Szenario zu so früher Morgenstunde toppte alles.

„Danke Doktor, dass Sie so schnell gekommen sind. Es geht um das Leben unseres Kollegen!" Scharnhorst deutete auf die Liege und zeigte ihm die leere Ampulle sowie Injektionsspritze. Der erfahrene Notfallmediziner warf einen Blick darauf und trat zu Kluge. Behutsam zog er dessen Augenlider nach oben.

„Das Mittel war richtig. Wer hat ihrem Kollegen die Injektion verabreicht?"

„Das war der Arzt, den wir gerade festgenommen haben. Wegen Verdachts des vielfachen Mordes, der Entführung und schwerer Misshandlung an ausländischen Kindern! Und zwar hier in dieser Klinik!" Scharnhorsts harte Stimme ließ für Lob keinen Platz.

Der Notarzt zuckte zusammen. Doch er verkniff sich weitere Fragen.

„Den Mann sofort in den RTW und alle Reanimationsmaßnahmen einleiten. Ich komme sofort hinterher." Als sich Kluge zu rühren begann, sprach er beruhigend auf ihn ein. In Windeseile schoben die Männer Kluge aus dem Raum. Scharnhorst blickte nachdenklich hinterher. Hoffentlich geht alles gut. Erst jetzt bemerkte er, dass seine Hände feucht waren. Er zeigte auf den toten Bäuerling.

„Doktor, könnten Sie sich die Leiche ansehen und eine Todesbescheinigung ausstellen?"

Der Arzt zögerte einen Moment, kniete sich neben den reglosen Bäuerling. Vorsichtig drehte er ihn auf den Rücken und untersuchte ihn sorgfältig.

„Der Mann ist tot. Erschossen. Ich habe fünf Einschüsse in der Brust gezählt und einen in der Stirn, meine Herrn. Da sind wohl die Rechtsmediziner gefragt", und an Scharnhorst gewandt, „Sie können sich die Papiere im Laufe des Tages im Städtischen in Lüneburg abholen. Dazu benötige ich die Personaldaten des Mannes. Bekommen Sie das hin?" Er erhob sich.

„Für mich ist hier nichts mehr zu tun! Einen guten Morgen, meine Herrn!" Das kam kurz und trocken rüber. Dann packte der Notarzt seine Sachen zusammen und verschwand so schnell, wie er gekommen war.

Scharnhorst hatte verstanden. Sie würden keine Freunde werden. Aber es war keine Zeit für Befindlichkeiten.

Der neue Tag war angebrochen. Nulleinhundertzweiundvierzig, tatsächlich! Beinahe wäre es Kluges Todestag geworden. Tatortarbeit und Spurensicherung fingen nun erst an. Bei Dienstbeginn mussten Behörden und Ämter informiert werden, die sich um die eingekerkerten Kinder kümmern würden. Aber jetzt, mitten in der Nacht, musste der Status quo erhalten bleiben. Bis zum Eintreffen von Hilfsorganisationen mussten die Ermittler den Objekt- und Personenschutz übernehmen.

Scharnhorst hatte nicht wahrhaben wollen, was er auf den ersten Blick im Untergeschoss gesehen hatte. Wie konnte es so lange unbemerkt bleiben, dass Kinder einfach verschwinden und nie wieder auftauchen?

Als nächstes würde er Staatsanwältin Gebhardt aus dem Schlaf holen. Auch um Bäuerlings Leiche zu beschlagnahmen und die Rechtsmedizin mit der Leichenöffnung zu beauftragen.

Ihm war nicht sehr wohl bei dem Gedanken, der Inspektionsleitung über Kluges konspirative Mission zu berichten. *Und ich stecke mitten drin. Und nicht nur das. Ich habe eine Nötigung in Kauf genommen, um Kluges Leben zu retten.* „Rechtfertigender Notstand" fiel ihm als gesetzliche Bestimmung ein und beruhigte ihn ein wenig.

Die Aufdeckung der grausamen Verbrechen wird zu einem Paukenschlag in der Öffentlichkeit führen und weitere Festnahmen nach sich ziehen. Er dachte an die „Lady" und ihre Gang im benachbarten MeckPomm. Die Ermittlungen werden eine Dimension annehmen, die jeden Rahmen sprengt. Presse und Fernsehen werden ihnen die Türen einlaufen.

Doch die gelungene Rettung von Bernhard Kluge stand über allem. Was hat der Grauenhaftes durchgemacht? Aber er wird es überleben. Am nächsten Tag wird genug Zeit sein, sich bei allen Einsatzkräften zu bedanken.

147. Das Kommissariat – 9 Tage später – Zusammenfassung der Ermittlungen

Kriminalhauptkommissar – *KHK* – Bernhard Kluge musste drei Wochen stationär im Städtischen Krankenhaus, zuerst auf der Intensivstation, danach auf der Neurologischen Station behandelt werden. Anschließend trat er eine mehrwöchige Reha an, bei der ihn seine Frau begleitete. Beides sollte dazu beitragen, die traumatischen Stunden im Untergeschoss der Privatklinik zu verarbeiten. Er war dankbar und stolz auf die Ermittler seines Kommissariats und das SEK, die mit ihrem Einsatz sein Leben gerettet und das verbrecherische Nazi-Netzwerk erfolgreich zerschlagen hatten.

Zurück im Dienst wurde er von der Presse und in den Bildmedien lobend erwähnt, was nicht unwesentlich zu seiner Beförderung zum „Ersten Kriminalhauptkommissar" beitrug.

KHK'in Stefanie Winderlich konnte ihre Akten über die aufgefundenen neun Kinderleichen mit denen der Lüneburger Kripo verknüpfen und nach Ermittlungen gegen die Witwe des Bestatters Boone abschließen. Diese wurde wegen Beihilfe zum neunfachen, vorsätzlichen Mord angeklagt, da die Zusammenarbeit des familiären Unternehmens mit der Privatklinik nachgewiesen werden konnte.

Till Geiger hatte bei seinem illegalen Unternehmen auf dem Gelände der Privatklinik offene Brandverletzungen an beiden Händen und starke Prellungen am Kopf erlitten. Deshalb musste er sein Auto im Wald zurücklassen. Zu Fuß schleppte er sich zur nahen Ortschaft Schwindebeck und erreichte mit Hilfe eines Taxis sein Haus. Aber da ihm das zu unsicher erschien, verbarg er sich in Webers Haus. Am nächsten Tag suchte er einen Arzt auf, der ihn ins Städt. Krankenhaus einweisen lassen wollte. Doch er beharrte auf ambulanter Behandlung. Niemand durfte erfahren, dass er für den Brand der Pflanzenaufzuchthalle verantwortlich war und damit die Lebensgrundlage der verbrecherischen Ärzte zerstört hatte. Und niemand durfte erfahren, dass die Prellungen am Kopf von Schlägen des Security Conni Eisler stammten, als der ihn dabei entdeckt hatte. Er hatte sich mit einem Pflanzspaten gewehrt und konnte flüchten. Kurz danach war das Hallendach zusammengestürzt und hatte Eisler unter sich begraben. Später stellte er fest, dass er bei dem Kampf seine Brieftasche mit Papieren in der Halle verloren hatte. In den Tagen danach erfuhr er aus der Presse, dass eine technische Ursache Auslöser des Brandes war. Ihm fiel ein Stein vom Herzen, und er sah keinen Anlass, das „Gutachten" zu korrigieren. Als Tage später in der Lüneburger Zeitung über den großen Erfolg bei der Aufklärung der Verbrechen in der Privatklinik berichtet wurde, war er erleichtert in seinen Garten gefahren. In dem kleinen, aber technisch gut ausgestatten Gewächshaus streichelte er behutsam die Blüten seiner *Ginsengia Tibetis Geiger*. Eine solide Investition für ein langes Leben.

Seine Freundin und Vertraute, Katharina Weber, wurde als Hinweisgeberin auf die „Mordärzte" öffentlich gelobt und erhielt von der Stadt Lüneburg eine hohe Auszeichnung.

Der Leitende Oberstaatsanwalt Meier-Greefe, dessen Name in den Ermittlungen auftauchte, bat spontan um Versetzung, der seitens der Generalstaatsanwaltschaft sofort Rechnung getragen wurde.

Die Ermittlungen gegen die beiden Ärzte der Privatklinik, Dr. Heinrich Baum und Dr. Ferdinand-Louis Schumacher, wurden durch die Staatsanwaltschaft Lüneburg, Frau Gebhardt, wieder aufgenommen.

Bei beiden bestand der dringenden Tatverdacht des gemeinschaftlichen Mordes, Beihilfe zur Entführung und Menschenhandels sowie schwerer Körperverletzung. Schumachers Antrag auf Kronzeugenregelung wurde durch die Staatsanwaltschaft Lüneburg verworfen.

In dem Zusammenhang wurde die Geschäftsführerin der Organisation „Verein für vergessene Kinder", Thea Zöllner, verhaftet, die die „Lieferung des Materials" an die Privatklinik handschriftlich bestätig hatte. Die Durchsuchung ihres Anwesens „Wiesengrund" führte zur Aufdeckung des Sammellagers, in dem weitere entführte Kinder aus den kriegsführenden Balkanstaaten gefangen gehalten wurden. Alle konnten befreit werden. Der Verein wurde sofort aufgelöst.

Einher ging damit die Auflösung der von Zöllner angeführten Rockergruppe *Hell Fire-Guys* aus Schwerin. Die Tatverdächtigen hatten als mobile Begleitkommandos die Menschentransporte von der deutschen Grenze bis zum Gut „Wiesengrund" abgesichert. Gegen die vier Mitglieder der kriminellen Gruppe wurden Haftbefehle des Amtsgerichtes Schwerin wegen verbrecherischen Menschenhandels, Entführung und Kindesmisshandlung erlassen.

Die Auswertung von Zöllners Telefondaten ergab regelmäßige Kontakte zu Rechtsanwalt Dr. Giermann in Erfurt. Bei ihrer zweiten Vernehmung legte sie ein Geständnis ab und belastete Giermann erheblich. Von diesem habe sie den Auftrag erhalten, den ermittelnden Oberstaatsanwalt Clement aus Lüneburg, „aus dem Verkehr zu ziehen". Dazu habe sie zwei Clubmitglieder auf den Staatsanwalt angesetzt. Sie sagte aus, dass Bäuerling über sein altes Nazi-Netzwerk Einfluss auf den Behördenleiter der Staatsanwaltschaft Lüneburg genommen und erreicht habe, dass der seinen Mitarbeiter, Oberstaatsanwalt Clement, von den Ermittlungen gegen die Klinik entbunden hätte. Doch Bäuerling habe das nicht genügt, und er hätte sich an Giermann gewandt. Über die genauen Hintergründe der Tatausführung, die dann zu Clements Tod führten, wollte Zöllner angeblich nichts gewusst haben.

Nach großangelegten Razzien unter Beteiligung der Landeskriminalämter in Mecklenburg-Vorpommern und Thüringen, in Zusammenarbeit mit den Staatsschutzabteilungen, erfolgte die Auflösung des als harmloser Heimatverein getarnten neo-nazistischen Netzwerkes „Freundeskreis Ahnenerbe". Weiter stellte sich heraus, dass Rechtsanwalt Dr. Adolf Giermann Kopf des braunen Netzwerkes im Osten war. Er hatte alle Aktionen von Zöllner und ihrer Rockergruppe sowie dem „Freundeskreis Ahnenerbe" mit der Privatklinik in Schwindebeck koordiniert.

Als zweiter Vorsitzender des „Heimatvereins" hatte er regelmäßig hohe finanzielle Zuwendungen von der Privatklinik erhalten. Gegen ihn wurde Haftbefehl wegen Anstiftung zur Entführung, illegalem Menschenhandel und Beihilfe zum Mord in Dutzenden Fällen erlassen.

Die Durchsuchung seiner Büroräume mit Staatsanwaltschaft und dem Landesamt für Verfassungsschutz in Thüringen, führten zur Enttarnung zweier beamteter Vereinsmitglieder. Diese übten ihre Tätigkeit als Kriminalbeamte in hohen Funktionen im Innenministerium und dem Landeskriminalamt aus. Beide Männer wurden verhaftet und mit sofortiger Wirkung vom Dienst suspendiert. Der getarnte Verein, jahrelange Basis eines rechtsradikalen und staatsfeindlichen Netzwerks, wurde ebenfalls aufgelöst. Die digitalen Mitgliederlisten waren vermutlich mit Hilfe der beiden „Maulwürfe" rechtzeitig vernichtet worden.

Presse und Bildmedien berichteten ausführlich über das unvorstellbare Geschehen, dass es 1993 wieder möglich gewesen sei, hilflose Kinder als menschliche „Versuchsobjekte" und als „Organspender" zu „benutzen". Die Erkenntnisse über die Methoden bei der „Lebendforschung" und „Organentnahme" an den entführten Kindern glichen schlimmsten Szenarien aus Horrorfilmen.
Mit fetten Schlagzeilen bezeichneten die Medien die grauenhaften Vorgänge als „Chronologie des Mordens", die 1940 aus ideologischen, rassistischen Beweggründen ihren Anfang genommen und sich mit Beginn der 90er Jahre fortgesetzt hatte. Unter dem scheinheiligen, pervertierten Anliegen, mit der „Forschung an Lebenden" und daraus resultierenden, medizinischen Kenntnissen zur Gesundung der Bevölkerung beizutragen. Doch die wahren Gründe lag in der egoistischen, narzisstischen Erlangung von Berühmtheit, Reichtum und Macht der Mordärzte.

Die medizinisch-biologischen Untersuchungen an Baum und der Leiche von Bäuerling zur Feststellung des wahren Lebensalters, ließen keinen Zweifel daran aufkommen, dass es sich bei beiden tatsächlich um die ehemaligen Ärzte aus der NS-Zeit handelte. Angeblich seien sie durch eine „Wunderpflanze" aus dem tibetischen Hochland sichtbar verjüngt geblieben. Aber Exemplare konnten nicht aufgefunden werden, weil die Aufzuchthalle durch den Brand vernichtet worden war und die Kühlanlagen für die Lagerung der chemisch aufbereiteten, pflanzlichen Präparate durch Sabotage außer Betrieb gesetzt worden waren. Tatverdächtig war der Leitende Laborarzt Dr. Jürgen B. Er und auch Hildebrand, rechte Hand von Schumacher, waren rechtzeitig untergetaucht. Nach beiden Flüchtigen wurde bundesweit gefahndet.

Da es sich bei den Verbrechensopfern um minderjährige Kinder handelte, wurde vom Oberlandesgericht in Celle verfügt, dass die Medien keinen Zugang zu den „Experimentierräumen" im unterirdischen Geschoss der Privatklinik erhielten. Nach Auskunft eines Gerichtssprechers wurden die überlebenden Kinder aus der Privatklinik und dem Sammellager in Mecklenburg-Vorpommern an einen abgeschirmten Aufenthaltsort verbracht, wo sie psychologisch betreut werden.

Ende

EPILOG

Authentische Fakten

Die einzelnen literarischen Elemente um die verbrecherischen Forschungen des ehemaligen KZ-Arztes Bruno Beger, in der fiktiven Erzählung Bodo Beker alias Doktor Gustaf Bäuerling, Leiter der Privatklinik, sind durch authentische Quellen unterlegt.

Das gilt auch für die 1938–1939 durchgeführte deutsche Expedition in den Himalaya unter der Führung von SS-Sturmbannführer Dr. Ernst Schäfer und unter Schirmherrschaft des damaligen Reichsführers SS Heinrich Himmler. Teilnehmer: die SS-Leute Karl Wienert, Ernst Krause, Edmund Geer, August Hirt und (KZ-Arzt) Bruno Beger.

Darüber hinaus sind die strafbaren Handlungen von Medizinern an Häftlingen verschiedenster Nationalitäten in den Konzentrations- und Vernichtungslagern während der vierziger Jahren des 20. Jahrhunderts durch authentisches Quellenmaterial nachgewiesen.

Auch das kriminelle Handeln zahlloser Juristen, deren Urteile in der NS-Zeit Tausende von Menschen das Leben gekostet hatten, entspricht den Tatsachen, ebenso, dass sie nach Kriegsende 1945 in der Bundesrepublik ihre früheren beruflichen Tätigkeiten fortsetzen konnten, ohne jemals für ihre Straftaten in der NS-Zeit angeklagt zu werden.

Die Vorbilder für die beiden Antagonisten Bäuerling und Baum, die unter ihren echten Namen Max Bräuner und Willi Baumert 1942 in der Kinderfachabteilung der Heil- und Pflegeanstalt Lüneburg über 300 Kinder als „lebensunwert" bezeichnet und getötet hatten, waren nie aufgrund ihrer Taten verurteilt worden. Die (Gefälligkeits-) Gutachten von Medizinern, die bereits in der NS-Zeit ihrer ärztlichen Tätigkeit nachgegangen waren, verhinderten oder beendeten bundesweit bereits eingeleitete Ermittlungs- und Strafverfahren. Nur wenige von Zehntausenden von Ärzten wurden wegen ihrer Mitwirkung an Tötungshandlungen in Konzentrations-, Straf- und Arbeitslagern der NS-Zeit vor Gericht gestellt.

ÜBER DEN AUTOR

Ulrich W. Gaertner

… wurde 1943 in Oppeln (Oberschlesien) geboren. Nach Ausbildung zum Buchdrucker trat er in die Schutzpolizei des Landes Niedersachsen ein. Es folgte der Wechsel zur Kriminalpolizei Lüneburg, dem sich eine Ausbildung für den gehobenen Dienst anschloß. Später leitete er das Fachkommissariat für Kapitaldelikte. Darüber hinaus war er Leiter zahlreicher Mordkommissionen und zeitweise auch des Zentralen Kriminaldienstes (ZKD).

Im Ruhestand besuchte Ulrich W. Gaertner Schreib- und Drehbuchseminare, u.a. bei der Filmschule Hamburg-Berlin. Er begann mit dem Schreiben von Kurzkrimis, die ihren Kern in den Kriminalfällen seines Berufs hatten. Es entstanden u.a. eine achtteilige Kurzkrimi-Serie über eine Rechtsanwältin, ein *Kriminalistisches Lexikon für Filmschaffende* und ein Drehbuch, angelehnt an eine Krimiserie bei SAT 1; alle noch unveröffentlicht. Weiterhin nimmt der Autor kriminalistische Beratertätigkeiten für Drehbuchautoren und das Fernsehen wahr.

Mordärzte ist Ulrich W. Gaertners dritter publizierter Kriminalroman. Bereits erschienen sind:

Rot macht tot. Deutsch-deutscher Thriller. Oldenburg: Schard Verlag, 2009, 2. Auflage: Books on Demand, 2016

Trilogie des Mordens. Ein Kommissar am Limit. Leipzig: Engelsdorfer Verlag, 2013

Quellenverzeichnis

Andreas Babel: Kindermord im Krankenhaus. Warum Mediziner während des Nationalsozialismus in Rothenburgsort behinderte Kinder töteten. Rotenburg / Wümme: Edition Falkenberg, 2015

Norbert Frei (Hrsg.): Hitlers Eliten nach 1945. München: dtv Verlagsgesellschaft, 6. Aufl., 2014

Elke Meyer-Hoos (Hrsg.): Das Hakenkreuz im Saatfeld. Beiträge zur NS-Zeit in den Landkreisen Lüchow-Dannenberg und Salzwedel. Wustrow: Wustrower Museumsschriften zur Zeitgeschichte, Band 4., 1997

Wolfgang Kaufmann: Das Dritte Reich und Tibet. Die Heimat des „östlichen Hakenkreuzes" im Blickfeld der Nationalsozialisten. Ludwigsfelde: Ludwigsfelder Verlagshaus 2014

Ernst Klee: „Euthanasie" im NS-Staat. Die „Vernichtung lebensunwerten Lebens". Frankfurt a. M.: Fischer-Taschenbuch-Verlag, 1983

Ernst Klee (Hrsg.): Dokumente zur „Euthanasie ". Frankfurt a. M.: Fischer-Taschenbuch-Verlag, 6. Aufl. 2007

Ernst Klee: Auschwitz, die NS-Medizin und ihre Opfer. Frankfurt a. M.: Fischer-Taschenbuch-Verlag, 2015

Ernst Klee: Was sie taten – Was sie wurden. Ärzte, Juristen und andere Beteiligte am Kranken- oder Judenmord. Frankfurt a. M.: Fischer-Taschenbuch-Verlag, 2015

Lüneburger Arbeitskreis „Machtergreifung" (Hrsg.): Heimat, Heide, Hakenkreuz. Lüneburgs Weg ins Dritte Reich. Lüneburg: 2. Aufl. Geschichtswerkstatt Lüneburg e.V. 1995

Ingo Müller: Furchtbare Juristen. Die unbewältigte Vergangenheit der Deutschen Justiz. Berlin: Edition-Tiamat, 2014

Raimund Reiter: Psychiatrie im Nationalsozialismus und die Bildungs- und Gedenkstätte „Opfer der NS-Psychiatrie" in Lüneburg. Marburg: Tectum Verlag, 2005

Andrea Röpke, Andreas Speit (Hrsg.): Braune Kameradschaften. Die neuen Netzwerke der militanten Neonazis. Berlin: Ch. Links Verlag, 2004

Carola S. Rudnick: Den Opfern ein Gesicht, den Namen wieder geben. Zwölf Lebensgeschichten von Kindern und Jugendlichen der Lüneburger „Euthanasie"-Maßnahmen. Katalog zur Sonderausstellung. Lüneburg: Verlag der Landeszeitung für die Lüneburger Heide, 2014

Carola S. Rudnick: Leistet nichts. Zu schwach. Nicht einsatzfähig. Hintergründe zu den Gräbern ausländischer Patientinnen und Patienten der Heil- und Pflegeanstalt Lüneburg. Husum: Husum Druck- und Verlagsgesellschaft, 2015

Carola S. Rudnick: „Schwachsinn wurde hier nicht festgestellt". Zwangssterilisation in Lüneburg. Schwachsinn wurde hier nicht festgestellt. Husum: Husum Druck- und Verlagsgesellschaft, 2017

Ernst Schäfer: Geheimnis Tibet. Erster Bericht der Deutschen Tibet-Expedition Ernst Schäfer 1938/1939. München: Verlag F. Bruckmann, 1943

Dieter Schenk: Die braunen Wurzeln des BKA. Frankfurt a. M.: Fischer-Taschenbuch-Verlag, 2003

Steve Sem-Sandberg: „Die Erwählten" . Roman. Aus dem Schwedischen von Gisela Kosubek. Stuttgart: Klett-Cotta Verlag, 2015

VVN / BdA Lüneburg (Hrsg.): Das Landgericht Lüneburg als „Spitze der justizförmigen Kommunistenverfolgung der 1950er/60er Jahre". Teil 1: Das Personal. Nichts verlernt –Die zweite Karriere ehemaliger NS-Richter und Staatsanwälte bei der 4. Strafkammer Lüneburg. Lüneburg: Campus Druck 2015

Aufsätze / Bilder zu der o.g. Thematik aus Wikipedia 2017

Bildnachweise

S. 8 „Prinz Albrecht Palais" zu Berlin. Aquatintaradierung von F. Brohm, um 1830

S. 10 Geheimnis Tibet. Erster Bericht der Deutschen Tibet-Expedition Ernst Schäfer 1938/1939. Verlag: F. Bruckmann, München, 1943, Übersichtskarte

S. 56 Endokrine Drüsen im Gehirn. https://de.wikipedia.org/wiki/Hypophyse

S. 116 Hitlers Ermächtigung zur Ermordung von Kranken von Oktober 1939, rückdatiert auf den 1. September 1939, mit handschriftlicher Abzeichnung durch Reichsjustizminister Franz Gürtner. Bundesarchiv Berlin, R 3001 Nr. 24209 Bl. 1

S. 151 Raum für medizinische Experimente, Seziertisch, KZ Natzweiler-Struthof. https://de.wikipedia.org/wiki/Forschungsgemeinschaft_Deutsches_Ahnenerbe

S. 178 Von Himmler genehmigter Entwurf des Emblems der „Forschungs- und Lehrgemeinschaft: Das Ahnenerbe". Bundesarchiv, NS 21/1205

Im ALMÁRIOM – Verlag erschienen

Freie Sklavinnen, Anthologie aus Werken Lüneburger Schriftstellerinnen, 296 Seiten
ISBN 978-3-945264-03-4, *11,80 €*

Sechs Frauen mit engen Beziehungen zu Lüneburg schildern die Stadt, berichten von ihrem Weg zur Emanzipation und widmen sich ihren Lebensthemen.

Mathilde Lammers (1837–1905), Pädagogin und Kämpferin für die ökonomische Eigenständigkeit der Frau
Emma Böhmer (1861–1943), Kunstenthusiastin, lebenshungrige Rebellin und freie Schriftstellerin
Wilhelmine Resimius-Berkow (1862–1942), Arbeiterin, die mit 50 Jahren plattdeutsch zu schreiben beginnt
Helene Varges (1877–1946), Künstlerin, Patriotin, Pionierin des Naturschutzes, gemeinsam mit ihrer Freundin …
Margarete Boie (1880–1946), Journalistin und listenreiche Schriftstellerin beim Umgehen der NS-Zensur
Geertje Suhr (* 1943), seit 1971 in Chicago lebende, sensible, ironische, an Heines Witz erprobte Dichterin

Die Leuphana Universität Lüneburg als Stätte geschichtlicher Besinnung, 56 Seiten
ISBN 978-3-945264-04-1, **7,50 €**

Der Campus der Leuphana Universität hat gravierende Wandlungen erfahren. 1935 errichteten die Nationalsozialisten die Kasernengebäude. Seit 2017 soll das von Daniel Libeskind entworfene Zentralgebäude zu ihnen einen Kontrapunkt bilden: Anlaß für einen historischen Rückblick und eine Reihe philosophischer Betrachtungen zur deutschen Geschichte.

Lüneburger Miniaturen, 136 Seiten
ISBN 978-3-945264-00-3, *19,80 €*

In vierundzwanzig kurzen Kapiteln mit vielen farbigen Abbildungen schreibt Lüneburgs Stadthistoriker über Personen und Ereignisse, Gebäude und Besonderheiten der Lokalgeschichte: den Wasserturm und den Viskulenhof, das Museum, die Stadtburg und das Stadtwappen, Türme und Tore, mittelalterliche Stadtansichten, Februarfluten, Heinrich Heine und Jean Leppien, den alten Hafen, die Kopefahrt und die Fastnachtskomödie, bauchige Häuser und krumme Straßen, Kurpark und Rathaus, die Kriegswirren von 1813, das Dragoner-Denkmal im Clamart-Park, den Gedenkort Leuphana-Campus und den Widerstand während des Nationalsozialismus in Lüneburg.

Lüneburg - Tatsachen und Legenden,
80 Seiten
ISBN 978-3-945264-07-2, *14,80 €*

Lüneburg ist eine „Märchenstadt" mit einer wunderschönen und inspirierenden Kulisse. Bürgerschaftlichem Engagement ist es zu verdanken, dass Einheimische und Touristen, Studierende und Filmschaffende sich heute an diesem Stadtbild so erfreuen können.

Professor Werner H. Preuß erläutert unter anderem, warum die „Hauptstadt der Lüneburger Heide" an ihrem Rande liegt, spricht von den geologischen Problemen der „Stadt auf dem Salz" und zeigt, was auf den Siegeln der „Hansestadt Lüneburg" und ihrer Schwester-Städte zu entdecken ist. Der Autor erzählt die Legende vom Lüner „Klosteresel mit den silbernen Hufeisen" und befasst sich mit dem Fassadenschmuck der „Alten Raths-Apotheke". Ein weiteres Kapitel beleuchtet die Zeit des jungen „Johann Sebastian Bach", der in Lüneburg die Werke großer Meister studierte. Den Abschluss des Buches bildet eine eingehende Betrachtung der „Baudekoration an der Schlieffen-Kaserne", welche gefährdet und zum Teil schon abgerissen ist.

Kennst Du Lüneburg? 224 Seiten
ISBN 978-3-945264-02-7, ***9,80 €***

Dieses Büchlein eignet sich als . . .

. . . Geschenk für Lüneburg-Kenner und die es werden wollen;
. . . Souvenir aus der Heidestadt und ihrer Umgebung;
. . . Unterhaltungsstoff für die Reise und die Fragerunde daheim.

Bardowick und seine Menschen, 164 Seiten
ISBN 978-3-945264-01-0, **24,80 €**

Bardowick ist ein besonderer Ort. Legenden und Geschichten umranken ihn. Im Jahr 785 als Heerlager Karls des Großen erstmals namentlich erwähnt und 1189 von Heinrich dem Löwen zerstört verwandelte sich der Handelsplatz später in Hamburgs Gemüsegarten, dessen malerisches Ambiente eine Kolonie von Künstlern anzog.

Das Buch erzählt in abwechslungsreichen, kurzen Kapiteln von den selbstbewussten Bewohnern Bardowicks und ihren Lebensumständen im Wechsel der Geschichte bis um das Jahr 1950; es schildert auch die herausragenden Bauwerke, den Dom St. Peter und Paul und den St. Nikolaihof.

Grundriss der Stadt Lüneburg von 1802. Exakt vermessen und gezeichnet von C.E. Appuhn. Maße: 100 x 80 cm.
ISBN 978-3-945264-05-8, *25,- €*

Der Plan ist farbig angelegt und so detailgetreu vermessen, dass er sogar die Utluchten im Straßenverlauf erkennen lässt. Das Original im Museum ist verblichen. Daher basiert die Neuauflage auf dem Erstdruck in: Wilhelm Reinecke: Die Straßennamen Lüneburgs, 1. Auflage, Hannover 1914.